Rethinking
Reconstructing
Reproducing

*

"精神译丛"
在汉语的国土
展望世界
致力于
当代精神生活的
反思、重建与再生产

*

Politique et histoire

De Machiavel à Marx

Cours à l'École normale supérieure de 1955 à 1972

Louis Althusser

精神译丛·徐晔 陈越 主编
阿尔都塞著作集·陈越 编

[法] 路易·阿尔都塞 著　吴子枫 译

政治与历史：
从马基雅维利到马克思
（1955—1972年高等师范学校讲义）

西北大学出版社

本书翻译受国家社会科学基金一般项目

（项目号：08BZW006）支持。

路易·阿尔都塞

纪念路易·阿尔都塞(Louis Althusser)诞辰一百周年
1918—2018

目　录

中文版阿尔都塞著作集序（艾蒂安·巴利巴尔）　/　1

法文版编者说明（弗朗索瓦·马特龙）　/　1

历史哲学的难题（1955—1956）　/　17
　一、17世纪四大主潮　/　25
　　A. 笛卡尔的理性主义　/　25
　　B. 实用悲观主义　/　28
　　C. 宗教论战　/　32
　　D. 政治、法律和经济的论战　/　36
　二、18世纪　/　42
　　A. 孟德斯鸠　/　42
　　B. 伏尔泰　/　48
　　C. 孔多塞　/　51
　　D. 爱尔维修　/　85
　　E. 卢梭　/　126
　三、黑格尔　/　154
　　A. 历史的不同形式　/　155
　　B. 历史和哲学　/　163
　　C. 历史的本质　/　169
　　D. 精神的手段　/　175

E. 精神的存在：国家 / 178

　　F. 历史的原动力 / 185

四、青年马克思著作中的历史的难题性 / 190

　　A. 国家＝黑格尔意义上的实现了的理念 / 191

　　B. 费尔巴哈的影响 / 192

　　C. 对马克思的决定性观念的方法论思考 / 199

片段 / 225

革命的爱尔维修（1962） / 229

马基雅维利（1962） / 237

一、起点：对各种君主国的检视 / 254

二、军队与政治 / 266

三、统治术 / 271

四、幸运和 virtù①：一种关于行动的理论？ / 280

结论 / 288

片段 / 305

卢梭及其先行者：17、18 世纪的政治哲学

　　（1965—1966） / 313

一、17 到 18 世纪政治难题性的一些基本概念 / 318

二、霍布斯（《论公民》） / 322

　　A. 自然状态 / 322

　　B. 自然法 / 330

---

①意大利文，意为"能力"，详见第 245 页译注。——译注

C. 社会状态 / 338

三、洛克 / 344

　　A. 自然状态 / 346

　　B. 社会契约与市民社会和政治社会 / 364

四、卢梭和《论不平等的起源》中的难题性 / 369

　　A. 卢梭在启蒙意识形态中的立场 / 370

　　B. 纯自然状态及其后果 / 372

　　C. "猜测性的推论"和循环 / 375

　　D. 后果 / 379

　　E. 出发点：纯自然状态 / 381

　　F. 从纯自然状态到人类青年时期的状态的过渡 / 390

　　从人类青年时期的状态到卢梭《第二篇论文》中的
　　　　社会契约 / 397

　　历史在卢梭作品中的身份 / 401

五、《社会契约论》 / 407

　　A. 关于对它的阅读 / 407

　　B. 阅读的诸要素 / 411

霍布斯（1971—1972） / 453

一、导论 / 455

　　A. 霍布斯的方法 / 455

　　B. 人类学 / 455

　　C. 法权（droit） / 456

　　D. 技艺 / 457

二、霍布斯的政治理论 / 460

4 政治与历史

    A. 自然状态 / 460

    B. 社会状态 / 472

译名对照表 / 486

译后记 / 517

中文版阿尔都塞著作集序

艾蒂安·巴利巴尔

为这套大规模的中文版阿尔都塞著作集作序,是我莫大的荣幸。我从1960年到1965年在巴黎高等师范学校跟随路易·阿尔都塞(1918—1990)学习,后来又成为他的合作者(尤其是《阅读〈资本论〉》的合作者,这部集体著作来源于1964—1965年他指导下的研讨班)①。这份荣幸来自这套中文版著作集的负责人,尤其是吴志峰(吴子枫)先生的一再友好要求。后者去年受邀作为访问学者到尤里姆街的高师专事阿尔都塞研究,并特地去查阅了存于"当代出版纪念研究所"(IMEC)的阿尔都塞资料。他在巴黎找到我,和我进行了几次非常有趣的交谈。我要感谢他们的这份信任,并向他们表达我的友情。当然,我也要向这里出版的这些著作的未来读者表达我的友情。由于这些著作来自遥

---

① 路易·阿尔都塞、艾蒂安·巴利巴尔(Etienne Balibar)、罗歇·埃斯塔布莱(Roger Establet)、皮埃尔·马舍雷(Pierre Macherey)、雅克·朗西埃(Jacques Rancière),《阅读〈资本论〉》(*Lire le Capital*,1965),修订新版,法国大学出版社(PUF)"战车"(Quadrige)丛书,1996年。

远的大陆,长期以来在传播方面存在着种种困难;由于这个大陆与中国有着非常不一样的现代历史(尽管我们现在已经共同进入了"全球化"时代);由于这些著作可以追溯到一个属于"历史的"过去时代(只有对其中一些老人不能这么说),也就是说一个被遗忘的时代——所以对中国读者来说,要重新把握他们将要读到的这些文本的意图和言外之意,可能会有一些困难。我相信编者的介绍和注解会大大降低这项任务的难度,就我而言,我在这里只想对阿尔都塞这个人以及他的著作进行一个总体的、介绍性的评述,然后我要阐述一些理由,说明为什么阿尔都塞著作的中文译本尤其显得有意义,甚至尤其重要。

路易·阿尔都塞是欧洲20世纪"批判的"马克思主义的伟大人物之一,他的著作在若干年间曾引起世界性的轰动,然后才进入相对被遗忘的状态。然而,这种状态现在似乎正在让位于一种新的兴趣,部分原因在于,这位哲学家大量的未刊稿在身后出版,非常明显地改变并扩展了我们对他的思想的认识;另一部分原因在于这样一个事实:相对于阿尔都塞去世之时(恰逢"冷战"结束),世界形势又发生了新变化,他所提出来的一些问题,或者说他所提出来的一些概念,现在似乎又再次有助于我们对当前的时代进行反思,哪怕那些问题或概念已经具有了与先前不一样的意义(这也是必然的)。

阿尔都塞1918年出生于阿尔及尔的一个小资产阶级家庭(确切地说,不能算是一个"侨民"家庭,而是一个在阿尔及利亚工作的公务员和雇员家庭),既受到非常古典的学校教育,又受到非常严格的宗教教育。他似乎在青少年时期就已经是一名非常虔诚的天主教徒,有神秘主义倾向,政治上也偏于保守。1939年,阿尔都塞通过了巴黎高等师范学校(这是法国培养科学、人文学科教师和研究者的主要机构,招收学生的数量非常有限)的入学考试,就在他准备学习哲学时,第二次世界大战突然爆发了。他的生活因此被整个打乱。他被动员入伍,其后与成千上万溃败的法国士兵一起,被德军俘虏。他被送到一个战俘营(stalag),在那里待了五年。尽管如此,由于他(作为战俘营护士)的关押条件相对来说好一些,所以可以读书、劳动,并建立大量社会联系,其中就包括与一些共产主义青年战士之间的联系。获得自由后,他恢复了在高师的学习,并很快就通过了教师学衔考试(学习结束时的会考),然后他自己又被任命为准备参加教师学衔考试的学生的辅导教师。他在这个职位上一直干到自己职业生涯结束,并且正是在这个职位上指导了几代法国哲学家,其中有一些后来很出名,比如福柯、德里达、塞尔、布尔迪厄、巴迪乌、布弗雷斯、朗西埃等。有很短一段时期,阿尔都塞继续留在一些天主教战斗团体里(但这是一些左翼倾向的团体,特别是那些依靠"工人教士"经验、很快就被天主教会谴责并驱逐的团体)①,为它们写了

---

① 这是一个叫"教会青年"(Jeunesse de l'Eglise)的团体,组织者是蒙蒂克拉尔神父(Père Maurice Montuclard O. P.)和他的女伴玛丽·奥贝坦(Marie Aubertin)。蒂埃里·科克(Thierry Keck)的著作《教会青年(1936—1955):法国进步主义危机的根源》(*Jeunesse de l'Eglise 1936—1955. Aux sources de la crise progressiste en France*)[艾蒂安·富尤(Etienne Fouilloux)作序,巴黎 Karthala 出版社,2004 年]为青年阿尔都塞在"教会青年"团体中所发挥的重要作用、为他在团体中与其他成员结下的长久友谊提供了大量细节。关于前者,扬·穆利耶·布唐(Yann Moulier Boutang)在他的传记中也已指出(指布唐的《路易·阿尔都塞传》。——译注)。

一些短文章。1948年,阿尔都塞加入了法国共产党,当时法共的领导人是莫里斯·多列士。法共在德占时期的抵抗运动中为自己赢得了荣誉,并依靠苏联(苏联先是在1943年通过第三国际,而后又通过共产党和工人党情报局,掌控着法共的政策和领导人)的威望,在当时成为法国最有力量的政党,与戴高乐主义势均力敌。当时,尽管党在雅尔塔协定的框架下实际上放弃了夺取政权的努力,但革命的希望依然很大。在这同一时期,阿尔都塞认识了埃莱娜·里特曼-勒戈蒂安,后者成了他的伴侣,再后来成了他的妻子。埃莱娜比阿尔都塞大将近十岁①,战前就已经是法共党员了,此时还是一个地下党抵抗组织的成员。但在事情并非总是能得到澄清的情况下,她被指控有"托派倾向",并被开除出党。她对阿尔都塞政治观念的形成,尤其是在他对共产主义运动史的表述方面,影响很大。

冷战期间,共产党人知识分子即使没有成为镇压的对象,至少也是怀疑的对象,同时他们本身也因知识上的极端宗派主义态度而变得孤立(这种知识上的宗派主义态度的基础,是日丹诺夫1947年宣布的"两种科学"的哲学教条——这种教条还扩展到了哲学、文学和艺术领域)。这期间阿尔都塞主要只在一些教育学杂志发表了几篇文章,他在这些文章中提出了关于"历史唯物主义"和"辩证唯物主义"的一些论点;他还就历史哲学中一些占统治地位的思潮进行了一次讨论。所以

---

① 埃莱娜(1910—1980)比阿尔都塞(1918—1990)实际大八岁。——译注

他当时与"战斗的马克思主义"保持着距离①。在教授古典哲学之外,他的个人的工作主要涉及政治哲学和启蒙运动时期的唯物主义者,以及帕斯卡尔和斯宾诺莎,后两位作为古典时期"反人道主义"的反命题形象,自始至终都是阿尔都塞获得灵感的源泉。在接下来研究"黑格尔哲学中的内容观念"②的"高等教育文凭"论文中,阿尔都塞同样在继续深化他对黑格尔和"马克思的哲学著作"的认识,尤其是那些当时才刚出版的马克思青年时期的著作。毫无疑问,阿尔都塞的政治观念在当时与共产党内占统治地位的路线是一致的,尤其是在"社会主义阵营"发生危机(如1956年的匈牙利革命)和殖民地发生战争(包括阿尔及利亚战争,法共对起义持有限的支持态度)的时刻③。

接下来的时期具有一种完全不同的特性。随着1956年苏共二

---

① 青年阿尔都塞在一篇文章的题铭中以颇具斯大林主义特点的口吻引用了日丹诺夫的话(阿尔都塞引用的话是"黑格尔的问题早已经解决了"。——译注)。这篇《回到黑格尔:大学修正主义的最后废话》(*Le retour à Hegel. Dernier mot du révisionnisme universitaire*)是为了反对让·伊波利特(Jean Hyppolite)而写的,后者不久就成为他在高师的朋友和合作者,并经常以自己对黑格尔的阐释反对科耶夫(Kojève)的阐释。这篇文章1950年发表在《新批评》(*La Nouvelle Critique*)上,后收入《哲学与政治文集》(*Ecrits philosophiques et politiques*)第一卷,Stock/Imec出版社,1994年,第243-260页。

② 1947年10月,阿尔都塞在巴什拉的指导下完成高等教育文凭论文《论G. W. F. 黑格尔思想中的内容》(*Du contenu dans la pensée de G. W. F. Hegal*)。正文中提到的标题与这里的实际标题不同。——译注

③ 从这种观点看,他在1978年的未刊稿《局限中的马克思》(«Marx dans ses limites»)中对戴高乐主义的分析非常具有启发性。参见《哲学与政治文集》第一卷,前引,第428页及以下。

十大对"斯大林罪行"的披露,以及随后1961年二十二大"去斯大林化"运动的掀起,整个共产主义世界("铁幕"内外)都进入了一个混乱期,再也没有从中恢复过来。但马克思的思想却正在获得巨大声誉,尤其是在那些青年大学生当中——他们受到反帝国主义战争榜样(特别是阿尔及利亚战争和越南战争)和古巴革命成功的激发、从而感受到专制社会结构的危机正在加剧。让-保罗·萨特,当时法国最著名的哲学家,在他1960年的《辩证理性批判》中宣布:马克思主义是"我们时代不可超越的哲学地平线"①。而马克思主义理论的性质问题,无论是对于共产党组织和它的许多战士来说,还是对于大量的知识分子,尤其是哲学家以及人文科学方面的专家、艺术家和作家来说,都成了一个很伤脑筋的问题。阿尔都塞的几次干预——关系到对马克思思想的阐释和对"社会主义人道主义"难题的阐释——产生了预料不到的反响,先是在法国,后来又波及到国外。1965年出版《保卫马克思》(由写于1960年至1965年的文章汇编而成)和《阅读〈资本论〉》(和他的学生艾蒂安·巴利巴尔、罗歇·埃斯塔布莱、皮埃尔·马舍雷和雅克·朗西埃等合著)之后,阿尔都塞成了著名哲学家,无论在法国还是在海外,无论是在共产党和马克思主义圈子内,还是在那个圈子外,都引发了大量争论和论

---

① "因此,它[马克思主义]仍然是我们时代的哲学:它是不可超越的,因为产生它的环境还没有被超越。[……]但是,**只要社会关系的变化和技术进步还未把人从匮乏的桎梏中解放出来,马克思的命题在我看来就是一种不可超越的证明**。"参见 Jean-Paul Sartre, *Critique de la raison dialectique* (1960), Gallimard 出版社,1985年,第36、39页,也参见《辩证理性批判》,林骧华等译,安徽文艺出版社,1998年,第28、32页。译文有修改。——译注

战。他似乎成了他自己后来所说的"人道主义论争"(它搅动了整个法国哲学界)的主角之一。阿尔都塞所捍卫的与基督教的人道主义、存在主义的人道主义、马克思主义的人道主义相对立的"理论上的反人道主义",显然是以一种间接的方式,不仅从哲学的层面,而且还从政治的层面,否定了赫鲁晓夫去斯大林化运动中占统治地位的倾向。他抨击**经济主义**和**人道主义**的结合,因为在他眼里,这种结合是占统治地位的资产阶级意识形态的特征,但有些人却以此为名,预言两种社会体系即资本主义和社会主义会"合流"。不过,他是通过一些与(列宁去世后被斯大林理论化并在整个共产主义世界被官方化了的)"辩证唯物主义"毫不相关的理论工具,以一种哲学观的名义来进行抨击的。阿尔都塞提出的哲学观,不顾一些文本上的明显事实,抛弃了马克思主义当中的黑格尔遗产,转而依靠斯宾诺莎的理智主义和唯物主义。在阿尔都塞的哲学观看来,斯宾诺莎是意识形态理论的真正奠基人,因为他把意识形态看作是构成个人主体性的社会想象结构——这是一种马克思预示了但同时又"错失了"的理论。正因为如此,阿尔都塞的哲学观非常强有力地促进了斯宾诺莎研究和斯宾诺莎主义影响的"复兴"——他的这整个时期都打下了这种影响的印记。阿尔都塞的哲学观还同时从卡瓦耶斯(1903—1944)、巴什拉(1884—1962)和康吉莱姆(1904—1995)的"历史的认识论"中借来一种观念,认为"常识"和"科学认识"之间存在着一种非连续性(或"断裂"),所以可以将知识的辩证法思考为一种没有合目的性的过程,这个过程通过**概念**的要素展开,也并不是服从于**意识**的优先地位。而在笛卡尔、康德和现象学对真理的理论阐述中,意识的标准是占统治地位的。最后,这种哲学在马克思的思想和弗洛伊德的思想之间寻求一种"联盟"。弗洛伊德作为精神分析的奠基人当时仍然被官方马克思主义忽视甚至拒斥,但另一方面,他的这个地位却被拉康(1901—1981)所复兴。对于阿尔都塞来说,这里的关键是既要指出意识形态与无意识之间的相互构成关系,又要建构一种关于时间性和因果性、因而也是关于实践的新观念。

由于所有这些创新,阿尔都塞的哲学话语大大超出了马克思主义者的争论圈子,更确切地说,他将这些争论变成了另一个更普遍的哲学事业的一个方面,那个哲学事业不久就被称为**结构主义**(尽管这个词的含义并不明确)。因此,阿尔都塞成了结构主义和马克思主义的相遇点,得到了双方的滋养。在他的学生看来,他为两者的"融合"带来了希望。像所有结构主义者一样,他发展了一套关于**主体**的理论,这个**主体**实际上不是认识和意志的理想的"起源"[①],而是各式各样的社会实践、各种制度、语言和各种想象形态的"后果",是一种"结构的行动"[②]。与其他结构主义者不同,他试图定

[①] "起源"原文为"origine",同时也有"起点"的意思。值得指出的是,阿尔都塞一贯反对"起源论",在他看来,唯物主义哲学家(比如伊壁鸠鲁)"不谈论世界的起源(origine)这个无意义的问题,而是谈论世界的开始(commencement)"。参见《写给非哲学家的哲学入门》(*Initiation à la philosophie pour les non-philosophes*),法国大学出版社,2014 年,第 66 页。——译注

[②] "结构的行动"(action de la structure)这个词是由阿尔都塞和拉康共同的门徒伊夫·迪鲁(Yves Duroux)、雅克-阿兰·米勒(Jacques-Alain Miller)、让-克洛德·米尔内(Jean-Claude Milner)所组成的那个团体发明的。参见再版的《分析手册》(*Cahiers pour l'Analyse*)(这是高等师范学校认识论小组的刊物),金斯顿大学(Université de Kingston)主持编印,第 9 卷(文章只署了 J.-A. 米勒的名字)(http://cahiers.kingston.ac.uk/pdf/cpa9.6.miller.pdf)。

义的结构概念不是(像在数学、语言学甚至人类学中那样)以识别形式的**不变式**为基础,而是以多重**社会关系**的"被过度决定的"结合(其具体形象在每种历史**形势**中都会有所改变)为基础。他希望这样能够让结构的概念不但服务于对社会**再生产**现象的分析,而且还首先服务于对**革命**阶段现象的分析(在他看来,当代社会主义革命就是革命的典范)。这样一来,历史就可以被同时思考为(没有主体的)过程和(没有合目的性的)事件。

我一直认为,这种哲学的建构,或更确切地说,由这种哲学建构所确立起来的研究计划,构成了一项伟大的事业,它的全部可能性还没有被穷尽。它身后还留下了好些未完成的难题性,比如对理论和艺术作品进行"症状阅读"的难题性(它肯定影响了德里达的"解构"),还有"有差别的历史时间性"的难题性(时常接近于被阿尔都塞完全忽视了的瓦尔特·本雅明的思想)——这两种难题性都包含在《阅读〈资本论〉》阿尔都塞所写的那部分当中。但在接下来的时期,从1968年五月事件之前开始(虽然阿尔都塞没有参与其中,但这个事件给他带来了创伤性的后果),阿尔都塞对自己的哲学进行了根本的改写。他进入了一个**自我批评**期,然后在新的基础上**重构**了自己的思想,但那些基础从来就没有一劳永逸地确定下来。他没有忘记斯宾诺莎,但通过放弃结构主义和"认识论断裂",他力图为哲学,并由此为历史理论,赋予一种直接得多的政治性。由于法共官方发言人和他自己一些(成为在五月运动之后建立起来的"毛主义"组织生力军的)青年学生同时指责他低估了阶级斗争以及哲学中的阶级立场的重要性,阿尔都塞开始重新估价这种重要性,虽然是根据他自己的方式。这里不能忘记的是,这种尝试是在一种特别的语境中展开的,这个语境就是,在欧洲,发生了重要的社会运动和社会斗争,同时在"左派"即极端革命派倾向与改良主义倾向之间产生了分裂,改良主义在20世纪70年代的结果是所谓的"欧洲共产主义"的形成,而后者在改变法国、意大利和西班牙的政治博弈方面最终失败,随后被新自由主义浪潮所淹没。当时阿尔都塞似乎通过一种他力图为自己的思想所发明的新配置,撤退到一些更经典的"马克思主义"难题上去了(但另一方面,"后结构主义"哲学家们却越来越远离马克思主义;尽管在这个诊断底下,还需要作更细致的辨别)。然而,他的有些难题还是获得了广泛的共鸣,这一点我们在今天可以更清楚地感觉到。尤其是他关于"意识形态唤问①""意识形态国家机器"构成的理论就是这样——它是1971年从当时一份还

---

① "唤问"原文为"interpellation",其动词形式为"interpeller",它的含义有:1.(为询问而)招呼,呼喊;2.(议员向政府)质询,质问;3.[法]督促(当事人回答问题或履行某一行为);4.(警察)呼喊,追问、质问,检查某人的身份;5.强使正视,迫使承认;6.呼唤(命运),造访。詹姆逊把它解释为"社会秩序把我们当作个人来对我们说话、并且可以称呼我们名字的方式",国内最早的《意识形态和意识形态国家机器》译本译为"询唤",系捏合"询问"和"召唤"的生造词,语感牵强,故不取。我们最初使用了"传唤"的译法(参见《哲学与政治:阿尔都塞读本》,陈越编,吉林人民出版社,2003年),似更通顺,但由于"传唤"在法语中另有专词,与此不同,且"传唤"在汉语中专指"司法机关通知诉讼当事人于指定的时间、地点到案所采取的一种措施",用法过于狭窄,也不理想。考虑到这个词既是一个带有法律意味的用语,同时又用在并非严格司法的场合,我们把它改译为"唤问",取其"唤来问讯"之意(清·黄六鸿《福惠全书·编审·立局·亲审》有"如审某里某甲,本甲户长,先投户单,逐户唤问"一说)。有的地方也译为"呼唤"。——译注

没发表的手稿《论社会关系的再生产》①中抽出来的。这一理论对于分析**臣服**和**主体化**过程具有重大贡献。今天，在当时未发表的部分公之于世后，我们会发现，对于他的一些同时代人，例如被他们自己的"象征资本"和"权力关系"问题所纠缠的布尔迪厄和福柯来说，它代表了一种激励和巨大的挑战。它在今天尤其启发着一些法权理论家和强调话语"述行性"的女性主义者（尤其是朱迪斯·巴特勒）②。阿尔都塞关于马基雅维利的遗著《马基雅维利和我们》（写于1972—1976年）出版后，也让我们能更好地了解那些关于意识形态臣服形式再生产的思考，是如何与关于集体政治行动的思考接合在一起的，因为政治行动总要以"挫败"意识形态为前提。这些思考响应着他对哲学的"实用主义的"新定义。哲学不是认识的方法论或对历史概念的辩证考察，而是一种"理论中的阶级斗争"，或更一般地说，是一种思想的**战略**运用，旨在辨别出——哪怕最抽象的——话语之间的"力量对比"，这种力量对比所产生的作用不是保持（葛兰西曾称之为**领导权**作用）就是抵抗和背叛事物的现存状态。

这一时期阿尔都塞的哲学工作（经常因各种政治论争和他自己不时的躁狂抑郁症的影响而打断和分心），与其说是建立了一

---

① 路易·阿尔都塞，《论再生产》(*Sur la reproduction*)，法国大学出版社，"今日马克思：交锋"丛书（Collection «Actuel Marx：Confrontations»），2011年，第2版。（中文版已收入"阿尔都塞著作集"，吴子枫译，西北大学出版社，2019年。——译注）

② 见朱迪斯·巴特勒（Judith Butler）的《权力的精神生活：臣服的理论》(*The Psychic Life of Power, Theories in Subjection*, 1997)和《易兴奋的言辞：述行语的政治》(*Excitable Speech. A Politics of the Performative*, 1997)。

个体系,不如说是构成了一片堆放着各种开放性问题的大工地,其中**主体性和政治行动**之间关系的难题,以某种方式替代了**社会结构和历史形势**之间关系的难题。更确切地说,他是要使这个难题变得复杂化,在某种程度上是要解构它。比起此前的阶段,这个时期更少完整的体系性建构,更少可以被视为是"阿尔都塞哲学"原理的结论性"论点"。但这一时期存在着一种"理论实践",一种时而大胆时而更具防御性的思考的努力,它证明了一种受到马克思主义启发的思想的转化能力,证明了在当下和当下的变化中追问现实性(actualité),也就是说在追问(福柯所说的)"我们之所是的存在论"时,政治与哲学之间的交叉相关性。我们都知道,这种努力被一连串(相互之间可能并非没有联系的)悲剧性事件所打断:首先,在集体方面,是"现实的社会主义"和马克思主义思想的全面化危机开始了(在 1977 年 11 月由持不同政见的意大利共产主义团体《宣言报》组织的关于"后革命社会中的权力和对立"威尼斯研讨会上,阿尔都塞本人通过一次著名的发言对这一危机作出了诊断)①;其次,在个人方面,是阿尔都塞 1980 年 11 月在躁狂抑郁症发作时杀死了自己的妻子埃莱娜(这导致他被关入精神病院,直到 20 世纪 80 年代中期才从那里离开过几年)。

---

① 《宣言:后革命社会中的权力和对立》(Il Manifesto: *Pouvoir et opposition dans les sociétés postrévolutionnaires*),Seuil 出版社,1978 年。阿尔都塞这次发言的文本现在还收入阿尔都塞另一文集《马基雅维利的孤独》(*Solitude de Machiavel*)中,伊夫·桑多默(Yves Sintomer)整理并评注,"今日马克思:交锋"丛书,法国大学出版社,1998 年,第 267—280 页。(阿尔都塞在会议上所作的发言题为《马克思主义终于危机了!》——译注)

一些重要的、同时也比以前更为片段式的文稿(虽然其中有几篇比较长)恰好产生于接下来的时期。首先是一部自传文本《来日方长》(写于1984年),其中披露了和他的生活、思想变化有关的一些珍贵资料——这部著作的中文版已经先于这套阿尔都塞著作集出版了①。正如通常在自传写作中也会有"辩护的"一面那样,因为阿尔都塞的这部自传受到他自我批评倾向甚或自我惩罚倾向的过度决定,所以最好不要把它所包含的那些"披露"或"忏悔"全部当真。我们仍缺少一部完整的阿尔都塞传记(扬·穆利耶·布唐早就开始写的《阿尔都塞传》至今没有完成)②。大家尤其会注意到这一时期专门围绕"偶然唯物主义"这个观念所写的那些断章残篇。"偶然唯物主义"是阿尔都塞为了反对"辩证唯物主义"而造的一个词,他用它来命名一条看不见的线索。这条线把古代希腊-拉丁原子论哲学家(德谟克利特、伊壁鸠鲁、卢克莱修)与一些经典然而又异类的思想家,如马基雅维利(因为他关于"能力"和"幸运"统治着政治事件的理论)、斯宾诺莎(因为他对自然和历史中合目的性观念的坚决反对)、卢梭(因为他在《论人与人之间不平等的起源和基础》中把人类文明的开始描绘为一系列偶然事件)、阿尔都塞所阐释的马克思(阿尔都塞把马克思从

---

① 阿尔都塞,《来日方长》,蔡鸿滨译,陈越校,上海人民出版社,2013年。——译注

② 扬·穆利耶·布唐(Yann Moulier Boutang),《路易·阿尔都塞传(第一部分)》[*Louis Althusser: une biographie*(1ʳᵉ *partie*)](即《路易·阿尔都塞传:神话的形成(1918—1956)》——译注),Grasset出版社,1992年(2002年再版袖珍本)。

其黑格尔主义中"氽了"出来),乃至与当代哲学的某些方面比如德里达(因为他对起源观念的批判和他关于踪迹"播撒"的理论)连接了起来。说实话,关于偶然唯物主义的那些主题在阿尔都塞思想中算不上是完全新颖的,它们只是以一种新的哲学"代码"重新表述了那些从一开始就存在的立场,并使之变得更激进了(尤其是由于阿尔都塞强调,在对历史进行概念化的过程中,"形势"具有优先性)——这一点已经由最近一些评论者明确地指了出来①。与那些主题共存的是一种对共产主义的表述:共产主义不是人类发展的一个未来"阶段",而是一种"生活方式",或一些在资产阶级社会"空隙"中就**已经存在**的、逃避各种商品形式统治的实践的集合。这个隐喻可以远溯到伊壁鸠鲁,中间还经过马克思(关于商品交换在传统共同体"缝隙"或"边缘"发展)的一些提法。② 这些主题的未完成性、片段性,与一个时代(我们的时代)

---

①尤其见爱米利奥·德·伊波拉(Emilio de Ipola)的著作《阿尔都塞:无尽的永别》(*Althusser, El infinito adios*),Siglo XXI Editores,2007年(法文译本 *Althusser. L'adieu infini*,艾蒂安·巴利巴尔序,法国大学出版社,2012年),以及沃伦·蒙塔格(Warren Montag)的著作《阿尔都塞及其同时代人:哲学的永久战争》(*Althusser and His Contemporaries: Philosophy's Perpetual War*),杜克大学出版社(Duke University Press),2013年。

②参见马克思《资本论》,《马克思恩格斯文集》第五卷,人民出版社,2009年,第97页:"在商品生产者的社会里,一般的社会生产关系是这样的:生产者把他们的产品当作商品,从而当作价值来对待,而且通过这种物的形式,把他们的私人劳动当作等同的人类劳动来互相发生关系。对于这种社会来说,崇拜抽象人的基督教,特别是资产阶级发展阶段的基督教,如新教、自然神教等等,是最适当的宗教形式。在古亚细亚的、古希腊罗马的等等生产

的精神是相一致的。这个时代的特点就是,一方面,各种权力关系和统治关系是否能持久,还具有很大的不确定性;另一方面,文

方式下,产品变为商品、从而人作为商品生产者而存在的现象,处于从属地位,但是共同体越是走向没落阶段,这种现象就越是重要。真正的商业民族只存在于古代世界的空隙中,就像伊壁鸠鲁的神只存在于世界的空隙中,或者犹太人只存在于波兰社会的缝隙中一样。这些古老的社会生产机体比资产阶级的社会生产机体简单明了得多,但它们或者以个人尚未成熟,尚未脱掉同其他人的自然血缘联系的脐带为基础,或者以直接的统治和服从的关系为基础。它们存在的条件是:劳动生产力处于低级发展阶段,与此相应,人们在物质生活生产过程内部的关系,即他们彼此之间以及他们同自然之间的关系是很狭隘的。这种实际的狭隘性,观念地反映在古代的自然宗教和民间宗教中。只有当实际日常生活的关系,在人们面前表现为人与人之间和人与自然之间极明白而合理的关系的时候,现实世界的宗教反映才会消失。只有当社会生活过程即物质生产过程的形态,作为自由结合的人的产物,处于人的有意识有计划的控制之下的时候,它才会把自己的神秘的纱幕揭掉。但是,这需要有一定的社会物质基础或一系列物质生存条件,而这些条件本身又是长期的、痛苦的历史发展的自然产物。"另见《来日方长》阿尔都塞本人的论述:"当时我坚持这样的看法:从现在起,'共产主义的小岛'便存在于我们社会的'空隙'里(空隙,这个词是马克思——仿照伊壁鸠鲁的诸神在世界中的形象——用于描述古代世界最初的商业中心的),**在那里商品关系不占支配地位**。实际上,我认为——我在这一点上的思考是和马克思的思想相一致的——共产主义的唯一可能的定义——如果有朝一日它在世界上存在的话——就是**没有商品关系**,因而没有阶级剥削和国家统治的关系。我认为在我们当今的世界上,确实存在着许许多多的人类关系的小团体,都是没有任何商品关系的。这些共产主义的空隙通过什么途径才能遍及整个世界呢?没有人能够预见——无论如何,不能再以苏联的途径为榜样了。"见阿尔都塞,《来日方长》,前引,第240－241页。——译注。

化和社会的变化正在成倍增加,它们是不是会"结合"成某种独特的文化形式(同时也更是政治形式),则完全无法预见。在这种语境中,"最后的阿尔都塞"的断章残篇,具有撼动其他已确立的价值的巨大价值(因为它们永远盯着一部分人对另一部分人的统治问题,盯着被统治者获得解放的希望问题)。但是,我们显然不应该期待这些文章能为我们所生活的世界提供完整而切近的解释。

今天中国公众将有一套中文版阿尔都塞著作集,这是一件非常重要、非常令人高兴的事,因为迄今为止,翻译到中国的阿尔都塞著作还非常少①。当然,这套著作集的出版是一个更大的进程的一部分,这个进程让这个国家的知识分子、大学师生甚至广大公众,能够接触到"资本主义"西方知识生产的整个成果(而他们曾经在几十年间得不到这样的机会),因而这个进程也会使得这

---

① 感谢吴志峰先生提供的线索,我很高兴在这里提醒大家,早在1984年10月,商务印书馆(北京)就出版了顾良先生翻译的《保卫马克思》(附有1972年的《自我批评材料》)。这是个"内部发行"版,只有某些"内部"读者可以得到。在此之前,顾良先生翻译了《马克思主义和人道主义》一文,发表在《哲学译丛》1979年12月第6期上,这是中国发表的第一篇阿尔都塞的文章。1983年乔治·拉比卡在巴黎十大(南特大学)组织召开纪念马克思逝世100周年研讨会,我在会上认识了顾良先生,从此我们成了朋友。顾良先生是外文出版社(北京)的专业译者(顾良先生当时实际上在中央编译局工作。——译注),尤其参加过毛泽东著作法文版的翻译,但同时他还利用挤出来的"自由时间",把一些自己认为重要的法国哲学家和历史学家的著作翻译成中文。顾良先生是把阿尔都塞著作翻译成中文的先行者,在这里我要向他致敬。

套著作集的出版在这个"全球化"世界的知识交流中发挥重要作用(正如在其他领域已经发生的情况那样)。当然,希望法国公众自己也能更多地了解中国过去曾经发生和今天正在发生的哲学争论。而就目前来说,除了一些专家之外,翻译上的不充分构成了一个几乎不可克服的障碍。最后,这还有可能引起我们对翻译问题及其对思想范畴和历史命运的普遍性产生影响的方式进行共同的思考①。但我想,中国读者之所以对阿尔都塞的知识和政治轨迹感兴趣,还有一些特别的原因:因为阿尔都塞多次与中国有交集,更确切地说,与在"毛泽东思想"指引下建设的中国共产主义有交集,并深受后者的影响。从另一方面来说,我们自己也需要对阿尔都塞与中国的这种相遇持一种批判的眼光,因为它很可能过于依赖一些在西方流传的神话,其中一些变形和过分的东西必须得到纠正。中国读者对我们向他们传回的他们的历史形象所作的反应,在这方面毫无疑问会对我们有所帮助。

阿尔都塞与毛泽东思想的第一次"相遇"发生在两个时刻,都与《矛盾论》有关,这一文本现在通常见于"四篇哲学论文"②,后者被认为是毛泽东根据自己 1937 年在延安印发的关于辩证唯物

---

①在英语世界,这方面出现了一批特别值得关注的著作,比如刘禾(Lydia H. Liu)的研究(她在纽约哥伦比亚大学任教)。参见刘禾主编《交换的符码:全球化流通中的翻译难题》(*Tokens of Exchange*: *The Problem of Translation in Global Circulations*),1999 年由杜克大学出版社(Duke University Press)出版。

②应指 *Quatre essais philosophiques*(《毛泽东的四篇哲学论文》法文版),外文出版社,1966 年,内收《实践论》《矛盾论》《关于正确处理人民内部矛盾的问题》《人的正确思想是从哪里来的?》等四篇论文。——译注

主义的讲授提纲而写成的①。早在1952年,《矛盾论》就被翻译成法文,刊登在法共官方刊物《共产主义手册》上。今天我们了解到,对这篇文章的阅读让阿尔都塞震惊,并给他带来了启示②。一

---

①毛泽东论文原标题为《辩证法唯物论(讲授提纲)》,系使用了"matérialisme dialectique"的旧译法。据《毛泽东著作选读》(人民出版社,1986年,第179页)的说明,《矛盾论》是《辩证法唯物论(讲授提纲)》第三章中的一节《矛盾统一法则》。"这个讲授提纲一九三七年九月曾印过油印本,一九四零年由延安八路军军政杂志社出版单行本,均未署作者姓名。《矛盾论》,一九五二年四月一日在《人民日报》正式发表。"又据布唐《路易·阿尔都塞传:神话的形成》(前引,第473页),毛泽东《矛盾论》的法文译本分两期发表于《共产主义手册》(1951年2月号、1952年8月号)。另外,此处作者有误,四篇哲学论文中的《关于正确处理人民内部矛盾的问题》是毛泽东1957年2月27日在最高国务会议第十一次(扩大)会议上的讲话,《人的正确思想是从哪里来的?》是毛泽东1963年5月修改《中共中央关于目前农村工作中若干问题的决定(草案)》时增写的一段话,两者都不是根据关于辩证唯物主义的讲授提纲而写成的。——译注

②这些信息哲学家吕西安·塞夫早就告诉了我。在2015年3月《思想》杂志组织召开的阿尔都塞著作研讨会上,吕西安·塞夫在演讲中又再次提到这一点。塞夫本人过去也是阿尔都塞在高师的学生,然后又成为阿尔都塞的朋友,他是20世纪60年代法共内部围绕辩证法和马克思主义人道主义问题进行的争论的主角之一。在(1966年在阿尔让特伊召开的中央委员会上)法共领导层用各打五十大板的方式"解决"了罗歇·加罗蒂的人道主义马克思主义和阿尔都塞的"反人道主义的"马克思主义之间的冲突之后,吕西安·塞夫正式成为党的哲学家,虽然他在"辩证法的颠倒"和哲学人类学的可能性问题上与阿尔都塞观点相左,但他与后者却一直保持着非常要好的私人关系,他们之间的通信持续了三十多年。已经预告要出版的他们之间的通信集,对于理解法国共产主义这一时期的历史和阿尔都塞在其中所占据的位置来说,将成为一份首屈一指的重要文献。

方面,作为获得胜利不到三年的中国革命的领袖,毛对阿尔都塞来说似乎是一个"新列宁":实际上自1917年以来,共产党的领袖第一次既是一位一流的马克思主义哲学家(即一位货真价实的哲学家),又是一位天才的政治战略家,他将革命力量引向了胜利,并显示了自己有能力用概念的方式对革命胜利的根据进行思考。因此,他是理论和实践相统一的化身。另一方面,毛的论述完全围绕着"事物对立统一的法则"进行,把它当作是"唯物辩证法的最根本法则",而没有暗示任何别的"法则"(这与斯大林1938年在《论辩证唯物主义和历史唯物主义》——它本身受到恩格斯《自然辩证法》笔记的启发——中的论述相反),尤其是,毛还完全忽略了"否定之否定"这条在官方马克思主义当中最明显地从黑格尔"逻辑学"那里继承下来的法则。最后,在阐述"主要矛盾和次要矛盾""矛盾的主要方面和次要方面""对抗性矛盾和非对抗性矛盾"等概念,在阐述这些不同的项之间相互转化的可能性(这决定了它们在政治上的使用)时,毛没有满足于形式上的说明,而是大量提及中国革命的特殊性(尤其是中国革命与民族主义之间关系的变化)。根据吕西安·塞夫的证词,阿尔都塞当时认为,人们正面临着马克思主义哲学史上的一次决定性革新,可以完全更新关于马克思主义哲学的理解和教学(尤其在"党校"中),结束在他看来构成这方面特点的教条主义和形式主义。然而在当时,阿尔都塞对这些启示还没有进行任何公开的运用①。

---

① 关于这些哲学文本是否能归到毛泽东名下的问题,尤其是它们与毛泽东此前学习过并能从中得到启发的苏联"范本"相比具有多少原创性的问题,引发了大量的讨论和争论:参见尼克·奈特(Nick Knight)细致的研究《1923—

这种运用出现在十年之后。当时为了回应由他的文章《矛盾与过度决定》(最初发表于 1962 年 12 月,后收入 1965 年出版的文集《保卫马克思》)所引发的批评,他在一篇标题就叫《关于唯物辩证法(论起源的不平衡)》的文章(该文发表于《思想》杂志 1963 年 8 月号,后也收入《保卫马克思》一书)中提出,要对唯物辩证法的难题进行全面的改写。我不想在这里概述这篇论文的内容,大家可以在中文版《保卫马克思》中读到它;它是阿尔都塞最著名的文章之一,是我在上文描述过的他的最初那套哲学的

1945 年的中国马克思主义哲学:从瞿秋白到毛泽东》(*Marxist Philosophy in China: From Qu Qiubai to Mao Zedong*, 1923—1945),多德雷赫特(Dordrecht),斯普林格(Springer)出版社,2005 年。从这本书中我们可以特别了解到,《矛盾论》的研究只是毛泽东围绕"辩证法的规律"所作的几次报告之一,这就意味着事实上他并没有"排除否定之否定"。尽管如此,毛泽东只愿意发表(大概还重新加工了)这次关于矛盾作为"对立同一"的报告,让它广为发行,这个事实本身就完全可以说明问题。另一方面,1966 年出版的"哲学论文"集还包括其他文本(尤其是其中的《实践论》同样来自延安的讲稿),而阿尔都塞从来没有对那些文本感兴趣。[注意,正文中的"对立统一"和脚注中的"对立同一",原文分别为"unité des contraires"和"identité des contraires",它们均来自对《矛盾论》的法文翻译。而《矛盾论》原文中的"同一(性)"和"统一(性)"两种提法,意思是等同的。如文中明确指出,"同一性、统一性、一致性、互相渗透、互相贯通、互相信赖(或依存)、互相联结或互相合作,这些不同的名词都是一个意思"。参见《毛泽东著作选读》,人民出版社,1986 年,第 168 页。在引用列宁的论述时,毛泽东也把"统一"和"同一"看作是可以互换的同义词,如上引第 173 页,"列宁说:'对立的统一(一致、同一、合一),是有条件的、一时的、暂存的、相对的。"——译注]

"基石"①。我只想提醒大家注意一个事实,阿尔都塞在这里把毛变成了两种观念的持有人甚至是发明人。在他看来,这两种观念标志着与马克思主义中黑格尔遗产的"断裂":一是关于一个总体(本质上是社会的、历史的总体,如1917年的俄国、20世纪30年代的中国、60年代的法国)的各构成部分的**复杂性**的观念,这种复杂性不能化约为一个简单而唯一的原则,甚或某种本质的表现;二是关于构成一切发展或过程的**不平衡性**的思想,这种不平衡性使得矛盾的加剧带来的不是"超越"(就像黑格尔的否定之否定模式一样),而是"移置""凝缩"和"决裂"。以上涉及的只是阿尔都塞对毛的观念发挥的"纯"哲学方面,但还应该考察这种发挥的政治"形势"的维度。问题来自这样一个事实:即在1963年,毛泽东对法国共产党来说还是一位不知名的作者,而且无论如何,人们认为他不够正统(此外葛兰西也一样被认为不够正统,虽然理由相反)。这种糟糕的接受状况,是由中共和苏共之间在政治上已经很明显的不和所过度决定的,这种不和包含着20世纪国家共产主义大分裂的某些预兆,也标志着它的开始。在这种冲突中,法共采取了自己的立场,最终站在苏联一边,也就是赞同赫鲁晓夫,反对毛,但这种归顺并非是立即就发生的,远非如此。1956年苏共二十大召开之时,唯一在自己的讲话中引用斯大林(1953年去世)的共产党领袖只有多列士和毛泽东,而且他们联手反对公开发表赫鲁晓夫揭露斯大林罪行、掀起去斯大林化运动的"秘密

---

①"基石"的提法来自列宁,参见《马克思主义的三个来源和三个组成部分》,《列宁选集》第二卷,人民出版社,2014年,第312页:"剩余价值学说是马克思经济理论的基石。"——译注

报告"。这时阿尔都塞在自己的文章中批判人道主义,宣布"个人崇拜"范畴无效(说它"在马克思主义中是找不到的"),拒绝用"斯大林主义"这个概念(他总是更喜欢用"斯大林偏向"的概念),最后,更是赞美毛的哲学天才并加以援引,这些合在一起,在法共的干部和领袖们身上造成的后果,怎么能不加以考虑呢?这些极可能是在努力延续旧的方式,以抵制"去斯大林化",而不是为"从左面批判"斯大林主义提供新的基础——尽管"从左面批判"斯大林主义可能与他的目标更加一致。对此还要补充的是,法国共产党(和其他共产党)中的去斯大林化更多的只是说说而已,并没有实际行动,而且根本没有触动党的运行方式(所谓的"民主集中制")。

这显然不是要通过附加评注的方式(就像他对待毛泽东的《矛盾论》一样)把阿尔都塞的意图归结为一些战术上的考虑,或归结为把赌注押在党的机器内部张力上的尝试。我更相信他想指出,面对任何控制和任何被强加的纪律,一个共产党人知识分子(其介入现实是无可厚非的)可以并且应该完全自由地把他随便在哪里发现的理论好处"占为己有"(何况他还同样引用过葛兰西,尽管更多是以带有批评的方式引用,同时又力求把后者从当时被利用的方式中剥离出来。因为葛兰西当时被用于为陶里亚蒂领导下的意大利共产党的路线辩护,而这条路线带有"极端赫鲁晓夫色彩",赞成一种更激进的去斯大林化运动)。但我同样认为,阿尔都塞不可能这么天真,会不知道在共产主义世界对理论权威的引用,总是起着对知识分子进行鉴别和分类的作用。想根据那些引用本身来避免"偏向"是靠不住的。无论如何,这些引用事后肯定使得阿尔都塞更容易与"亲华"立场接近,尽管这又带来了一些新的误会。①

接近和误会出现在几年之后,出现在我们可以视为阿尔都塞与毛主义**第二次相遇**的时刻。但这次的相遇发生在全然不同的

———————

① 关于这篇序言,我和刘禾有过一次通信,她提到一个值得以后探索的问题。她说"我在重新思考 1964 年阿尔都塞对人道主义的批判,联想到差不多同时在中国也曾发生类似的辩论,尤其是周扬的文学批评。阿尔都塞和周扬都把苏联作为靶子。那么我想问一下,阿尔都塞当时对周扬 1963—1964 年期间的文章有没有了解,他读过周扬吗? 比如他能不能看到《北京周报》(Pekin Information)上的那些文章? 法共和左翼知识分子当时有没有订阅那份刊物? 如果没有的话,你们通过什么其他渠道能看到中国马列理论家在 1960 年代所发表的文章?"我的回答是,阿尔都塞恐怕没听说过那场辩论,至少我本人不记得他提起过,而且这方面也没有翻译。刘禾在给我的信中还说:"无论是阿尔都塞还是周扬(他是文学批评家,曾当过文化部副部长),都在批评赫鲁晓夫的修正主义。因此毫不奇怪,两人对'人道主义'也有同样的批评,都称之为'小资产阶级意识形态'。我对这个问题很感兴趣,因为周扬曾出席继万隆会议之后亚非作家协会 1958 年在塔什干举办的第一次大会,在那次大会上,第三世界作家是以'人道主义'的名义谴责殖民主义和帝国主义的 [我认为弗朗兹·法农的《全世界受苦的人》(Les Damnés de la Terre)也同属一个思想脉络]。你对'中共与苏共之间的政治分歧'这一语境中出现的'社会主义人道主义'的讨论,作了精彩的分析,这让我对万隆精神所体现的人道主义与社会主义人道主义之间的复杂纠缠,产生很大的兴趣。在我看来,这里的关键似乎是人道主义的地缘政治,而非'小资产阶级意识形态'的问题。我强调地缘政治的原因是,美国国务院曾经暗中让几个亚洲国家(巴基斯坦、菲律宾、日本等国)代表美国对万隆会议进行渗透,迫使周恩来对《世界人权宣言》中的一些人权条款作出让步。目前已经解密的美国国务院的档案提醒我们,恐怕还要同时关注冷战中在马克思主义的辩论之外的'人道主义'话语"。

环境中,并且有着完全不同的目标。1966年12月,受到中国当局的鼓舞,一部分人从共产主义大学生联盟分裂出来,正式创建了"毛主义"组织马列共青联(UJCML),这个团体的许多领袖人物都是阿尔都塞的学生或门徒,尤其是罗贝尔·林阿尔,阿尔都塞一直与他保持着友好关系,后来还和他一道对许多主题进行了反思:从苏联突然转向极权政体的根源,到"工人调查"的战斗实践。这些个人的原因并不是孤立的。在当时西方一些最激进(或最反对由西方共产党实施的不太成功的"议会民主"战略)的共产党人知识分子身上,可以看到对中国"文化大革命"(1966年正式发动)的巨大兴趣。他们把这场革命阐释为、或不如说想象为一场由青年工人和大学生发动的、受到反对自己党内"资产阶级化"领导人和社会主义中"资本主义倾向"的毛泽东支持的激进民主化运动,目的是反对中国党和政府内的官僚主义。因此,阿尔都塞从毛主义运动伊始就对它持同情态度(虽然他肯定是反对分裂的),并且在某些时候,任由自己在法共的纪律(他总是希望对法共施加影响)和与毛主义青年的合作之间"玩两面手法"。恰好1967年发表了一篇"论文化大革命"的匿名文章("马列共青联"理论和政治机关刊物《马列主义手册》第14期,出版时间署的是1966年11—12月),人们很快就知道这篇文章实际上是阿尔都塞写的①。在这篇文章中,阿尔都塞虽然也援引了中国共产党解释"文化大革命"、为"文化大革命"辩护的声明,但他以自己重建的

---

① 我们可以在电子期刊"错位:阿尔都塞研究"上找到这篇文章,那是2013年贴到该网站上的:http://scholar.oxy.edu/decalages/vol1/iss1/8/(参考阿尔都塞的《来日方长》,前引,第366页。——译注)

历史唯物主义为基础,给出了一种阐释。而早在《保卫马克思》和《阅读〈资本论〉》中,他就已经开始从社会形态各**层级**或**层面**的角度重建历史唯物主义了。"文化大革命"作为"群众的意识形态革命",是要对意识形态上层建筑进行革命,这正如夺取政权是解决政治上层建筑问题,改造生产关系是解决经济下层建筑问题一样。而这场发生在意识形态上层建筑中的革命,从长远来说,本身将成为其他两种革命成功的条件,因而作为阶级斗争的决定性环节,它恰好在意识形态中展开(构成意识形态的除了**观念**之外还有**姿态**和**风俗**——人们会在他后来对"意识形态国家机器"的定义中发现这种观点)。①

这样玩两面手法,使阿尔都塞在政治上和情感上付出了极高的代价。因为其结果是,这两个阵营的发言人立即就以极其粗暴的方式揭露了他。所以我们要思考一下,是什么促使阿尔都塞冒这样的风险。除了我上面提到过的那些个人原因,还要考虑到这样一个事实,即他所凭借的是错误的信息,它们实际上来自宣传,而在中国发生的那些事件的真正细节他并不清楚。他从那些信息中看到"从左面批判斯大林主义"的一些要素,但其实这种批判可能并不存在,或者并

---

① 在简要介绍阿尔都塞与毛主义的"第二次相遇"时,我主要关注他与创建"马列共青联"的那些大学生之间的关系。那些人有很多是阿尔都塞的学生和朋友,在我看来这方面是主要的。我把另一个问题搁在了一边,要了解阿尔都塞后来在什么时候与夏尔·贝特兰(Charles Bettelheim)——贝特兰本人经常访问北京(他还炫耀过自己与周恩来的私人关系)并在国际共产主义运动的分裂中站在中国一边——建立了联系。无论如何,这最晚是在《阅读〈资本论〉》出版之后发生的事。《阅读〈资本论〉》产生了一个长期后果,决定了两"拨"研究者之间的合作,这一点可以从他们的某些出版物中找到一些蛛丝马迹。

不是"主要方面"。除此之外，我认为还有一种更一般的原因，植根于阿尔都塞最深刻的"共产主义"信念。国际共产主义运动的分裂在他看来是一场悲剧，不但削弱了"社会主义阵营"，还削弱了反资本主义和反帝国主义的整体力量。但他认为，或者他希望这只是暂时的，因为要共同对抗帝国主义。他显然没想到，恰恰相反，这次正好是帝国主义和资本主义可以在社会主义国家之间"玩弄"意识形态和地缘政治的对抗把戏，好让它们服从自己的战略，为它们"改换阵营"铺平道路。我推想当时阿尔都塞还认为，一旦统一重新到来，"马克思主义哲学家"必将在那一天齐聚一堂，携手并进，复兴重铸马克思主义理论的革命事业，在某种程度上像"正在消失的"中间人那样起作用（或"消失在自己的干预中"，像他 1968 年在《列宁和哲学》中所写的那样）。以上原因（当然只是从我这一方面提出的假设），说明了为什么阿尔都塞想要同时保持与两个阵营之间的友好关系，或不与任何人决裂（这显然是无法实现的目标，并注定会反过来对他自己不利）。

我并不想暗示阿尔都塞与"毛泽东思想"以及与西方毛主义运动之间关系的变迁，包含着他哲学思想和政治思想转移的"秘密"，尽管前者有助于解释那些内在的张力；我更不想暗示那些关系的变迁构成了中国读者今天对阿尔都塞思想及其历史感兴趣的主要原因。尽管如此，我还是想承担一切风险对它们进行总结，为的是一个超出趣闻轶事的理由：在当今世界，中国占据着一个完全是悖论性的位置……为了预见我们共同的未来，我们既需要理解它的真实历史，也需要理解之前它在国外被接受的形象（特别是研究"革命"和"阶级斗争"的哲学家和理论家所接受的形象），以便把两者区别开来，形成一些新概念，建立一些新形象。阿尔都塞著作在中国公众中的传播，以及对这些著作语境的尽可能准确的认识,是上述理解的一部分(哪怕是微小的部分)。

最后,我要再次感谢请我写这篇序言的朋友,并祝已经开始出版的这套著作集的所有未来读者阅读愉快,希望他们带着尽可能批判的态度和最具想象力的方式去阅读。

2015 年 3 月 22 日于巴黎

(吴子枫 译)

法文版编者说明

弗朗索瓦·马特龙

"如果我承认自己写作这些文本——《孟德斯鸠》小册子、《保卫马克思》里的文章和《阅读〈资本论〉》的两个章节——中任何一篇的目的都不是要把它们当作大学的学位论文来提交,我想应该不会让任何人感到惊讶或不快。不过,在 26 年前,即 1949—1950 年,我的确曾把一个(通常所说的)'大论文'是研究法国 18 世纪政治和哲学,而'小论文'是研究让-雅克·卢梭《第二篇论文》①的计划,递交给了伊波利特先生和扬凯莱维奇先生。实际上,正如我关于孟德斯鸠的论文所表明的那样,我从来没有真正放弃过这个计划。为什么要提到这一点呢?因为这跟我递交给诸位的那些文本有关系。我当时已经是一个共产党人了,因此我也在努力地成为一个马克思主义者——也就是说,我在努力地尽我所能,去理解马克思主义**意味**着什么。所以我就打算把这项研究 18 世纪哲学和政治的工作当成理解马克思思想所必需的预备

---

① 即《论人与人之间不平等的起源和基础》,卢梭第二篇应第戎科学院征文而写的论文,在本书正文中都被简称为《论不平等的起源》,下同。——译注

科目。事实上,我当时已经开始用某种方式在实践着哲学了,以后我也从来没有放弃过这种方式。"①

如何理解"亚眠答辩"中的"实际上"这个有点修辞意味的词呢?当阿尔都塞在1975年"用著作"进行论文答辩时②,他在上文中作为证据而提到的关于孟德斯鸠的著作已经完成很久了。此外,除了发表于1976年的论卢梭的文章③——这篇文章讨论的完全不是《论不平等的起源》,而是《社会契约论》——之外,他再也没有发表过关于"18世纪哲学和政治"的任何文章。不过,这项工作,确实以它自己的形式,即不是通过论文的或出版的形式,而是通过讲义——这是阿尔都塞思想的主要组成部分之一——的形式而进行着。完全从外表看,这些讲义几乎都是用于辅导教师学衔考试,带有属于那种训练的特殊限制。

阿尔都塞1975年5月24日写给女友克莱尔的一封信,可以让我们大体了解他和他所担任的教师学衔考试辅导教师工作的关系。"教师学衔考试(笔试)现在已经结束了。我看到我的那些

---

① 路易·阿尔都塞,"亚眠答辩"(《Soutenance d'Amiens》),载《立场》(*Positions*),社会出版社(Éditions sociales),1976年,第127页[收入《马基雅维利的孤独》(*Solitude de Machiavel*),法国大学出版社,1998年,第201页]。(参见《在哲学中成为马克思主义者容易吗?》,《哲学与政治:阿尔都塞读本》,陈越编,吉林人民出版社,2003年,第172—173页,译文有修改。——译注)

② 参见阿尔都塞,《来日方长》,蔡鸿滨译,陈越校,上海人民出版社,2013年,第118页。——译注

③《论"社会契约"》(《Sur le " Contrat social "》),载《分析手册》(*Cahiers pour l'analyse*),1969年第8期。(中文版收入《哲学与政治:阿尔都塞读本》,前引。——译注)

小伙子们从最后一场愚蠢的科目考试中出来时筋疲力尽。他们向我讲他们考试的事,而我则帮他们发掘一些优点,以消除他们的不安……在这项辅导工作中,绝大部分属于人的心理学。就像面对那些学体育的人,我是教练,必须在战斗的前夜引导他们克服自己的不自信,同时帮助他们超越自己的无知。我教导那些一无所知的人,他们具有理想的成功条件;告诫那些无所不知的人,他们有时必须忘记自己的知识;鼓励那些打哆嗦的人,他们的恐惧就是最好的激励。除此之外,我还知道什么呢?对于他们反应的动机,对于我的干预——这干预或者是公开的,或者是以沉默的方式进行——的后果,我都没有作错误的估计。这是一门非常特殊的具体科学,必须要有耐性,并且要对所期望的后果、对从当前的困难中产生的成长过程和难以觉察的未来有正确的估量。过去,我在这上面投入了极大的热情,并生活得与他们在大学生活发生重大事件时几乎同样紧张。现在,我再也没有那样的激情了,我只满足于做同样的姿势、说同样的话、保持同样的沉默,但却保持着距离,就像我在进行一场表演,但我并没有在游戏的真实性上欺骗自己。多么大的秘密呀!"

虽然这封信仅仅提到那个"非常特殊的具体科学"——也就是教师学衔考试辅导——的非概念方面,但那种含糊不清、强烈而有时又靠不住的激情,也是阿尔都塞对自己那些课程的对象(即哲学史)的激情。尽管他是"伟大的教师",却从来没有像任何哲学家那样作为一位"专家"而活着,而当他在那些信中作为"介绍"提及自己的课程时——随着时间的不同,有时候满意,有时候不满意——他经常以一种与学院行话所暗示的角色保持距离的方式谈论它们。这种与哲学教学的关系,与哲学史的关系,本身是多面的。它有例行公事的一面:它只不过是一门哲学课程,而真正的思考在别的地方,在那里,哲学"将得到一种与它相称的死亡,一种哲学的死亡"①,它不会被引入教师学衔考试的课程中,哪怕它很高明。它还有其阴暗的一面:它不是,远不是讨好人的游戏:"我越来越相信,而且非常不情愿地相信,我并不是**一个**哲学家……可惜我对哲学产生兴趣时,年龄已如此之大,人生已过去大半,而我此前又没有任何积累。"②但是它还有另一个面向:属于一种思考经验的面向。在这里关键的是,为了达到其高度,要重新抓住一些人的努力,正如阿尔都塞在1956年给克莱尔的另一封信中所骄傲地写道的那样,"那些人曾尽最大的努力试图达到尽可能的清晰"。"我按部就班地工作。奇怪的工作:因为这工作就是重新发现我已经写过的东西! 就是学习我已经做过的事情。许多极为不同的文本。大量的关于柏拉图的讲义,另外还有关于霍布斯、马勒伯朗士、犬儒学派、亚里士多德、圣托马斯、黑格尔、康德的讲义。一大堆关于卢梭、爱尔维修和18世纪历史理论的文本,甚至还有关于海德格尔的文本:我从来都不相信自己会拥有那么多的知识。如果我想从这个整体中抽取某些部分来出版——补充完成、修改、使之成形(去掉课程的学院腔调,使受过教育的人觉得可读),材料几乎都过于丰富了。我肯定要出版其中的一些东西,但……我不知道该从哪里开始! 目

---

①参考《保卫马克思》(*Pour Marx*)一书"序言"中对这种精神状态的回忆。马斯佩罗出版社,1965年,第19页。(参见《保卫马克思》"序言:今天",顾良译,商务印书馆,2006年,第10-12页。——译注)

②1967年7—8月份的信,收入《致弗兰卡的信》(*Lettres à França*),Stock/Imec出版社,1998年,第750-751页。

前,我要把关于霍布斯的讲义打印出来,至少是那些与政治理论有关的部分。我偏爱这个人,他(与帕斯卡尔、拉罗什福科、爱尔维修、部分的孟德斯鸠,以及更晚的19世纪的司汤达一道)完全属于17和18世纪的犬儒主义—悲观主义思潮:与流行的观点相反,我认为这个思潮在思想史中绝对是最重要的。他们是这样一些人:曾尽最大的努力试图达到尽可能的清晰——不容许向他们自己讲述别人经历的故事①;批判自己时代的神话,并真正地试图直抵'根本',不仅是人类行为现实的'根本',还有人们对于自己所处状况的各种幻象的'根本'。卢梭也以自己的方式成为这个传统的精神之子,并在统治着他同时代所有人的那种思想方面具有一种严格性。而在19世纪,则有马克思。你看到,是什么把我就费尔巴哈(他与马克思的关系,他关于人类行为的观念)所做的工作与我对18世纪的研究联系起来:观察一些人以什么代价、通过什么途径,成功地解救出了一点点关于社会的推动力和人类行为的推动力的真理。这是一项未竟的事业……但对它过去状况的认知,对于它的未来来说,并非是无关紧要的。我希望能在这个未来中发挥自己微不足道的作用,并通过对过去投上一点点光,来照亮我们今天所面临的无数的政治、历史、心理和哲学难题中的一小部分。"②

---

①"向他们自己讲述别人经历的故事"原文为"se raconter à eux-mêmes les histoires dont les autres vivaient",其中"se raconter des histoires"是一个固定短语即"给自己编故事"或"自欺欺人"。阿尔都塞曾用它的否定形式即"ne pas se raconter des histoires"("不给自己编故事"或"不自欺欺人")来定义"唯物主义"。参见阿尔都塞《来日方长》,前引,第178页。——译注

②1956年12月27日致克莱尔的信。

19年之后,阿尔都塞最终放弃了他的讲义,而"亚眠答辩"的开场白,几乎可以当成是对这封写给克莱尔的信的注解:在我信中所描述的那种哲学实践,我从来没有放弃过。然而,确切地说是一种什么样的实践?不止是1975年提到的"理解马克思思想所必需的预备科目"的实践,或许首要的,借用雅克·朗西埃的话说①,是一种转瞬即逝的经验,一种"卷起巨大的幕布、揭开盖在现实之上的墓碑"②的努力——在一种异乎寻常的强制性安排中,这既是选择也是被迫,这要看到底是站在法国共产党一边来看,还是站在高等师范学校教师学衔考试课程一边来看。一切都好像是(为了"思考到极端",正如他经常要求的那样)阿尔都塞需要这样的告白,好像自由的风只有在这个已经被接受了、甚至是被他自己所建造的巨大机器中,并且只有逆着它,才能吹出来。"回到马克思"对抗着"马克思主义"的正统观念,关于马基雅维利的私下研究对抗着"结构"的阿尔都塞;完全献给哲学和政治以及它们同体关系的一生,一份对哲学的性质和政治的性质无知的苦涩"记录"③;一个有时候把自己看成是骗子的教师的才华横溢的一生,他这样来

---

①参考雅克·朗西埃,《文本的舞台》(*La scène du texte*),收入西尔万·拉扎卢(Sylvain Lazazrus)编,《雅克·朗西埃著作中的政治与哲学》(*Politique et Philosophie dans l'œuvre de Jacques Rancière*),法国大学出版社,1993年,第47页。

②《致弗兰卡的信》,前引,第524页。

③1967年12月6日信(前引,第754页):"从理论上来说,这个夏天非常艰难,我的意思是从'理论'方面来看……有些东西开始出现'转折',我彻底明白了一系列对我来说一直保持着神秘的现象……我非常粗略地觉察到两件事情:1.哲学和政治有一种有机的联系;2.我以前并不知道什么是政治。你看:平淡无奇的观点——但要确认它们、体验它们,却非常苦涩。"

利用教师学衔考试课程的非专业化：即把它当成不是建立一种新的哲学，而是建立一种"新的哲学实践"，目的是坚持不懈地力求"使事物动起来"。这种实践是阿尔都塞在其自传中所描述的那个含糊不清的"岩心的方法"的组成部分，而这种方法肯定在许多讲义的制订中起了作用："我从某个作者那里（从他的文本本身）记住的，或者从某个学生或朋友口中搜集到的富有表现力的提法，好像都一样可以让我用来作为对于某种哲学思想中所作的**深入探测**。我们知道，在地下深处寻找石油就要靠**探测**。细小的探头深入到地下，然后把通常所说的'岩心'带回到地面上来，这些岩心使人们对地下深处不同地层的构成获得了具体的概念，从而可以使他们鉴别出哪里有石油，或是石油浸透的土壤，以及含水层上下的各种横向地层。现在我十分清楚地看到，我在哲学上的做法也有着同样的方式。我发现的或是搜集到的各种提法，根据它们的构成（以及对它们的分析），好像都一样可以让我用来作为'哲学的岩心'，我可以很容易地据以重构所涉及的哲学的各个不同深层的性质。根据这种方式，而且只有根据这种方式，我才能开始阅读已采出其'岩心'的那些文本。就是根据这种方式，我非常认真地阅读了有限的一些文本，当然我力图严格精确地阅读它们，尽管没有受惠于任何语义学和组合段分析。"①

无论他所干预的是什么领域，我们都只能震惊于阿尔都塞思想状态的极度庞杂，他有能力在一年当中讲授关于卢梭作品中的

---

①《来日方长》(*L'avenir dure longtemps*, 1985)，袖珍本出版社(Livre de Poche)，1994年，第190页（实际在该版第193页，见中文版《来日方长》，前引，第176页。——译注）。

"错位"这样天才的课程,并且还能同时拟订厚厚一本关于"理论与实践的结合"的小册子。因为"实际上"(借用"亚眠答辩"中的这个词),他一直在保持着同样的思想步伐。只不过虽然从现在开始,人们似乎知道了阿尔都塞所"拟订"的几乎全部文本,但他讲义的手写稿和打字稿中的更多的部分,在今天却难以找到了。

*

路易·阿尔都塞的这些讲义都经过精心的准备。其中有一些,比如 1972 年关于马基雅维利的讲义,写得很完整,可以说早就被人阅读过;其他的一些,无论是手写稿还是打字稿,则根据非常言简意赅的笔记提纲而讲授。所有的证据都一致表明:除某些片断以外,很少给即兴发挥留有余地。当他的文档被存入当代出版纪念研究所(IMEC)的时候,他的某些讲义,特别是关于斯宾诺莎的,早已被一种传奇般的光环所笼罩,那些光环在他的自传《来日方长》(在其逝世后于 1992 年出版)中、在他其他的一些身后出版物中,被阿尔都塞继续维持着①。然而,让我们大为吃惊的是,

①参考比如说《论偶然唯物主义》(«Du matérialisme aléatoire»,1986),载《诸众》(Multitudes),2005 年 6 月 21 日,第 183 页:"在高师几节相关的简短课程中,对于大家非常熟悉的斯宾诺莎的'因为我们具有真观念'一句中的几个词,我就是这样去处理的 [……]一节课讨论我们具有(habemus):是的,我们具有真观念。一节课讨论因为(enim):事实上,这是对那种(对我们来说)总是—已经在那儿(toujours-déjà là)的'具有'的回顾性承认。"(中文版见阿尔都塞《论偶然唯物主义》,吴子枫译,载《马克思主义与现实》2017 年第 4 期。另,斯宾诺莎的那句话,见斯宾诺莎,《知性改进论》,贺麟译,商务印书馆,1960 年,第 29 页。——译注)

在他的文档中只找到两份完整的打字稿:分别是1962年和1972年关于马基雅维利的讲义①。这种有点让人不知所措的空白,毫无疑问部分可以由以下事实来解释,那就是阿尔都塞习惯于将自己的讲义借给一些学生或朋友,而他们并不总会将它们归还:几乎与阿尔都塞最后结束课程的同时,大量的复印件得以散布,那些在外面流传的常常是原始的印本。本卷内容的公开出版,可能会唤起一些回忆,并期望某些文件被归还,或者激起某些人将自己的听课笔记提供出来的想法。但在当前时刻,根据阿尔都塞的这些文档,我们还无法获得对于他的全部讲义的一个完整印象。我们只想指出,命运有意让今天可以发表的全部这些东西,一方面与阿尔都塞某些"大学"课程的最明显可见的方面相关——它们通过一些重复讲授的课程(17和18世纪的历史哲学和政治哲学)得以面世;另一方面与他关于马基雅维利的更为"隐秘的"暗中工作相关,后者是他十年间实质上根本不同的两门课程的对象。

由于缺乏所有的录音文件,显然不可能将一门课程复原(无论如何想象)成"像他曾经讲授的那个样子",何况可用的文字材料本身也不完整,甚至根本就付之阙如,所以这种复原工作就更不可能了。因此,这卷文集是一种相对复杂的、充分依赖于可用材料加以建构的产物:一方面依赖于阿尔都塞的手写稿和打字

---

① 它们被阿尔都塞重新修订过,并被冠以"马基雅维利和我们"(*Machiavel et Nous*)的标题。1972年的讲义已被收入1995年由Stock/Imec编辑出版的《哲学与政治文集》(*Écrits philosophiques et politiques*)第二卷中。(中文版收入《哲学与政治·阿尔都塞读本》,前引。——译注)

稿,另一方面依赖于听课者的笔记。

  关于历史哲学的讲义是在1955—1956学年讲授的,此前一些年里,曾有过好几个主题相同的讲座。阿尔都塞的通信显示,这个讲义起先是以一种手写稿的形式存在,但它没有原封不动地保存下来。此后,从1956年年底开始,部分讲义用打字机打印了出来。它们包括以下文件:(1)关于18世纪历史哲学的几页打字稿,但很难确切地知道它们到底是讲义的一部分,还是此前讲座的一部分。(2)关于卢梭的几页打字稿,它们看上去似乎是讲义的一部分。(3)一章关于爱尔维修的打字稿和另一章关于孔多塞的打字稿,后者是由艾蒂安·巴利巴尔提交给当代出版纪念研究所的。(4)关于黑格尔的一份手写稿。(5)一份独立的打字稿,上面手写着日期"50—58年讲义?",标题是"马克思主义历史理论笔记",它的主要部分被并入关于历史哲学的讲义中。至少有两次①,阿尔都塞曾试图将前面四个部分融合为一个更宏伟的整体(可能是一部书的计划),但我们没有发现它的最终成果。

  这份讲义之所以能完整出版,要归功于存放在当代出版纪念研究所的亚历山大·马特龙的听课笔记。当在文档中找不到任何阿尔都塞的打字稿或手写稿的情况下,我们就原封不动地出版这些听课笔记,只作了某些必要的调整。当有打字稿或手写稿的

---

  ①关于孔多塞的片断在打字稿中被当作"第四章乙",而关于爱尔维修的片断则被当作"第五章"。完全不可能知道前面的章节确切地包含着什么内容。关于黑格尔的手写稿的页码是从98页到116页,前面的97页都没有被保存下来。关于卢梭的打字稿的开始两页,有手写的编号"93乙"和"93丙",它们与关于黑格尔的手写稿之间的连续性可能不大。

情况下,则主要以它们为依据来编辑文本。当上述两种文件有所不同时,我们就在注释中统一指出来,并通常优先考虑阿尔都塞本人的稿子(但也并不总是这样:比起听课者的笔记来,它们有时候有脱漏)。还有不可避免的不确定的地方:某些在打字稿中出现了而在听课者的笔记中又没有的片断,并不能完全证明是实际上被讲授的确切内容。

1962年2月10日,法国广播电视公司(RTF)无线电广播节目"对西方的谱系分析"的听众,可以收听到阿尔都塞就爱尔维修与塞尔热·尤艾的对话。在这次历史哲学讲义的编辑中,我们附上了由"法国国家视听研究所"(INA)编订的上述对话文本。那些对话已收入两盘标题为"20世纪哲学家法国思想录音选"的CD中。虽然它有某些片断与1955年讲义的某些片断特别接近,但另一些则是全新的,而且它在整体上也相当不同。在阿尔都塞录制上述节目时,它已经深深地打上了他关于马基雅维利的研究工作的印记,正如1962年1月26日写给弗兰卡·马当尼亚的一封信中所示①:"在我人生一系列的矛盾事件中,昨天我做了两件事情,对任何人来说,它们都将是我状态非常好的证明。就在昨天下午,我去无线电广播工作室,录制了一个关于爱尔维修的节目……是的,爱尔维修,我的不知道多少年的老朋友,我说了一些有点抽象、有点艰涩、有点'不由自主的'话,但这有什么关系,那些话肯定很有趣,总之,相当成功(无线电广播的技术员说'极其吸引人'。'吸引',是什么意思呢?是我要求了他吗?他对我说:人们情不自禁地要倾听您说话。我知道这一点;我就是这样的,

---

①《致弗兰卡的信》,前引,第162页。

要人们倾听,这是我的天性,因此,有一种天性,哪怕是现在,哪怕对我来说好像它已经被我摆脱了!)。后来我回去了,一个半小时之后,还是同一天下午,我上了两个小时关于马基雅维利的课(设法让自己显得很自然地谈起佛利和色西那①……那些迷人的话,那些迷人的动作)。我并没有什么有趣的了不起的东西要说,对这点我很清楚,我没有被自己所说的东西欺骗,但我是以那样一种方式去说的,以至它也很'有吸引力',所有我能做的就是这些,但至少我做了。我甚至草拟了一份提纲,来描绘马基雅维利的意识,以及他那与其'去现实化的'(déréalisante)处境相矛盾的现实主义意志(发现'去现实化的'这个词就是解决办法:因此给人这样一种印象,好像有什么有待理解的东西在那儿,而我未能以一种透彻、清晰、概念的方式去表达,但同时又表明,或者同时又让人感觉到,无论如何是有什么东西有待去感觉和理解的,给出一种有待去感觉的存在,只要你想要一种无法被抓住的存在……)后来,当重新思考那种提法时,我讽刺性地对以下事实感到格外震惊:即在那些所谓的马基雅维利的意识的名义之下,我所谈论的都是我自己:现实主义意志(成为真正的人、与真实的人生打交道的意志)和'去现实化的'处境(恰恰就是我当前的谵妄状态)。或许正因为如此,当我用一些最神秘的词去赞颂马基雅维利的意识时,我的听众陷入了某种类似宗教启示的沉默中。"

关于历史哲学的讲义越是从属于阿尔都塞后来所说的"纯理

---

① 佛利(Forli)和色西那(Cesena)分别是意大利北部和中东部的两座城市。——译注

论(假设它存在的话)"①,则1962年关于马基雅维利的讲义就越是首先处于主体的巨大断裂之中:这种断裂包括与弗兰卡·马当尼亚的相遇,也包括对意大利的发现,更宽泛地说,它就是阿尔都塞对"从无开始"的思考的出生证②。1月11日,他请弗兰卡寄一套意大利文版的马基雅维利著作集给他,好为他想要讲授的关于马基雅维利的课程作准备,信的结尾是这样的:"我带着一种近乎魔术的感觉来思考马基雅维利:好像对于阅读和表达,我可以从他那里发现某种有利的、特殊的帮助。"③第一堂课似乎开始于1月18日,课程进行的时间没有超过2月中旬,因为阿尔都塞从1962年2月19日至5月13日住在医院。整个课程,如同经历着一种名副其实的幻觉状态,在一种极度紧张的状态下进行,正如1月23日的一封信所特别显示的那样:"一个词,弗兰卡,弗兰卡,星期二18点,为了告诉你降临于我的一个想法,思考,从昨天开始,同时我尽自己所能地客观地考虑我所处的这种奇特状态。这个想法:要么是我正在彻底地变疯(!),要么是(在我身上)发生了一些全新的事情,它将通过某些从未有过的东西而使某个方面豁然开朗——(行为的风格,存在的方式,等等)。然而,我完全不知道它是通过什么才能豁然开朗!!完全不知道。目前,总是进

---

①《马基雅维利和我们》,前引,第62页。(参见《哲学与政治·阿尔都塞读本》,前引,第398页。原文为"一个纯理论(假设它存在的话)空间"。——译注)

②1961年夏天,阿尔都塞到意大利旅行,在那里结识了弗兰卡·马当尼亚,并通过她"真正体验了"马基雅维利的思想。1962年1月,阿尔都塞开始讲授马基雅维利。——译注

③《致弗兰卡的信》,前引,第151页。

行**不由自主的**(forcé)工作。没有感觉,总是没有感觉。(那么,那种该死的感受性,它被压抑到哪儿去了呢?)我写着不由自主的文字,关于马基雅维利的一些不由自主的东西,为了在某个有着自由的一切外在表象的演讲中去讲述它们!马基雅维利的理性,我为什么要谈论它?因为,当我决定去谈论它的时候,我感觉到有一样东西就在我嘴边,感觉到有某种东西在对我'说',由此我重新获得一些记忆,那个夏天,经常提及佛利(……)然后,就是这种我曾在葛兰西那里发现的轻松自如……总而言之,我从这里开始了。在那里,我同样**强迫**(force)一些东西,以伴着或多或少的运气,从中获得某种(不同于历史和政治的)理论好处。"①

存放在当代出版纪念研究所的文档,还包括一些无法鉴别是不是关于马基雅维利课程的一份听课笔记。鉴于阿尔都塞的打字稿——无论是已经全部讲授过,还是没有全部讲授过——的巨大重要性,除某些来自听课笔记的校订之外,我们都将其全部原文(in extenso)交付出版。

1965—1966年关于17世纪和18世纪政治哲学的讲义,是重复讲授的一门关于契约理论——主要是关于霍布斯、洛克和卢梭——的课程的众多版本之一,它被按时修订过。虽然阿尔都塞对卢梭和霍布斯的兴趣时间足够长②,但他对洛克的了解似乎稍微更晚一些③。

---

①前引,第161页。

②参考从1949年开始的关于卢梭的论文的计划。目前当代出版纪念研究所阿尔都塞资料库中有亚历山大·马特龙的多半是1954年或1955年卢梭课程的笔记。前引给卡莱尔的信提及了一门关于霍布斯的课程。

③《读洛克的一篇论文〈政府论〉》(« Lu d'un trait l'*Essai sur le pouvoir civil de Locke* »)。1月3日致卡莱尔的信。

在这个课程中我们发现某些历史哲学课程的组成部分,尤其是涉及卢梭《第二篇论文》的部分,在那里,《社会契约论》被以与1956年相比要负面得多的方式解读。阿尔都塞的文档中没有关于这门课程的任何完整的手写稿或打字稿,与之有关的文本,我们只能根据安德烈·托塞尔的听课笔记来整理,但关于洛克的部分除外,关于后者,已经发现了一份打字稿。最后的部分是专论卢梭《社会契约论》的,这部分是同时根据听课者的笔记和一份与1966年发表在《分析手册》上的文章相当接近的打字稿整理而成的。

1971年关于霍布斯的讲义,即包括在1965年讲义中的分析的新版本,是根据马可-樊尚·霍雷的听课笔记而整理的。通过那里的一些与此前讲义明显的相似之处,我们可以发现一些不可忽视的修改或许与对《利维坦》的一种更为深入的阅读有关(其他的讲义基本上是专论《论公民》的)。

25

*

为了呈现给读者一个"可读的"文本,而不是一份档案文件,我们没有将那为数众多的缩写保持原样:在大多数情况下,我们都将那些字词补充完整,只在有可能出现疑义的情况下才对这种改动进行说明。另一方面,为了避免对连续的文本或"原句"进行人为的改动,通过几乎系统地尊重文本中的标点用法(当涉及学生的听课笔记时,则更多地被纠正过来),我们力图做到在直观上与原始文件保持尽可能接近的一致,至少当文本是从阿尔都塞的手写稿和打字稿那里整理出来的情况下,我们是这样做的。

文本中编者的插话都以方括号[ ]标明;有时候阿尔都塞本

人也会使用方括号[ ]，这些我们都以尖括号〈 〉标明①。

页脚编了号的注释都是编者所注②。

以字母标出的注释都是由阿尔都塞在手写稿或打字稿的页边上所做的附注转过来的③。

*

我要诚挚感谢路易·阿尔都塞的遗产继承人弗朗索瓦·鲍达埃尔，还有当代出版纪念研究所（IMEC）主任奥利弗·科尔贝，感谢他们对出版本书的支持。我还要感谢亚历山大·马特龙、安德烈·托塞尔、马可－樊尚·霍雷和艾蒂安·巴利巴尔，是他们使本书的出版得以可能。深深感谢所有那些以自己的学识和建议使本书得到充实的诸多朋友。

---

①在个别原来有圆括号( )的地方，当为保留原文的需要而由译者加了圆括号( )时，原先的圆括号( )改为方括号[ ]。——译注

②除注明"译注"之外的所有脚注都是编者注。——译注

③这些以字母标出的注释，都直接附在相关段落之后。——译注

历史哲学的难题

Les problèmes de la philosophie de l'histoire

(1955—1956)

历史以不同的形式呈现给我们：
(1)未经反思的形式：人们的实际行动；要么是他们所经历的，要么是他们想要支配其过程的。盲目的实践，人们可以描述它；同时也是各种所获资料的汇编（参考《君主论》）。
(2)对上述形式的理论反思。它本身具有几个方面：
    (a)它可能是无意识的：各种神话。
    (b)历史哲学。在这里，历史被有意识地把握为哲学反思的对象。
(3)科学的形式：在这里，概念与盲目的实践（真实的历史的底子）之间达成了某种一致——这是现代的形式。

从这里开始，历史与哲学的关系发生了变化。参考今天：历史首先是科学，然后才是哲学反思的对象。它有自己特定的难题和概念。因此，哲学现在把作为科学对象的历史作为自己的对象。
    ——参考狄尔泰：对历史知识的批判正如康德对理论知识的批判。
    ——此外参考对历史的存在主义反思：对历史性这个概念进行阐释，却不去触碰作为科学的历史。

但为了理解什么**是**历史哲学，必须倒转我们的视角——因为，被哲学用来作为反思对象的，并不是现成的对象，而是它所构造的对象。通过这样的转向，让我们来看看历史概念的起源

(genèse)①,以及这个对象的内容本身:历史的对象本身就是一个历史性的对象,即被这个对象的历史意识所包裹着。

为了证明这一点,参考"历史"这个词的历史。

→柏拉图:《斐多篇》,96 a:"那门称为 περὶ φύσεως ἱστορία"②:对自然的调查。这里有双重含义:
——探究以发生学方式出现的种种事实;
——探究原因。
两者被视为同一的。

→亚里士多德:"动物史":对事实、资料的收集。这个词的这种含

---

①阿尔都塞经常用"genèse"和"origine"这两个不同的词来表示"起源"。前者来自《圣经·旧约》第一卷的"创世纪",引申为"宇宙起源论",转义为"起源""发生"等,后者也有"起点""根源"的意思。为了区分,本书凡"起源"原文为"genèse"的地方,则在译文后附上原文,凡原文为"origine"的地方,则不附原文。值得指出的是,阿尔都塞一贯反对"起源论",在他看来,唯物主义哲学家(比如伊壁鸠鲁)"不谈论世界的起源(origine)这个无意义的问题,而是谈论世界的开始(commencement)"。参见《写给非哲学家的哲学入门》(Initiation à la philosophie pour les non-philosophes),法国大学出版社,2014年,第66页。——译注

②希腊文,意为"关于自然的历史",其中"ἱστορία"(历史)本义为"研究",所以该词组也可译为"关于自然的研究"。另参见柏拉图,《柏拉图对话集》,王太庆译,商务印书馆,2004年,第260页(《裴洞篇》96A):"我小时候非常想钻研那门称为自然研究的智慧"。——译注

义将一直持续到18世纪。

→培根：他的著作就是所有种类事物的"历史"。培根将历史与记忆联系起来，这样一来，他将历史和哲学、科学（即理性）对立起来。历史是哲学和诸科学的基础，它不是任何别的东西，而只是对记忆所传递的所有东西的理论反思。经验的、同时也是纯粹消极的观念：研究与发现物成为一体。这种观念滋育着整个一个传统，直到

→达朗贝尔：我们所有的知识都以记忆为基础，"对所有知识的纯粹消极的、机械的收集"①。记忆是首要的能力，其次是想象（→艺术），再其次是理性（→哲学）。不过，历史的范围扩大了：

——神的历史（对启示事实的收集）。
——人类的历史。
——自然的历史。

——这种历史建立在事实上，而不是建立在本质上。
——它是纯粹的消极堆积。不是像样的研究。

但是在18世纪，情况发生了倒转：
参考布丰就曾经说过："在人身上，记忆来源于反思力（puis-

---

①"直接知识的体系仅仅只是对组成它的那些知识本身的纯粹消极、同时也是机械的收集；这就是人们所说的记忆。"[《百科全书》前言（Discours préliminaire de l'*Encyclopédie*），Vrin出版社，1984年，第63页。]

sance)。"①因此,正是在记忆的核心本身中,倒转发生了。布丰还通过把人与动物区分开来,发展了一整套对记忆消极性的批判。只有人引进了时间的维度:而动物没有任何关于过去或未来的概念②,它们是自己感觉的囚徒。

从这里开始,反思的环节将作为历史的组成部分出现,这就是对照(confrontation):

"在我们语言中,**历史**这个词联合了客观的与主观的两个方面,其意义是指拉丁文中所谓 res gestae③ 本身,又指那 historiam rerum gestarum④,它既是指 das Geschehen⑤(发生的事),同时也指 Geschichte-erzählung⑥(历史的记录)(黑格尔⑦)。"

---

①"在我们身上,记忆来源于反思的能力:因为我们对过去事物的记忆,不但以我们内部物质感官的持续震动,即我们先前感觉的持续更新为前提,还以我们的心灵从这些感觉中所生成的东西,也就是说由这些感觉形成的观念的对比为前提。"[布丰,《论动物的本性》(Discours sur la nature des animaux),皇家出版社原版(Edition originale de l'Imprimerie royale),第四卷,第56页]。

②此处"概念"(notion),有时候也译为"观念"。当作为"概念"讲时,阿尔都塞把它与另一个词"concept"作了区分。一般来说,在他使用"notion"时,往往是指哲学概念或"意识形态概念";在他使用"concept"时,往往是指科学概念。下不一一注出,读者可根据上下文领会这两个"概念"的区别。——译注

③拉丁文,意为"所做的事情"。——译注

④拉丁文,意为"所做的事情的历史"。——译注

⑤德文,意为"发生的事情"。——译注

⑥德文,意为"历史-叙述"。——译注

⑦黑格尔,《历史中的理性》(La Raison dans l'Histoire),10/18,第193页。(参见黑格尔,《历史哲学》,王造时译,上海书店,2006年,第56页。译文有修改,本书中所有出自《历史哲学》的引文均参照了这个中译本,并根据具体情况对译文有所修改。——译注)

由此产生了一些新的难题：

——认识论的难题：记录的历史与真实的历史的对照。

——哲学的难题：关于历史对象的性质。

——是什么东西构成了历史的这种特征？

——构成记忆的这种反思的性质是怎样的？到哪里去寻找构成历史的那种反思？

这里，有几个方向：

(1) 黑格尔：作为对象的历史：特别地被定义为 Erinnerung①。在此之外的另一种限定：自然与动物没有历史，但某些民族也没有历史：如印度人，因为他们没有**国家**。

(2) 马克思：社会发展的物质过程→因此，只有阶级斗争的历史。

(3) 雷蒙德·阿隆：这种反思由当前的设想(projets)向过去的投射(projection)所构成。

(4) 海德格尔：现在的历史性本身。

这四种尝试指出了一种二选一的选择：

——是在历史本身中，作为历史固有的结构

——还是在历史这边，在 Geschichtlichkeit② 这边去研究人的本质？

---

① 德文，意为"回忆"。——译注

② 德文，意为"历史性"。——译注

(1) Geschichte①。

(2) Geschichte-erzählung②。

(3) Geschichtlichkeit。

---

① 德文,意为"历史"。——译注
② 德文,意为"历史-叙述"。——译注

一①、17世纪四大主潮

卡西尔②:18世纪,完全不缺少历史感,而是以人的意识征服了历史。这一点是如何做到的呢?

(1)笛卡尔的理性主义
(2)宗教论战
(3)实用悲观主义
(4)政治、法律和经济的论战

A. 笛卡尔的理性主义

悖论?参考马勒伯朗士:历史=人们荒唐言行的汇编。
→笛卡尔:为什么有这种鄙视?笛卡尔的怀疑否认所有的事实,

---

① 学生的听课笔记没有给这些章节编号。相反,阿尔都塞的打字稿给关于孔多塞、爱尔维修和黑格尔的章节编了号,也只有关于这些人的打字稿后来被保存了下来。

② "18世纪是一个典型的'非历史'的世纪这个如此流行的观念,其本身就是一个没有任何历史根据的观念。"[恩斯特·卡西尔(Ernst Cassirer),《启蒙哲学》(*La Philosophie des Lumières*)。法文版,皮埃尔·居也(Pierre Quillet)译,Agora出版社再版,第263页。](参见卡西尔《启蒙哲学》,顾伟铭等译,山东人民出版社,2007年,第183页。译文有修改。——译注)

包括一个人过去的事实;取而代之,他进入到本质世界。理性存在于所有的人身上。"既然每一件事只有一个真理,谁发现了这个真理,谁就在这一点上知道了我们能够知道的一切"。①

因此,真理没有过去:天赋性(innéité)。然而,就没有一种关于真理进步的观念吗?(参考他人协作的必要性)。但这样就无法创造任何新东西:只有原理的展开。这里涉及的时间,因此只不过是进行推论时的心理上的时间。

要是没有,那么是否会有关于我们的错误的历史?② 过去也是心理学的对象,而不是历史的对象。这是退回到我们童年的偏见。同样,对过去的批判也从属于心理学:注意力心理学。

因此:

——历史的材料在怀疑中被摈弃了;

——反思退回到某种心理学,甚至退回到神学。

在笛卡尔主义那里,正是神学成为历史的庇护所。

→马勒伯朗士:正是在他那里,我们发现了一些具有某种历史生命力的概念。人类的历史,就是亚当的过错史。但这是目的论(téléologie):穿过这种历史的,是预先就存在的基督。这样一来,

---

①《谈谈方法》(Discours de la méthode),第二部分。见笛卡尔,《哲学著作集》(Œuvres philosophiques),Garnier 出版社,第一卷,第 590 页。(参见笛卡尔,《谈谈方法》,王太庆译,商务印书馆,2000 年,第 17 页。译文有修改。——译注)

②此处与上一段中"然而,就没有一种关于真理的观念吗?"相照应。——译注

人的历史就是上帝的历史:是他的计划和他的行动的历史。马勒伯朗士发展了一种上帝的"功利主义"("utilitarisme" divin)。

这种目的论的结构显露了某种对上帝行动的目的论的理想描述。一种关于其行动的逻辑。

但是,在笛卡尔的理性主义那里,通过这种目的论和人的对照,历史在另一个层次上重新出现:参考各种宿命论理论。

→莱布尼茨:单子理论:其发展的个体性。诚然,是统一性解释了那些规定性。但同样,单子的无限性。无论如何,至少还有单子的发展。根据某种内在的必然性。

——人们可以求助于概念本身:上帝就是这样做的,从恺撒的概念中演绎出恺撒。

——人本身,被简化到只考虑单子的生产性(productivité)法则。

在自由理论和宿命论理论中再次发现含混不清的东西。

——单子的概念中含有其自身变化的无限性→**自由**的毁灭?

——但一个个体的概念,不具有和一个球体的概念同一种必然性。参考莱布尼茨对必然真理与偶然真理的区分。偶然真理只有以一些假设为前提才是必然的,而不是因为别的事物会与之相矛盾(≠球体)。

简而言之,人类事务严格的必然性仅仅是对人而言的——对上帝而言则是偶然性;但对于作为整体的人类,他所做的事情有其必然性。所得出的结果正是上帝的自由。

从这种对于上帝而言的世界的偶然性中,莱布尼茨得出了(黑格尔意义上的)历史的"要素"(élément):作为上帝的自由之展开的历史(预告了黑格尔)。

历史的现实性与哲学家诸概念的对照→悖论地赋予历史一些相对有生命力的概念:

(1)个体发展的法则。

(2)关于行动逻辑的概念(concept)。

(3)关于人类的自由与历史的必然性这个二律背反的理论解决办法的草案。

B. 实用悲观主义

与笛卡尔的乐观主义相反。

帕斯卡尔。该潮流的起源:封建社会的解体。在一切方面的彻底颠覆,这种颠覆的危机就发生在16世纪:参考在孟德斯鸠那里的回响("全世界都在摇动")和在帕斯卡尔那里的回响("在道德方面,我们从哪里去获得最坚固的东西呢?"①)

——宗教观念的改革:对自然的净化、切割。

——在自然方面,彻底的谴责:"我们从自然所得的只有肉体"(加尔文)②,包括理性。与神恩(grâce)的黑夜相对应的,是自然的黑夜。

---

①事实上是"在道德方面,我们到哪里去寻找这样一个点呢?"(参考帕斯卡尔,《思想录》,何兆武译,商务印书馆,1985年,第170页。译文有修改。——译注)

②《基督教要义》(*L'Institution de la religion chrétienne*),第二卷,3,1。

在自然与宗教真理之间的这种彻底的分裂,实际上为从世俗的角度研究这个世界作出了贡献,这种研究将从种种神学概念(concepts)中解脱出来。

参考帕斯卡尔的思想录426条①,关于人:"真正的自然既经丧失,一切都变成了他的自然",对于善来说也一样。

以此为基础(或许部分地是以关于自然的诸科学为基础,但尤其是以此为基础),产生了一种对人类历史的批判的、悲观主义的描绘。根据亚里士多德,自然神意论破产了。

思想潮流:马基雅维利、拉罗什福科、帕斯卡尔,等等。他们的主题?

(1)人类的恶意。

(2)因为利益和激情是人类行动的根源。

(3)在这些条件下,必须解释善的幻象→对虚假价值进行批判的必然性。参考拉罗什福科,指出存在于善当中的利益。

→帕斯卡尔。习俗造就了全部的公正性:不再有自然法则。正义的实质=力量,通过想象的帮助。人们如此深地陷入一种神秘化②,以至若是有谁揭露了它,人民就会起而造反。政治权力的基础就是篡位:但"我们一定要使人把它看成是权威的、永恒的,并

---

①见布伦士维格(Brunschvicg)本。[参考帕斯卡尔,《思想录》,前引,第186页。译文有修改,其中"自然"(nature)一词,也译为"本性",下同。——译注]

②"神秘化"(mystification),也译为"愚弄"。——译注

且把它那起源隐瞒起来,假如我们并不想要它很快地就告结束的话。"①

因此,这里有一种关于政治权力起源的理论,还有一种意识形态及其(保守的)作用的理论。

但在帕斯卡尔这里,这只是用来为已经确立的秩序辩护:因为最大的罪是内战②。因此历史的批判有一个目的,但不是革命的,而是保守的:必须要有某种事后的思考。尊重人民的幻觉,把它当作是必要的。理解意识形态和习俗的机制,不是为了去毁灭它,而是为了确保能保存它。

帕斯卡尔这种深刻的批判观念在另一个领域找到了一条积极的出路:诸科学的历史。帕斯卡尔区分了两种类型的真理:

(1)一种是建立在记忆之上的真理。在那里,人们无法使之增加。它们的真理是完整的。在那里权威是原则。

(2)一种是"理性的真理":在那里,假以时间和努力,人们总是可以使之增加。我们具有比古人更为广阔的视野。参考关于人类的延续就像同一个人那句话③。

进步之所以可能,是因为人的独特天性。动物只有本能,永

---

①《思想录》,294。(参见帕斯卡尔,《思想录》,前引,第 139 页。——译注)

②参考帕斯卡尔,《思想录》,前引,第 145 页。——译注

③"因而人类的整个延续,在所有世纪的流逝期间,应该被看作是同一个持存并不断学习的人。"[《〈真空论〉序》(*Préface pour le Traité du vide*),收入帕斯卡尔,《著作全集》(*Œuvres complètes*),Gallimard 出版社,"七星文库"(Bibliothèque de la Pléiade),第 534 页][参见《帕斯卡尔(文选)》,莫里亚克编,尘若、何怀宏译,生活·读书·新知三联书店,1991 年,第 28 页。——译注]

远就像它自身那样。而人正好相反,具有理性,是为无限而生的。动物既不能获得,也不能保存个体的知识。但人可以保存知识并很容易使之增加。因此,在这里,**保存**是最重要的,它是人的特性。知识的每一次积累都像一个台阶,通过它可抵达更高的一层。

对这一理论的说明:错误的必然性。我们不应该根据我们当前的知识,而应根据人们当时所拥有的手段,去判断古人的理论。因此,就观察银河来说,古人只能凭自己的肉眼,而我们却拥有望远镜。关于"错误"的历史理论。因此,在历史中去作出判断,就是根据那个时代的条件,将那个时代的真理与之相对照。这个新的标准可以使我们避免两大危险:

——对历史的回溯性幻觉;

——纯粹的历史相对主义:没有判断标准的历史。

这种历史判断理论带来一种关于错误的辩证观念:错误之所以是错误,仅仅是因为有真理为对照。因为错误只是回溯性的,它无非是一种被超越了的真理;正是这一点使得它被理解为真理或被理解为错误。"我们能保证与他们所说的相反的东西而不与他们构成矛盾",在谈到古人时,帕斯卡尔如是说①。

帕斯卡尔见解的这种深度,后人无人能及。然而要注意他的科学史观与他的政治史观之间的差别。因为只有前者与时间条件相关联。后来只有黑格尔才再次抓住了这个观念,并使它普遍

---

① 前引,第 535 页。[参见《帕斯卡尔(文选)》,前引,第 29 页。译文有修改。引文中"保证"原文为"assurer",在《来日方长》(*L'avenir dure longtemps*, Flammarion,2013)第 474 页引文中,这个词为"avancer"(提出)。——译注]

化了。

C. 宗教论战

17世纪非常活跃。在宗教领域本身中,有求助于历史论据的必要性,然而似乎此路不通。有人以纯宗教的名义进行批判,把宗教本身建立在"过去"之上→天主教的堕落论。新教教义与冉森派教义的悖论,它们分别求助于《圣经》和圣奥古斯汀,就像求助于那些(永远可进入的)包含着上帝之言的文本。因此,他们只有在谈到他们的对手时,才援引历史。因此可以说,历史的最初出现,是以对它的主观否定联系在一起的。

第二个悖论:在那个时代,真正对历史采取尊重态度的,并不是那些乌托邦主义者(可上溯至圣奥古斯汀的冉森派教徒),而是一些"保守者":比如博絮埃(及更晚的孟德斯鸠)。

事实上,天主教徒们必须置身于其对手的场地,不过是以一种肯定的而非否定的方式→将"传统"("Tradition"①)作为整个宗教真理的组成部分来进行辩护。

特别是理查德·西蒙:《旧约圣经批判史》(1678)。要理解《圣经》,光是阅读它还不够——要认识犹太人真实的历史、手稿的历史等等。因此,理查德·西蒙的意图是"辩护性的":不经过那种研究,"人们根本就无法保证宗教中的任何东西"。离开教会史,《圣经》是不可理解的。

但是,对于宗教真理来说,这是危险的吗?使其服从于世俗的历史。

----

① "Tradition"在宗教中指"口头流传下来的教义"。——译注

→矛盾→理查德·西蒙被定罪①。

→两个方向：
  ——把宗教的真理与世俗的历史联系起来。
  ——在世俗的历史中发现宗教真理的现象。这第二个方向就是博絮埃的方向。

→**博絮埃**：宗教的绝对主义没有获胜，但天主教受到威胁。参考保罗·阿扎尔②。
  ——《关于王太子教育的通信》。
  ——《万国史论》。

《史论》实际上包括三个部分：
  (1) 年表。
  (2) "宗教系列"。
  (3) "帝国的革命"。

相同的历史重复三次。
  (1) **年表**：时间系列，一个时间性的框架。这样至少能避

---

① 他被列入禁书目录名单，并被赶出奥拉托利会。
② 保罗·阿扎尔（Paul Hazard），《欧洲意识的危机（1680—1715）》（*La Crise de la conscience européenne*），Fayard 出版社再版，1978 年。[中文版参见保罗·阿扎尔：《欧洲思想的危机（1680—1715）》，方颂华译，商务印书馆，2019 年。——译注]

免时代错误。第二个好处是：可以区分不同的"时代"。

（2）那个**宗教系列**的悖论是：那是关于某种恒定性的历史，是非历史的历史。宗教自一开始就维持原状：这种持久性就是其永恒性的标志，也是宗教真理作为无时间性真理的标志。

（3）**人的历史**，作为宗教历史的对位形式，同时也作为其现象。

——诸帝国如何相继＝它们如何死亡。

——这种"否定性"是一种实际的相继，服务于宗教"永久的"历史，相对于后者，它只是现象。它推动了宗教的胜利。

由此，人类历史获得了一种肯定性：它是宗教史的现象，同时也是它的手段。上帝利用人类历史为自己服务：因此后者具有一种内在必然性和合目的性（finalité）。

由此产生了博絮埃对某种历史智慧的辩护，对这种智慧他表现出了自负："在过去的几个世纪里，没有原因的伟大变化还没发生过。因此，在所有事件中，有准备者，有下决心着手行动者，有获得成功者，真正的历史科学就是在每个时刻都注意到那些已经预备着伟大变化的秘密安排（dispositions），以及那些使它们得以实现的种种形势（conjonctures）。"①

——例子：罗马的衰落。其原因在于社会的失衡：一边是那些野心勃勃的领主（grands），以及没有什么可以失去的贫苦之人，另一边是作为城市稳定因素的中间等级（中等阶级）。

那么，怎么来调和

---

① 《万国史论》（*Discours sur l'histoire universelle*）第 III 卷，第 2 页。

——内在的必然性

——宗教的合目的性？

因为，对于博絮埃来说，历史的唯一主体就是上帝。因此，必然性是第二位的；各种原因，只是上帝的工具。

这样一来，在博絮埃那里就出现了历史哲学的两个新概念：

(a) 理性的狡计。

(b) Verstellung①（行为倒错）

（b 是 a 在人身上的后果）

必然性是盲目的，超出了人类的理解能力："绝没有只服务于自己的目的而不在无意中也服务于其他目的的人类力量"。行动超出了行动者的意识。行动者们所做的"比他们所想的要多些或少些，而且他们的主意从来不缺少意外的后果"。②

将被伏尔泰重新抓住的概念："所有事件都随之带来人们未曾期待的其他后果"。被黑格尔和马克思主义者重新抓住的主题。

但在博絮埃那里，这两个概念指向上帝，指向上帝的秘密。由此产生了一个难题：人类怎么可能理解历史的必然性，也就是说体会上帝的秘密？博絮埃的回答是：秘密确实是秘密，但上帝已经作了启示，尤其是在圣约翰的"启示录"里。在那里什么都能找到，甚至天主教国王和路易十四的兴旺发达。因此，历史的本质具有预言性。

因此，在反对新教徒时，博絮埃首先受限于自己所置身的历

---

① 德文，意为"调整、移位、伪装"，这里为"倒置"。——译注
② 前引，第三卷，第 7 页。

史场地。但宗教的与世俗的这两种历史的智慧,都指向了包含着那个历史的《圣经》本身。所以博絮埃求助于与其对手资源相同的资源。他和他们都将《圣经》当作是非历史的真理大全,人们以它的名义来判断历史。有一个人意识到了博絮埃的这个循环,他就是

→贝尔:因为除非通过教会的权威,《圣经》本身也不能得到保证。所以,教会史不是《圣经》之真理的现象,而是它的基础。哥白尼式的革命:判断历史的真理本身从属于历史。

→所有不对真理(它被作为标准而强加给历史)的历史起源作出说明的历史哲学,都陷入某种循环——这一观念是从贝尔开始的。

  记住博絮埃:
    ——断言了历史的必然性。
    ——提出了历史的超验性。
    ——历史一分为二:
      ——历史性的;
      ——非历史性的。

    ——用于解释历史超验性的概念:
      ——理性的狡计。
      ——Verstellung。

D. 政治、法律和经济的论战

17世纪的重大事件：绝对主义的降临→贵族阶级的没落，第三等级的上升。所有的理论争论都围绕着对绝对主义的辩护或谴责而展开。

——**绝对主义的反对者**：只有那些封建主们。拉布吕耶尔、费内龙、圣西蒙、布兰维里耶、沃邦——以及后来的孟德斯鸠。这是一个封建的"党"，但又不是全部的封建制的阵营①（因为绝对主义本身是封建主义的一种政治形式）。

——因此，这里所呼吁的自由是古老的封建自由：怀旧。因此这些自由主义者揭露了绝对主义及其所造成的苦难，但却没有在这些苦难中看到封建制度本身的后果。第一个幻象。

——由此产生了第二个幻象：这一批评的人民面向：绝对主义是对人民利益的背叛。

——**绝对主义的拥护者**：法学家学派－及其他理论家如马基雅维利、霍布斯、帕斯卡尔、格劳秀斯、普芬道夫。论据：求助于历史。但历史在这里具有两种形式：

——"假设的"历史；

——真实的历史。

---

① "阵营"原文为"parti"，也即前文的"党"。——译注

1. 假设的历史

人们进行演绎，为那些自己想要谴责或证明的制度创造某种概念的、逻辑的起源(genèse)。对不再是不言而喻的社会进行"演绎"。

→ ⎰ 自然状态
⎱ 它的种种矛盾 ⎱ ：共同的图型①
⎱ 为解决这些矛盾而订的契约 ⎱

各对手之间的区别只是他们为契约所提供的内容不一样。

三种形式：

(1) 服从的契约：在人民与君主之间，后者保证遵守"根本法"。这是封建的自由契约。

(2) 人民与君主之间的契约，把绝对的权力献给君主——霍布斯、格劳秀斯、普芬道夫、洛克②。绝对主义者们。但不同之处是：有或者没有造反的权利？

——霍布斯和格劳秀斯的回答：没有；

——柏拉玛克和洛克的回答：有。

---

① 关于"图型"(schème)的概念，参见康德《纯粹理性批判》，李秋零译，《康德著作全集》第三卷，中国人民大学出版社，2004年，第80、128－129页。——译注

② 我们要指出，在后面的讲义中，阿尔都塞部分地放弃了这一阐释。

(3)〈无君主的契约:卢梭。全新的〉①。

因此,历史的理想的起源(genèse)。

利益:

(a)突出了政治权力历史起源的难题。霍布斯:向契约过渡的原动力,历史的原动力②,是一些自然状态必须解决的矛盾。归根结底,矛盾是历史的原动力。

(b)自然状态的难题:史前的状态:起源的难题。这个时代的首要难题。

这种自然状态是悖论性的:

——因为它所描绘的(参考一切人反对一切人的战争③),不是过去,相反,倒是当前。无论是理想的、正面的描绘,还是理想的要求。因此,内容是:**现在的**社会结构,或**现在的**愿望。

——通过其形式,它反倒成了原初的(originaire)。

"现在"作为其自己的"过去"而上演。为什么?这里出现的观念是:历史关系着现在。因此,现在的冲突有一种功能性的作用。这个观念恰恰表现在现在作为过去而上演这一悖论中。但

---

① 在手稿中,第三点被方括号括了起来。

② "历史的原动力",也译为"历史的火车头",参见马克思,《1848 年至 1850 年法兰西阶级斗争》,《马克思恩格斯文集》第二卷,前引,第 161 页:"革命是历史的火车头"。——译注

③ 也译为"每一个人对每个人的战争",参见霍布斯,《利维坦》,黎思复、黎廷弼译,商务印书馆,1985 年,第 94 页,另见第 323 页译注。——译注

在这里,历史的过去是一种逻辑上的过去,也就是说,是"现在"的逻辑的货币和现象。所以,把过去作为过去而否定。只有通过这种逻辑的历史来代替这种历史的逻辑才能解决的矛盾。历史哲学的首要难题。

2. 真实的历史

这里,种族的难题。两种理论的对立:

$$\begin{cases} 日耳曼主义者 \\ 罗马主义者 \end{cases} \quad \begin{cases} 布兰维里耶 \\ 度波长老 \end{cases}$$

布兰维里耶:封建法律的起源是什么?布兰维里耶是个反绝对主义者。法兰克人(日耳曼人)对高卢的征服是封建制的起源。征服者把失败者当作奴隶。

社会分成两个阶级,两个种族。法兰克人的后裔:贵族。他们拥有一切权利,君主所有的也无非与他们一样。

但这已经通过两种方式而被颠覆:

——通过对农奴的解放。他们社会地位上升的顶点:被国王封为贵族。

——通过国王对平民的庇护。

丑闻。布兰维里耶要求回到古代的封建秩序→要求召集全国三级会议。

度波长老①:罗马主义者。法兰克人不是以征服者的身份而是以客人的身份来到高卢的:他们是罗马皇帝的继承人。

然而不幸在 10 世纪来临:王室的官员变成了世袭封建制度的负担。→贵族的出现。因此,当前的绝对主义通过理性指向了历史的起源和健全的君主制传统。

这些理论将在 18 世纪获得成功,但却是为了第三等级的利益而被再次提出。参考马布利或狄德罗。参考甚至更晚的奥古斯汀·梯叶里:作为种族斗争的阶级斗争。

有趣的论战:

(1)对不同阶级的描述,以及对他们(作为两种不同的民族)的斗争的描述。和一次征服联系在一起。因此,社会团体之间的斗争作为历史的[基础]的观念。

(2)然而,为了辩护或谴责,求助于过去,求助于起源:因此,正如"假设的"历史一样。这样一来,对于起源的求助导致对其必然性的否定。由此得出的结论是:这些权利与其说是历史的不如说是道德的。因此,过去是理想的过去而非真实的过去。参考孟德斯鸠作品中"理想的"日耳曼民族。自然状态这次在一个传说的民族中变成现实。

这样一来,我们重新发现了与"假设的"历史相同的那些方面。

---

①特别注意,度波长老(L'abbé Dubos)是《批判的历史:法兰西君主国在高卢的建立》(*Histoire critique de l'établissement de la monarchie française dans les Gaules*, 1734)一书的作者。该作品可从以下地址下载:http://visualiseur.bnf.fr/Visualiseur? Destination =Gallica&O =NUMM −88224。

二、18 世纪

各社会团体：

——封建自由主义思潮的残余：孟德斯鸠①。

——上升的第三等级：百科全书派。

但在这里没有同质性。特别是那些功利主义的唯物主义者。

——反对者：马布利,卢梭。

A. 孟德斯鸠

他的意图具有非常实证的特点：

——抛弃一切作为神正论的历史理论。

——抛弃一切假设的历史,抛弃自然状态：如其所是的人（卢梭批评他确立了事实,而不是"正当"②。）

---

① 参考阿尔都塞,《孟德斯鸠:政治与历史》(*Montesquieu. La politique et l'histoire*),法国大学出版社,1959 年["战车丛书"(Quadrige)重版]。

② 这里的"正当"原文为"droit",这个词也有"法""权利""公正的"等意思,在后文中也译为"法""权利""公正的"。——译注

1.

人类行为服从于一种可理解的必然性的观念。盲目的命运在这里只不过是无知的面具。构成历史的不再是人们的幻想。无限的多样性这类怀疑论者的陈词滥调,在孟德斯鸠那里得到认真对待。

这意味着首先要尊重风俗①、法律和事实的多样性。但另一方面,要解释这种多样性。

为此,必须找到一些原则,而孟德斯鸠自认为已经做到了。

"认真对待"也意味着:不作任何判断,也就是说,不从我们的偏见中得出任何原则。因此,采取科学的立场。

孟德斯鸠还给"法"②这个词赋予了一种新含义:"法是由事物的性质产生出来的必然关系"③。以实证的代替规范的。

孟德斯鸠的著作响应了这种实证性的意图吗?

2. 孟德斯鸠的原则

——有三种政体④。

——在所有政体中,都必须区别其性质和原则。**首要的**区

---

①"风俗"(mœurs),以往也译为"风尚""道德风尚"或"道德习惯"。——译注

②这里"法"原文为"loi",也译为"法则""法律""规律"。——译注

③《论法的精神》第一章,第1页。(参见孟德斯鸠,《论法的精神》上册,张雁深译,商务印书馆,1959年,第1页。——译注)

④"政体"(gouvernement)在其他地方也译为"政府""统治",只在涉及孟德斯鸠的地方译为"政体"。——译注

别:"政体的性质和政体的原则的区别是:政体的性质是使它成为这个样子的东西;而政体的原则是使它开动起来的东西。"①

——政体的**性质** = 政体的结构,政体的构造。谁掌握权力?怎么行使权力? 其结论是一些应用模式(modalités)。比如,在君主政体中,根本法由那些居间人尤其是议会保管着。但这种构造只是形式上的。

——政体的**原则**,是使政体开动起来的东西,赋予政体以生命。参考从对政体性质的考察中得出来的三种原则(德性②、荣誉、恐惧)。

3. 那些原则是什么?

(a)作为生活和行动的原则出现。

(b)但尤其是作为统一的内部原则(参考黑格尔:政治形式中的理念。还有黑格尔对孟德斯鸠的赞扬)③。事实上,一个社会并不是一个集合体,而是一个有机的总体。共和政体的原则可以说

---

① 同上,第三章,第1页。(参见孟德斯鸠,《论法的精神》上册,前引,第22页。译文有修改。——译注)

② "德性"原文"vertu",以往也译为"美德",本书中统一译为"德性",个别地方也译为"功效"。——译注

③ 比如参考黑格尔,《历史中的理性》(La Raison dan l'Histoire),前引,第36页:"要使思考真实而有趣,就必须有一种受到有力支持的对于各种状况的直觉,一种自由而广泛的直觉,同时还要有一种深刻的对现身于历史中的理念的辨别力。孟德斯鸠的《论法的精神》这部既厚重又深刻的著作,就是一个例子。" 同样参考《历史哲学讲演录》(Leçons sur la philosophie de l'histoire), Vrin出版社,第21页。

明它的全部细节:有关教育的法律、赋税的形式、妇女的地位,等等。因此,任何社会都是一个历史的总体。

(c)这种原则还从外部支配着政体结构本身。参考各种政体的腐化,各种政体的腐化总是从其原则的腐化开始,并可以通过后者得到解释。就这样,看重地位更甚于看重荣誉。

"政体的原则一旦腐化,最好的法律也要变坏,并会反过来对国家有害",而在相反的情况下,"原则的力量带动一切"①。

(d)原则的最后一个特点:它的理想性(idéalité)。存在着一些原则,"这意思并不是说,共和国的人都有品德;而是说,他们应该如此。这也不是要证明,君主国的人都有荣誉,而在某一个个别的专制国家的人都心怀恐惧。我们所要证明的是,应该要有这些原则,否则政体就不完美"②。

实证的和科学的类型学在这里转变为某种理想的类型学。因此,这种原则的变化,从运行原则转变为理想原则,从那里得出的社会只是近似值。

在卡西尔③看来,孟德斯鸠还是马克斯·韦伯的先驱:各种社会的理想类型。

---

①孟德斯鸠,前引,第八章,第11页。(参见孟德斯鸠,《论法的精神》上册,前引,第142页。译文有修改。——译注)

②同上,第三章,第11页。(参见孟德斯鸠,《论法的精神》上册,前引,第34页。译文有修改。——译注)

③"可以说,第一位对历史的'理想类型'这个概念提出构想并以一种清楚简洁的方式表达出来的思想家是孟德斯鸠。贯穿于其政治方案《论法的精神》的是一种关于各种'类型'的理论。"(参见恩斯特·卡西尔,《启蒙哲学》,前引,第195页。译文有修改。——译注)

4.

但这并不是孟德斯鸠仅有的一面。参考他诉诸的那些物质规定性:特别是气候决定论,"气候的影响是一切影响中最强有力的影响",孟德斯鸠如是说①。

对于孟德斯鸠来说气候是什么?

一种气候生理学②。寒冷的空气使纤维的末端收缩起来,而收缩之后会增加力量。炎热的空气使它们伸长,并削弱它们的力量(因此,你要剥俄罗斯人的皮才能使他有感觉。而意大利人恰恰相反)。

——寒冷国家的人:力量、自信、勇气、较少复仇的愿望、直爽、较少诡计、感受性很低。

——炎热国家的人:与之相反。

——但有一些悖论的地方。同样,为什么南方人民残暴,然而又胆怯?是因为他们的想象力。③

这种气候理论是为什么服务的?是为了将政体的纯粹类型带回到历史的实际现实。在理想的类型学之外补充了一套具体的规定性理论:从可能的过渡到真实的,hic et nunc④ 进行解释。

---

① 孟德斯鸠,前引,第十九章,第14页。(参见孟德斯鸠,《论法的精神》上册,前引,第372页。——译注)

② 同上,第十四章,第2页。(参见孟德斯鸠,《论法的精神》上册,前引,第270—273页。——译注)

③ 参见孟德斯鸠,《论法的精神》上册,前引,第274页。——译注

④ 拉丁文,意为"当场并立即"。——译注

这里,气候。

气候可以使不同的政体得以区分。这样一来,专制主义①就是炎热国家的一种必然的政体(那里的人软弱、胆怯):"奴役总是由梦寐状态开始"②。因此,奴隶制虽然违背天性,但有时候有其自然原因为基础。所以,天然的奴役应该局限"在地球上某些特殊的国家"③。以此,把这些国家从欧洲国家中排除出去。为我们提供必然性的气候标准,因此同时也是判断标准。通过居间人而得到缓和的君主制是适合我们气候的政体。

这样,气候就变成了对历史的判断。因此,对于孟德斯鸠来说,对历史的判断完全在历史本身中;但他诉诸的是最没有历史性的东西:地理学,气候。

所以准确地说,孟德斯鸠因此既有趣,同时又靠不住。参考**伏尔泰**:并不是气候区分了欧洲;是希腊人——而且孟德斯鸠犯了一些事实错误:山丛里有自由?而亚洲却是专制主义?

因此,孟德斯鸠,

——对"无限的多样性"进行了反思,但没有由此得出一种怀疑论理论。首要的革命。他的意图:理解这种多样性;

---

①"专制主义"(despotisme),在孟德斯鸠那里具体地就是指"专制政体",所以凡涉及孟德斯鸠的地方,这个词也可以直接译为"专制政体"。——译注

②参见孟德斯鸠,《论法的精神》上册,前引,第284页。——译注

③同上,第十五章,第8页。(参见孟德斯鸠,《论法的精神》上册,前引,第294页。——译注)

——但把它与两件事联系起来：

　　——与一些理想类型联系起来；

　　——与气候这一直接的物质规定性联系起来。

所以，与帕斯卡尔相比，既是一种倒退，同时也是一种进步。

——具有整体（globale）意义的观念，关于社会是一个有机总体的观念。

B.伏尔泰

——《风俗论》，1756年。

——《哲学辞典》中的三个条目：

　　——"事物的链索"①；

　　——"平等"；

　　——"命运"。

——题名为《ABC》的对话录②。

历史方法的奠基人。

历史事件的识别标准：首先是将历史与神话区分开来。

——**实证的标准**：由公开的记载所证实并经当代作家认可的事件。

——但还有**另一个标准**：凡不在自然中的，绝不是真实的。

因此，在第一标准和第二标准之间就可能出现矛盾。参考希

---

①更准确地说是"事物的链索或繁衍"。

②即《甲乙丙对话录》。——译注

罗多德作品中的例子。"人类的大部分过去是,而且将来很长时间也仍将是荒谬而愚蠢的;而最荒谬的人可能就是那些企图在这些荒诞不经的神话中找出某种意义并在宗教狂热中掺进一点理性的人"①。典型的 18 世纪风格。

但并非所有真实的(authentiques)事就等同于历史。不存在偶然:内在的必然性,人们偶尔也称之为命运。然而这种必然性的内容是什么?

莱布尼茨的理论是:"在这个巨大无比的机器里,一切都是齿轮、滑轮、绳子、弹簧。"②简言之,一切都很重要。因为,如果一切都是原因,就再也不存在可能的历史了,因为分析是无穷的。剩下的东西,莱布尼茨交付给上帝。这种理论对伏尔泰来说似乎有一点过分,它取消了必然性的观念。

由此得出一种新的必然性。"一切事实都有原因;但是直到那些时代结束,一切原因并不都有后果。"③简而言之,后果可能消失,包括在物理世界。"并不是所有的父亲都有孩子"[原文如此]④。

---

①《风俗论》(*Essai sur les mœurs*),Pomeau 出版社,第一卷,第五章,导论,第 18 页[参见伏尔泰《风俗论》(上),梁守锵等译,商务印书馆,2003 年,第 32 页。——译注]。

②《哲学辞典》(*Dictionnaire philosophique*),"事物的链索或繁衍"(Chaîne ou génération des événements)条[参见伏尔泰《哲学辞典》(上)对应条目,王燕生译,商务印书馆,1991 年。译文有修改。——译注]。

③参见伏尔泰《哲学辞典》(上),"事物的链索或繁衍"条,前引。译文有修改。——译注

④同上,伏尔泰实际上写的是:"人人都有父亲,但不是人人都有孩子",稍后不远,"再说一遍,一切人都有父亲,但不是一切人都有孩子"(中译本作"再说一遍,一切事物都有原因,但并不是一切事物都有后果"。——译注)。

后果:
（1）删除了历史中一切没有后果的事件。
（2）看见了一些直线,且这些直线是不分叉的。

简而言之,关于自然和历史的对象的新思想:
（1）对事实的真实性的批判。
（2）关于事实的历史性质的观念。
（3）一种关于历史对象及其必然性的理论。

与莱布尼茨相反:并非自然中的一切都是完满的①。

这个观念是纲要性的:在历史中,是什么东西起决定作用？

伏尔泰的回答:是**各时代的精神**,各民族的精神。这不是法的精神,也就是说,不是政治的精神,像在孟德斯鸠那里一样。因为伏尔泰返回到了整个文化(科学、艺术、习俗,等等)的历史。

四个重要的时代:伯里克利时代、奥古斯都时代、君士坦丁堡被占以后的时代和路易十四的时代。因为这些时代的艺术都臻于完美。

→人类精神（＝哲学）的进步,是首先要考虑的因素。然而

严格意义上来说,这不是阿尔都塞的笔误,1962年,他在《矛盾与过度决定》一文中,又再次提起这句惊人的格言,其引号中确实就是"父亲"这个词："参考伏尔泰:所有的孩子都有父亲,但并不是所有的'父亲'都一定有孩子"(《保卫马克思》,马斯佩罗出版社,1965年,第119页。中译本参见《保卫马克思》,顾良译,商务印书馆,2010年,第110页。译文有修改。——译注)。

①同上。

——伏尔泰也是**人性永恒**论的理论家。

——与持**进步**论观点的理论家伏尔泰之间相矛盾吗？因为伏尔泰提出了多样性原则：习俗。"习俗的影响比自然的影响更广泛。"自然与习俗的辩证法。
→理性的发展是一种伪历史，因为没有任何变化。

这个矛盾的解决办法正好就是 18 世纪提供的办法：进步只不过是人性的**表现**(*manifestation*)。人性仅仅是作为原则而整个地被给定。历史是人性丧失与人性胜利的现象，从自在变成自为（黑格尔的用语）。

说到底，这是作为历史原动力的理性的可见生成。这一观念将由孔多塞进一步发展：

C. 孔多塞①

以孔多塞**为例**——《人类精神进步史表纲要》(1973)。

孔多塞，生于 1743 年——孔多塞侯爵——其叔父是欧克塞尔(Auxerre)的主教——曾就学于耶稣会学校——家族许诺他以军职，他自己决定献身科学：22 岁论文《论积分计算》(1765)。与

---

① 关于孔多塞和爱尔维修的章节，是根据阿尔都塞的打字稿编辑而成的，其中孔多塞部分的打字稿由艾蒂安·巴利巴尔存放于当代出版纪念研究所。我们没有用听课者的笔记，因为它远不如前者那么详细，只有在它与打字稿有很重要的出入时，我们才参考它。打字稿中编号为"四乙"的关于孔多塞的章节，被冠以"理性主义：启蒙历史的哲学观念（孔多塞）"的标题。由于缺乏任何其他文件，我们无法恢复阿尔都塞所确定的章节划分原貌。阿尔都塞打字稿中的章节划分有太多的脱漏，所以我们保留了听课者笔记中的划分。

达朗贝尔、杜尔哥有交往,任职于科学院,并于1776年①成为常任秘书。1774年,被杜尔哥任命为财政总监。对政治与社会问题很感兴趣。

1789年:巴黎公社成员——记者和论战者。与西耶士共同建立"1789年协会",自由精神贵族的中心。1791年:当选为立法会成员。——后成为**吉伦特派**和**丹东主义者**。当选为立法会主席。——要求废除国家宗教,起草了一个关于国民教育的报告。1792年:当选为制宪会议埃纳省代表——投票反对处决国王——与雅各宾党人激烈斗争——呼吁人民反对议会。

1793年7月8日,逮捕令——躲避于女友维尔内夫人家,在那里[他?]写出了《人类精神进步史表纲要》——1794年3月25日从维尔内夫人家离开,躲避到蒙鲁日的采石场,后在一家咖啡馆被捕——在单人囚室待了一晚之后,翌日即3月28日**被发现死亡**。

意味深长且有趣的命运:启蒙哲学的种种理论与历史现实之间的对照。作为吉伦特派、丹东主义者的孔多塞,反对对国王执行死刑,反对国家宗教,**反对雅各宾党人**。

完全表面的统一:启蒙意识形态被革命历史的考验所粉碎,虽然后者受到了前者的启发。

*

1. 孔多塞如何想象他所写的历史?

四个阶段:

---

①打字稿有误,写的是"1785年"。

(a)**有书写之前**(有历史文献之前):

"我们不得不在某种程度上去猜测孤立的人们,……怎样能获得那类最初的完善化……"

"我们在这里就别无指导,而只能是靠对我们知识能力和道德能力的发展进行理论观察了。"(第8页)①

从人的能力出发的**理论的历史**。

(b)**书写出现以后**——我们拥有一些事实——然而,那是为数众多的、散乱的、各不相同的社会:

"在这里,这一史表开始是大部分有赖于历史传下来给我们的一系列事实;但却有必要在各个民族的历史中加以选择、加以对比、加以组合,以便从中得出一个单一民族的一部假设的历史,并构造出他们那进步的史表(第9页)。"②

(c)**自希腊以来**:

"……历史就以一系列连续不断的事实和观察而和我们的世纪……相联系着;而人类精神进步行程的史表就变得具有历史的真实性了。哲学就不需要再作任何的猜测……只要搜集和排比事实就够了……"(第9页)③

---

①阿尔都塞所引孔多塞的作品版本如下:《人类精神进步史表纲要》(*Esquisse d'un tableau historique des progrès de l'esprit humain*),O. H. Prior. Boivin. coll. 出版社,"哲学文库"(Bibliothèque de philosophie),1933年。1970年由Vrin出版社再版(参见孔多塞,《人类精神进步史表纲要》,何兆武、何冰译,北京大学出版社,2013年,第5页。以下相关引文均参考了这个中译本,并根据情况对译文有所修改。——译注)

②参见孔多塞,《人类精神进步史表纲要》,前引,第6页。——译注

③同上,第6页。译文有修改。——译注

(d) **未来**：

"末了,还剩下一个最后要加以追踪的史表,即我们的希望的史表、或者说留给未来世代的进步的史表,而那看来是诸自然法则的恒定性①向他们作出了保证的。……表明:唯有真理才能获得持久的胜利;自然界是以什么样的纽带来把知识的进步和自由……不可分解地联系在一起的。"(第9页)②

我们马上看到了一种**奇怪的历史**。

一方面,**历史的开始**的理论:历史开始于书写,实证的文献,**足够多的事实**。

另一方面,**尽管有这个论点**,在这种"具有历史真实性的"历史之前及之后,还有两种**不同的历史**。

之后的是"**未来的历史**",它是"**我们的希望的历史**"(而这种预期所依赖的是"诸自然法则的恒定性",也就是说,是在"具有历史真实性的"历史中所观察到的诸法则的恒定性)。

然而,特别是在这种历史**之前**,存在着一种理论的和假设的历史,或者理论的历史[原文如此],尽管它没有相同的材料、事实——或者由于它们的不存在(第一阶段),或者由于它们没有足够多的数量——但它依然**有价值**,它与别的历史置于同一幅图表中,并且还处于图表的起点。

---

① 在这段引文中,同时在相隔几行之后的重复引文中,阿尔都塞两次都将"恒定性(constance)"写成了"环境(circonstance)"。

② 参见孔多塞,《人类精神进步史表纲要》,前引,第6页。译文有修改。——译注

然而,**这种历史**是"**孤立的人们**"的"**最初的完善化**"的历史——它由"对我们知识能力(faculté)和道德能力的发展进行的理论观察"所构成。

这种历史是一种人类能力的〈(起源)理论〉①,一种形而上学。

2. 历史与形而上学的同一

《纲要》从一种**人性**理论开始。

"人生来"就具有三种基本**能力**:(诸科学的起源):

(a)接受各种感觉的能力;

(b)体验快乐和痛苦的能力;

(c)可完善性。

(a)"一个人生来就有可以接受各种感觉的能力"并有能力对感觉进行

分析	
组合	涵盖一切
比较	知识、科学领域
从中抽象出共同要素	[源头/起源]
制定各种符号	

(b)"**感觉伴随有快乐和痛苦**"——人有能力把它们转

---

① "(起源)理论"[théorie(genèse)]是用手写在打字稿上的。

化为持久的感受,并由此在人之间产生了"各种利益与职责(devoir)①的关系"(第2页)②〈道德的〉。

(c)**可完善性**:"自然界对于人类能力的完善化并没有标志出任何限度,人类的可完善性实际上乃是无限的……毫无疑问,这种〈可完善性的〉进步所经历的行程可能或快或慢;但是,……它绝不会倒退"(第3页)③。

参考帕斯卡尔:"人只是为无限而生的。"④

参考第166页:"最后,我们还看到发展起来了一种新学说,它要对各种偏见的摇摇欲坠的大厦发动最后一次打击:那就是有关人类的无限可完善性的学说,杜尔哥、普莱士和普里斯特利便是这一学说最早的和最卓越的使徒。"⑤

---

①"职责"原文为"devoir",通常也译为"义务",它与另一个通常被译为"义务"的词"obligation"的区别是:"devoir"的动词形式是"devoir",意为"应该""应当";"obligation"的动词形式是"obliger",意为"强迫""迫使";作为名词的"devoir"更多地指根据道义或良心,人们必须做的事,是主观上的"应当",而"obligation"则更多地指道义、风俗、法律条文等强加给人要做的事,是客观上的"被迫""不得已"。为了统一译名,也为了有所区别,本书中"devoir"统一译为"应当"或"职责","obligation"统一译为"义务"。——译注

②参见孔多塞,《人类精神进步史表纲要》,前引,第1页,译文有修改。——译注

③同上,第2页,译文有修改。——译注

④参见《帕斯卡尔(文选)》,前引,第28页。——译注

⑤参见孔多塞,《人类精神进步史表纲要》,前引,第114页,译文有修改。——译注

可完善性,三种基本的能力:使得设想**各种能力的发展**成为可能,但又将这种发展局限于这些能力本身。

人身上得到发展的是**他的各种能力**:**科学**,**道德**。
——例子:**认识能力**(感觉)
在人身上的发展　"通过外界事物起作用"
　　　　　　　　通过与其他人的交往。
感觉……**科学**　"通过这些起初的发展
　　　　　　　　引导人们发明了
　　　　　　　　各种人工的方法"①

——例子:**感受的能力**(第156页)②
情感性……**道德**
"这样,对我们感受的分析就使得我们在我们体验欢乐与痛苦的能力的发展过程中,发现了**我们道德观念的起源,发现了普遍真理的基础,这些普遍真理是由那些观念产生的,并决定着有关正义与不正义的那些必然的、不变的法则**,最后还决定着从我们的感受性的本性、从我们在某种意义上可以称之为我们的道德构成的那种东西而来的、使我们的行为得以与那些法则相一致的种种动机。"③

---

①同上,第1页。——译注
②同上,第108页。译文有修改。——译注
③同上,第108页。译文有修改。——译注

因此,在认识与道德这两个方面,我们都看到人的**各种能力的发展**:外界的对象,人类的经验……只不过是促使**这种受到可完善性影响的能力完全在内部得以发展**的机遇、触碰和刺激。

所以,**这种历史是各种理论和道德能力的发展史**。

所以,这种历史被包含在人性的[……]①当中,**它只不过是人性的发展**。

对此,孔多塞说得很清楚:历史和形而上学具有相同的对象(参考第2页):

"如果我们把自己只限于观察和认识由这些能力的发展(全人类每个个体在这种发展方面有共同之处)所表现出来的普遍事实和永恒法则,那么这种学问的名字就叫作形而上学。"②

"但是如果我们从其结果,与同一个时间的某一空间之内存在的每个个人相比较,来考虑这同一个发展过程,并且如果我们对**世世代代**加以追踪,那么这个发展就呈现为一幅人类精神进步的史表。这种进步也服从于我们在个人身上所观察到的那些能力得以发展的同样普遍的法则,因为它就是那种发展的结果……"(第2页)③

因此我们看到,孔多塞并不是为了一些无足轻重的理由,才在先于各种事实的历史阶段中来描画"理论的"历史,人的各种能力的初步发展的历史,因为就它是形而上学来说,这种历史就是

---

①缺少一个词。

②参见孔多塞,《人类精神进步史表纲要》,前引,第1页。译文有修改。——译注

③同上,第1-2页。译文有修改。——译注

真理本身。

(①机械论？进步的连续性？)

然而,**形而上学**与**历史**之间的同一性是模棱两可的。如果它们有相同的对象,那就意味着,要么**形而上学**它本身就是**历史的**——要么**历史**它本身就是**形而上学的**——但这就可能意味着历史的形式下掩藏着形而上学的真理？这种形式是纯粹的外表吗？暂时的纯粹的幻象？历史的起源(genèse)难道仅仅是一种**虚假的起源**(*genèse*)吗？

换言之:**历史给形而上学增加了什么？既然它们有着同样的内容,那么,历史能给形而上学的真理增加什么？**

3.历史的目的②(合目的性……)

那么,如果我们从**第一阶段**的历史(理论的历史)转向最后一阶段的历史(未来的历史),我们将看到**产物**是什么,人的各种能力的发展的结果＝产物,即历史的目的:那就是在认识和道德方面**理性**的统治。

也就是说,**启蒙的统治**。

并在它将**德性**、自由**"不可分解地联系在一起"**③以后,引起对人权④的尊重。

---

①打字稿中,在括号与"机械论"之间留有大片的空白。
②"目的"原文"fin",也有"结局""终点""结束"的意思。——译注
③参见孔多塞,《人类精神进步史表纲要》,前引,第6页。——译注
④"人权"即"人的权利"(droits de l'homme),其中"权利"原文"droit",也译为"法""法权""应当""公正的"。——译注

换言之,通过**启蒙**的后果本身,我们看到的是自由(平等、德性)①的统治。

参考第 149 页:"在长期的错误之后,误入各种不完备的或模糊的理论歧途之后,政论家们终于认识到了真正的人权,它们都可以从这条唯一的真理之中推论出来,即人是一种明智的生物,是能够进行推理和获得道德观念的……"②

因此,历史有一个目的:发展的终点,那就是对这种发展的各种原则本身的认识,即对第一阶段各原则的认识③。这样一来,人类历史只不过是获得对人性的自我意识的历史,而**人性又是那个自我意识的起源**(origine)。

历史从一些有效而无意识的原则,过渡到了对这些原则的意识。历史是**真理**、**理性的表现**。

由此我们看到历史给形而上学所增加的东西:形而上学自身的表现,**形而上学的自我意识,它"有意识的生成"**④(与黑格尔非常接近)。

理性的自我意识。

---

①打字稿中没有闭括号。
②参见孔多塞,《人类精神进步史表纲要》,前引,第 103 页。译文有修改。——译注
③这句话,我们采用了听课者笔记,因为它比阿尔都塞打字稿中的句子更清晰,后者是:"也就是说,历史的终点,这种发展和对这种发展的各种原则本身的认识(即对第一阶段的认识)的终点,由人的各种能力的发展而产生的历史,以认识和对那些能力本身的认识为终点。"
④这里以及下文中"有意识的(consciente)"和"无意识的(inconsciente)"也可以译为"自觉的"和"不自觉的"。——译注

4. 理性是历史的原动力①

因此,如果说我们在历史中遇到**这个悖论**:历史是理性有意识的生成,是其自身原则的有意识的生成;那是因为我们发现,我们在历史中所能找到的,永远无非是**理性向有自我意识的理性即向启蒙**的过渡。参考启蒙＝不是广泛性而(首先)是**纯洁性**②。因此,我们发现,历史的根基是理性,历史的生成与**经由它自己而获得对理性的意识**完全是一码事,也就是说,与对自我的揭示,与"开始"在最后的"表现"完全是一码事。

所以,理性不仅仅是**历史的产物**,它还是**历史的内在原则和原动力**——因为,这种产物,无非是向它自己作自我揭示的理性。在历史中,我们摆脱不了理性,我们永远只能**从无意识的理性走向有自我意识的理性**。

由此得出 Aufklärung③ 的理性主义的基本原则。

理性是历史的原动力。

注意:**获得真理的意识**是历史生成的命脉,并非仅仅因为**它是历史生成的结果**这个事实。**结果**不可能是目的(整个的 Verstellung④ 论都在反对这种把结果与目的视为同一的做法),然而在孔多塞这里,在整个 Aufklärung 意识形态中,我们都看到这种

---

①"历史的原动力",也译为"历史的火车头",详见第 39 页译注。——译注

②参见孔多塞,《人类精神进步史表纲要》,前引,第 17 页。——译注

③德文,意为"启蒙""启蒙运动"。——译注

④德文,意为"调整、移位、伪装",这里可译为"倒置"。——译注

做法：即把**结果**等同于历史的**目的**，并通过历史进展本身来呈现理性的发展，把理性的"显灵"(épiphanie)当作**历史的原动力本身**。

但这里还有一点有待澄清：如果理性的命运是获得自我意识，如果历史的命运是实现理性的这种"显灵"，那么，这就成了理性从无意识走向意识，也就是说，是理性首先具有一种非意识的和非理性的形式。

换言之，历史也可以通过对理性的自我意识的征服来定义自己——就像通过摆脱**自我的非意识和摆脱理性中的无理性**，通过理性对其对立面即**错误**的胜利那样来定义自己。

一种关于错误的理论

参考这个主题：历史给形而上学所增加的东西——如果历史给形而上学的真理加上了自我意识，它就同时也将自己的对立面即错误的自我意识也加给了前者。参考第 11 页：

"毫无疑问，唯有思索才能通过各种幸运的组合，把我们引向有关人的科学的普遍真理。然而如果对人类个体的观察对于形而上学家、对于道德学家来说是有用的话，那么为什么对社会的观察对于他们以及对于政治哲学家就更没有用呢？……为什么依据各个时代的顺序来观察〈人的关系〉就会是没有用的呢？哪怕是假设这类观察在研究思辨的真理时是可以忽略的，但是当涉及把这些真理应用于实践……时，难道它们也应该被忽略吗？我们的偏见以及由之而来的恶果，是不是在我们祖先的偏见中有着它们的根源呢？使我们免于受这类的欺骗而同时又防止另一类的最可靠的办法之一，难道不就是要去发掘它们的根源和作用

吗?"(第 11 −12 页)①

参考接下来的部分:我们不可能绝对预防未来的错误……"因此,懂得各个民族曾经是怎样地被欺骗、被腐蚀或被投入到苦难之中,难道会是无用的吗?"(第 12 页)②

"我们将要揭示它那根源,我们将要追溯这类普遍错误的历史,它们或多或少地延缓了或者阻碍了理性的进程,它们往往也像政治事件那样,甚至于曾把人们推回到无知状态。"(第 10 页)③

各种错误"也构成人类精神进步的史表的一部分。正如使人类的精神完善化并照亮着它的那些真理一样,这些也都是它的活动的必然后果……"④

错误的必然性,但它建立在那些能力本身之上:

"把我们引向**错误**或把我们**留滞**于其中的那种知性⑤的运作,经过一番巧妙的、似是而非的推论……使之陷入了精神错乱的梦境;但这和正确的推理方法或发现真理的方法一样,也属于**我们个人能力的发展的理论**……"⑥

---

①同上,第 7 −8 页。译文有修改。——译注
②同上,第 8 页。——译注
③同上,第 6 页。译文有修改。——译注
④同上,第 7 页。译文有修改。——译注
⑤"知性"(entendement),又译为"悟性",本书中统一译为"知性"。——译注
⑥参见孔多塞,《人类精神进步史表纲要》,前引,第 7 页,译文有修改。——译注

因此,历史既是理性胜利的历史,也是**错误败退**的历史。

所以历史的原动力**不是单独的理性或错误**,而是**理性**与其**对立面**的斗争。

——"哲学与迷信之间的那场战争"(第51页)①

——"那些战斗的历史"(第11页)②

——(那些敌人)"理性不得不与之进行不断战斗,并且往往只是在长期艰苦的斗争之后才能取得胜利"(第11页)③

——人类的历史不是任何别的事物,它无非就是这种战斗。

5. 孔多塞的史表:他怎么使那些原则起作用呢?④

让我们来看看**那些原则**的作用。

参考**十个时代**的标题⑤:处于中心的是启蒙⑥:它们的进步,

---

①同上,第33页。——译注

②同上,第7页。——译注

③同上,第7页。译文有修改。——译注

④这个标题出现在听课者笔记中,没有出现在阿尔都塞打字稿中。

⑤让我们记住,孔多塞的著作中分了十个"时代":1."人类结合成部落"。2."游牧民族——由这种状态过渡到农业民族的状态"。3."农业民族的进步——下迄拼音书写的发明"。4."人类精神在希腊的进步——下迄亚历山大世纪各种科学分类的时期"。5."科学的进步——从它们的分类到它们的衰落"。6."知识的衰落——下迄十字军时期知识的复兴"。7."科学在西方的复兴——从科学最初的进步下迄印刷术的发明"。8."从印刷术的发明——下迄科学与哲学挣脱了权威的束缚的时期"。9."从笛卡尔——下迄法兰西共和国的形成"。10."人类精神未来的进步"。

⑥"启蒙"原文为"Lumières",即上注中"知识"一词的大写形式。——译注

它们的衰落。

原始社会：

> 猎人和渔夫
>
> 粗糙的技术
>
> 语言"可以交流他们的需要"和少数一些道德观念
>
> +"粗糙形态的政府"(第3页)①

a. 技艺②**与启蒙**

产生于**需要**的**技艺**——但这种需要是**直接**的，且仅限于其对象……所以是**简陋的技艺**。参考关于文明(civilisation)的文本(卡片)③。

最初的认识产生于需要——并且与技艺一起产生——但必须有**某种后撤＝闲暇**。

参考最初的人类："极度疲劳和绝对闲逸两者的必然交替，决不会让人有闲暇可以委身于自己的想法，使他有可能以各种新的结合来丰富自己的智慧。"(第4页)④

得到保证的这种闲暇，从新的进步开始了；**游牧**民族**和农业**

---

①参见孔多塞，《人类精神进步史表纲要》，前引，第2页。——译注

②"技艺"这里原文"arts"。——译注

③阿尔都塞的文档中包括一套(根据作者或根据主题而做的)卡片，基本上由引文组成，他经常在自己的讲义中引用它们。这些卡片大部分都保存了下来。

④参见孔多塞，《人类精神进步史表纲要》，前引，第2－3页。译文有修改。——译注

民族——参考牧人（第 23 页）①具有一些闲暇——**天文学的进步**。

尤其是某种"可以保存起来的剩余品"的生产（第 4 页）："更大的安全性、更可靠的和更经常的闲暇，就使人能进行沉思了，或者至少是从事持续不断的观察。对于某些个人来说，这种办法就导致了他们以剩余品的一部分来交换他们自身可以免掉的劳动。于是人类就出现了一个阶级，他们的时间没有被浸没在体力劳动之中，而他们的愿望则伸展到他们的单纯需要之外……"（第 5 页）②

参考 17 世纪关于闲暇的主题，以及爱尔维修关于**厌倦**的主题。

从这个时刻开始，循环的发展：**需要——技艺——科学——技艺**。

有趣的：某种关于发明的理论。急需有天才人物来对某一需要作出回应。

参考**书写**："人们因此感到有书写的需要，并且发明了书写"（第 6 页）③。

是这种**必然性**引起了**货币的发明**。

但这些发明，各种技术的这种进步，基本上是从**启蒙**的角度被思考。也就是说：

（1）**从知识的角度**；

---

① 同上，第 13 页。——译注
② 同上，第 3 页。——译注
③ 同上，第 4 页。——译注

(2) 从知识传播的角度。

——**例子**:**书写**和**印刷术**的发明,以及孔多塞称之为**科学语言**的发明。

拼音书写、印刷术既是**知识的手段**,又是**固定已获得的知识的手段**。控制知识并使知识得以发展的手段。

参考印刷术:"让天才的力量得到了成倍的增长"(第117页和119页)①,特别是使得"知识变成了一种积极的、普遍的交流的对象"(第117页)②,使**知识**在人民中得到**散布**(节省了时间、精力),使"人类精神的进程更加迅速、更加确实和更加便利"(第119页)③,并使对错误和迷信的战斗得以可能,使战胜它们得以可能。使通过一种适合的语言向所有不同阶级的人讲话得以可能(第118—119页)④。

最后使理性得到解放:"印刷术不是把对人民的教育从一切政治的和宗教的枷锁之下解放出来了吗?"无论在政治上还是在知识上有多大程度的压迫,"印刷术却仍然能够散布出一道独立而纯洁的光……只要还有一角自由的土地,出版业在那里可以发行它的印张,这就够了。"(第119—120页)⑤

参考18世纪关于**公开性**的基本主题。康德在其中看到了政治难题的解决办法。参考19世纪青年马克思和出版自由。

---

① 同上,第81—82页。译文有修改。——译注
② 同上,第80页。——译注
③ 同上,第82页。——译注
④ 同上,第81—82页。——译注
⑤ 同上,第82页。——译注

但这些技艺方面的发现本身,仍是服务于**对真理**的探索,因为一切终究有赖于"知识的纯洁性更甚于其广泛性"(第 26 页)①。

对文明进步的乐观信仰:向文明的过渡"(……)绝不是人类的一场堕落,而是在它朝向自身绝对完善化的逐步进程中的一场必然的危机。我们将看到,产生了开化民族的罪恶的并不是启蒙的增长,而是启蒙的堕落;而且最后,启蒙绝没有败坏人类,而是使他们变得柔和,尽管知识尚未能纠正或改变他们"(第 26 页)②。

b. 启蒙与错误

然而这只是一个方面:另一个方面是怎么产生的呢? 错误的起源是什么?

两种理论(参考孔多塞以及 18 世纪的普遍情况):

(1) **一种人类学理论——关于错误的心理学**:"在人类精神的自然进程之中找出〈错误的〉起源"(第 55 页)③。

但这种心理学理论掩盖着一种理性主义的**哲学理论**。在**关于错误的消极理论**的深处:错误只是一种**无知**:"所有政治上的和道德上的错误都是基于哲学的错误,而哲学的错误其本身又是与物理的错误相联系着的。没有一种宗教体系、没有一种超自然的妄诞,不是建立在**对诸自然法则的无知**的基础上"(第 191–192 页)④。

---

① 同上,第 17 页。——译注
② 同上,第 17 页。译文有修改。——译注
③ 同上,第 36 页。——译注
④ 同上,第 131 页。译文有修改。——译注

这种**无知**怎么可能表现为是**科学**呢？

心理学理论：是**人的心理的**败坏的后果，这个人自认为懂得他其实不知道的东西：幼稚的后果，灵魂有缺陷的后果，错误用词的后果（第 156 页），利益的后果（第 166、179、182 页），骄傲的后果（害怕和希望，第 118 页）。

关于错误的心理学的和唯名论的理论。

（2）**关于错误的宗教理论和政治理论**

参考孔多塞（最重要的理论）。

参考科学的开端＝剩余品的生产使**某个阶级的人**可以不用再劳动，而去进行沉思，并从事一些初步的科学观察。

参考第 18－19 页，**阅读这整个文本**①。

---

①所指文本如下："然而这同一个时代，也向我们呈现了人类精神史上的一项重要的事实。我们在这个时代可以观察到一个制度的若干最初的迹象，对时代的进程起着正反两种影响：它们既在加快着知识的进步，而同时又在散布着错误，既以各种新的真理在丰富着科学，又把人民投入无知和宗教的奴役之中，它们是以一种漫长的和可耻的暴政为代价来换取某些转瞬即逝的好处的。我这里指的是人们形成了一个阶级，他们掌握着一些科学原理或技术、宗教的秘密和仪式、迷信的操作，甚至往往还有立法和政治的奥秘。我指的是人类之分裂为两个部分；一部分人注定了是来教导别人的，另一部分人则是被造就来接受信仰的；一部分人傲慢地隐蔽起他们所自诩懂得的东西，而另一部分人则恭恭敬敬地接受别人所不屑于向他们宣示的东西；一部分人要把自己置于理性之上，而另一部分人则谦卑地舍弃了自己的理性并把自己贬低到人道的地位之下，他们承认别人具有比他们共同的天性更优越的特权。"（同上，第 11－12 页。译文有修改。——译注）

我们看到,从其起源开始,**真理**就和(可能产生与其相反的东西的)各种社会条件、与某种**制度**联系在一起。

"一个制度,对〈人类精神的〉进程起着正反两种影响:它们既在加快着知识的进步,而同时又在散布着错误……"(第18页)①。

这种制度:"人类之分裂为两个部分":

(a)"一部分人注定了是来教导别人的……","傲慢地隐蔽起他们所自诩懂得的东西","要把自己置于理性之上"(第18页)②,"骗子们"(第19页)③;

(b)"另一部分人则是被造就来接受信仰的","恭恭敬敬地接受别人所不屑于向他们宣示的东西","并把自己贬低到人道的地位之下,承认别人具有比他们共同的天性更优越的特权"(第18页)④。

这种区别是普遍的:在未开化的野蛮人中间,犹如在18世纪那样:"我们的教士⑤们还在向我们表现出来〈它的〉那些残余"(第18页)⑥。

"这一点是非常普遍的,我们在文明的各个时代里经常都遇到它,因而它在自然界本身之中是不会没有基础的。"(第19页)⑦

---

①同上,第11页。译文有修改。——译注
②同上,第12页。——译注
③同上,第12页。——译注
④同上,第12页。——译注
⑤"教士"(prêtre),下文涉及时间为中世纪之前时,则译为"祭司"。——译注
⑥同上,第12页。——译注
⑦同上,第12页。——译注

人被分为两个阶级会引起什么后果呢?

(1)促使祭司阶级那样做的是**权力**和**利益**。"他们的目标并不是要进行启蒙而是要进行统治"(第41页)①;"科学的进步对于他们只不过是一个次要的目标,是一种延续或扩张自己权力的手段而已。"(第40页)②

因此,有学问的阶级③的目标是**政治统治**(正是在政治统治这里,科学的功效④暗暗地得到承认,它的权力是一切权力的源泉)。

(2)**宗教的诞生**;事实上,有学问的阶级的权力只有通过秘而不宣才能得到维持。真理的效能本身迫使它被隐藏起来,以使它的作用只保留给那些占有它们的人。

整个的逻辑是:**为了保有真理,必须传授错误**。

双重的学说:"因而,他们就有了两套学说,一套是只给他们自己的,另一套则是给人民的……"(第41页)⑤

"所以他们不仅不把自己的全部知识都交给人民,反而以错误败坏他们要想宣示给人民的东西;他们教给人民的并不是他们信以为真的东西,而是对于他们自己有利的东西。"(第41页)⑥

---

①参见孔多塞,《人类精神进步史表纲要》,前引,第26页。译文有修改。——译注

②同上,第26页,译文有修改。——译注

③"有学问的阶级"原文为"la class des savants",即"学者的或知识者的阶级"。——译注

④此处"功效"原文为"vertu",在其他地方也译为"德性"。——译注

⑤参见孔多塞,《人类精神进步史表纲要》,前引,第27页。——译注

⑥同上,第26-27页。——译注

67　　　"总体伪善的体系"

"所有各个下层的等级全都同时既是骗子又是受骗者；而这一伪善的体系只有在某些信徒的眼前才会全部展现出来。"（第41页）①

这种双重学说中**语言的作用**："这种双重学说的人们，在给自己保存了古代语言或另一个民族的语言的同时，也就保证了自己掌握有另一种只有自己才能理解的语言的优势。"（第41页）②

参考，同上，第139页③

---

①同上，第27页。译文有修改。——译注

②同上，第27页。——译注

③"我们将要表明，假如不能使拉丁文成为全欧洲通用的一种俗语的话，那么在科学中保留以拉丁文书写的习惯，对于那些钻研科学的人来说，就只有一种暂时的用处；而存在着对所有的国家都是同样的一种科学的语言，同时每个国家的人民又都说着另一种不同的语言，这就会把人划分为两类，在人民中间把偏见和错误延续下去，这对于真正的平等、对于同等地使用同样的理性、对于同等地认识必然的真理，就会设置下一道永恒的障碍；而且在这样阻碍了人类整体的进步的同时，它就会终于也像在东方一样地结束各门科学本身的进步。长期以来只是在教堂之中和在修道院之中才有教育。大学仍然是由教士们控制的。他们被迫向政府交出了他们的一部分影响，但仍然完整地保留着对普通教育和初等教育的影响，并影响着那些把对各种普通职业和对人类一切阶级都必需的知识隐藏起来的人；而且它包办了幼年时期和青年时期，它按照自己的意图来塑造他们尚未定型的智力和柔弱未定型的灵魂。他们交还给世俗权力的，只是对法学、对医学、对高深的科学教育、对文学、对各种学术语言的研究的指导权；这些学校为数甚少，而且人们只是把已经经过神学羁轭所塑造的人才送到那里去。"（同上，第96页。译文有修改。——译注）。

必须用代用品(即真理起源的神圣超验性)去代替真理——"他们向〈人民〉所显示的,没有什么是不掺进莫名其妙的超自然的、圣洁的、神明的东西的,使得人民认为那是超乎人类之上的、赋有一种神圣特性、甚至是从上天接受来而为其他人所不可能接触到的知识"(第41页)①——被有学问的阶级歪曲了的对语言的使用对此也推波助澜(第42页)②。

祭司们保存着古老的语言＝隐喻的语言。人民不再懂得其意义:

"所以他们就只了解一些莫名其妙的荒唐神话;而同样这些说法对祭司们的精神说来却无非是表示异常之简单的真理而已……人民看到的是人、动物、鬼怪,而祭司们所想要表现的则是一种天文哲学,是这一年之中种种历史事实中的一种。"(第42页)③

因此,祭司们为自己制造了一种自然哲学。这个体系,"在为他们表示……这些自然界的真理时",通过他们的语言"在人民的眼前展现出一幅最妄诞的神话体系,那对于人民竟〈变成〉了最荒诞的信仰和最冥顽不灵的崇拜……的基础④……⑤"

"这便是几乎所有已知的宗教的起源。"(第43页)⑥

---

① 同上,第27页。——译注
② 同上,第27-28页。——译注
③ 同上,第27-28页。——译注
④ "基础"一词阿尔都塞误写为"体系"。
⑤ 参见孔多塞,《人类精神进步史表纲要》,前引,第28页。——译注
⑥ 同上,第28页。——译注

因此，孔多塞的论点：**宗教的起源**

（a）被用于使**有学问的阶级和祭司阶级的权力**变得神圣，宗教被他们编造出来以利用人民。参考苏格拉底被判死刑："虚伪……就赶忙控诉哲学家们不敬神，为的是使哲学家们没有时间可以教导人民说，这些神原来都是他们教士的制造品。"（第52页）①

宗教＝有学问的阶级和祭司阶级的发明，为的是使他们对人民的统治和权力神圣化。

因此，祭司们为人们编造了一些**错误**。

（b）然而，人民中的一些人自己对祭司阶级的理论内容不辨是非真假＝他们看到了**某种神话**，从神话中寻找**某种真正的自然哲学**的开端，因为他们不理解**有学问的祭司阶级的理论**的真正意义，并把无非是自然界的真理当作是超自然的真理。

（丰特内尔②关于神话的病源学起源的理论在孔多塞那里的回响）。

（更进一步关注这个主题：科学的力量被篡改成神话的力量。）

但人民不理解的——或者说祭司们通过双重的学说而保留给自己的，实际上是某种**科学的真理**：对真理进行盘剥利用的祭司们掌握了真理：他们是**百科全书派的真正鼻祖**。

（c）但是这些骗子，因为热衷于玩弄他们的骗术，最后完蛋了。

参考第44页：**追求真理与进行欺骗谋取私利之间的矛盾**，使祭

---

① 同上，第34页。——译注
② 丰特内尔（Fontenelle），《论神话的起源》（*De l'origine des fables*）。

们丧失了对真理的兴趣和需要。

"那些其利益只在于骗人的人们,很快地就会厌恶对真理的追求。"(第44页)①

获得了人民的服从以后,他们就沉湎于自己的过去和自己的神话——他们的**手法**(*artifices*)反过来损害了他们;他们是他们自己手段的牺牲品:因为他们自己也不再理解他们所说的东西是什么意思:

"他们自己也就一点一点地忘记了在他们的隐喻之下所掩盖着的部分真理……而他们终于也以自己成了自己神话的受骗者而告结束。从此以后,科学中的一切进步就都停顿了。"(第44页)②

(3)对真理的利用的这种最初败坏,其最终后果是为政治暴政创造了各种条件——由有学问的阶级即祭司阶级为了自己的政治统治而创造的宗教和迷信,在接下来的人类历史中,创造、培养并且维持着所有政治统治的条件。

"每一次当暴政极力要使人民群众屈服于它那一小部分人的意志时,它在自己的手段中都要利用受害者的偏见和无知……"(第96页)③

参考中世纪的封建制。

参考各种与法律有关的偏见和荒唐事:"事实上,它们仅仅认可压迫阶级的权利,因此它们就更加侵犯了人权……"(第95页)④

---

①参见孔多塞,《人类精神进步史表纲要》,前引,第28页。——译注
②同上,第28-29页。——译注
③同上,第65页。译文有修改。——译注
④同上,第65页。——译注

"粗野世纪的无知状态"是在刑法立法中出现不人道①的原因:"**根据人们的身份或出身**"来对人们进行处罚(第95页)。②

参考上帝的审判,等等。

一切都基于**人们之间不平等**的偏见。这种偏见的"**最终目标**"(dernier terme)是使自己变成**自然的**,是给错误和偏见提供**自然本身**的外观。

参考第96页:"但是它〈暴政〉希望的**最终目标**——那是它很少能够达到的——乃是要在主人和奴隶之间确立一种实实在在的区别,那在某种意义上乃是要把自然本身也转化为政治不平等的同谋。"③

两个例子:

(a)古代东方的祭司们、国王、士师、天文学家、土地测量家、律师(?)和医生们。

他们与其他人的**自然**的不同,在于"他们对知识能力的垄断性占有"(第97页)④。

(b)**那些封建领主们**:"穿着刺不透的甲胄,只有骑在也像他们自己一样无懈可击的马上才去作战"(第97页)⑤。

"他们就可以不受惩罚而压迫别人、不冒危险而屠杀人

---

①"不人道"原文为"inhumanité",后文也译为"无人性"。——译注
②同上,第65页,译文有修改。——译注
③同上,第65页,译文有修改。——译注
④同上,第65页。——译注
⑤同上,第66页,译文有修改。——译注

民……"①

甲胄,人的新的自然。

被武装的人——没有武装的人:"于是自然的平等,就在人为的物理力量的不平等的面前销声匿迹了"(第97页)②。

孔多塞这种理论的悖论在于,把这种"人为的"(即人造的)、铭刻在人的实际权力中的**不平等**,描绘为是暴政的结果和"最终目标",描绘为是各种偏见和错误的最终后果,而不是造成**这种暴政本身的原因**。

参考关于火药的难题(第112页③)(与孟德斯鸠相比较,《波斯人信札》,信一百〇五)。

火药的发明:

(a)"增大了战斗人员的距离",火器"使得战争的杀伤更少,战士也更不那么凶暴"(第112页)④。

(参考黑格尔)火器,普遍性的要素(人们不知道是在杀谁——他们不是瞄准某个人,而是瞄准抽象的对手……)

"大规模的征服以及随之而来的革命,已经变得几乎不可能……"(第112页)⑤

(b)"铁盔铁甲、几乎是无懈可击的骑术……这种贵族对平民所具有的优势终于全都消逝了;而摧毁对人类的自由的和对

---

①同上,第66页。——译注
②同上,第66页。——译注
③同上,第77页。——译注
④同上,第77页。——译注
⑤同上,第77页。——译注

他们的真正平等的最后这道障碍的,却是由于最初一眼看去似乎是在威胁着要消灭整个人类的这样一种发明。"(第112页)①

参考孟德斯鸠《波斯人信札》,(信一百〇五):

"……仅仅炸弹的发明,已令全欧人民丧失自由。君主们不能再将城市交给市民去守卫,他们可能遇到第一个炸弹就投降;于是君主有了口实,维持庞大的正规军,后来即以此压迫其臣民。你知道,自从发明了火药,就没有不可攻取的要塞;这就是说,郁斯贝克,地球上从此无处藏身,无处躲避强暴与不义。"②

换言之,孟德斯鸠和孔多塞在一点上是一致的:火药的发明摧毁了封建制,但对孟德斯鸠来说=**自由的终结**和君主专制的开始;而对孔多塞来说=不平等的终结和人类自由的开始。

〈再次总结=关于错误的两种理论——但第二种理论指向最初的错误=**无知**〉

c. "知性的改进"

因此,历史就是理性与错误之间、启蒙与无知之间战斗的舞台——而历史通过它的发展,最终走向**理性的胜利**。

因此,这就是承认,通过各种技艺和一切人类活动的中介,对真理的认识、启蒙,具有这种固有的有效性,并在历史的进程中起决定性作用。

---

①同上,第77页。——译注
②参见孟德斯鸠,《波斯人信札》,罗大冈译,人民文学出版社,2000年,第178页。译文有修改。——译注

光① = Aufklärung = 真理的光,照亮……错误消失,错误被真理驱逐,正如黑夜被白天驱逐。

由于历史上的一切罪恶,都与各种形式的错误有关,所以只要通过**真理的在场**来消除错误就够了。

参考第 192 页:没有一种错误"不是**建立在**对诸自然法则的无知的基础上"②。

真理与各种错误偏见之间的比较会摧毁错误:"这个秘密一旦被发现之后,就会使它的灭亡成为迅速而又肯定的事"(第 192 页)③。

——**例子**:希腊的**奴隶制**:建立在人与人之间不平等的观念基础上;"因为他们并没有把自己提高到能认识那些权利乃是人类所固有的。并且是完全平等地属于每一个人的"④。

相反,**法国革命**的根源在于**一场知识革命**,即认识到"真正的人权"(第 149 页)⑤。

"于是,在如此简单的这些原则之前,人们便看到一族人民和他们的行政长官之间有一项契约……的那些观念就消失了……于是,人们便看到自己不得不放弃那种奸诈而虚伪的政策,那种政策忘记了人人根据自己的天性本身就有平等的权利,而是……

---

① 注意"光"(lumière)、"知识"(lumières)和"启蒙"(Lumières)几个词之间的关系。——译注
② 参见孔多塞,《人类精神进步史表纲要》,前引,第 131 页。——译注
③ 同上,第 131 页。——译注
④ 同上,第 75 页。——译注
⑤ 同上,第 103 页。——译注

在人们的各个不同阶级之间,按照他们的出身、财富……来〈不平等地〉划分同样的这些权利……"(第151页)①

"于是,人们就不再敢把人分成为不同的两种,其中一种是注定了要来统治的,另一种则是注定了要服从的……"②

"所有这些原则都一点一点地从哲学家的著作里进入到社会的各个阶级,在他们那里教育已经远远超出了教义问答……"(第164页)③

开明的④意见与合法的意见之间的矛盾,也就是说,真理与错误之间的矛盾:

"用我上面已经勾画出其纲要的那种精神倾向来与各个政府的政治体系进行比较,我们就可以很容易预见到,一场伟大的革命乃是无可置疑的……"(第168页)⑤

但有两种解决办法:"或者必须由人民自己建立起哲学已经教会了他们要珍惜的那些理性的与自然的原则,或者必须由政府赶快预防它并根据舆论的进程来调整自己的进程"⑥。

两种可能的革命:

---

①同上,第104页。——译注

②同上,第104页。——译注

③同上,第113页。——译注

④"开明的"原文"éclairée",字面意思是"被照亮了的",其动词形式"éclairer"即"照亮",后文也译为"开导"。注意这个词与"lumière"(光)、"lumières"(知识)、"Lumières"(启蒙)之间的关系。——译注

⑤参见孔多塞,《人类精神进步史表纲要》,前引,第116页。译文有修改。——译注

⑥同上,第116页。——译注

——通过人民＝暴力革命

——通过**开明的**政府,更为温和

"政府的腐化和无知偏爱第一种办法,而理性和自由的迅速胜利则为人类复了仇。"(第168页)①

孔多塞的这些论点是揭露性的:

(1)**从法律的角度看,真理－错误之间的矛盾**只是一个伪矛盾,一个无知②的矛盾,因此,不正义、不平等、(政治上的)专制与真理之间的矛盾,必定能够通过知识的简单运用就得到解决——整个18世纪的主要论点:为了让它自己不要再成为其偏见的受害者,只要给权力进行开导就够了(……)"开明"专制主义的理论——我们开导专制君主,然后他就会自行改进;我们改进君主的知性,然后就会万事大吉。

(参考伏尔泰、狄德罗、爱尔维修等人。)

大难题:立法者哲学家的难题,不是由于偶然[……]③奇迹而成为哲学家,而是由于真理及其显而易见性的德性本身而成为哲学家。

(整个启蒙思想的基础——知性改进的乌托邦。)

(2)事实上,这种矛盾没有被消除,需要有人民的暴力的干预:这种干预并不必然合法。事实上,它是由于历史的某种偶然而出现的:政府对显而易见的真理的抵抗——纯粹非理性的抵抗。

---

①同上,第116页。——译注
②在页边空白处,有一个手写的词,但不是出自阿尔都塞的笔迹:"和知识"。
③在打字稿中是空白换行。

因此我们看到,孔多塞在这里重新陷入了犹豫,徘徊于关于错误的两种理论之间,但又不顾可靠而明显的事实,依然停留在**知性改进**的意识形态当中。

为了理解这一点,必须把他及其同时代人一道赋予**教育**的重要性,同这种基本理论联系起来:教育人就是消除人们的错误并把真理告诉他们——真理将通过其一己之力而改造世界。

*

孔多塞的理论为我们提供了一个 18 世纪典型的理性主义历史观(启蒙)的纯粹而又有特点的例子。

这种观念比之**先前的种种理论**,具有双重的优势:

在内容上:(1)把人类活动的各种表现(经济、工业、艺术、宗教、哲学)整合为一个整体;

在方法上:(2)明确地提出并回答了**历史因果性**的难题:抽出理性作为历史发展的基本要素(并从而运用了一种科学的抽象方法);

(3)把历史的发展展现为(真理与迷信之间的)一种**斗争**,一种**矛盾**。

但这些(内容上方法上的)积极因素,受到推动这种理论的**机械论的和唯心主义的理性主义**哲学原则的连累。

(1)事实上,**历史的原动力**,这种归根到底起决定作用的因素,是真理、理性,或更确切地说,是对**理性之意识**的获得:因此,历史的结果及其原则就是一个单一的、相同的因素:**意识的发展**。参考孔多塞的后继者(孔德、布伦士维格),历史只不过是意识的进步史,也就是说,**归根到底,历史不是意识的内容而是意识的形式**——这意味着内容的恒久不变……由此产生了这种历史、这种进步观念的悖论:**事实上在孔多塞那里,理性主义历史观是对历史内容的无历史性、无发展的确认,历史的理性内容具有永恒性的论点**:

"对我们感受的分析就使得我们……发现了……普遍真理的基础,这些普遍真理是由那些观念产生的,并决定着有关正义与不正义的那些必然的、不变的法则……"(第156页)①

正因为如此,孔多塞可以断言,形而上学与历史具有同样的内容。这意味着:**形而上学就是历史的真理**。这些最初的原则已经包含了"历史仅仅只是发现"的全部道理。

(2)**这种理论导致了一种机械的线性进步观**。进步实际上无非是我们各种能力的发展,是[在]②其形式被给定之前首先被给定了内容的理性的发展。

由此产生了关于这样一种历史的悖论:它什么也不创造,只**是对它固有的种种内在原则进行展开和注释**,只是通过其最剧烈的革命回到它的起点,只是停留在它固有的要素当中——也就是说,这是一种非辩证的历史观。

这种发展被构想为是**在一条连续展开的直线上进行积累**。

---

① 参见孔多塞,《人类精神进步史表纲要》,前引,第108页。译文有修改。——译注

② 打字稿中括号里是"的(de)",而不是"在……方面(dans)"。

(3) 真理的这种哲学先在性,这种从哲学向形而上学的还原,导致了**历史判断**上的唯心主义观念。

作判断不是把某个时代的真理和内容与其存在条件相对照(参考帕斯卡尔),而是把历史的现实性与形而上学的真理、**与理性和无时间性的人性**相对照——把历史机械地划分为恶与善、理性与非理性、知识与迷信及错误。

(4)这种**历史判断理论**代表了什么呢?历史唯心主义哲学的典型本身。当孔多塞把理性和人性的原则置于历史的**起点**(*origine*)时,**他实际上就把历史自己的自我意识作为内容投射到历史的起点了**:那种自我意识也就是他从历史在他的时代产生的结果中获得的意识。

换言之,**存在于哲学家意识中的历史发展的结果,代替了历史的实际过程**。参考马克思:

"实际上这是因为,他们总是用后来阶段的普通人来代替过去阶段的人并赋予过去的个人以后来的意识。由于这种本末倒置的做法,即由于公然舍弃实际条件,于是就可以把整个历史变成意识发展的过程了……"(《哲学著作集》第六卷,第244页)①

因此,孔多塞把他自己关于理性的胜利、关于**真理的决定性作用的意识**,投射到历史当中去了。实际上这种意识就是历史的

---

① 这段话出自《德意志意识形态》(*L'Idéologie allemande*),用的是莫利托尔(Jules Molitor)的翻译,见卡尔·马克思,《哲学著作集》(*Œuvres philosophiques*),第六卷,Alfred Costes出版社,在阿尔都塞讲授这门课程时,这个版本是法文版中最完整的。(参见《马克思恩格斯全集》第三卷,人民出版社,1960年,第77页。——译注)

意识本身,而为了理解它,就必须把它与**它自身的存在条件**联系起来;但这样一来就不能从那种意识出发对历史作出判断,而这就是承认,对历史的判断,包括对它自己意识的判断,取决于它被规定的存在条件。

可是,要在历史的难题性(problématique)①中做到这一点,就必须建立一种关于历史真理的**存在条件**的理论。

D. 爱尔维修②

代表了18世纪最纯粹的**功利主义**,最具代表性的典范,从17世纪的主题出发、由18世纪所进行的最惊人的**价值颠覆**。

实际上我们看到,在17世纪就产生了一些从对人性的某种**怀疑的**和**悲观的**反思而来的历史概念。两个根本性的主题:

——**皮浪主义**③:其基础和内容是人类风俗和习俗的无限多样性。

——**道德悲观主义**:为堕落的人性提供理论上的描述,人性和善失去了一致——人类**堕落**的主题,使人的一切行动都服从激情和利益法则。

参考帕斯卡尔、拉罗什福科等人。

然而17世纪的这些主题,是用来为一种关于人性的**悲观主**

---

① "难题性"(problématique),在有的地方也译为"成问题(的)",参见第402页译注。——译注

② 在阿尔都塞的打字稿中,关于爱尔维修的章节编号为"Ⅴ"。

③ 皮浪主义(le pyrrhonisme),即怀疑主义。皮浪(Pyrrhon,前365或360年—前275或270年),古希腊怀疑派哲学家。——译注

义理论及其对等物即一种宗教皈依理论作辩护的。

18 世纪的颠覆:
(1) 历史怀疑论首先变成
——**批判的**(贝尔)〈也就是说,它把论据用于对一些公认的真理进行批判,不是为放弃理性而辩护,而是摧毁现存的不合理〉,
——**其次变成积极的**:历史的多样性不再是人类历史的无理性的论据,而是变成**历史智慧的对象本身**(参考孟德斯鸠及整个 18 世纪——无论是通过一种关于多样性的理论、通过气候、还是通过真理和错误)。

(2) 同样,**道德悲观主义**也不再是纯粹护教论的,而是变成一种**积极的**论据,一种不仅使得关于人类行为的智慧得以可能,还使得这种智慧得以完成的**积极的理性**。

18 世纪用一种关于人类行为的积极的理论代替了关于人类行为的**消极的和宗教的**理论,通过颠覆其含义而重新采用了**悲观主义**的分析。

那些措辞都还保留着原样,但意味却变了:利益、自尊心,确实是人类行为的根本推动力,但绝不是消极的和可悲的推动力,它们变成了积极的和有益的推动力。

爱尔维修是这样一位哲学家,他把**这种彻底的颠覆**推向了**极致**,并把**利益**的悲观主义改变成**利益的乐观主义**,他还将这种颠覆与对怀疑论的颠覆结合在一起;也就是说,他试图系统地阐述一种关于利益的哲学,不仅从利益出发去认识人类行为的统一性,还从利益出发去认识**人类历史的多样性**。

〈以此身份,由于其观念的激进面貌 =18 **世纪道德唯物主义**的

激进形式,在他的时代成为引人注目并且(几乎是)被孤立的哲学家〉

由此,在爱尔维修那里产生了两种基本理论:
(1)一种关于利益的普遍理论(**统一性**);
(2)一种关于个人和环境的**辩证法**(使得解释人类历史的多样性成为可能)。

这导致了并左右着:
(3)**他的政治观和政治改革观**。

*

1. 关于利益的普遍理论

a. 爱尔维修的现实主义

"这是以我曾经追溯过其原因的那些事实为依据的。我曾经认为应当像研究其他各门科学一样来研究道德学,应当像建立一种实验物理学一样建立一种道德学。"(《论精神》,序,第13页①)

---

①阿尔都塞所引用的版本已经很难找到,我们所用的版本是 Gérard & Cie 出版社"大学隐士(Marabout Université)"丛书中的爱尔维修《论精神》(*De l'esprit*),该书附有弗朗索瓦·夏特勒(François Châtelet)的介绍。(参见《18世纪法国哲学》,北京大学哲学系外国哲学史教研室编译,商务印书馆,1963年,第430页。下文中爱尔维修著作的所有引文,均参考了这个中译本译文,并根据情况有所修改,由于该中译本为节选,所以其中没有译出的部分,均由译者根据本书引文直接译出,不再一一注明。——译注)

79   **尊重事实：**

　　——"应当如其所是地去看人"（第一篇，第 4 章，第 45 页）①。

　　——"对人们的自尊的后果大发脾气，无异于埋怨春天的雹子，夏天的炎热，秋天的雨水，冬天的冰雪"（同上）②。

　　——"理智的人知道：人们就是他们不得不是的样子；一切对他们的憎恨都是不义的；傻人就会做傻事，正如野生幼树会结苦果子；辱骂他们，就如同指责橡树只结橡子不结橄榄"（第二篇，第 10 章，第 105 页）。

b. 如其所是地去看人 = 拒绝一切关于人的道德理论

　　对(虚伪的)道德的批判

　　爱尔维修把**道德家们对邪恶的诅咒揭露为虚荣和欺骗：道德家揭露邪恶，是因为他不理解它们。**

　　道德家，夸大其词者和揭发者（参考第二篇，第 5 章，第 75 页，注：道德家们的那些夸大其词和事实）③：

---

　　①同上，第 452 页。译文有修改。——译注

　　②同上，第 452 页。译文有修改。"自尊"原文为"amour-propre"，中文版均被译为"自爱"。卢梭对"自尊（amour-propre）"和"自爱（amour de soi）"的区分，可参见第 388 页正文与注释。——译注

　　③"道德家们对人们的恶意不断地夸大其词，表明他们对这些东西所知甚少。人们一点儿也没有恶意，只是服从他们的利益。道德家们的尖叫绝不会改变道德世界的这种推动力。所以，该抱怨的绝不是人们的恶意，而是立法者的无知，他总是把特殊利益与普遍利益对立起来。如果说斯基泰人比我们道德更高尚，那是因为他们的立法者和他们的生活激发了更多的正直。"

（1）"迷恋于一种关于完美的错误观念"（第二卷，第 16 章，第 141 页）；

（2）用"**辱骂**"来代替智慧（第二卷，第 15 章，第 139 页）；

（3）揭露"后果，却不追溯原因"，"承认其原则而拒绝其后果"①（第二卷，第 15 章，第 135 页）；

（4）因为他从本质上是伪君子（第二卷，第 16 章②），因为他"**被私人的利益所驱使**"③（第二卷，第 15 章，第 139 页）；

（5）因此"直到目前为止，大多数道德家对人类没有任何帮助"（第二卷，第 22 章，第 182 页）。

道德家的根本错误＝根据一种虽则由私人利益激发却表现为人们的理想的原则来判断和谴责人们——因此，这是不理解"**人们就是他们不得不是的样子**"，不理解他所揭露的后果的**必然性**，这是不能通过其原因来理解其后果的必然性。

——**例子**；风流女人（第二卷，第 15 章，第 137 页）

——被道德家所谴责

——被哲学家所理解："**从政治的角度来研究风流女人的行为……**"就会理解其必然性。

---

①"想要摧毁那些与某个民族的立法捆绑在一起的邪恶，而毫不改变那种立法……无异于承认其原则却拒绝其理所当然的后果。"

②该章的标题是"伪善的道德家们"。

③"在这些道德家们当中，有许多人在研究道德和那些作恶的人时，只是受到私人利益和私人仇恨的激发。"

这种根本的必然性:**利益**。

c. 这以一整套人性论为前提

"看来道德世界和物理世界一样,神只是把一个唯一的原则放在存在过的一切东西里。现在存在的、将要存在的东西,只不过是一种必然的发展"(第三篇,第 9 章,第 259 页)①。

"神向物质说过:'我赋予你以力……'"于是世界上就产生了各种结合……

"看来神也同样向人说过:'我赋予你以感受性……你应当凭着这种感受性,不知其所以然地去完成我的各项计划。'"②

然而,正如力被赋予给物质,道德**感受性**也同样地被赋予一种物质:"**肉体的感受性**"(爱尔维修玩弄这同一个字眼,为的是给它赋予两种意思:感觉和感受)③。

(1)"肉体的感受性"

"一切都归结为感觉"(第一篇,第 1 章,第 24 页)④

"被动的力量"(第一篇,第 1 章,第 19 页)⑤

人身上有两种能力:"如果我敢于这样说的话,有两种被动的力量"(第一篇,第 1 章)⑥。

---

①参见《18 世纪法国哲学》,前引,第 470 页。译文有修改。——译注

②同上,第 470 页。译文有修改。——译注

③"感受性"(sensibilité)与"感觉"(sensation)、"感受(情感)"(sentiment)词根相同。——译注

④参见《18 世纪法国哲学》,前引,第 439 页。——译注

⑤同上,第 434 页。——译注

⑥同上,第 434 页。——译注

参考卡片(《论精神》第一篇和第二篇)

人和动物的生理结构不同。

参考猴子:"它们的身体……素质使它们像小孩子一样,一直处于持续的运动中,甚至在它们的需要得到满足之后,猴子们也不会感觉**厌倦**,这种厌倦应当被看作……人类精神可完善性的原理之一……"(第一篇,第1章,第20页)

记忆和**判断**被归结为感觉、"感觉能力"。

(2)但这种"**肉体的感受性**"只是**被动的**:它被"道德的感受性"所改变。

参考第三篇,第9章,第259页,(神说):"我把你放在快乐和痛苦的监护之下:这两种东西会要求你思想,要求你行动,会产生出你的各种激情,会激起你的厌恶,你的喜爱,你的柔情……你的希望,会向你揭示一些真理,会把你投入一些错误。"①

这种"**道德的感受性**"服从于**利益法则**。一般人把利益这个名词的意义"仅仅局限在爱钱上……我采用的是这个名词的比较宽泛的意义,我把它一般地应用在一切能够使我们增进快乐、减少痛苦的事物上"(第二篇,第1章,第55页)②。

普遍法则:"所有的人都受到同一种力量的驱使……所有的人都同样地倾向于自己的幸福……人们永远听从自己利益的召唤……如果说物理世界服从运动的法则,那么道德世界就不折不

---

①同上,第470页。译文有修改。——译注

②同上,第457页脚注1,译文有修改。——译注

扣地服从利益的法则。"(第二篇,第2章,第60页)①

利益至上(或**激情**至上)＝不仅是道德世界而且也是**知识世界**的原动力。

激情是"我们知识的源泉……只有它们才能给予我们前进的必要力量……"(第一篇,第2章,第30页)②:

"各种技艺的源泉";"各种科学和技艺的发现,都要归功于激情……"(第三篇,第8章,第257页)

激情是"生产精神的种子"(第三篇,第6章,第240页)③。"在它们探究的对象身上,它们总是把一切照得特别明亮……只有它们才有时候可以觉察到引起后果的原因,而不会因为无知而归之于偶然……"(第三篇,第7章,第251页)

"正是激情的锐利目光,穿透未来那晦暗的深渊。"(第三篇,第7章,第252页)

天才与老实人相反的理论:**天才充满激情**。

激情是精神和发现的中介

——积极地讲:**通过好奇心**(注意力)

——消极地讲:通过**厌倦**:(第三篇,第5章,第237页)

"因此,快乐和痛苦从而利益,应该是我们一切观念的发明者,而且一切都同样地应该归之于它,因为厌倦本身和好奇心也

---

①同上,第460页。译文有修改。——译注
②同上,第441页。译文有修改。——译注
③同上,第468页。译文有修改。——译注

被包含在快乐和痛苦的名下……"(《致休谟的信》)①

(参考猴子不会感到厌倦)

人却相反(对帕斯卡尔的颠覆)。

"正是这种好动的要求,以及那种因感受的匮乏而在灵魂中造成的不安分,包含了一部分人类精神易变性②和可完善性的原理,并且它必然通过迫使他在所有方面受到激发,而在无数世纪的[革命]③之后,发明和完善种种技艺和科学……"(第三篇,第5章,第236页)

因此,**智慧**本身受到激情的统治。

d. 激情的统治——利益的统治——自爱的统治及其**变形**

"利益在世界上是一个强有力的巫师,它在一切生灵的眼前改变了一切事物。"(第二篇,第2章,第60页)④

爱尔维修的看法:利益(快乐)是**一切人类行为**(1)和**一切价值判断**(2)以及各种社会制度的根本推动力。

---

①见爱尔维修1759年4月1号致休谟的信,收入《爱尔维修通信全集》(Correspondance générale de Helvétius),多伦多(Toronto)和布法罗(Buffalo),多伦多大学出版社(University of Toronto Press),牛津,伏尔泰基金会(Voltaire Foundation),第二卷,第248页。

②在打字稿中,"inconstance(易变性)"一词被写成"Instance(恳求)"。

③阿尔都塞的打字稿这里代替"革命"一词的是一个空白的间隔。

④原文实际上是:"利益在世界上是一个强有力的巫师,它在一切生灵的眼前改变了一切事物的形式。"(参见《18世纪法国哲学》,前引,第460页。——译注)

(1) **一切人类行为**,甚至是最复杂的行为(利益的[……]①)。

参考第三篇,第9章,第258页:有两种类型的激情:一种"是由自然直接赋予的",另一种只是由于"建立社会"而得到的②……

但它们的基础相同:利益或**肉体的快乐**。

"为了弄明白这两种不同的激情是哪一类引发了另一类,我们可以在心里回到世界开始的日子去看一看。我们将看到,自然通过饥、渴、冷、热使人知道自己的各种需要,并把无数种快乐和痛苦与这些需要的满足或不满足联系起来。"(第三篇,第9章,第258—259页)③

在这种状态之下,"妒忌、贪婪、野心"是不存在的:

"这样的一些激情并不是我们直接从自然得来的;它们的存在要依靠社会的存在,也要依靠我们身上有这些激情的隐藏的种子……"(第三篇,第9章,第259页)④

"这些人为的激情……绝对只能是感觉能力的一种发展……"(第三篇,第9章,第259页)⑤

参考第三篇,第9章,第261页:"既然承认了我们的激情从根源上来自于肉体的感受性,那么我们就可以认为,在各民族已经开化了的当前状态下,那些激情独立于产生它们的原因而存在

---

①打字稿中,此处为空白。
②参见《18世纪法国哲学》,前引,第469页。——译注
③同上,第469页。译文有修改。——译注
④同上,第470页。译文有修改。——译注
⑤同上,第470页。译文有修改。——译注

着。因此,我将通过追寻肉体的痛苦和快乐向人为的痛苦和快乐的转变来证明,在其对象看来与感官的快乐丝毫不相关的贪婪、野心、骄傲和友爱之类的激情中,我们想要逃避或追求的却依然永远是肉体的痛苦和快乐。"

——例子:贪婪:

"骄奢淫逸的守财奴"(第三篇,第10章,第262页)渴望财富,"或以之换取一切快乐,或以之免除一切与贫困相关的痛苦"(第三篇,第10章,第263页)。然而,还存在另一类守财奴,"他们从不用自己的金钱去换取快乐"——"在他们的行为与促使那些行为的动机之间存在着"使人惊奇的"矛盾"(第三篇,第10章,第263页)。这种"**多愁多虑的**"守财奴,更害怕可能发生的贫困,所以不去追求快乐。

这种人

"处于两种不同的诱惑之下"(第三篇,第10章,第264页)

"不是放弃快乐",他"向自己表明,他至少应该推迟对快乐的享受,直到当他占有更多的财富而不必再害怕未来的时候,他就可以全身心地投入到当前的快乐中了……"

在这期间,老年来临,而年纪大了就会加深恐惧。守财奴会因为**害怕享受**而不停地积聚钱财。

"由贫困引起的过分的恐惧和可笑的毛病,造成了某些守财奴的行为与激发那些行为的动机之间的那种表面的矛盾……"(第三篇,第10章,第264页)

——例子:野心

这里,**在其起因**(其动机)——为了获得快乐而积聚财富、荣誉等等的欲望——与**其行为**之间,也存在着矛盾:

"但是有人会说……所有这些荣誉的标记,不会给我们带来任何快乐的肉体感受;所以,野心不是建立在这种对快乐的爱之上,而是建立在对重视和尊敬的渴望之上;因此,它不是肉体的感受性的后果。"(第三篇,第11章,第265页)

换言之,野心的推动力不是**肉体的快乐**,而是**别人的评价**(意识之间的斗争?)。

"不是一获得人们的尊敬和爱慕,野心家就会嫉妒吗?"(第三篇,第11章,第267页)

如果真是这样,爱尔维修说,对富人来说,只要给仆人付数量足够多的钱就够了,这样他们就会"给他的虚荣心进贡恭维和尊敬"。

但人们渴望的不是这种尊敬,而是**被赞成的尊敬**。

"人们爱尊敬绝不是为了尊敬本身,而是把它作为其他人承认自己低一级,作为他们对我们有友好倾向,殷勤地为我们免除痛苦并为我们谋取快乐的保证……"(第三篇,第11章,第267页)

对于**骄傲**来说是同样的(参考第三篇,第13章)①:

"这一章的结论是:人们只是为了被尊重才渴望成为值得尊重的人,人们只是为了享受这种尊重带来的快乐而渴望尊重;因此,对尊重的爱只是伪装了的对快乐的爱。但只有两种快乐:一种是感官的快乐,另一种是获得上述那些快乐的手段;人们把这些手段列入快乐行列,因为快乐的希望就是快乐的开始;然而只有当这种希望能够实现时,这种快乐才存在……"(第三篇,第13章,第279页)

---

①第13章的标题是"论骄傲"。

所以我们在爱尔维修那里看到快乐或利益这个词的**引申**。不仅是**直接的快乐**,还有其手段=快乐。这种**手段**("快乐的希望")是快乐。

因此,快乐和利益伪装成**其手段**。正是这种伪装造成了人为的快乐的矛盾。但这种手段最终服务于深层的、隐藏的利益目的。

然而,这种**伪装**本身可能会欺骗人:参考守财奴和野心家,他们最终**把手段当成了目的**。

(因此,存在着一种利益的**动力学**——并且利益有一种**深度**,它不能化约为它的直接原则,而必须以一种**外部的中介**为前提。)

(2)利益引发一切价值判断(关于利益的社会学)

第二篇,第1章,第56页:"无论在任何时候,任何地方,无论在道德问题上,还是在认识问题上,都是私人利益支配着各人的判断,普遍利益支配着各个国家的判断。"①

爱尔维修在如下关系中研究这条法则

(行动)——以及制度——各种关于尊重的判断

(观念)与个别的人、各种不同的社会、各个民族以及世界相关的道德判断(?)。

爱尔维修的理论事实上远远超出了单纯的道德理论。它是一种关于判断、风俗、法律和艺术的理论。

(a)从个人的角度来看:

在个人那里,**好**与坏以及对别人尊重与否的判断者是利益。

---

①同上,第458页。译文有修改。——译注

98 政治与历史

"利益是正直的唯一判断者。"(第二篇,第1章,第56页)①

"每一个人都是只把别人对自己有利的行为习惯称为正直……"(第二篇,第2章,第57页)②

"由此产生我们所有"道德"判断的不义","以及根据每个人从中得到的好处③而把相同的行为滥称为正义或不义的做法"(第二篇,第2章,第60页)。

所以,通过这种直接的透视,爱尔维修有理由说,各种行为本身是"**无动于衷的**"④:它们的一切道德价值,仅仅来自从我们方面对其作出判断的**利益**。

在**精神**领域,情况是一样的:我们完全根据别人对我们的**有用性**(*utilité*)来评价别人。我们自己的利益决定了我们对别人的价值的承认。

参考……

"因此,关于风俗、舆论和观念,看起来人们在别人那里所尊重的永远是自己。"(第二篇,第3章,第64页)

"我们……如此……急迫地要在别人面前抬高自己,以至于在任何艺术领域最伟大的人,都是被每个艺术家看作是排在自己之后的第一人……"(第二篇,第4章,第74页)

由于这一点,所以我们对各种行为或对各种人的判断的根

---

① 同上,第459页。译文有修改。——译注
② 同上,第459页。译文有修改。——译注
③ 在爱尔维修的书中,是"好处或不利"。
④ "无动于衷的"(*indifférentes*),又有"无差别的""不偏不倚的""无关紧要的"等意思。——译注

基,完全取决于**我们利益的主观性**。

普遍的统治:参考**羊和草**。

利益:"是一个强有力的巫师,它在一切生灵的眼前改变了一切事物的形式"(第二篇,第2章,第60页)①。

"这只在平原上吃草的驯良的羊,对于那些生活在密密的草叶上的细小昆虫来说,岂不是一个可畏的恐怖的对象吗?"(参考**这段文本**)②

视角:

——从昆虫的视角看羊,食草动物:(残忍的怪物)

——从草[原文如此]③的视角看狮子和老虎:"**慈善的动物**",狮子和老虎不毁灭它们……而且为它们对羊进行报复。

"因此,不同的利益就这样使事物变了样:狮子在我们眼里是残忍的动物;对于昆虫来说,残忍的却是羊。"(第二篇,第2章,第

---

①参见《18世纪法国哲学》,前引,第460页。——译注

②《论精神》第二篇,第2章,第60页:"这只在平原上吃草的驯良的羊,对于那些生活在密密的草叶上的细小昆虫来说,岂不是一个可畏的恐怖的对象吗?它们说:'我们躲开这个贪馋而又残忍的动物,躲开这个怪物吧,它的嘴巴把我们连同我们的城邦都一股脑儿吃掉了。它怎么能跟狮子和老虎相比呢?这两种慈善的动物并不毁坏我们的住所;它们并不吃我们的血;它们是处罚罪行的公正的报复者,它们处罚了羊,因为羊对我们作出了残暴的行为。'不同的利益就这样使事物变了样:狮子在我们眼里是残忍的动物;对于昆虫来说,残忍的却是羊。我们也可以把莱布尼茨对于物理世界所说的话应用到道德世界:这个永远在运动的世界在每一刹那都为它的每一个居民提供出一种不同的新的现象。"(同上,第460页。译文有修改。——译注)

③实际上,这是从昆虫的视角来看。

60页)①

然而关于(针对各种行为和各种人的)**道德判断**的这种观念提出了一个难题:事实上,被判断的**人和行为**只有从判断者的利益的主观角度来看才是"**无动于衷的**"——只有在它们支持个体判断者的**主观利益**的判断时,才是"无动于衷的"。

但是从其自身来说,它们并不是无动于衷的:它们本身是由**当事人的利益**所产生的。

我根据自己主观利益的后果而判定为好或不好的某种行为,本身是某种现实利益——即我对之作出判断的**那个当事人的利益**——的后果和产物。

——例子:**人道和非人道**:

"人道的人看见别人的不幸会觉得难以忍受,他为了摆脱这种处境,可以说必然会去对这种不幸进行援救。而不人道的人则相反,别人的苦难在他看来是令人愉快的:为了延长他的快乐,他拒绝一切对不幸的援救。然而,这两种不同的人却都是以他们自己的快乐为目的,并受到同样的推动力的驱使。"(第二篇,第2章,第59-60页,注)

因此,我们面临着**一个矛盾,一种双重的必然性**:

(1)**被判断的行为**的内在必然性:它是无动于衷的,它本身既无所谓好,也无所谓坏,因为它是当事人的利益的必然性的后果,而这个行为的当事人是它的天然判断者;

(2)**判断的内在的必然性**,这是**判断者的**利益的必然性,它对各种行为进行道德定性。

---

①参见《18世纪法国哲学》,前引,第460页。译文有修改。——译注

这样一来

——**要么**：每个人从自己主观角度所选择的种种利益之间有冲突；

——**要么**：关于这种普遍的必然性、从而关于那些冲突本身的智慧＝这悖论性地假定了一种从**利益中抽身出来**的智慧，或一种恰恰由**这种智慧本身**的利益激发出来的智慧——多出了一个难题：关于那些冲突的这种智慧是这些**冲突的解决办法**吗？**悬而未决的难题**。

（b）**从社会的角度来看**（利益的社会学）。更有意思得多（参考爱尔维修）

适用同样的原则：人们考察各种具体的社会和各个民族时发现，支配着该社会道德判断和评价的永远是利益。

——**例子**：

（第二篇，第11章，第108页）："公众"（这里指民族）"与各具体的社会一样，其判断仅仅取决于其利益动机……它只给那些对它有利的行为赋予诚实、伟大或英勇的称号……"

同样，对人们的尊重也和其**对该社会的有用性**相关，所以，同样的模式。

但是有一些更有趣的结论。

事实上，这种利益的原则使得爱尔维修完全可以说明种种判断以外的其他事情：制度、风俗甚至艺术的内容。

参考第二篇第13章："论就不同的时代和民族而言的正直。"爱尔维修反对关于道德的**两种观念**：

（1）"有些人主张：关于德性，我们有一种绝对的观念，不

依不同的时代和政府为转移;德性永远只有一种,永远是相同的"(第118页)①

这些人是**柏拉图主义者**:"德性……无非就是关于秩序、关于和谐、关于一种本质的美的观念本身。但是这种美是一种神秘的东西。"②

(2)**怀疑论者**:"第二种人,包括蒙田在内,则以一种比推理更有力的果断为武器,也就是说,以一些事实,来攻击前者的意见,说明一种在北方被认为德性的行为,在南方却被目为罪过,并且得出结论,认为德性的观念纯粹是任意的。"(第118页)③

这两种人都犯了错:"前者由于没有求教于历史……后者由于对历史所提供的事实没有作足够深入的考察……"(第118页)④

为了避免错误,就应该"仔细地观察一下世界历史⑤":深入研究历史。

"要是那样,他们就会知道,各个时代都必然要在身体和道德方面引起一些改变帝国面貌的革命;在巨大的骚乱中,一个民族的利益总是受到巨大的改变;同样的行为可以相继地变得对他们有利和有害,结果就轮番地被称为有德性的和邪恶的。"(第118页)⑥

新的原则:一个社会在历史(和空间)中的利益的变化,可以

---

①同上,第464页。译文有修改。——译注
②同上,第464页。译文有修改。——译注
③同上,第464页。译文有修改。——译注
④同上,第464-465页。译文有修改。——译注
⑤同上,第465页。译文有修改。——译注
⑥同上,第465页。译文有修改。——译注

说明判断、观念和风俗的多样性。

解释各种制度之间差异的,不再是无知、愚蠢再加上真理(也即一定程度上的错误),而是一种特殊的内在原则即民族的利益。(参考伏尔泰)

"我的观点的论证是建立在各种事实之上,也就是说,建立在一直到目前为止无法解释的各种荒谬和离奇的法律和习俗之上的。"(第119页)

"无论我们把各个民族设想得如何愚蠢,他们都受到自己利益的启发,绝不是无缘无故地就采纳了我们发现在某些民族中确立的那些可笑的习俗;因此这些习俗的离奇,乃是由于各个民族的利益的多样性所致。"(第119页)[1]

——**例子**:斯巴达**关于盗窃**的立法(18世纪常用的例子)[2]:"还有比这种习俗更离奇的没有?"

"然而"……——吕古尔各的法律?

---

[1] 同上,第465页。译文有修改。——译注

[2]《论精神》第二篇,第13章,第119-120页:"盗窃在斯巴达是允许的;在那里只处罚被逮的窃贼手法不灵;还有比这种习俗更离奇的没有? 然而,如果我们回想到吕古尔各的法律,回想到在一个法律只许流通一种笨重易碎的铁钱的共和国里,人们是轻视金银的,我们就会觉察到在那里母鸡和蔬菜是唯一可偷的东西。这样一些永远干得很灵巧、常常被矢口否认的偷盗,使斯巴达人养成了勇敢和警惕的习惯;因此允许盗窃的法律对这个民族可以很有益;他们既不怕希洛人的背叛,也不怕波斯人的野心;他们只有靠这两种德性的保护,才能抗御前者的种种谋害和后者的千军万马。因此盗窃对所有富裕的民族都有害,却对斯巴达有利,确实是应当在那里受到尊崇的。"(同上,第466页。译文有修改。——译注)

——对金银的轻视

"在那里母鸡和蔬菜是唯一可偷的东西。"①

"这样一些永远干得很灵巧、常常被矢口否认的偷盗,使斯巴达人养成了勇敢和警惕的习惯。"②

然而,勇敢正是斯巴达人为了保卫自己以对抗希洛人和波斯人所需要的;"因此盗窃对所有富裕的民族都有害,却对斯巴达有利,确实是应当在那里受到尊崇的。"③

——例子:野蛮的游牧者的习俗,在出发之前,把老人赶到树上,然后使劲地摇晃那些树……

"乍看起来,没有什么比这种习俗更可恶的了。然而,一旦追溯到它的起源,我们就会惊讶地发现,那些野蛮人认为,如果那些不幸的老人从树上跌落了,就证明他们没有能力扛得住打猎的劳累。"(第120页)

缩短了缓慢而残酷的死亡过程。

"正因为如此,游牧民族……在某种程度上必然有这种残忍行为,并且在他们的国家,杀害长辈这种被我们视为可怖的行为,却被同样的人道原则所激发和允许。"(第120-121页)

各种艺术:参考第二篇,第19章:"在每个时代,对不同艺术体裁的评价都与人们在评价它们时所抱的利益相称。"

---

① 同上,第466页。——译注
② 同上,第466页。译文有修改。——译注
③ 同上,第466页。译文有修改。——译注

——**例子**:传奇①

"从阿玛迪斯②直到我们的时代的传奇,这种体裁依次经历了上千次的变化。"(第151页)

为什么人们不再喜欢古代的传奇?因为

(1)传奇的"主要优点"……"取决于其用于描绘一个民族的种种邪恶、德性、激情、习俗和滑稽可笑的事情的准确性"。

(2)"然而一个民族的风俗常常随时代的改变而改变"。

(3)"这种改变因而必然会在其传奇体裁和时代趣味方面引起变革"。

"我就传奇所说的话,可以适用于几乎一切作品。"

——**例子**:中世纪的**各种故事**:它们的主题不同于我们时代的主题:

"那些对象在那些无知时代的单纯的人们眼中与在开明时代的人们眼中,呈现出完全不一样的面貌。"

"那些奇迹、传奇、悲剧和神学问题,现在在我们看来显得如此可笑,但在无知时代,却受到了并且必然会受到赞美,因为它们与时代精神相符。"(第155页)

——**例子**:古希腊悲剧:而在当前,复仇的主题所具有的意义不再适合我们时代的治安和宗教。

——**例子**:高乃依;

---

①"传奇"(roman),也译为"小说""罗曼史"。——译注
②"阿玛迪斯"(Amadis),16世纪流行于西班牙骑士小说中的主人公,英雄的象征,这里代指骑士小说。——译注

"是因为人们刚从'神圣联盟'和'投石党'的混乱中走出来……所以高乃依所赋予其男主公的性格,他笔下野心家们所构想的种种计划,与那个时代的精神更相似,而现在则不然,人们现在很少遇到那样的主人公、那样的市民和野心家,因为风暴过后继之而来的是一种幸福的平静,因为爆发的火山已经从各个方面熄灭了。"(第157页)

——例子:政治生活的不同解释了**同一种体裁的**不同内容。**在各共和国**,戏剧的主题是祖国,因为那里"对暴君的仇恨,对祖国和自由的热爱……我敢说,是公共评价的聚焦点"(第159页)。

在其他没有公共政治生活的国家,"居民们没有任何机会去参与管理公共事务,人们很少使用'祖国''公民'这些词,人们只有在舞台上展现对那些个人来说可接受的激情比如爱情时,才博得公众的欢喜"(第159页)。

同样,这就是我们今天从**悲剧**转向**喜剧**的原因。

不仅艺术作品的内容,还有它的形式本身,都是由一个时代的风俗所决定的:"这种公共利益有时候会随着时代的变迁而相当不同,从而会引起……某些思想或作品的类型的突然出现或消亡……"例子:**各种论争**,等等。因此,这是**关于艺术和审美判断**的历史的理论。

艺术作品由**其内容**(及其形式)所确定——艺术作品的内容是**它时代的风俗**。

因此,趣味和艺术(内容、主题和体裁)方面的革命与风俗的革命紧密相连。

趣味方面的"这种革命""永远先于政府形式、风俗、法律和人民的地位等方面的某些变化。所以,这是建立在一个民族的趣味和其利益之间的一种隐秘的联系……"(第156页)。

因此,这是一种关于道德、风俗、法律、艺术和趣味(上层建筑?)的惊人的**历史理论**。爱尔维修解释了人类制度的多样性。

(1)通过把它们与各种社会的**利益**联系起来;

(2)但根本的是,通过发展一种关于这种利益的转变的理论。

"国家的利益,正如所有人类事务一样,经受了上千次的革命。"

(3)它把这些风俗、制度之类揭示为[……]①,揭示为这种根本利益的手段——从而得出一种关于**各种制度**和**各种意识形态**的派生性(广义上的)、从属性的理论。从属的和**功能性的** = 这些意识形态服务于一个民族的历史利益。

(4)然而这样一来,必须有一种关于**利益－意识形态**之间关系的**历史辩证法**:"同样的法律和同样的习俗相继地变得对同一个民族有利和有害;因此我得出结论说,这些法律应当轮番地被采用和废弃……"(第二篇,第13章,第123页)②

必须废弃过时的法律:

"一切只带来短暂好处的习俗都像是脚手架,应该在宫殿建成之后被推倒。"(第二篇,第13章,第122页)

由此得出观点:如果人们不废弃那些过时的法律,时间会造

---

①在打字稿中,此处是空白。
②参见《18世纪法国哲学》,前引,第467页。——译注

成**法律与利益之间的矛盾**:把国家带向毁灭的矛盾。

(一个民族的)**利益 – 法律**之间的矛盾,不是作为进步的原动力——而是作为帝国崩溃的原动力,积极地起作用。

参考第二篇,第 17 章,第 145 页:"现在,当一个国家的各种利益都变了时,在其创建期间有利的法律就变得对它有害了,这些同样的法律,会因为人们一直以来对它们保有的尊重,不可避免地把这个国家带向毁灭。"

——**例子**:罗马的灭亡:"摧毁迦太基之后……罗马人,通过在他们的利益、风俗和法律之间发现的对立,应该预见到威胁着帝国的革命;并且应该感觉到,为了挽救这个国家,整个共和国应该迅速在法律和政府方面实行时间和环境所迫切要求的改革……"

("曾经把他们带上最高峰的相同的那些法律,却不能将他们保持在那里……")

(5)然而这样一来,另一个难题就出现了,它照亮了这种利益和意识形态 – 制度的辩证法。

如果**某个民族的观念**、他们的风俗,等等,只是其利益的现象,那么它们就是正当的,"离奇的事情……野蛮的行径都有其必然性"……不再离奇了。

或更确切地说,不存在其他的(历史的)正常与不正常的标准,只有观念和利益之间的一致或不一致——如此一来,离奇的事情无非就是**历史死后的继续存在**①。

---

①"历史死后的继续存在"(*survivance historique*)也可译为"历史的遗迹"。——译注

参考(第二篇,第 13 章,第 119 页),那些离奇的事情"都永远是导源于公共……的①实际利益,或者至少是表面利益……②"(死后的继续存在)。

(第二篇,第 13 章,第 122 页)"但是,有人会说,再也没有比那些习俗更可憎或可笑的了:是的,因为我们不了解那些习俗形成的动机,那些习俗,被迷信和它们的古老所神圣化,由于政府的玩忽职守和无能,在产生它们的原因已经消失之后,却长时间地继续存在。"

这里,在两种理论的这个交汇点:一种制度的荒谬性

——要么通过无时间性的真理(判定为错误)

——要么通过历史"**死后的继续存在**"这一概念,通过对它的历史超越,以及它与当前历史现实的不符合

来测定。

造成**荒谬性**的,是那种死后的继续存在。

其原因:"政府的无能和玩忽职守"。

参考第二篇,第 17 章,第 144 页:"那些野蛮的习俗,可能在其形成时是有用的,然后变得对世界非常有害……那些只是由于恐惧而继续存在的种种习俗,人们无法废除它们,除非不断激励人民养成为了德性本身而奉行某些行为原则的习惯,除非挑起持

---

①爱尔维修的原文是"公共幸福的"。(原注如此,实际上是原编者误将阿尔都塞此处所引的话当成另一句话了,阿尔都塞引用的这句话,出现在原编者所说的那句话的下一页。参见《18 世纪法国哲学》,前引,第 466 页和 467 页两句相似的话。——译注)

②同上,第 467 页。——译注

久而残酷的战争,除非最终造成这些骚乱……"

(参考**帕斯卡尔**)

因此,我们在这里看到**死后的东西继续存在的政治原因**:某些人的利益维持着现存的、然而又过时的秩序——[……]①提出了关于这种决定着、评判着各种道德和政治形式的**利益**的性质的难题。**这种利益分裂为**这个社会的利益和一些个人利益,前者要求改变风俗和法律以便与新的形式相一致,后者则拒绝这种改变。

这里,仍然是社会的**利益**表现为**矛盾的**。不仅是**空的**(vide)②,而且是**矛盾的**。

相互矛盾的,因为是**空的**?(这种利益的内容是什么?怎么去定义它?)

让我们来总结一下这些悬而未决的难题。

如果利益是普遍的推动力:

(1)个人之间、或公众与暴君等等之间**各种利益相矛盾**

---

①打字稿中此处为空白。

②"空的"(vide),也译为"真空""虚空"。值得指出的是,作为一个哲学概念,它最早来自伊壁鸠鲁,在伊壁鸠鲁的唯物主义哲学中,世界没有"起源",只有"开始":在世界开始时,没有神,也没有精神,只有数量无限的原子在无限的"虚空"中平行下落,由于某个原子的"偶然"偏斜,于是原子与原子"相遇",这个世界才"开始"了。所以"虚空"在这里代表着对一切"非物质的"因素的排除,对一切"精神"的排除。到20世纪70年代末,阿尔都塞明确地把这个概念追溯到伊壁鸠鲁,并把它贯彻于自己对"相遇的唯物主义"的思考中。另外,这个词在精神分析传统中也指话语的"空白"。——译注

的难题。

（2）**各种利益革命**的难题：利益怎么能变化？什么发生了变化？

（3）这两个难题所涵盖的无非是一个难题：**利益的性质是什么？应用于一些不同对象的这个词涵盖了什么？**

（4）各种利益冲突的解决办法是什么？

用爱尔维修思想中特别重要的第二个方面去给这个难题指明道路：即**他的教育理论**。

2．个体与环境的辩证法

论点："人确实只是其教育的产物"（《论人》，"导言"，第3页）①。

第三篇，第1章，第210页：人和"同一种类的草一样，它们那绝对完全相同的种子，从来都不是完完全全地播种在同样的土地上，也绝不会经受同样的风吹、日晒和雨淋，所以在成长中必然会呈现出无限多样的形状……"②

---

①《论人》(*De l'homme*)，收入《爱尔维修全集》(*Œuvres complètes de M. Helvétius*)，伦敦，1781年；"如果我证明了人确实只是其教育的产物，那么我无疑就是向各民族揭露了一个伟大的真理。"（爱尔维修该著作的全称是"论人及其理智能力和教育"，参见《18世纪法国哲学》，前引。——译注）

②"这一点确定了之后，谁能保证不同的教育不会产生精神上明显的差异？谁能说人不会和同一种类的草一样，它们那绝对完全相同的种子，从来都不是完完全全地播种在同样的土地上，也绝不会经受同样的风吹、日晒和雨淋，所以在成长中必然会呈现出无限多样的形状。"《论精神》，第三篇，第1章，第210页。

然而,在这种发展的辩证法中,是**环境**,环境的影响,而不是教育起决定性作用。

爱尔维修:应该从广义的角度来理解教育:

"如果我们赋予这个词以比学校教育更确实更宽泛的涵义",那么我们就要"同等地把一切用于对我们进行教导的东西包括在内……"(第三篇,第1章,第208页)

教育理论:两个阶段:

——儿童的教育 ⎫
　　　　　　　　⎬(环境变了)
——成人的教育 ⎭

a. 儿童的教育 [……]①(**有差别的和发生学的**②)

"没有人接受同样的教育",《论人》,第一篇,第1章,第11页③。

换言之,爱尔维修将证明,一切个体的差异,都是"教导"(=环境)影响的产物。

"儿童获得运动和生命的时刻就是获得最初的教导的时刻。有时他在孕育自己的母胎内就开始学习认识疾病状态和健康状

---

①打字稿中,此处为空白。

②"发生学(的)"(*génétique*),通译为"遗传学(的)",但在本著中,它绝不仅指"生理上"的遗传因素,因此统一译为"发生学(的)"。——译注

③参见《18世纪法国哲学》,前引,第481页。译文有修改。——译注

态……",第一篇,第2章,第13页①。

由不同的对象引发的**不同感觉**教导着儿童。

各种对象就是"那么多负责教育我们儿童的教导者"②。

"可是这些教导者难道不是对所有的人都一样吗?不一样。机遇③并非对于任何人都完全一样。"第一篇,第3章④。

机遇=外部影响(参考第一篇,第8章,第35页注)。

"我要提醒读者注意,我用机遇这个词来指一系列我们不知道的、必然会产生这样或那样后果的原因,我绝不是在其他意义上使用这个词……"

不仅仅**这些对象**,还有各种**事件**,都改变着人,给他打下印记:

(第一篇,第4章,第20页):"常常是某一次处罚或类似的机遇决定了一个年轻人的趣味,使他成了一位花卉画家……儿童时代的教育,有多少是与类似的机遇和意外事件联系在一起的啊!"

儿童环境的**情感性联系**更多

参考双胞胎:《论人》,第一篇,第6章,悖论的例子:这是**两个相类似的存在**(在天性上没有任何差异),(除了上述原因以外)由于**与他们的家庭环境**相关的原因,他们仍将变得不一样:

"他们是由同一位奶妈哺育吗?这有什么关系?关系重大。

---

①同上,第482页。译文有修改。——译注
②同上,第483页。——译注
③"机遇"(hasard),也译为"偶然""偶然事件"。——译注
④参见《18世纪法国哲学》,前引,第483页。——译注

我们怎能怀疑奶妈的性格对婴儿性格的影响呢?"(第一篇,第6章,第22页)

如果他们的奶妈相同,但父母的钟爱不一样:

"我们可以想象一下……父母对两个人中某一个的明显的偏爱,怎么会对他的教育毫无影响呢?"

同样,两个孩子中的另一个在学习上就会落后……会有嫉妒和冲突,等等。

总而言之,经过儿童时期的不同环境,家庭、学校、朋友,等等,人们看到,孩子通过一种辩证法而成长,其中最初的因素在儿童的性格方面起主导作用。

"我将那些导致我们生活中重大事件的细小意外事件,比作是树根上的那些根须,它们以难以觉察的方式钻入悬岩峭壁的缝隙中慢慢长大,终有一天会突然爆裂出来。"(第一篇,第8章,第35页)

外部环境(各种对象 + 各种事件 + 人之间的各种关系)的决定性影响,

一种**内在的**辩证法产生了一些**特殊的后果**,一些性格、精神、激情的**结构**。

使得爱尔维修得以在**天性的根本**同一性基础上解释个体间的差异的,是产生人之间差异的发生学环境……**关于天才**产生于"机遇""教育""环境"的理论(这里,机遇不是上帝的恩赐)〈尽管在一些细枝末节方面还不完善,但这种理论仍是伟大的。参考"**布瓦洛和火鸡**"的故事(参考《论精神》,第三篇,第1章,注,阅读该文本)〉①。

b. **成人的教育**——随着青春期结束,人开始接触不一样的环境——人类环境(人的第二次教育)(第一篇,第 7 章,第 26 页)。

"青少年新的和主要的教导者,是他生活于其中的政府形式,以及这种政府形式赋予一个民族的种种风俗。"(第一篇,第 7 章,第 27 页)

还有其他的"**教导者**"。**例子**:这个人的社会地位,他的朋友,他的老师——**但这种新环境有一种根本的结构:即其政府和风俗的结构**,并且正是这种结构会对他施加根本性的影响。

"人的性格是其种种激情的直接后果,而其种种激情通常又是他所处的状况的直接后果。"(第一篇,第 7 章,第 27 页)

〈这提出了我们将要重新发现的那些难题〉

关于环境"**生产**"人的这种观念,在 18 世纪处于两种不同的

---

① 参考《论精神》第三篇,第 1 章,第 209 页:"我们在《文学年代》(l'Année littéraire)上读到,当还是小孩的时候,有一次布洛瓦在院子里玩耍摔跤了,摔倒的时候,他的礼服翘了起来,有一只火鸡用尖尖的嘴巴在他身上特别娇嫩的地方啄了好几下。布洛瓦一生都为此而烦恼;或许正因为这件事,我们在他的作品中发现了道德的严厉和情感的匮乏;因为这件事,他对女人们进行讽刺,对吕利(Lulli)、基诺(Quinault)和所有优雅的诗歌进行讽刺。或许他对那些火鸡的厌恶造成了他以后总是在心里反感那些把火鸡带到法国来的耶稣会会士。我们或许可以将他对模棱两可的话的讽刺、对阿诺德(Arnauld)的仰慕,以及他论对上帝之爱的书信,归之于那次发生在他身上的意外事件。这一点是如此确实,那就是往往是那些极细微的原因决定了生活中的一切行为以及我们整套的观念。"

理论之间。成问题的是**唯物主义的命运**:它应该追随哪条道路?

(1)参考**狄德罗与爱尔维修的论战**:对《论人》的"系统驳斥"①([卡尼尔兄弟出版社]②1875年出版)。

对于狄德罗来说,教育的作用是有限的。造成人之间差异的决定性因素,是他们的**体质**(constitution),他们的生理**构造**(organisation):**是肉体的差异造就了道德的差异**。

"设想有哪个解剖学家敢于将一个蠢人的脑袋(tête)的内部与一个有才智的人的脑袋的内部进行比较,这两颗脑袋的内部难道不是同样具有自己的样式吗?而如果这个解剖学家经验丰富,能区别那些样式,它们难道不会带着一种可以向他保证永远不会犯错的确实性,向他预示所有外部样式向他、向其他人所预示的东西吗?稍微更专心一点的话,这个解剖家就会猜想得到,在构成有才智的人的那些因素的结合中,也存在一种或许更重要的因素。而他的猜想并不是毫无根据的。这个因素,它是什么?是大脑(cerveau)。"③(引自《科学史评论》,1951年7月—12月号,第219页)

因此,道德和智力的差异取决于身体构造的差异……**缩小了的环境的发生学作用**。

爱尔维修批判了这种生理学家的唯物主义理论。在《论精神》中,他详尽地说明了,构造(感受性、记忆、注意力)的不同只是

---

①《驳爱尔维修的著作〈论人〉》(*Réfutation suivie de l'ouvrage d'Helvétius intitulé L'homme*),收入《狄德罗全集》(*Œuvres complètes de Diderot*),第二卷,Garnier-Frères 出版社,1875年。

②打字稿中,"卡尼尔兄弟出版社"这里是空白。

③前引,第323页。

次要的,在种种**才能**(*capacités*)方面,人从一开始就是**平等的**。

（2）然而,关于环境作用的另一种理论:**气候**(孟德斯鸠):参考爱尔维修,《论精神》,第三篇,第 28 – 29 章①。

不可能将人的精神归结为气候:

"我们应该将北方各民族的征服②与各种道德的原因联系起来,而不是与北方各国的独特气温联系起来。"(第三篇,第 28 章,第 356 页)

参考第 30 章(第 362 页):"希腊人的身体状况从来都是一样的:为什么今天的希腊人与从前的希腊人如此不同？这是因为他们的政府形式变了;这是因为,正如水可以从我们盛它的杯子那里获得任何形状一样,各民族的性格也可以采用任何种类的形式。"

因此,爱尔维修与孟德斯鸠非常相似,都力求发现一种可以对历史的特定差异作出解释的某种物质**起因**。而且像孟德斯鸠一样,爱尔维修引入了**环境**。但环境在孟德斯鸠那里是非历史的,爱尔维修则相反,把环境构想为**一种人类的和历史的环境**。**唯物主义**观念的第一个雏形？由此产生了历史环境的辩证法？

我们有的不是:

　　气候……不同的人……政治制度

而是:

　　各种政治制度……不同的人

然而,这就给我们提出了关于各种**政治制度**的难题。

---

①原文为"第 28 – 29 页"(p. 28 – 29),疑有误。——译注
②正如打字稿所显示的,不是单数的"征服"。

我们看到它们**带来**并支配着**人的发展**,但我们在民族**利益**带来历史发展并使其变化多样的理论中早**已经看到这些了**。

我们回到了作为这个理论最后作者的**各民族的利益**。

3.利益和政治

因此,有两种形式的利益:

(1)个人的、主观的利益;

(2)公共的、普遍的利益(一个民族在一定时刻的利益);

还有爱尔维修的两个断言:

(1)整个人类的最后的推动力是个人利益;

(2)但是,另一方面,是公共利益通过法律和风俗的中介,经由教育而形塑着人的天性,也就是说,是公共利益**赋予个人利益以形式和内容**。

特殊利益和**公共利益**之间的关系是什么?怎么样、在什么条件下,我们可以在同样的涵义上使用"**利益**"这个词?

可是,**在这些事实中**,我们观察到了什么?

(1)**特殊利益**与**公共利益**之间不是相一致而是相矛盾。

参考**女人的虚假**。

(第二篇,第 15 章,第 135 页):"如果女人的虚假这种恶习是**自然的欲望与各种法律规矩限制女人所追求的情感之间的矛盾的必然后果**,那么,从如此多的对女人的虚假的夸大其词中,能指望什么呢?在马拉巴(Malabar),在马达加斯加,所有的女人之所以是真实的,是因为她们在那里可以随心所欲地满足自己所有的幻想,而不会引起流言蜚语,是因为她们有上千个情郎……在这样的国家,人们绝对找不到虚假的女人,因为她们那样做带不来任何利益……我要说的只是，人们指责女人虚假，并不合情理，因为可以说那是各种规矩和法律的必然后果……"

这种通过女人的**虚假**而解决了的自然的欲望与**各种法律**（它是公共利益的表达）之间的**矛盾**，完全就是特殊利益与普遍利益之间的矛盾。**这两种利益的本质是不一样**。

参考**驱动着个人**的双重利益的理论（第二篇，第 8 章，第 89 - 90 页）。

大量别的例子。

（2）各特殊社会集团的利益与整个社会（民族）的利益之间的更明显的矛盾：

"公共利益几乎总是与特殊社会集团的利益不同。"（第二篇，第 9 章）

参考第二篇第 8 章——关于特殊社会集团利益的理论，某种牛顿式的动力学。

"任何社会都由两种不同的利益驱动"（第二篇，第 8 章，第 89 页）：

——"第一种稍弱一些，它与整个社会，也就是说与民族的利益是共同的"；

——"第二种更强有力一些，它是完全特殊的"（第二篇，第 8 章，第 90 页）；它是最强的，是两种利益斗争的胜者。（正是关于特殊社会集团及其利益获胜的这种理论，奠定了爱尔维修批评**教士**和**暴政**的基础）（参考第二篇，第 14 章）[a]。①

(a)"法律的基础无非是公益……"（第三篇，第 4 章，第 226 页）②

---

①引文出处有误，实际应该是第三篇，第 9 章。——译注
②引文出处有误，实际应该是第 9 章。——译注

"在我们政府的当前形式中,个人没有通过任何共同的利益联合起来。"(第三篇,第 14 章,第 226 页)①

这样一来,除了"**利益**"这个词之外,**特殊利益**和**普遍利益**还剩什么共同之处呢?这种矛盾难道不是难以克服的吗?

让我们来看一看另一面:**不再是事实**,而是正当(droit)。
参考社会的起源(*genèse*)(第三篇,第 4 章)。
个人利益奠定了社会的基础:**契约**。
被残暴的野兽所威胁着的人"感到结合成社会是他们每个人各自的利益所在……"(第三篇,第 4 章,第 224 页)
在社会中马上出现了战争状态,于是有了新的协议,"通过这些协议,每个人各自放弃使用武力的权利……"(第 225 页)
"从一切特殊利益中,形成了一个公共利益,它根据不同的行为是对社会有利、无关紧要还是有害,而分别称之为正义的、许可的和不义的。"

这样一来,公共利益就是"全部特殊利益的集合"(第 226 页)。
然而,这种**同一性**,虽然是**原初的**(*originaire*),却仍然是理想的(idéale)。
由此有了**惩罚和奖励**,代替这种同一性。
"我注意到,如果立法者们从来没有提出给德性以重要奖励,如果他们没有不停地用不名誉和酷刑的堤坝去堵住使人们走向篡夺的天然倾向;那么[一切]②使**特殊利益与普遍利益相对立**的

---

①引文出处有误,实际应该是第三篇,第 19 章。——译注
②在打字稿中,不是"一切",而是"这个"。

协议,就总是被破坏;因此,我发现,**惩罚和奖励是唯一两种可以保持特殊利益与普遍利益相统一的纽带**。"(第 225 页)

因此,**普遍利益**与**特殊利益**之间的**纽带**要么是**内部的**(同一性),要么是**外部的**(代偿性的矛盾),也就是说,**爱尔维修给利益的概念赋予了两种不同的含义**:**普遍利益**有时是各种特殊利益的内在的同一性(identité),有时又是它们外在的统一性(unité),也就是说,是它们的虚假的同一性,是它们的矛盾。

——一方面,他通过**普遍利益**来思考各种特殊利益的同一性(理想的同一性)。

——另一方面,他把**特殊利益**描绘为**普遍利益**的对立面。

如果这种同一化(identification)不是某种内在同一性的产物,那么,外在的同一化又怎么可能呢?

——**通过强制**(惩罚、处罚)。

——**通过偶然**:(第二篇,第 7 章):"**正义……永远只是我们的利益与公共利益幸运地相遇**。"

参考第二篇,第 7 章,第 87-88 页注:"利益只将那些让我们从外表上看对自己有利的对象呈现给我们。**当我们依照公共利益来对它们进行判断时,不是遵从我们应该信守的准确的判断力和真正意义上的正义,而是遵从偶然,因为是偶然让我们处于那样一些环境中:在那里,当我们以公共的眼光来看那些对象时会有自己的利益**……"

因此,一种不可思议的同一性,即偶然的同一性,代替了正当的统一性。然而,这种同一性仍然假定了那种**普遍利益**(**即矛盾的第二种说法**)的存在,并以这种存在为前提:"偶然"所能做的,就是实现我们的利益与**普遍利益**之间的巧合。

——一个例子:**各种学术团体**(第二篇,第 8 章,第 90 页)"对它们来说,最广泛有用的观念是那些格外让人舒适的观念,其中私人利益通过这种手段与公共利益混淆在一起……"。

——**其他的情况**:那就是当一个人的利益具有**对普遍利益的激情**的形式时;当某个人把普遍利益视为**个人激情**时,那种巧合就实现了;

"对普遍的善的激情"(第二篇,第 15 章,第 139 页)

参考对**圣哲**的描绘(第三篇,第 14 章,第 286 页,注)①

他的激情是对**人类的激情**。

---

①"这些圣贤于社会是很可贵的。如果极端的智慧有时候使他们对那些个人的友谊无动于衷,那么这种智慧,正如圣·皮埃尔长老和丰特内尔的例子所示,却会使他们将那些因各种激情而迫使我们集中到某个单独的个人身上的温柔情感撒向整个人类。他们与那些只是因为受骗才高尚的人非常不同,后者的善良会根据其精神得到启蒙的程度而减少,只有圣贤才可能一直善良,因为只有他才了解人。人们的恶意一点儿也不会激怒他:他就像德谟克利特一样,仅仅把他们看成一些疯子或小孩,为这些人生气对他来说将是可笑的,对他们应该有更多的同情,而不是愤怒。他其实是用机械师看某个机器的运转的眼光来看待他们的:他不蔑视人类,只是抱怨自然,因为它使生命不停地这一个消灭那一个:它为了喂养自己,安排苍鹰去袭击鸽子,安排鸽子去吞食昆虫,它给每个生命都创造一个杀手。如果说只有这些法则是无情的审判者,那么圣贤,在这一点上,与这些法则是差不多的。他的无动于衷永远是公正的,也永远是不偏袒的;这应该被看作是人最伟大的不变德性之一,过多地需要朋友,总是必然会导致不公正。总之,只有圣贤才可能宽宏大量,因为他是独立的。把互相利益联系在一起的人,相互之间不可能是自由的。友谊只是一些交易:只有独立的人才能进行馈赠。"

但只是因为他把其他人保留给自己的激情转到了人类身上才如此：因为他是"独立的"和"**无动于衷的**"。

由此产生了这个悖论：为了达到普遍利益，为了特殊利益与普遍利益能相一致，人就必须独立于别人，独立于**他自己的特殊利益**：

"要行为正直，就必须仅仅倾听和相信公共利益……"（第二篇，第 6 章，第 78 页）①

然而，"为了获得那些对公众有利的观念，必须……在宁静和孤独中沉思默想"（第二篇，第 8 章）。

参考第二篇，第 10 章：人应当逃离城市，去寻找宁静和孤独＝**逃离社会**，为了理解社会而摆脱社会：**为了认识它而把自己从它那里解放出来**。

"因此，只有通过完全摆脱那些私人利益，通过对立法知识的深入研究，道德家才能对其祖国有所贡献。"（第二篇，第 16 章，第 141 页）

因此，我们看到这种"对普遍的善的激情"②（第二篇，第 16 章，第 140 页）意味着什么。这是一种与**对各种激情的绝对超脱**相混淆的激情。因此，它就是激情、利益的对立面本身，是对它们的**否定**。

关于利益的这种唯物主义就这样完结于道德**唯心主义**当中——而关于圣贤的理想主义③，无非就是**它的对象即普遍利**

---

① 参见《18 世纪法国哲学》，前引，第 463 页。译文有修改。——译注
② 实际上是"对公共的善的激情"。
③ 注意这里"理想主义"（idéalisme）与上文的"唯心主义"是同一个词。——译注

益的理想性的理论后果,无非是在理论上对这种理想性的承认。

那位圣贤必须是一位**圣人**(*saint*),因为普遍利益仅仅是一种**愿望**。

这种矛盾支配着爱尔维修围绕**政治改革**而形成的观念,其中我们看到,他关于利益的唯物主义仍然服务于某种**道德唯心主义**。

立法者应该"**迫使人们具有德性**"。

"由一位能干的立法者灵活地激发各种短暂利益动机,就足以把人们形塑成道德高尚之人。"(第二篇,第24章,第192页)

"……把私人利益与普遍利益**纽接起来**〈说明这种纽带并不存在〉。这种统一是道德必须为自己规定的'杰作'。如果公民们不创造公共的善就不能有个人的善,那么就只有傻子们才会作恶:所有的人都必然会向善,而各民族的至福就是一种道德的善行。"(第二篇,第22章,第183页)

参考第二篇,第24章,第196页:"因此,立法者的全部技艺,就在于利用人们的自爱这种情感,迫使人们始终对彼此保持正义……"

"然而,要制定这样的法律,就必须懂得人心……"

于是,我们又回到了知性改进上来,这一次是对立法者的知性的改进……即期望他得到一位"**思想家大臣**"(*ministre penseur*)的辅佐(第二篇,第16章,第142页)(参考对腓特烈二世和凯瑟琳的希望)。

我们看到爱尔维修如何:

——**利用**他的这些理论分析:

——**个人利益**的现实性

——**政治制度**对于道德等等的决定性。

——然而,这一切都被他关于**普遍利益**的**理想**主义,即那种用"−"表示的虚假**连接**的**理想**主义给**弄变了形**,那种连接几乎不存在,确切地说,**它有待在人们当中形成和建立**。

实际上,爱尔维修的政治解决办法以否定他的**历史的物质性理论**为前提:

——一方面,呼吁**无私的**、**开明的**[−]**非历史的立法者**;

——另一方面,又对其理论中最有生命力的观念进行了**否定**,也就是否定了一个民族的历史的利益的改变,并用某种**理想的利益**代替了历史的利益:普遍利益成了政治生活中各种真实矛盾的解决办法。

无论如何,爱尔维修建立了一种**新的难题性**:

(1)通过他关于个体−社会环境的**辩证法**;

(2)通过他把意识形态和制度归于某个民族的**历史利益**的唯物主义理论,从而通过他将**历史判断的帕斯卡尔原则**向政治史的扩展,他为一些**新的难题**开辟了道路——尤其为关于**这种历史利益的性质**及其**生成原则**的难题开辟了道路。

(关于对爱尔维修和霍尔巴赫的利用,参考马克思,《哲学著作集》第九卷,第43−50页)[①]

[①]这还是涉及《德意志意识形态》一文,该文出自马克思《哲学著作集》,科斯特出版社。

E. 卢梭

谈论①卢梭论历史,就要面对一个悖论。卢梭既没有像伏尔泰那样写过路易十四时代的历史,也没有像布兰维里耶那样写过法国古代制度史。然而,我们可以说,统治着整个 18 世纪并在那个时代为历史提供最深刻见解的文本,正是《论人与人之间不平等的起源和基础》。

"人啊,不论你们是什么地方的人,也不论你们的意见如何,请听吧! 这就是你们的历史……"②

毫无疑问,在《第二篇论文》中讨论的是历史问题。但是什么

---

①接下来的分析与一份手写编号为"93 乙"和"93 丙"的两页打字稿相一致。它与关于黑格尔的手写稿不大可能属于同一组,我们把后者附在这个讲义后面,内容从 98 页开始。在听课者笔记中,没有任何与这些分析相对应的内容:这要么说明这些内容并没有被讲授,要么说明它们是另一个关于 18 世纪历史哲学课程(或报告)的打字稿。

②《论人与人之间不平等的起源和基础》(*Discours sur l'origine et les fondements de l'inégalité*),收入《著作全集》(*Œuvres complètes*),Gallimard 出版社,"七星文库"(Bibliothèque de la Pléiade),第三卷,第 133 页。在这个讲义中,阿尔都塞引用《论人与人之间不平等的起源和基础》时,有时候用的是琼·路易·勒斯克勒(Jean-Louis Lecercle)(社会出版社)本,有时候用的是卡尼尔(Garnier)本。在 1965 年的政治哲学讲义中,他引用的是伏汉(Vaughan)本。考虑到一致性,除非另有说明,我们在整个这卷书中都统一采用"七星文库"本。[参见卢梭《论人与人之间不平等的起因和基础》,李平沤译,商务印书馆,2007 年 3 月,第 47 页。译文有修改。本书所有相关引文均参见这个中译本(书名改为《论人与人之间不平等的起源和基础》),并根据情况对译文有所修改。——译注]

历史?

"让我们抛开事实不谈,因为它们与我们探讨的问题毫无关系。"①

文明的进步与人类的堕落的历史。一部没有国王、没有人名也没有城市的历史,简言之,一部概念的历史,它描绘的是人通过时间的长河而构成时所经历的变化。

然而,这种概念的历史,在历史方面如此贫乏,在概念方面却很富有。它仿佛在抽象的秩序中自我展开,但它又直接涉及社会、道德和政治的真实内容。这样的构想如何可能呢?通过唯一的一种方式:那就是卢梭在其理想的起源(genèse)中所使用的概念,是一些使得在新的范畴中思考真实的历史过程本身成为可能的新概念。

应该像描绘抽象在其他学科中的作用那样,去描绘那些抽象概念的作用,它们表面上离真实的历史如此遥远,实际上又离它如此之近。一些看起来是在纯抽象领域内被设计的数学概念,就是这样为物理学的具体难题提供了钥匙,因为它们使得人们有可能用新的术语去思考那些难题并解决它们。

这一点对卢梭来说也适用。他的概念的历史包含了一些革命性的概念(至少是萌芽),它们将产生一种关于历史的无比深刻的新智慧。

而为了继续这个比喻,我还要补充一点:正如最抽象的数学难题,最抽象的数学概念无非是对物理学具体难题(它从远处统治着和规定着前者)的抽象的和纯粹的回应(réponse),同样,卢梭

---

①第132页。(同上,第47页。——译注)

著作中关于历史的抽象概念也无非是具体历史难题的后果,以及对同样的那些难题的回应。

那些难题是什么呢?为了理解对难题作出回应的那些抽象概念的涵义,就必须花点时间仔细考察一下卢梭在他的时代所面临的独特局面(situation)。这种局面毫无疑问是一种新局面,并且在一定程度上是一种革命的局面。

事实上①,到此为止,我们已经观察了18世纪存在的两个社会集团:

(1)封建自由派(孟德斯鸠是其意识形态代表之一);

(2)"资产阶级"派,其意识形态代表们,上升的资产阶级哲学家们,不过根据一些重要的差异,他们又有所区别(百科全书派)。

但这两个知识和意识形态集团,是18世纪最主要的两个阶段,他们代表了两个**拥有财产且相互对立的阶级**:封建主阶级和资产阶级。

然而,正如在古希腊,商人、矿主、工厂主与地主的政治和意识形态(及哲学)斗争在前台演出,而其背景是对奴隶的无声剥削一样,同样,在18世纪,封建主阶级与资产阶级的斗争也在**对绝大多数人民群众的经济剥削的背景中上演**。

从18世纪下半叶开始,那些群众(农民、工作不固定的手工

---

① 从这里开始,阿尔都塞档案中的打字稿不同于前面的分析,后面的部分与听课者的笔记很接近:它很可能是他面授这门课时的文件。

业者)遭受着双重的剥削:

(1)一方面是封建主的剥削(经济的和人身的——此外还要加上越来越沉重的苛捐杂税);

(2)另一方面是**新生的资本主义的剥削**(雇佣劳动)。农业资本的发展使一大批小经营者沦为农业雇佣劳动者。制造业的发展严重冲击了手工业者的生产组织,并破坏了师傅和学徒的关系。

小资产阶级、庶民、农民、手工业者,这些**处于底层的平民**大众,在18世纪就处于这种全新的总局面下,有一些接近他们的辩护人和理论家,并不想利用他们的苦难来蛊惑人心;马布利、莫莱等人,还有卢梭。卢梭本人出身卑微,是工匠之子,社会地位低下,他一辈子都在不断地怀旧,一辈子都沉湎于经济上"独立"因而自由的工匠和小农的幸福神话当中。

这些环境在18世纪的意识形态中给卢梭提供了一个非常独特的位置。

(1)一方面,卢梭从属于启蒙哲学。卢梭是个理性主义者,而绝不是"浪漫主义者"(参考德拉特的论文《让-雅克·卢梭的理性主义》)①。卢梭重复并支持**功利主义和理性主义意识形态的占统治地位的主题**。从根本上来说,他是通过启蒙哲学的概念进行思考的。

(2)但是,另一方面,他在启蒙哲学中,在其意识形态内部,采取了一种**批判的立场**。他**恰恰**是从启蒙哲学**内部**去反对启

---

① 罗伯特·德拉特(Robert Derathé),《让-雅克·卢梭的理性主义》(*Le Rationalisme de Jean-Jacques Rousseau*),法国大学出版社,1948年。

蒙意识形态的启蒙哲学家。他是个**内部的敌人**（*ennemi intérieur*）①。因此得出其理论底色，并且得出其与伏尔泰、狄德罗、休谟、霍尔巴赫等人、总之与百科全书派和那些"哲学家们"产生的个人冲突，不仅仅是心理上的冲突。他的批判立场的原因，恰恰存在于他的灵感的新根源中，存在于他的概念和要求的平民色彩中。

正是从这里，我们得以理解卢梭的观念及其分析的全新深刻性。卢梭对所有 18 世纪理性主义哲学家获得的知识进行了一种深刻的批判。他写道："我认为，**必须深入钻研直抵根本**②"，"根本"这个词预示了青年马克思的一句话："所谓彻底，就是抓住事物的根本。③"（《第二篇论文》，第 160 页）。事实上，这并不是卢梭毫无质疑地从启蒙运动那里接受来的概念，他对它进行了批判以后，又把它带进了一个全新的视角中（参考他对"**利益**""**理性**""**哲学**"等概念的批判）。

至于历史观，我们可以突出强调以下几点：

（1）卢梭把历史看作是一个**过程**，一种后果，某种内在必然性的表现。而这样一来，他就停留在 Aufklärung④ 的语境中。但是，这个过程对于卢梭来说不再像对于启蒙运动那样是一种**连**

---

①听课者笔记中用的是"里面的敌人"（*ennemi du dedans*）这个词。

②参见《论人与人之间不平等的起源和基础》，前引，第 80 页。译文有修改。——译注

③参见马克思《〈黑格尔法哲学批判〉导言》，《马克思恩格斯文集》第一卷，人民出版社，2009 年，第 11 页。——译注

④德文，意为"启蒙""启蒙运动"。——译注

续的线性发展,而是一种**有波节的辩证的过程**。卢梭反对启蒙哲学家们的最明显的做法,是他不把人类历史的发展看作是和谐的。对那些哲学家们来说,是文明的进步和幸福的增加;对卢梭来说,这种发展**本身是二律背反的**。文明的进步带来了社会的损失。历史"**完善人类理性的同时,也使人类败坏了**"(第162页)①。

(2)历史永远与人的发展、人性的发展有关,但历史的主体不再是个人,历史的材料也不再是个人的种种能力。历史的主体是作为一个物种的人类("人啊……这就是你们的历史……我要描述的,可以说是你们这个物种的生活"②),而历史的发展造成了精神的进步和人类的堕落之间的矛盾。

(3)这种新的辩证观意味着**人性经受了种种实际的改变**:

——"要寻找使人之所以有差别的最初的原因,必须到人的构成的一连串连续不断的变化中去探索……"(第123页)③;

——"时间的推移和世事的沧桑必然已经改变了人最初的构成"(第122页)④;

---

①前引,第162页:"我还要探讨那些使人的理性趋于完善的偶然事件,并把它们加以比较,指出它们在完善人类理性的同时,也使人类败坏了;在使人变成合群的人的同时,也使人变成了一个邪恶的人,从那么遥远的年代,终于使人类和世界变成了我们今天所看到的样子。"(参见《论人与人之间不平等的起源和基础》,前引,第82页。——译注)

②同上,第48页。译文有修改。——译注

③同上,第34页。——译注

④同上,第33页。译文有修改。——译注

132 政治与历史

——特别是,"他们将感到此一时代的人与另一时代的人有所不同,他们将发现,第欧根尼之所以未能找到他心目中的人,是因为他想在他的同时代人当中去寻找早已过去的时代的人"(第192页)①。

由此产生了对人性概念的批判主题:"要分辨人的当前性质中,哪些是原有的东西,哪些是人为的东西……并不是一件容易的事情。"②

卢梭说,当那些哲学家和法学家们谈到自然法或自然状态时,他们只是把现在的风俗和制度投射到了过去。关于自然状态,参考《第二篇论文》第132页:"他们各个都不厌其烦地在书中大谈什么人类的需要、贪心、压迫、欲望和骄傲,把人类只有在社会状态中才有的观念拿到自然状态中来讲。"③

在卢梭那里,我们发现了一整套处于萌芽状态的对古典历史哲学的批判,通过这种批判,他给历史本身(也就是说给当前)带来了我们可以据此对其作出判断的原则(尽管如此,卢梭自己也适用于这同一种判断,因为他也拿自然状态为自己所用)。

(4)如果说历史不是在人类种种能力发展的层面、不是在人性的表现的层面上演,那是因为它在更深的层面上演。卢梭或许是第一位系统地将历史的发展、社会的发展构想为是与其物质条件辩证地联系在一起的哲学家。

在卢梭那里,人与人的关系的发展受到人与自然的关系的发

---

① 同上,第118页。——译注
② 前引,第123页。(同上,第34-35页。译文有修改。——译注)
③ 同上,第46页。——译注

展的调节(参考森林、森林的终结、奴隶制;富人与穷人;主人与仆人;国家)。

(5)这样一来,如果说在卢梭那里充满了对那个概括了整个启蒙意识形态的论点(即**知性改进**的论点)的批判,就没有什么可奇怪的了。

如果社会发展的原动力不是对某种永恒理性的自我意识的获得,如果历史的辩证法不再在错误和真理之间上演,如果是某种物质的必然性在支配着人类的进步,那就再也不可能将改进的希望仅仅寄托在理性**的胜利**上了。

参考《第二篇论文》,第 125 页:"这些学者们〈研究自然权利的法学家们〉的所有定义……只有在这一点上是一致的,那就是:不首先成为一个大推理家和立论高深的形而上学家,便不能理解自然法,更不用说遵循自然法了。确切地说,这就意味着,为了建立社会,人类曾运用了**许多即使在现今的社会也是要费一番大力气而且只有很少的人才能具有的智慧**。"①

事实上,对于卢梭来说,**理性本身是社会发展的产物**。所以,在人身上存在着"一些先于**理性的要素**"(第 126 页)②。这种对知性改进的批判,解释了对那些哲学家(百科全书派)、对哲学、对社会理论和法律理论之间的**循环**的猛烈攻击,因为他们将事实上无非是历史产物的理性,当作**历史的原动力**③和要素放在了历史

---

①同上,第 36 页。译文有修改。——译注
②同上,第 38 页,卢梭的原文是"**两个先于理性的要素**"。——译注
③"历史的原动力",也译为"**历史的火车头**",详见第 39 页译注。——译注

的开端(参考与此同样的语言的循环)。

对哲学的批判:"产生自尊心的是理性,加强自尊心的是思考;使人进行自我反省是自尊心……使人相隔离的是哲学"(第156页)①。

"以这种方式〈即卢梭拒绝那些循环的方式〉,我们在造就人之前,就绝对用不着先把他造就成哲学家"。(第126页)②

通过这种视角,我们就可以给他被人极端误解的《第一篇论文》③赋予一种更深刻的含义:卢梭证明文学和艺术并没有"敦风化俗",只是想通过一种极端的论证来驳斥启蒙运动的根本论点:即理性是历史的原动力的论点。

当然,必须指出,这种对启蒙运动主题的批判的深化,遇到了其局限,这些局限是:

(1)卢梭是在启蒙运动的那些主题本身中进行思考的,他的批判形式,经常只是他所批判的那些论点的否定性对位:——例子:对文明的彻底批判;

(2)卢梭的乌托邦,也就是没有说出来的正面主题,激发他进行批判的哲学上的前提条件。由此产生了这个哲学家的悖论,他在18世纪为人类历史构想的最唯物主义、最辩证的理论,却以《社会契约论》中的道德唯心主义而告终。

---

①同上,第74页。译文有修改。——译注
②同上,第38页。译文有修改。——译注
③"《第一篇论文》"即《论科学与艺术》,卢梭第一篇应第戎科学院征文而写的论文,下同。——译注

但这些理论上的局限,只不过是卢梭所代表的社会环境的历史局限;它们本身也将成为雅各宾党人的行动和罗伯斯庇尔的行动的局限①。

1. 在自然状态中

在自然状态中具体体现了卢梭固有的要求:人是

——自由的;

——平等的;

——善良的。

这三个原则的条件是什么?两个条件:

(1)人与自然的关系

——直接的;

——简单的;

——没有障碍的。

(2)人与人之间的关系不存在。

(1)人在自然中很自在(bei sich)②

卢梭反对整个一个思想传统,那种思想将人在自然中描绘为是在敌对的环境中(参考普罗塔戈拉的神话:自然中的人是赤裸

---

①在阿尔都塞的打字稿中,关于卢梭的论述到此为止。本节接下来的部分是根据听课者的笔记整理而成的。

②"自在"原文(chez lui),括号中的"bei sich"是其德文,它们的字面意思是"在自己家(身上)"。——译注

裸的,与动物不同①)。

人是动物,甚至低于动物界,然而其机体构成却更有利:他有一双手,如此等等,但却没有特定的本能 →他使身体器官适应一切。参考费尔巴哈②:人在生理上有多面性,因为他是杂食动物。

这种特定的差异有什么意义?

——人是最独立于自然的:不受自己是哺乳动物的限制等等。

——**可完善性**。

与自己的身体的关系:

(a)不需要任何自己的身体以外的肉体上的帮助。自然的人"始终都将整个这一切带在身边"③。自然的默契配合巩固了这种自给自足。人的处境迫使他发展自己的各种才能。

还通过自然选择而得到强化。

(b)各种疾病的难题:重复柏拉图的批判:疾病=社会制度。

同上。死亡不存在,因为没有人能感觉到它:

——既没有死人作为邻居,因为他没有邻居;

---

①参见柏拉图《普罗塔戈拉篇》321c,《柏拉图四书》,刘小枫编译,生活·读书·新知三联书店,2003年,第68-69页。——译注

②我们要提醒大家注意,阿尔都塞曾翻译过一本费尔巴哈的文选,以《哲学宣言》(*Manifestes philosophiques*)的书名出版[法国大学出版社,1960年]。

③参见《论人与人之间不平等的起源和基础》,前引,第51页。译文有修改。——译注

——也没有死亡。

→"动物从来不知道什么叫死亡"①,因为对死亡的感觉要以一种在自然状态中并不存在的预见能力为前提。

→因此,人的身体=他的"自由"的身体。

与外部环境的关系:

两种需要,直接的和非直接的。人的需要被缩减到只有直接的需要。与自然的关系没有任何中介(**既没有观念,也没有虚假的需要,也没有过分的欲望**)。

仅有的一些需要=食物、女人、休息。对于**食物**的需要,自然直接地给他提供了充足的东西:他只要伸手去拿即可(始终只有春季和秋季)。

森林既提供了各种果实,也提供了庇护所。不需要任何付出:不需要劳动。各种野兽:是障碍吗?不是:人学会了迅速爬到树上去躲避它们。另一方面,野兽也不想与人为恶,因为其天性富有同情心。

→直接的和谐,没有距离 →没有难题 →**没有反思的需要**。一切都在前反思阶段得到解决:"动脑筋思考的人,是一种反常的动物"②。

同上:没有未来感,因为种种需要都**立即得到了满足**(加勒比人和他的床褥子)③。

---

①《第二篇论文》,前引,第143页。(同上,第59页。——译注)

②同上,第54页。译文有修改。——译注

③"加勒比人的预见力直到今天还停留在这个程度上:他上午卖掉了他的棉褥子,到傍晚又痛哭流涕地去把它买回来,因为他预见不到他夜里还要用它。"(第144页)(同上,第61页。——译注)

→人的天性和真理,就是睡眠!参考黑格尔:睡眠=自然与自我的和谐①。

→人的自然的自由=与环境相和谐的人的自然的存在。他的整个存在是由自然自由地产生和维持的:自然的慷慨→人的独立,因为人与自然之间不存在矛盾。人得到一切,付出为零:自然通过人而循环,透明的关系。预示着社会契约将是:人与其环境之间的一种普遍和谐的要求;自然已经发挥着普遍意志②的作用。

这种自然是什么?有两种方式来思考它:
——物质的现实;
——象征的现实,起着支撑理想性的作用。

(a)人类各种难题的性质,深深地与自然联系在一起。各种历史难题本身就是由自然进程引起的。整个人类历史都在自然中发生→人类历史的物质起源(genèse):即使当自然不再直接满足人的各种需要时,人也不离开自然:他要与一种被分裂了的自然打交道→进行适应的新的自然行为=抽象、反思、技艺、社会:在自然的内部运行的辩证法。理性和社会=自然与自我产生

---

①比如参考《百科全书·自然哲学》(Encyclopédie. Philosophie de la nature),Vrin出版社,2004年,第642页:"在睡眠中,动物与整个自然融为一体。"还有第671页:"睡眠只发生在需要得到满足、在没有匮乏感之后:进入睡眠前不需要先为睡觉采取一些活动……处于有机体的越低端,就越活得与这种自然的生活相和谐。"

②"普遍意志"(Volonté générale),也有人译为"公意",但与"公意"对应的有另一个词"volonté commune(公共意志)",所以本书中"Volonté générale"统一译为"普遍意志"。——译注

和谐的新模式。

(b)但是,另一种可能的观念:这种对自然状态的描绘具有一种理想功能:不是真实的自然,而是对理想性的支撑。人的独特性与他拥有自由有关,后者是一种精神能力。

因而,思想的两个层次:

——物质的词语所描绘出来的内容;

——这个内容的真理＝灵魂在精神上的自由。

物质的描绘受到一种理想的真理的支配。

(2)人与人之间的关系不存在

这种孤独的基础:人对人没有需要,因为自然能满足他的各种需要。甚至没有间接的需要:甚至为了满足他的各种需要,人对人也没有需要(与柏拉图在《理想国》中所说的相反)。人与自然的关系＝人与人无关系的条件。

广阔的森林:正是在这里,人可以不与人相遇。自然的慷慨和无边。

→人与人之间既没有对抗,也没有联合。这让霍布斯关于战争状态的理论显得很荒谬:

(a)即使人与人相遇了,他们也和平相处。人并无恶意,因为恶意牵涉到道德判断,而道德判断以社会为前提。

(b)战争状态以恒定的社会关系为前提。

→但也不能说人是善良的:前道德状态。人就是他所是的样子,还不能给他进行定性。在有善良以前的善良(参考致德·博蒙先生的信)①。

当人们在社会中建立了联系,才会出现反思后的善良。

最后是第三种善良,与卢梭所期望降临的社会关系联系在一起。

→**不再有最强者的统治,既没有支配,也没有奴役**:某个人可能逮住一个奴隶,但当他睡觉时,奴隶就会逃入森林。

→**不再有承认②关系,不再有声誉**,它们只有在社会中才出现:自然中的人不被注视,不存在见证人。

→因此,人们是平等的,因为他们之间没有关系。只有**偶然的性关系**。

因此:

(a)人与人之间没有稳定的关系。

(b)但是人身上却有将来的社会性的萌芽:怜悯心。

2. 社会状态的起源(genèse)

——在自然中,人活在自己当中。

——在社会状态中,人活在自己之外。

如果没有发生一系列的"偶然",人与自然的和谐本来可以永

---

①《致克里斯托·德·博蒙的信》(Lettre à Christophe de Beaumont),1763年3月出版,收入让－雅克·卢梭《著作全集》(Œuvres complètes),伽利玛出版社(Gallimard),"七星文库"(Bibliothèque de la Pléiade),第四卷,第925－1007页。

②"承认"(reconnaissance),也有"认出""感激"的意思。——译注

远持续下去。

自然状态的终结和社会的缔造者＝所有权①的确立:"第一个……"②市民社会要诞生,就必须有:

——所有权的事实;

——所有权的观念。

这种观念来自哪里呢？不是一下子就形成的:是历史发展的产物,而历史发展是一种必然的发展。所有权及其观念是人类历史发展的必然结果。

然而,这种**必然的**发展又是一系列**偶然**③的产物。如何解决这个矛盾？三个时刻：

（1）从自然状态到人类青年时期。

（2）从人类青年时期到战争状态。

（3）从战争状态到政治社会。

(1) **人/自然的分裂**

自然的馈赠满足不了人的各种需要：自然变成了某种障碍,

---

①"所有权"(propriété),也译为"财产"。——译注

②"谁第一个把一块土地圈起来,硬说'这块土地是我的',并找到一些头脑十分简单的人相信他所说的话,这个人就是市民社会的真正缔造者",《第二篇论文》,第164页。（参见《论人与人之间不平等的起源和基础》,前引,第61页。——译注）

③1982年,阿尔都塞在《相遇的唯物主义潜流》("Le courant souterrain du matérialisme de la rencontre")中展开了一个特别近似的分析,见《哲学与政治文集》(*Écrits philosophiques et politiques*)第一卷,Stock/Imec出版社,1994年,第559–560页。

人遇到了一些困难:
> ——树木太高了;
> ——与动物之间的各种竞争;
> ——人之间的各种竞争;
> ——人这个物种的扩张;
> ——冬天的出现。

人/自然的关系发生了彻底的改变:不适应和矛盾。这种矛盾永远是一种自然的矛盾,是自然进程的产物。

"偶然的产物"是什么意思?参考卢梭所构想的理想自然:必然乞求于偶然以解释自然的这种变化;外在于这种理想自然的原因。自然的、必然的、但又外在于理想自然的进程,与理想自然不是处在同一个平面上。偶然:卢梭笔下的自然的具有双重涵义的概念,同时是理想的[物质的和理想的①]:人类自然的物质性与理想性之间的距离的概念。

→人-自然之间新的物质关系:人-自然的分裂,迫使人把自己的生活从自然中摆脱出来,不是由于选择,而是由于必然性,为了活下去——自由在必然性(必然性在拉丁语中的意思=需要)中的败落。

为了填补这个距离,有一整套的中介。
> ——身体不再是人-自然的直接统一体
> →变成了人拥有的第一个中介。
> ——各种自然对象改变了意义:变成了对自然产生作用的手段:石头变成了武器。

---

①这里手稿中有一点儿看不清楚。

必然性就这样被人从其直接性那里拔除,变成了人统治自然的手段。

→**理性和反思的诞生**:"几乎是不知不觉地"①通过感知到由人的新的实践所必然引起的某些对比而产生了:"本能地小心谨慎"②。这种反思是由要求与其满足的非直接性所引起的:是那些中间项变成了反思的对象(参考黑格尔:概念＝使捕捉、使迂回得以可能的东西)。

从这里出发,有了理性和实践活动的互相的起源(genèse):循环的进程和辩证法:活动 →反思 →实践的进步,如此等等。

→**自我意识的出现**:人统治着自然和各种野兽,并且意识到了自己统治着它们。→他第一次投向自己的目光是一种骄傲的动作。

→对他人的意识产生于对同类进行的[物质的]对比。他人在这里以一种模棱两可的形式出现:

——自然的存在;

——但他追求着与注视着他的主体同样的目的;

→既可以是相竞争的,又可以是互助的。除非我自己充当他人的中介,否则他人不能作为我满足自己需要的中介。

→临时的、模棱两可的关系:他人＝并非总是可以作为满足某种需要的中介的自然存在,人还不能必然地依靠他人满足自己的需要。

因此,人之间的关系只有当人们能从中得到好处时才存在:

---

①参见《论人与人之间不平等的起源和基础》,前引,第87页。译文有修改。——译注

②同上,第87页。译文有修改。——译注

一旦产生结合的短暂需要结束时,结合也就结束了。

共同利益＝特殊利益的相遇,特殊利益本身又与这种同样也构成时间的特征的瞬间性联系在一起:没有先见之明。因此,也就还没有共同利益和特殊利益之间的互相对立,因为还不存在必然性。参考关于猎捕鹿和野兔的段落①:人不受必然性的约束,只受特殊利益的约束;当他有机会摆脱契约时,什么也阻止不了他。共同利益,仍然是偶然的,因为当人们要满足自己的特殊利益时,还不是必然地要通过共同利益才能现实:仍然是某种程度上独立自主的人,因为还有森林存在。

→卢梭跳过了一些世纪,来到了**最初类型的所有权:窝棚**。在第一个占有者与最强者之间没有冲突:没有谁为那些窝棚而战斗:

——强者最先建造自己的窝棚。

——弱者更愿意自己去建造另一个,而不是去撵走强者。

——强者也不需要第二个窝棚。

为什么那些弱者不联合起来撵走强者呢?

因为森林就在那里 →他们可以毫不费力地建造一个窝棚,有很多树木。只要自然足够慷慨,能解决那些经济难题,强者与弱者之间关系的难题就没有意义。人与人之间的关系仍然停留在第二个层次,因为人－自然的关系依然不错。只有当神奇的森林消失,

---

①"例如大家去捕捉一只鹿,尽管每个人都知道为了达到这个目的而必须严守各自的岗位,但是,如果此时有一只野兔从他们当中的某个人的跟前跑过,可以肯定,这个人将毫不迟疑地去追赶那只兔子;在捉到兔子以后,他的同伴是不是因此就没有捉到那只鹿,他一点也不过问。"前引,第166页。(同上,第88页。——译注)

这种关系才会过渡到第一个层次。经济活动还没有社会功能。

→整个一系列的后果:

(a)**家庭的诞生**:窝棚的产生引起了对神奇空间的重建:人现在被固定在这个空间中了。

→"内心世界的最初发展"①

→家庭内部生活方式的差异:女人留守窝棚,男人出门在外。

(b)**语言**。必定诞生在一些岛屿上;在岛上,空间受到限制,且有一定的结构。岛屿=社会生活的象征而不是孤独的象征(≠浪漫主义)。

(c)**民族的诞生**:各种各样家庭的结合→相同的生活样式将人们统一为民族。

(d)**各种价值的产生**:相互的情感、礼貌、爱慕→比较,于是在人之间产生了关于美、优点等观念。→嫉妒,"众人的尊敬,就成了对一个人的奖赏"②。但这时候,这种尊敬还是无私的,有事实根据的,它不是收买来的:人们赏识的是那些唱歌和跳舞最棒的人。→"每一个人都希望自己受到别人的注视"③→出现了最初的道德观念,同时也出现了报复的观念,这些观念填补了法律的空白,用来补救那些对人的侮辱。

在这种田园诗的状态中,"独立自主的交往"④:悖论;既有关

---

① 同上,第89页。译文有修改。——译注
② 同上,第91页。——译注
③ 同上,第91页。——译注
④ 同上,第93页。译文有修改。——译注

系,又是独立的。基础＝经济的独立:每一件工作都可以一个人单独完成。

与这种经济的独立合在一起的,是相互承认、各种情感的抽象的普遍性,后者还没有使人们卷入到一种他们无法摆脱的辩证法当中。

因此,有联系,但没有必然性:人们还没有被一种他们无法摆脱的不可抗拒的经济必然性捆绑在一起。

稳定的状态,只是由于一种"致命的偶然事件"①,人们才从中走出来。

对于卢梭来说,这种状态是理想状态:劳动分工以前的、手工业者的经济状态,与它合在一起的,是种种普遍的、正义的道德关系。人的关系还不取决于经济。

(2)"从一个人需要别人帮助时起"②

一切的恶都从这里开始,从经济独立的结束开始,从劳动分工开始。

"重大的致命的革命",导致了"个体的完善……和整个人类的堕落"③。

←④"致命的偶然事件"＝冶金和农业的发现。它们是怎么

---

① 同上,第93页。译文有修改。——译注
② 同上,第93页。译文有修改。——译注
③ 同上,第93页,前半句"重大的致命的革命"与卢梭原文("致命的偶然事件")有出入。——译注
④ 手写稿中出现的符号。

被发明的呢?

人观察到了火山爆发中各种金属的熔化,观察到了各种植物的生长发育。

但这是偶然事件:因为人类青年时期的状态是稳定状态。

→冶金和农业怎么改变了人类的关系呢?

人类生活的产生是劳动分工的后果。

(a)人们必须相互帮助:人需要人。

(b)人们陷入到一种超过了他们的能力和预期的生产进程中去了。

时间性的新形式:在野蛮时期,时间是瞬间的、直接的。时间根据需要的结构而使自己具有一定的结构。

——直接的需要 →瞬间的时间。

——被中介了的需要 →远见、未来,但仍然是短暂的。

——劳动分工 →社会时间,算术计算,漫长的时间。

(c)技艺造成了需要,需要孕育了技艺。冶金－农业的相互因果性。

→如此一来,人们的根本环境变了:人们互相依赖对方:不再是个体的需要,一切需要都变成了相互的。

但卢梭总是重新陷入如下观念:不存在一个总的社会进程,但在个人身上存在着一种才能－需要的辩证法。"如果大家的才能都是相等的,那么,在这种状态下的事物也许可以永远保持平等"①:因此,卢梭在已经发展了一套社会学理论之后,在这里又重

---

①《第二篇论文》,第174页。(参见《论人与人之间不平等的起源和基础》,前引,第96页。——译注)

新落入心理主义。

→所有权概念的模棱两可:占有,还不是真正的所有权。因此,可能存在着一些占有逃脱了卢梭所描绘的总的经济进程:因为还存在着逃脱这个进程的**可能性**。对土地的占有,还没有作为支配性的经济进程出现,因为人们还可以摆脱这个进程:还有森林存在 →有足够多的土地等着所有的人去占有,并且这种占有不会造成什么社会后果。占有还不是一种社会进程。经济独立的物质基础还继续存在,并使得**摆脱**劳动分工成为可能:人们始终可以"耕作自己的园子"①。劳动者依靠人们是为了犁地,而不是为了开发森林和占有某块土地。铁也是一样,铁器在使得人们可以开发森林的同时,还赋予自然以二度的慷慨。

因此,辩证法:森林对于**保证**人的独立来说变成了不充足的→技艺:冶金→多亏了犁,自然重新变成某种相对独立的耕地,它重新变得充足了。

尽管如此,但:

——人受到自然的奴役,因为他必须劳动;

——人为了拥有工具,要受到自己同类的奴役。

但是自然还没有被纳入到社会进程中:

---

① "耕作自己的园子(cultiver son jardin)",未找到对应的中译文,在卢梭原文中也没有找到相同的词语。**值得提醒**的是,阿尔都塞曾用这个词批评有些学院哲学家只会"摆弄自己那一亩三分地"(cultiver son jardin),而看不到哲学与社会政治之间的联系。参见**其演讲**《哲学的形势和马克思主义理论研究》(Conjoncture philososphique et recherché théorique marxiste),收入《哲学与政治文集》(Ecrits philosophiques et politiques)第二卷,STOCK/IMEC 出版社,1995年。——译注

——人-自然的关系是非直接的:工具;
　　——但又是直接的:有足够多的土地供每一个人去开垦。

人类关系的必然性依然是一种局部的必然性。在严格的意义上讲,只有当人与自然的所有关系都必定是人类关系时,社会才存在。

但是出现了奴役状态:建立在经济依赖的基础之上,而不是像在黑格尔那里一样,建立在承认的基础之上。从一个根本性的现象开始,事情将变得恶化,这个根本性的现象将迫使人们不可避免地通过别人来满足自己的需要:这个现象就是**土地的终结**、**森林的终结**。占有以整个大地都被人占有而告终:再没有森林可开发了(参考康德:所有权与地球的球形之间的关系①)。新的占有不再是通过牺牲森林来确立,而是通过牺牲另一个人的占有 → 人类新关系的建立,人们再也无法逃避这种关系了:统治与奴役,战争状态,这都是土地饱和的后果,个人经济独立的可能性消失的后果。人类关系现在是必然的了。人现在位于一个新场所中。

面对这种状况,有两种出路:
　　——一切人反对一切人的战争②;

---

①参见《康德著作全集》第6卷《道德形而上学》,李秋零主编,中国人民大学出版社,2007年,第271页:"这种与作为一种随意的,因而是获得的、持续的占有的那种驻地不同的占有,是因作为球面的地球表面的一切场所的统一性而有的一种共同的占有;因为如果地球表面是一个无边无际的平面,人们就可能在上面如此走散,以至于他们根本就无法进入任何彼此之间的共联性,因而这种共联性就不会是他们在世上存在的一个必然后果。"——译注

②语出霍布斯,详见第323页译注。——译注

——社会契约。

战争状态：

——奴役与统治；

——斗争。

（a）←土地的饱和。

（b）富人－穷人为占有财产而斗争。积累的辩证法：富人为了安全起见总是想拥有更多。

（c）力量的统治，不是身体力量，而是经济力量。最强者的法律，而不是最强者的权利。因此，这种力量不是原始的，而是经济关系发生危机的一种出路：是人们解决他们自己的矛盾的办法。力量本身并没有先天的社会涵义：不是原因，而是人类关系的后果，人类关系危机的解决办法。人陷入战争状态中，只是因为被迫无奈→对霍布斯的反驳。这种必然性无法再逃避，它只能通过契约来升华：人与人的联系是不可避免的。

第一种解决办法把人类推到了"毁灭的边缘"①→第二种解决办法＝社会契约。

（3）人类对这种悲惨状况进行"反思"②

在霍布斯那里，也有反思。但在卢梭这里，只有某部分人进行反思：就是那些富人。因为在战争中，富人比穷人会丧失更多：穷人只是有可能失去生命，而富人却还会丧失财产。并且富人还

---

① 参见《论人与人之间不平等的起源和基础》，前引，第99页。——译注
② 同上，第99页。译文有修改。——译注

受到其他富人的威胁。

→通过算计好了的对穷人不利的契约的作用,"利用那些来攻击他的人的力量"①:来为他自己服务。

→"动听的理由"②:富人会把特殊利益说成是普遍利益。

穷人真上了富人的当。这种愚弄的结果＝契约:通过人们的意志解决那场危机的办法。

这种契约有什么特征?

它由人们之间相互依赖的物质的必然性所引起。危机的第二种解决办法。人的意志将干预进来以改变物质的必然性的含义,但它是这种必然性的出路。由于必须要解决这种必然性的危机,必然性变成了自愿的。因此,在这里,没有后来出现在《社会契约论》中的理想的内容。在那里还将出现从契约→新的战争状态的堕落:服从历史必然性的种种变化(avatars)。

但即使是在这里,也还有模棱两可之处:

(a)对于某种形式上的理性来说,契约的价值:同意③,尽管是被欺骗的,仍是同意。这种普遍性本身具有某种价值。

(b)但契约的内容取决于契约订立时人们之间存在的确定的关系。所以契约同时是

——普遍的形式

——愚弄的形式

---

①同上,第100页。——译注

②同上,第100页。——译注

③"同意"(accord),也译为"一致""和谐""协定"。——译注

→关于契约的两种观念:一种,纯粹形式的,强调普遍的同意;另一种,根据其内容来判断这种契约,把它看作是转让。那么,这种契约的内容是什么呢?

(a)所有权变成了不可废止的权利:占有变成了所有权。所有权的进展:

——占有窝棚。

——占有耕地,但森林还存在。

——占有耕地,同时没有了森林 →战争。

——被承认了的占有:所有权。

法律永远有利于那些占有者。民法的内容是根据富人与穷人之间的斗争而写下的。

(b)政治法的内容也一样:国家是第二级的机构,产生于市民社会的存在之后(≠ 黑格尔)。民法不足以强迫人们遵守它→必须要有一种特殊机器来使它得到遵守。因而,只有从所有权出发,才能理解国家:功能性角色＝为在市民社会中占统治地位的利益服务。因此:

——国家后于市民社会。

——为市民社会服务的功能性角色。

→对所有同时代国家理论的驳斥。

《社会契约论》的开头,难题＝如何使这种契约成为合法的?

为此,卢梭发展了为数不少的有趣的概念。但还是模棱两可:两种可能的阐释:

(a)要么强调物质进程,强调历史辩证法,后者指出了经济条件所发挥的作用。

(b)要么强调人性的完美性,并强调与这种完美性相比的历史的堕落性。

→我们可以用两种方式来阐释卢梭:

　　——作为异化的历史(黑格尔)。

　　——唯物的和辨证的历史观(马克思)。

因此,卢梭位于两条道路的交叉口。

三、黑格尔①

黑格尔的历史哲学可以被表述为由 18 世纪的哲学所制定的一些概念的系统化和完成。

在历史哲学领域，正如在一切领域一样，黑格尔的思想并不是对启蒙哲学的反动（参考狄尔泰－诺尔－格罗克纳等人的论点：浪漫主义的黑格尔），而是它的**完成**。因此我们在黑格尔那里重新发现：

(1) 关于各**历史总体**独特性的积极主题，历史总体的完整倾向的主题（←孟德斯鸠）；

(2) 关于历史的目的的主题＝精神的自我意识（→参考

---

①本章的文本根据阿尔都塞的手写笔记整理而成，这个笔记出现在他的文档中，其中有一页纸上有手写的"黑格尔。历史哲学"几个字的印迹。这一章本身被再次发现时是个孤立的文本，但却被阿尔都塞题名为"七、黑格尔"。阿尔都塞关于爱尔维修的笔记的标题是"五、爱尔维修"，并且接下来的章节很有可能是关于卢梭的，（关于孔多塞和爱尔维修）的打字稿文本以及关于黑格尔的手写稿文本，很可能曾经在某个时刻被纳入到一个共同的计划中。关于黑格尔的手写稿的页码从 98 页开始，之前的 97 页已经无法找到。听课者的笔记中也同样包括一个关于黑格尔的章节，与阿尔都塞的手写稿笔记很接近。在编辑这个文本时，我们偶尔也利用那些听课者的笔记。

孔多塞);

(3)关于历史原动力的 aufkl[ärung]① 主题:意识形态(时代精神)与其社会条件之间的矛盾 →参考爱尔维修;

(4)关于辩证法(参考卢梭)和异化的主题;

(5)关于**行动的悲观主义**的主题②:关于利益和激情的主题;

(6)关于 Verstellung③ 和理性的狡计的主题④。

系统化了和深化了的主题

(难题:黑格尔的原创性在哪儿?)

但黑格尔的其他特点:那些主题都既出现在**历史的理论**(抽象理论、哲学)中,又出现在**记录的历史**中。参考《历史哲学》⑤——不仅是理论的绪论,而且还是一位历史学家不乏深刻见解的著作。

A. 历史的不同形式⑥

这个绪论以对**现有各种类型历史著作**的批判性考察开始(这

---

① 德文,意为"启蒙""启蒙运动"。——译注
② 听课者的笔记在这里有对爱尔维修的参考。
③ 德文,意为"调整、移位、伪装",这里可译为"倒置"。——译注
④ 在听课者的笔记中有对博絮埃的参考。
⑤ 黑格尔,《历史哲学讲演录》(*Leçons sur la philosophie de l'histoire*),阿尔都塞参考的版本是吉勃兰(J. Gibelin)译,Vrin 出版社的版本。(参见黑格尔,《历史哲学》,前引。——译注)
⑥ 听课者笔记中是"历史的不同层面"。

是这种批判的第一次出现:**历史哲学**的难题正是从历史著作的内部,从它里面提出来的。新视角,**认识论的**)。

黑格尔区分了三种历史:

——原始的

——反思的

——哲学的

1. 原始的历史

希罗多德、修希底德、色诺芬、恺撒、雷斯,编年史的作者们。他们是直接的历史学家:他们叙述的历史**仅仅**针对**现在**。这些历史学家把"外在的现象……移到了表述的领域里去"(第17页)①。

没有**传说**,它是混乱的表述,属于"**精神混乱的**民族('失效的土壤')"②,而历史属于:"已经知道自己是什么和自己想要什么的民族"③。

这种历史学家的主题是:"凡在他们的环境里**实际存在的**和活动的事物"(第18页)④。

"作家的**精神**和他所讲述的那些动作的精神,是**一般无二**

---

①参见黑格尔,《历史哲学》,前引,第1页。译文有修改,其中"表述"(représentation)又译为"代表""再现""表演"等。——译注

②同上,第2页。译文有修改。——译注

③同上,第2页。译文有修改。——译注

④同上,第2页。译文有修改。——译注

的。"(第18页)①

如果是国家的重要人物(比如恺撒)"他们就会**把自己的目的作为历史的目的来呈现**"②。

他不作任何反思,因为他生活在事件的精神本身当中,还没有超越它。

但是,难道不会有人说这些历史都**充满了演说**③吗?那里面难道没有任何对**历史本身的**反思、**判断**吗?历史学家对历史的超越呢?那些演说难道没有表达出历史学家的任何观点吗?

古代悲剧里的**演说**和**合唱**(chœur)差不多也一样。

——**例子**:在修希底德那里,伯里克利的**演说**等,不是"**反思**"——或者说**虚构**——,而是"一些行动":"在这一类的演说中,这种人宣布了他们的民族所奉行的格言……他们不但发表了关于他们的政治局势的见解,以及关于他们的道德和精神本性的见解,并且发表了他们的目的和行为的各种原则。历史学家放在他们嘴里的种种说辞,并不是一种借来的意识,而是演说者自身的文化"(第18页)④。

这种主要的历史:

——阅读这些历史学家,是为了"与他们的民族共同生

---

① 同上,第2页。——译注
② 同上,第2页。译文有修改。——译注
③ "演说"(discours),又有"话语"等意思。——译注
④ 参见黑格尔,《历史哲学》,前引,第3页。译文有修改。——译注

活,并对他们的精神深切了解"①。

——因为这种历史在其描绘中表现了某一民族的精神特征,特定的历史局势的特征,总之,一种**历史的个性**:即一定时代的某个民族的个性。

→但为了使这种历史成为可能,为了使这种直接的意识成为可能,**这种精神必须存在**,这种**个性必须存在**。

→否认各种神话的历史价值。"各种稗史、民歌、传说,尤其是那些对精神混乱的民族的表述,都不能列在这种原始的历史里面,因为它们的形式仍然是混乱的。这里〈在真正的原始的历史中〉我们要研究的民族,是已经知道自己是什么和自己想要什么的民族。"②黑格尔提到了"失效的土壤,在那里,那些不再构成个性已经成熟的民族的历史材料的稗史和民歌却被相信了"③。只有当一个民族获得了历史个性时,这个民族的历史才存在 →有一些民族在历史之外。

2. 反思的历史

"超越现在的"(第 19 页),"其范围不限于它所叙述的那个时期的历史"④。

(a)对于一个民族的过去的总体视角。例子,李维(古罗

---

① 同上,第 3 页。——译注
② 同上,第 2 页。译文有修改。——译注
③ 同上,第 2 页。译文有修改。——译注
④ 同上,第 4 页。译文有修改。——译注

马)。"作者带给作品的精神与作品内容的精神不一样。"①

矛盾:把事件带到**现在**(正如在第一种类型的历史中一样),运用"所记述的文明中所有的人都应该会有的那种**特有的语调**"。然而,**那是同样的语调!** 李维让古罗马的君王们"**像李维时代的聪明的辩护律师一样**"②说话。参考**波利比乌斯**与"李维所用风格"③之间的差异。

在这里,仍然是无意识的。但:

(b)实用主义的④历史,以把过去带给现在的方式。"把过去放在一边,把事件带到现在。""当我们研究过去,研究遥远的世界时,现在便向我们的精神打开,这种精神是从我们自己的活动中得到的,以作为我们劳苦的报酬。"⑤

"过去"的道德价值。自觉的目标=现在的目的。利用过去以教育现在。

悖论:对教育儿童有效,但"各民族和国家的命运,它们的利益、条件和**复杂情况**,却又另当别论了"⑥。

实际上,人们会说应该从历史中吸取教训,"但是经验和历史所昭示我们的,却是各民族和各政府从没有从历史中学到任何东西……"⑦

---

①同上,第4页。译文有修改。——译注
②同上,第5页。译文有修改。——译注
③同上,第5页。译文有修改。——译注
④"实用主义的"(pragmatique),中文版译为"实验的"。——译注
⑤参见黑格尔,《历史哲学》,前引,第5页。译文有修改。——译注
⑥同上,第6页。译文有修改。——译注
⑦同上,第6页。译文有修改。——译注

→这里我们看到,反思的历史的深层思想出现了:把现在的目的投射到过去。

批判18世纪对希腊和罗马历史的利用:"法国大革命期间,人们时常称道希腊罗马的前例,真是浅薄无聊极了……法国人被一种当前时代的精神所锻造,可以使过去和现状发生联系。"①

黑格尔还在反思的历史中区分出了**批判的历史**(这是一种历史的历史,仅仅对原始资料的历史感兴趣,而不是对历史本身感兴趣)和**局部的历史**:艺术史,宗教史,等等。

换句话说:

(1)在历史**内部**的历史。**真正的精神**,但不是普遍的(修希底德)。

(2)在这种历史中,**普遍性外在于**历史的内容(或者是现在作为主观精神被投射,或者是现在作为道德目的被投射)。

然而,这种简单的区分包含了许多极其重要的论点:

(1)历史的对象,是"对各种历史局势的宽容的、自由的、深刻的直觉"(第20页)②。换句话说,历史的目的,是通过生命和独特的灵魂来"**触及现在**"。但这个目的**被历史的各种手段本身所背叛**。

(2)原始的历史的真理,是成为**内在于它自己的"现在"**

---

①同上,第6页。译文有修改。——译注
②同上,第6页。译文有修改。——译注

的历史,是与**它的目的**成为**同时代的**,是在其对象中将它必须理解的现在包裹进来。但它失败了,因为它的条件本身,因为这种**直接性**和这种**包裹**的后果:它表达现在,但没有深刻理解现在。这就是说:**它缺乏普遍性,它没有在普遍历史的总体过程中定位它所表达的现在**。它只满足了关于历史的两个根本要求中的一条:它表达了某种个性,某种历史总体性,但误将这种总体性、这个现在,当作了普遍历史的地平线本身,而不是去把它理解为一个历史阶段、历史发展的一个环节。

(3) 但这种矛盾含有另一个真理:原始的历史之所以很出色地理解、抓住了它的时代,是因为在它的精神和它的时代精神之间存在着一致:"**那位历史作家所受的种种影响,也就是形成他的作品骨干的那些事件所受的影响。作家的精神和他所讲述的那些动作的精神,是一般无二的**。"①这就是说,**作家的精神必然是他的时代精神**。

(4) 由此带来了**反思的历史的彻底失败**;它源自这个悖论:历史学家不再属于他所讲述的那个时代;同时,他对过去的理解也仅仅是他的精神向过去的精神的投射。**对历史的反思无非是通过过去而对现在的反思**。对往事的回溯就是反思的历史著作的本质。正是这一点使黑格尔能发展出一套关于历史反思的历史条件的深刻批判。两处批判:

李维:表面上只是为了一些[科学的]目的。但在实践上,是把他的精神(说到底也就是他的时代精神)的结构投射到过去。

---

① 同上,第 2 页。译文有修改。——译注

但更深刻的是，**实用主义的历史**：历史学家投射到过去的，更多地是他自己的主观目的（对黑格尔来说，就是他自己时代的目的），而更少①是他的意识的结构。→由此产生了值得注意的对古代史的革命利用的批判："法国人使过去和现状发生联系"。

→但这样一来，我们就处于一个循环中（和爱尔维修那里的循环一样的循环）：被现在的规定性支配着的历史学家，在什么条件下才能真正地**对过去进行反思**呢？在什么条件下，现在能成为过去的真理呢？现在的精神可能成为过去的精神的真理吗？在这里，再也不是通过爱尔维修那里的对机遇的求助，而是求助于一种条件：**现在的精神可能恰好把在历史中起作用的、变得有自我意识的理性的真理当作自己的内容**。这就是黑格尔的解决办法暗含的前提：**哲学的历史**解决了现在与反思之间的矛盾，换句话说，历史的对象与历史学家的历史条件之间的矛盾。

抵达真正的反思原则的必要性。

普遍的观点："如果后者从本质上来说是正确的，那么，他们就不再仅仅是建立外在的线索，外在的顺序，还要构造指导那些事件和行动的内部灵魂。"（第21页）②

"只有对各种历史局势的宽容的、自由的、深刻的直觉和对于观念的深刻感觉（例如孟德斯鸠的《论法的精神》）才能给这一类

---

①在手写稿中，"更少"被划掉，代之以"不仅"，但阿尔都塞并没有相应地修改句子接下来的部分，所以我们还是保留了"更少"。

②同上，第7页。译文有修改。——译注

的反思带来真理和好处。"①

B. 历史和哲学

"历史哲学,只不过是对历史的反思考察罢了。"(第22页)②但马上就产生了哲学与历史之间表面的③矛盾。提出难题:

(1)"**在历史中,思想隶属于已存的现实:现实是它的基础和指南**。"④

(2)在哲学中,人们创造各种观念,而"**不考虑它是什么**"。历史哲学把历史"**看成是材料,却不顾它的完整性,而只是根据自己的观念去整理材料;因为,正如人们所说的,历史哲学对历史进行先天的构造**"(第22页)⑤。

"然而,既然历史不外乎把现在和过去确实发生过的事件和行动包括在它的记载之中,并且越是不离事实就越是真实,这种行事方式似乎与哲学的对象正好相反。"⑥

黑格尔以两种理由来反驳上述矛盾,这两种理由显示了他的自负。哲学带给历史的是历史得以建立的理论条件。在两个层次上:

---

①同上,第7页。译文有修改。——译注
②同上,第8页。译文有修改。——译注
③"表面的"一词出现在听课者笔记中,但在阿尔都塞的手写稿中没有这个词。
④参见黑格尔,《历史哲学》,前引,第8页。译文有修改。——译注
⑤同上,第8页。译文有修改。——译注
⑥同上,第8页。译文有修改。——译注

1. 在历史对象的合理性层次上

在这个层次上,哲学带来如下观念:"世界的历史是合理的"(第 22 页)①。"这种信念和观点与真正的历史相比,是一种假定,但是在哲学中,便不是一种假定了。"②

(a)**在哲学中**,已经证明理性"靠自己而活着;它是它自己要转化的材料;同样,它自己对自己进行推测,它是绝对的目的,它是对那个目的的实施"③。

(b)尽管如此,黑格尔并不假定人们懂得哲学。他**可以要求**历史学家(主观上)有认识的**需要**=相信"在这种历史中确实存在着理性,并且同样相信理智的世界和自觉的愿望并不是听任机遇的摆布"④。

"事实上,我并不是一定要预先要求这样一种相信。""**前提条件**"仅仅是"我们将要作的考察的结果,这一个结果恰巧是我所知道的,因为我已经认识到全体了",这是"对普遍历史本身的考察",其"结果必然是一切都是合理的进程……我们不得不把历史看成它所是的那样,并以经验的方式对待它"(第 23 页)⑤。

因此,哲学没有给历史带来其先天的内容。不仅如此,正是那些历史学家犯了他们归之于哲学的那种错误。事实上,当历史

---

①同上,第 8 页。译文有修改。——译注
②同上,第 8 页。译文有修改。——译注
③同上,第 9 页。译文有修改。——译注
④同上,第 9 页。译文有修改。——译注
⑤同上,第 9 页。译文有修改。——译注

学家说:应该"**忠实地抓住历史**"时,这个表达是"模棱两可的"。"寻常的、平庸的历史学家""**也可能认为,而且自称,他只是抱着一种纯粹接受的态度**,只是把自己交付给史料,可是他的思想的运用绝不是被动的。他带来了自己的范畴,而且通过这些范畴来观察各种事实"①。历史学家带来自己的范畴,为的是对史料进行解释:他甚至给历史带来了种种完全神秘的结构(关于某个在一开始就受到了上帝教导的独特民族的观念)②。

把哲学带进历史的唯一要求,是历史的**合理性**的要求,这种要求使得历史的建立成为可能,正如它使得各种自然科学的建立成为可能一样。

参考亚拿萨哥拉斯:智慧统治着这个世界——"不是作为**自觉的理性**的那种智慧……我们必须把两者明白地区别开来"(第23-24页)③。例子:太阳按照一些法则而运行,"**却没有意识到那些法则**"④。

然而,亚拿萨哥拉斯这个观念:"这样一种在我们看来很普通的思想,并不是一直都存在"⑤。

这种看法被运用于关于**神意**(*Providence*)的宗教观念中。但这是一个依然**不确定的**原则,它不能解释"**整个的历史过程**"。

---

①同上,第10页。译文有修改。——译注

②这个句子来自于听课者的笔记,它与阿尔都塞手写稿上被划掉的旁注相一致。

③参见黑格尔,《历史哲学》,前引,第10页。译文有修改。——译注

④同上,第11页。译文有修改。——译注

⑤同上,第11页。译文有修改。——译注

"解释历史,就是要揭示人的激情、天资和活力。"(第25页)①

神意的决定:它的**计划**。这个**计划**的悖论:为了成为神圣的,应该保持它的隐晦性。(第25页,批判的精彩发挥)②

神意:或者普遍的、然而空白的计划,或者某种人眼中的行为;"小商贩"的例子③。

(巨大的空白和细节)

---

①同上,第12页。译文有修改。——译注

②"然而,解释历史,就是要揭示人的激情、天资和活力。正是这种神意的决定,我们通常称之为'神意'的'计划'。可是这个计划,据说却并不是我们所能够看得见的,甚至想要认识它,便算是僭越非分(……)但是,当我一般地谈到认识'神圣的神意'的计划时,我就是在召回一个对于我们的时代来说生死攸关的问题,这便是关于认识上帝的可能性的问题,或者更确切地说,它不再成为一个问题,而是出于偏见,是关于认识上帝之不可能的教条。这明显地违反了《圣经》中为信徒们所规定的最高义务:即我们不但应该爱上帝,并且还应该认识上帝,当今的教条无异否认了《圣经》中所说的话。《圣经》上说的是,引人入乎真理,认识万物,参透上帝的奥妙的是'精神'。如今上帝既然被置于我们的知识之外,从总体上跳出了我们认识的范围,我们便容易沉湎于自己的表述。我们不必非要使知识与'神圣'和'真实'保持一致,相反,我们的知识以及主观感觉的虚妄得到了完美的辩护;而谦卑的思想,把对上帝的认识当作不可能,非常清楚它自己的这种快活和徒劳的骚动究竟能获得什么东西。"(同上,第12-13页。译文有修改。——译注)

③"所以,我们不能停留在对神意的那种可以说是'小商贩'的信仰上,更不能停留在那种纯属抽象的、任凭想象的信仰上,因为它既不能导致关于某种'神意'存在的一般观念,也不能让我们明了它的确定的行动。"(同上,第13页。译文有修改。——译注)

理解**恶**的必然性。**恶的合理性！**

不是在整体上抓住理性(神意)，而是"在其决定中抓住理性"(第26页)。

→由此得出了"认识上帝"(第25页)①的必要性。

2. 在历史对象的结构的层次上

哲学不但起担保历史合理性的作用，它还起基础理论的作用。参考第57页：一切科学中都必然有某种**抽象的理论**。

"开普勒……必然已经先天地熟悉了椭圆形、立体形、正方形，以及它们彼此间关系的种种观念，然后才能够从经验的记录里，发现他的那些千古不朽的'法则'，那些法则由那些表述领域的规定性组成。"②

如果没有这种抽象的理论，也就是说，没有对这个领域诸**原则**的认识，也就是说，没有对科学所瞄准的客观性领域的认识，那么，就算开普勒能如其所愿地长时间仔细观察天空，他也不可能发现他的那些法则。

这种抽象的理论要回应什么问题呢？**"在这种科学的知性过程中，最要紧的是应该把本质的东西划分出来，使它和人们认为微不足道的东西分开……并通向真正本质的东西。"**③

这种抽象的理论经常被当作先天的成分，并被认为与科学的经验内容不相干。这种对科学对象基本原则的无知**"是造成人们**

---

①同上，第13页。——译注
②同上，第59页。译文有修改。——译注
③同上，第60页。译文有修改。——译注

指责某种关于科学的哲学理论的部分原因,他们从科学的经验特性出发,指责哲学所谓的'先天论',指责哲学将一些观念灌输到那些经验材料里面去。因此,那些观念的规定性在他们看来是外在于那个对象的不相干的东西"①。

因此,两个其实无非是一体的理由:

(a)抽象的理论使人们能把本质的东西从非本质的东西中区分出来→对许多历史形式的批判:把道德判断放在首位的历史,将不同的文化进行对照的历史,等等。

(b)但本质的东西就是构成被考察对象的结构类型,其特定本质。

但对黑格尔的这些原则(哲学与历史的关系),可以有两种解释方式:

(a)**认识论的意义**——在这种名义下,这些原则所关心的是要向人们指出,历史如果想要成为科学的,必须把它的对象看作是**可理解的**、**合理性的**(这是一切科学的明确条件)——此外,它还必须凭借一种**抽象的理论**,因为没有后者,它就不能对它的对象进行思考,但这种理论不能是历史学家主观性的产物,而应该是关于**其对象的结构本身**的理论,**具有其特别的实质性**——因此,**哲学无非就是以科学原则本身的形式出现的科学**。

(b)但也有纯哲学的意义:当历史的合理性不再是认识论的一种原则时,它却仍是理性的产物:历史哲学的难题就是历史诸目的的难题。

---

①同上,第59-60页。译文有修改。——译注

"如果我们承认,'神意'表现在那些事物、那些对象〈禽兽、植物〉中……那它为什么不会也表现在普遍历史中呢?"(第26页)①

"终究有一天,人们也会理解具有创造性的'理性'的这个产物:普遍历史。"②

"我们的命题:引导着并一向引导着世界的'理性'与**认识上帝**的可能性这个问题联系在一起……"(第26页)③

"我们的思考在这一点上是一种神正论,一种**对上帝的辩护**……"(第26页)④

不仅是合理性,还有历史对象的**本质**,都不再具有科学的意义,而是具有哲学的意义。参考"**本质就是……'自由'的意识**"⑤,"**普遍历史是在'自由'的意识中的进步——我们必须认识这种进步的必然性**"(第30页)⑥。这把我们引向历史的本质。

C. 历史的本质

"普遍历史在精神的领域展开。""物理的自然也同样出现在普遍历史中……然而,实体的东西,就是精神。"(第27页)⑦

这一切都以**自然**和**历史**,即自然和精神的对立为基础。什么

---

① 同上,第14页。译文有修改。——译注
② 同上,第14页。译文有修改。——译注
③ 同上,第13页。译文有修改。——译注
④ 同上,第14页。译文有修改。——译注
⑤ 同上,第16页。译文有修改。——译注
⑥ 同上,第17页。译文有修改。——译注
⑦ 同上,第15页。译文有修改。——译注

样的对立?

(1)自然,是自我的外在性。精神＝自我的内在性①。

——物质的实体＝重力。

——精神的实体＝自由。

有重量的物质在统一之外并寻找着统一,它的目的在它自身之外;如果它的本质与它本身相重合,那它也就不再是物质了,它就是几何学上的点。

相反,"精神"在自身中有中心点,它已经找到了统一,它是自在自为的(bei sich② ＝自在:"自由"的定义)。"精神"＝内在性＝ bei sich 存在③＝自我意识(因为自我意识是唯一的存在,对它来说,一切外在于它的东西也无非是它自己)④。

(2)历史是"**精神在时间中的异化**"。"**普遍历史……是精神在时间中的异化,正如理念作为自然在空间中异化。**"(第 62 页)⑤参考"**自然没有历史**"。

虽然自然中有一些变化,有某种**自然的时间**、自然的演进,但却没有历史。

为什么?历史的时间:"表现为一种达到更完善、更完美的境

---

①这一节接下来的部分在听课者的笔记没出现。
②德文,意为"自在"。——译注
③原文为"être bei sich",可译为"自在的存在"。——译注
④参见黑格尔,《历史哲学》,前引,第 16 页。——译注
⑤同上,第 66 页。译文有修改。——译注

界的进步"①。

自然:"**在自然界不产生任何新东西**";**无变化的循环**。"只有在'精神'领域里发生的那些变化之中,才有新的东西产生。"②

历史有自己固有的与自然不同的规定性:**可完善性**(第50页)③。

参考这种发展"同时也适合于有机的自然物"④。

参考种子,**卵**:同时也有一种**内在性**,因为生产它们的不是外在的东西,而是内在的原则,这个原则使它们分化,与无机的东西接触,但远不是因此丧失自己,而是转而对这个有机物有利。"**那个有机的个体便这样产生它自己,它把自己本身中的东西发展出来。同样,精神无非是它自己发展的东西,而它只发展它本身中存在的东西。**"(第50页)⑤

不同的是,自然的发展"是用一种直接的、不遭反对的、不受阻挡的方式"⑥完成的。"然而关于精神方面,那就大不相同了……精神在本身中反对自己;它自己可以说便是它的最可怕的、它不得不克服的障碍;这种发展,在自然界平静地发生,对精神来说,却是一种反抗它自己的艰苦的、无止境的斗争。精神想要的,是要达到它自己的概念。但是它自己把这个概念藏起来

---

①同上,第50页。译文有修改。——译注
②同上,第49-50页。译文有修改。——译注
③同上,第50页。译文有修改。——译注
④同上,第50页。译文有修改。——译注
⑤同上,第50页。译文有修改。——译注
⑥同上,第51页。——译注

了。它还在这种自我的异化中感到骄傲,并充满快乐。"①

精神的这种状况:异化为自我外部的东西,这种异化造成了与**自然的发展**的全部差别。

——自然的发展最后生产出同样的东西 →种子(循环)。时间不是创造性的。

——历史完全不同:到终点,我们得到一个和开端不一样的结果。

=**精神向其目的生成时的辩证法**。范畴:

(a)"**转变**"。人扒开废墟,意识到,死亡是新生的开始(第 62 页)②。

"精神"的异化模式:它先离开自己,然后生产出一种"文化"(政治经济学、政治和法律制度、艺术、哲学,等等),将自身当中存在的东西都变成现实。但在这同时,精神与其实现之间产生了矛盾:精神的**文化**变成了**新的文化**的材料③(第 63 页)。转变不是"过渡",而是"**自我的改变**"。"**每一个曾经满足了它的作品,都重新作为材料来反对它,并迫使它进行新的劳作**。"精神"只同它自己发生关系"④。

(b)**转变**的辩证法。精神自我**实现**,**自己使自己客观化**→自己满足自己。参考英国的民族精神(统治世界的意图,等等)

---

①同上,第 51 页。译文有修改。——译注
②同上,第 67 页。——译注
③听课者的笔记中提供的是"精神创造的文化,变成了新的精神的材料"。
④同上,第 68 页。译文有修改。——译注

→实现:英帝国。"**它获得了自己想要的**。""**需要得到了满足**。"因习惯而死亡→**厌倦**("一个民族,只有当它在自身上已经天然死亡的时候,才会突然死去")(第64页)①。

参考"苦涩的果子":第66页(阅读文本)②。

(3)精神在自身中的这种自我异化的结果是什么?不是纯粹的自然毁灭或重复,而是自我的有意识的**内在化**:在有机的自然界,持续存在的是**物种**,但它永远是同样的。在历史中,那是一种无限的物种:思想,自我意识。

> "**物种的保存,只不过是同样的生存单调的复演罢了。再者,我们必须注意,思想对存在的认识和理解,怎么通过既保存又变化的原则,成为某种新的、事实上又是更高的形式的源头和诞生地。因为'思想'是普遍的、不灭的、与自己保持同一的'物种'。精神的确定的形式,不但在时间中自然地要成为过去,并且要在意识的自发的和自觉的活动中被扬弃。因为这种扬弃是精神的活动,它就既是保存又是转化。因此,在一方面,精神消灭(aufhebt**③**)了现实性,它的坚实的东西,而在另一方面,它却获得**

---

①同上,第70页。译文有修改。——译注

②"一个民族的生命结成一种果实,因为民族活动的目的在于完成它的原则。然而这一个果实并不回归到产生它和长成它的那个民族的怀中去;相反,它却变成了那个民族的鸩毒。那个民族又不能撒手放过这种鸩毒,因为它对于这样的鸩毒具有无穷的渴望,这个鸩毒一经入口,那个民族也就灭亡,然而同时却又生长出一种新的原则。"(同上,第73页。译文有修改。——译注)

③德文,意为"废除""取消",作为哲学术语常译为"扬弃"。——译注

了它过去单纯生存的东西：本质、思想、普遍的要素……所以这种发展的结果是，精神为了要使它自己成为客观的，并且思考它的这种存在，因此一方面它破坏了它的存在的规定性，另一方面却通过共同的要素抓住了那种规定性，从而给它的原则赋予一种新的方向。"(第65-66页)①

→历史的目的：获得对精神的本质本身的意识(开端与终点)，自由。

精神。它的实体、"**它的本质是自由**"，同样，"**物质的实体是重力**"(第27页)②。

"**普遍历史……是精神的再现，精神竭力要获得对自己是什么的认识。**"③

"正如一颗种子，在自身中就含有树木的全部性质和果实的滋味色相，同样，'精神'在最初的迹象中也已经潜在地含有整个的'历史'。"(第27页)④

  (a)东方人："还不知道人本身是自由的"⑤

  "**因为他们不知道，所以他们不自由。**"唯一自由的人是→专制君主。

  (b)古希腊人：在他们那里，"'自由'的意识首先出现，

---

①同上，第72页。译文有修改。——译注
②同上，第15页。译文有修改。——译注
③同上，第16页。译文有修改。——译注
④同上，第16页。译文有修改。——译注
⑤同上，第16页。译文有修改。——译注

所以他们是自由的"①。

"他们只知道某些人是自由的"

"这就是为什么"

——他们拥有奴隶!!

——他们的自由是有限的(第27－28页)②。

(c)**基督教**:知道所有的人都是自由的,但要经过漫长和艰苦的工作才能实现这个原则〈**为什么有这种延迟?**〉

"这就是为什么"奴隶制没有立即消失的原因。

"这个原则在世界各种事务上的应用……正是那个长期的过程构成了历史本身……普遍历史是在'自由'的意识中的进步。"(第28页)③

D. 精神的手段

但悖论的是:历史的目的如何得到实现呢? 历史的**目的**与其内容的直接现实性之间的反差:**人类的行动**。

"'**精神**'**的手段**"解释了"**历史的现象本身**"。这种历史的目的(**内在的**目的,它看不见自己)利用可见的外在的手段为自己服务:那些手段就是人的激情和利益④(参考17世纪关于行动的悲观主义逻辑),它们"作为原动力突然出现,并作为首要因素干预

---

①同上,第16－17页。译文有修改。——译注
②同上,第16－17页。译文有修改。——译注
③同上,第17页。译文有修改。——译注
④同上,第18页。译文有修改。——译注

进来"(第29页)①。

正是"人的需要",人的"激情"推动、实现着那个原则(自由)。

第31页,论私人利益是历史的总动力那一段。

→"**在我们的对象中出现了两个因素:一个是'观念',另一个是人类的'激情';这两者交织成为普遍历史的经纬线,编织出普遍历史展现在我们面前。**"②

〈经历了漫长时间的私利之间的斗争,那个"观念"和私利的统一在**国家**(第32页)中得以实现〉。

那种需要,利益的活动**不自觉地**实现了历史的目的。

"寻求着自己的存在并**满足着自己的存在**的各个人和各民族种种生气勃勃的活动"同时"**也是一种更崇高、更广大的目的的工具和手段,关于那个目的,各个人和各民族是无所知的,他们是无意识地实现了它**"(第32页)③。

"然而,那种普遍的目的被包含在特殊的目的之中,并通过特殊的目的实现自己。"综合:

——自由(需要、个人的活动)

——必然性(普遍的东西)

参考第33页对特殊的、形式上的**主观自由的分析**:"又是快乐又是悲哀的立场"④。证明与种种个人的主观目的相比,历史的

---

①同上,第18页。译文有修改。——译注
②同上,第21页。译文有修改。——译注
③同上,第23页。译文有修改。——译注
④同上,第24页。——译注

目的具有超验性。

"普遍历史不是至福的园地。各个幸福的时期乃是历史上的空白页,因为它们是和谐的时期,这些时期中缺少对立。"①

难题:在追求个人主观的目的时,人如何又能实现普遍的目的?

通过行动的性质本身的后果,来对行动中的 Verstellung② 进行分析:Verstellung **是行动的本质**。

参考建房屋的例子(第 63 页)③:各种要素以**反对自己的方式被使用**。内在的目的:手段 = 铁、水、石头、火,等等。→"各种要素这样依照它们的本性而被利用着,共同致力于一种产物,又为这种产物所限制"("服从于重力的石和木,被用来建筑高墙厚壁")④。

"人类的各种激情也是以这种方式得到满足的,它们的目的在追随它们的自然归宿时,就造成了人类社会这个建筑物,**同时却使得'权利'和'秩序'得到了权力来对付它们自己**。"⑤

> (a)人在实现自己目的的同时也造成了"某种潜伏在那些行动中的东西,虽然他们〈人们〉的意识没有觉察到它们,虽然那种东西也并不包括在他们的企图中"⑥。

---

① 同上,第 24 页。译文有修改。——译注
② 德文,意为"调整、移位、伪装",这里可译为"倒置"。——译注
③ 同上,第 25 页。译文有修改。——译注
④ 括号中的这句话是从听课者的笔记中得到的。
⑤ 吉勃兰就是这样翻译的,阿尔都塞就这样用了。(同上,第 25 页。译文有修改。——译注)
⑥ 同上,第 25 页。译文有修改。——译注

——**例子**:一个**想复仇的人**给别人的房子放了一把火 → 烧毁了许多别人的房屋、害死了许多别的人(第34页)。"这桩灾变既不包括在那件普通的行为当中,也不包括在犯事者的企图当中。"①。

(b)此外,这件行为造成了犯罪,因而→刑罚!

(该行为转过来反对行动者)。

——"在这件直接的行为中,可能产生行动者的意志和意识之外的其他东西。"②

——再者,"那件行为本身转过来反对那实施该行为的人"③。

然而,关于理性的狡计和 Verstellung 的这样一种观念,难道没有使我们回到黑格尔曾经批判过的关于**神意**的理论——也就是说,回到对历史的总体感觉的空洞意识——吗?在这种意识中,特殊的内容被献祭给其超验的含义。难道"绝对"只存在于历史的终点,外在于历史吗?它也存在于历史本身之中,存在于精神的存在本身即**国家**之中。

E. 精神的存在:国家

④黑格尔的理论:"绝对"存在于历史之中,它披着精神的外

---

① 同上,第25-26页。译文有修改。——译注
② 同上,第26页。译文有修改。——译注
③ 同上,第26页。译文有修改。——译注
④ 我们从听课者笔记中摘出这一节,以恢复阿尔都塞笔记中接下来的部分。

衣,它的实现就是国家(=形成了一个国家的民族)。国家＝主观的意志(激情、利益等)和理念的现实的综合。国家是现实态的(en acte)普遍的东西(→不必待到历史的终点,历史就是现实的)。

1. 作为精神的存在的国家

主观的意志(利益)是"材料,它为实现合理的目的服务"(第40页)①。两个方面:

(a)主观的意志"**依赖**"于它的种种激情本身,依赖于它的主观性。

(b)主观的意志"也有一种实体的生活,一种现实性,在这种现实性中,**它在本质的范围内活动,并且就把这种本质的事物当作它生存的目的**。这个本质的事物便是主观的意志和合理的意志的统一:即**道德的整体**,即国家。在国家这种现实性中,个人拥有自由并享受自由。但是有一个条件,就是他必须知道、相信、并接受**那种普遍的东西**"(第40页)②。

"在国家中,那种普遍的东西存在于**法律当中**,存在于各种普遍的和合理的规定性中。"③

〈国家作为现实态的"普遍的东西"〉

〈主观性的相对主义**被这种"绝对"给消除了**〉

这就意味着,国家不是"利益"的手段 →对各种功利主义理

---

①参见黑格尔,《历史哲学》,前引,第38页。译文有修改。——译注
②同上,第35页。译文有修改。——译注
③同上,第36页。译文有修改。——译注

论的批判。国家的本质不是由那些需要构成的①。国家不是"主观性""利益"的"一种手段",不是对各种利益的限制。"那种相互的约束"留给"每个人少许的空间……那种自我限制的自由,是任意的,它只同一些特殊的需要相关联"②。

国家:"是主要的普遍的愿望与主观的愿望的统一"(第41页)③,正是它构成了 Sittlichkeit④。

"在普遍历史上,只有形成了一个国家的那些民族,才能够引起我们的注意……国家乃是'自由'的实现,也就是'绝对'的最后的目标的实现,它只为自己而存在……人类具有的一切价值,一切精神的现实性,都多亏了国家才有。"(第41页)⑤

"人的精神的现实性":"它的存在,对于知道它的人来说,是客观的合理的东西,只有他把它当作是一种直接的、客观的存在,只有这样,人才是自觉的,**只有这样,他才处于各种风俗中,才处于国家的道德和法律生活中**。"(第41页)⑥

"在国家中,那种普遍的东西存在于**法律当中**,存在于各种普遍的和合理的规定性中。"(第41页)⑦

---

① 上述两句话摘自听课者的笔记。
② 参见黑格尔,《历史哲学》,前引,第35页。译文有修改。——译注
③ 同上,第36页。译文有修改。——译注
④ 德文,意为"美德""德性",这里指"伦理生活"。——译注
⑤ 参见黑格尔,《历史哲学》,前引,第36页。译文有修改。——译注
⑥ 同上,第36页。译文有修改。——译注
⑦ 同上,第36页。译文有修改。——译注

①国家的根本特征＝法律：普遍的东西的直接的、客观的存在。正是通过法律，才能对那些有国家的民族和没有国家的民族进行区分。

→历史开端的时代同时也是资料缺乏的时代，参考孔多塞提出的这个难题：那些资料都已经丢失了，不是因为偶然，而是因为那些民族当时还没有国家 →没有历史。历史的记载只有从历史对于记录它的民族成为真正的历史存在的时候开始才存在＝即当这个民族开始关心作为历史特征的内在化的时候才存在。而这种内在化，正是由国家产生的：国家，为了延续下去，不得不将自己的过去内在化以保存它，它感觉到了保存普遍的东西的需要。史前史＝我们没有对其进行记录的时代，因为那些记录当时是多余的，多余则是因为那时候还没有国家存在。

印度的悖论：它有无数文献宝藏，却没有国家。

关于历史的开端的附属难题（参考卡片和第52－56页）②

"'精神'的无机存在……精神的'迟钝'，或者，假设我们高兴这样称呼，精神的'优越'，是它对于善和恶的无知（因此对于法律的无知），因此，它甚至不是历史的对象。"（第54页）③

---

①本小节摘自听课者的笔记。
②接下来的那些行文字与这个卡片相一致，这几行字被阿尔都塞保留了下来，但没有编页码。
③参见黑格尔，《历史哲学》，前引，第54－55页。译文有修改。——译注

家庭=**史前史**:"精神的统一"必须"走出情感这个圈子"①。

精神≠自然,晦暗的……力图变成对自己来说是明显的……→需要国家。没有国家的民族……(第54页)

各种语言的分散作用=史前史

历史=**事实和记载**,对历史事实的当代的/历史的记载,"是一种内在的、共同的基础,这个基础使它们一起显示出来……"(第55页)②

记忆的延绵/国家的延绵之间的联系(第54—55页)

国家的存在(≠家庭或宗教的存在)是"外在的"(法律),"**是一个不完全的当前时刻,智慧需要这个当前时刻把对过去的意识纳入它当中**"③。

史前史=没有记录——(没有什么要**保存**)〈历史记忆,**保存**的功能,参考在国家中〉:"唯有在国家中,各种明确的行为才会随着法律意识而出现,并且随着明确的行为的出现,而出现对那些行为的明确的意识,而这种明确的意识会**同时产生保存那些行为的能力和需要**。"(第55页)④

---

①同上,第55页。译文有修改。——译注
②同上,第56页。译文有修改。——译注
③同上,第56页。译文有修改。——译注
④同上,第57页。译文有修改。——译注

例[外]①:印度有无数文献宝藏,**却没有历史**,因为它的种姓等级制还是属于**自然**——没有 Sittlichkeit②。不合理的社会关系,没有**目的!爬行的**历史!**尽管有语言的发展,但却没有历史**(第55−56页)③。

2. 作为精神总体的国家

对孟德斯鸠的赞美,对黑格尔来说,是因为孟德斯鸠把历史的现实性构想为一些总体,这些总体赋予一切规定性以自己的意义,而远不是那些规定性的简单总和:"只有对各种历史局势的宽容的、自由的、深刻的直觉和对于观念的深刻感觉(例如孟德斯鸠的《论法的精神》中那样)才能给这一类的反思带来真理和好处。"(第20−21页)④

"一个民族所采取的宪法同它的宗教、艺术和哲学,或者,至少同它的种种表述以及种种思想,它的一般文化(姑且不论其他外部的力量如像气候、邻国以及它在世界的地位等种种影响),构成一个单独的实体,一个单独的精神。"(第45页)⑤

→我们不能从这种国家的"**个体的总体**"中,比如从**宪法**中取出"**某个特殊的方面**"来加以探讨。很难将那些因素分开来——

---

①是"Ex[ception](例外)"还是"example(例子)"?(阿尔都塞使用的是缩写"Ex",因而可以有两种解释。——译注)
②德文,意为"美德""德行",这里指"伦理生活"。——译注
③参见黑格尔,《历史哲学》,前引,第57页。译文有修改。——译注
④同上,第6页。译文有修改。——译注
⑤同上,第42页。译文有修改。——译注

不可能抽象地得出一种艺术的历史、法律的历史,等等。**同上**:很难把印度的史诗与古希腊的史诗拉到一起来比较,等等。

作为客观与主观的统一,"国家因此就是一个民族生活的其他具体方面的基础和中心,也就是说,是它的艺术、法律、风俗、宗教和科学的基础和中心"(第47页)①。

一个时代的人们拥有国家,但他们也同时被国家所拥有②。

生长于国家这同一块土地上的艺术、宗教、哲学。被这种总体所惠顾的那些环节,具有一种绝对的价值,因为国家是一种绝对。"在宗教中,一个民族给自己定义什么东西对他们来说是真理……所以,上帝的观念便构成了一个民族的总基础。"(第48页)③→"国家是建筑在宗教上的"④,因为宗教使人对它保持尊敬,但它的条件是,那个民族的人们能通过宗教的形象对他们自己的实体进行深思。

但是,不应该将这个历史的总体从精神的整个生成中孤立出来。想要理解某个历史事件,就必须将它置入两个坐标:

---

①同上,第45页。译文有修改。——译注

②这是听课者笔记中的版本,阿尔都塞的笔记中写的是"一些人拥有历史"和"也被历史所拥有"。相关引文是"国家、它的法律、它的宪法,都是这个国家中的那些个人的权利:它的自然、它的大地和山川、它的天空和河流,构成了他们的国家、他们的祖国、他们的外在财产。这个国家的历史……是他们的财产,并活在他们的记忆当中。然而,尽管那些东西是他们的财产,他们同样也属于它们,因为正是它们构成了他们的实质、他们的存在"(第49页)。(同上,第48页。译文有修改。——译注)

③同上,第46页。译文有修改。——译注

④同上,第47页。译文有修改。——译注

（a）历史的总体。那些事件是这个总体的一部分。

（b）普遍历史的全体,"最高的认可","最高的必然性"。因为〈在普遍历史的进程中,某一特定的民族精神本身,只不过是一个单独的个体〉(第50页)①。

F. 历史的原动力②

到目前为止,我们已经从以下三个方面把握了历史：

（a）它的目的：自由意识的进步

（b）它的各种手段：人类的激情和 Verstellung③ 的辩证法

（c）它的**存在**：**国家**

如果历史体现在各个国家、一些个体的总体、一些确定的民族当中,那么剩下的问题就是,那些**总体是如何自己动起来的**,它们怎么会是历史生成本身的主体。"要想了解历史和理解历史,最重要的,就是获得并认识这种'过渡'的观念……'变化'的概念的、内在的必然性。"(第66页)④

参考关于伟人的理论。伟人出现在危机时刻,出现在"过渡"发生的时刻。"**正是在那些时刻,发生了那些巨大的冲突,一方面是现行的、被承认的种种职责、法律和权利,另一方面则是反对这**

---

①同上,第49页。译文有修改。——译注

②"历史的原动力",也译为"历史的火车头",详见第39页译注。——译注

③德文,意为"调整、移位、伪装",这里可译为"倒置"。——译注

④同上,第72页。译文有修改。——译注

个体系的种种的可能性,这些可能性攻击现存的体系,甚至要毁灭现存的体系的基础和现实性……这样,那些可能性变成了历史的可能性,它们包含着一种普遍的价值,这种价值与构成那个国家或者民族的存在基础的价值不同。那是一个具有创造性观念的时刻……**历史人物,世界历史人物,就是那些其目的中包含了那样一种普遍的价值的个人**。"①

恺撒改变了历史,是因为他表达了已经潜藏在"现在"中的"未来"的精神。伟人们"的目的……取自一种泉源,那泉源的内容是隐藏着的,还没有达到现实的存在,还隐藏在内在的精神中,还在地面之下,它冲击着外面的世界,仿佛冲击一个外壳,并把它打成粉碎。因为那个外壳并不适合它这个核仁"。伟人们知道"在内部已经存在的下一个'种类'"。他们"赋予无意识的内在性以意识"(第35页)②。

这样一来,伟人就不是历史的作者,而是一些陷入**历史动力辩证法**中的助产婆。他们不是跃过自己的时代,而是抓住了在自己的时代中别人没有抓住的矛盾。这种矛盾就是现存的秩序与新的内在精神之间的矛盾(果壳与果核的矛盾)。但这种矛盾本身是一种内在于精神的矛盾,因为现存的秩序也是此前精神的产物。换言之:

(a)内在的(自在的)精神自我实现,从自我中走出来 → 某一民族的文化 = **一定的社会条件**(希腊帝国,雅典帝国)。

(b)那些一定的社会条件(由一种内在的精神——一种

---

① 同上,第27页。译文有修改。——译注
② 同上,第27-28页。译文有修改。——译注

在进行着自我异化的精神的某个阶段——所生产),通过它们的实现本身,通过异化、通过精神异化的辩证的推动力,创造了一种与先前的精神不同、从而也就与它在其中得以自我实现的那些社会条件不同的**新精神**。正是在希腊城邦的内部,诞生了新的精神。

(c)因此,在果壳和果核之间,即在现存的法律、政治、社会条件与从它们自身中产生的**内在精神**之间,存在着一种矛盾:这种先前的已经实现了的精神与还未被实现的新精神之间的矛盾(该矛盾可以归结到以下关于异化的图示中),是颠覆现存社会秩序的原动力。

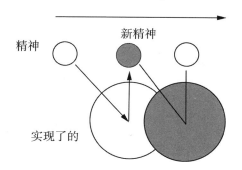

(a)推动历史的矛盾=生产关系和意识形态之间的矛盾(例子:18世纪:绝对主义封建制与启蒙哲学、关于自由的哲学之间的矛盾)。

(b)但既然那些社会条件是某个自在精神的实现,它们就不是归根到底起决定作用的 →精神与各种制度之间的矛盾,无非是先前的精神与新的精神之间的矛盾的现象。

188　政治与历史

两种构想历史的方式,第一种只是第二种的现象:

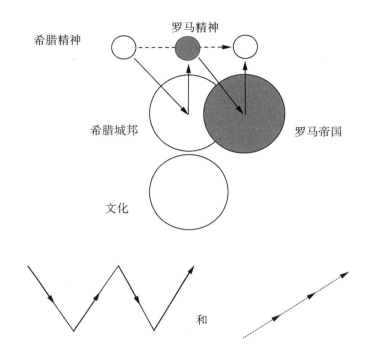

152　也就是说,最终不再是精神的躯体,而是它内在的本质,即**自由**,对自由的自我意识的获得,才是历史最终的原动力。

→真正的历史就是对意识的这种获得:**哲学的历史**,即获得对**推动历史前进的永恒理性**的意识的历史。

这样一来,我们就可以解决原始的历史与反思的历史之间的矛盾:现在的精神无非就是达到了自我意识的过去的精神。总而言之,在过去中,"我们只与当前的东西打交道"。"精神的当前形

式在自身中包含了先前的一切阶段。"(第66页)①

在黑格尔的时代,历史已经终结了,因此他的智慧才是可能的。

是不是可能存在一种关于历史的智慧,会承认历史的开放呢？→**马克思**

---

①同上,第73页。译文有修改。——译注

四、青年马克思著作中的历史的难题性①

首要难题:国家的难题。1830年的德国知识分子以两种形式与它相遇:(1)它的现实性:与西欧相比,反动落后的普鲁士警察国家。(2)到处被讲授、并有力地支持着普鲁士国家的黑格尔的国家理论。

然而,这种理论包含了一些要素,它们由1830年的革命事件②为德国青年知识分子揭露了出来→青年黑格尔派的理论内核。

青年黑格尔派看到了黑格尔体系中的反动内容与他的革命方法之间的矛盾,那些革命要素是什么呢?

(1)历史是"自由"和"理性"的实现的观念。

(2)历史是一个辩证的过程的观念,从而,历史没有终结并且还有希望的观念。结论:国家应该变成自由的国家。历史应该产生出还不存在的自由。

---

①由于在阿尔都塞的文档中没有他自己撰写的笔记,所以我们这里采用了听课者的笔记。尽管这个标题很可能与阿尔都塞讲授时的标题相一致,但本章却以对马克思的"决定性观念"的漫长分析而告终。(标题中的"历史"一词首字母为大写。——译注)

②指法国1830年的七月革命事件。——译注

马克思从这里出发→他的思想通过三个环节而形成：

(1) 全面接受这种黑格尔自由左派的观念。

(2) 这种自由理论被一种乌托邦的和道德的革命理论即异化的理论所取代。

(3) 最后的形式：唯物主义的和科学的革命观。

A. 国家＝黑格尔意义上的实现了的理念

重新抓住以下观念，即国家就其本质来说在市民社会之上，在"需要的社会"之上；被赋予历史的普遍意义应该来自国家：国家是理性与自由在社会中的传播者。

但既然普鲁士国家存在着奴役，那么，矛盾就产生了：在本质上本身是合理的国家和事实上不合理的[具体的普鲁士国家]①之间的矛盾。因此，马克思在这里没有质疑黑格尔关于国家的定义：仅仅是合理的目的和它的不合理的现实之间的矛盾→难题＝恢复合理的国家：普鲁士国家的归宿(destination)是变成自由的国家。这个难题在国家的本质和它的存在之间出现。"理性向来就存在，只是不总具有理性的形式。"②怎么才能实现这种形式呢？通过哲学的批判，这种批判必须提醒国家注意到它的归宿。德国

---

① 括号中的词是我们补上去的，因为听课者笔记中的句子没有意义。

② 除有例外，阿尔都塞所引马克思的文字，均出自朱尔·莫利托(Jules Molitor)的翻译。这句话出自马克思1843年9月致卢格的信，收入卡尔·马克思，《哲学著作集》(Œuvres philosophiques)，Costes 出版社，第五卷，第208页(参见《马克思恩格斯文集》第十卷，人民出版社，2009年，第8页。——译注)。

有两个部分:一部分是概念的,另一部分是非概念的。从实践上说,这意味着革命就是发出哲学的通告。

然而,失败了:普鲁士国王没有听见理性的呼唤。

→新黑格尔派的分裂:

(1)第一派以布鲁诺·鲍威尔为中心:要强调他们的批判的无政府主义特征。如果说他们的事业失败了,那是因为群众的无知。因此,维护国家本身的合理性,并指责群众不理解他们→冲突,不再是哲学与国家之间的冲突,而是哲学与群众之间的冲突。

(2)第二派:马克思、卢格、费尔巴哈:在国家的不合理当中寻找他们之所以失败的原因。难题:为什么国家的存在会与国家的本质相违背?

B. 费尔巴哈的影响

通过费尔巴哈,表面上彻底的颠倒:国家的不合理或宗教的不合理,不再是一种偶然,而就是其本性。

←异化理论:被异化的,不再是黑格尔的"精神",而是经验的人:关于异化的唯[物主义]①人类学。

这种关系的非现实性就是它的本质本身:过去成为难题的东西(为什么宗教是不现实的?)现在成了这个论点。"上帝是人的本质。"宗教不是一种幻想:它的内容是真实的,那就是人的本质。它是非现实的,而这种非现实性具有某种含义:它显示了人的本

---

① "唯[物主义]"原文为"mat[érialiste]"(唯物主义的),"mat"是阿尔都塞的缩写,括号中的内容为原编者的补充。——译注

质的异化。

——宗教的现实性＝人的本质

——宗教的非现实性←人的本质的非存在：因为人的本质没有在此岸世界（人通过彼岸世界对其进行沉思）得到实现。人已经被分裂了，他在人类生活中没有获得自己真实的本性。→他把这种本性投射到宗教中去了。为了使人成为真正的人，就必须把人投射到天国中的人的本质重新夺回来：为了使宗教成为现实而消灭宗教。

马克思重新抓住的就是这种方案：《论犹太人问题》《黑格尔国家哲学批判》①《〈黑格尔法哲学批判〉导言》。

人在什么条件下才能成为人？这必须以一种关于人的本质的观念为前提："人的根本就是人本身"②。

为什么人不是人？因为他被异化了。马克思整个地接受了费尔巴哈的异化理论，并把它应用于国家。国家＝政治生活的宗教③→难题：如何克服人的这种异化？

---

① 即《黑格尔法哲学批判》，法文版译为 *Critique de la philosophie de l'État de Hegel*（《黑格尔国家哲学批判》）（收入卡尔·马克思，《哲学著作集》，朱尔·莫利托译，Costes 出版社，1936 年）。——译注

②《〈黑格尔法哲学批判〉导言》，前引，第一卷，第 96－97 页。（参见马克思，《〈黑格尔法哲学批判〉导言》，前引，第 11 页。——译注）

③ 注意，这里"国家＝政治生活的宗教"（État＝religion de la vie politique）与下一页说法"国家＝'人民生活的宗教'"（État＝«religion de la vie populaire»）有所不同，参见第 195 页译注。——译注

1. 宗教

——人的本质的虚幻倒影。
——不是从天上掉下来的,而是由人创造的。
——人为什么创造宗教？因为人的本质还没有达到真正的现实性。

因此,人属于两个层面：
——人的本质;
——人的现实性。

人的现实性＝国家和社会——必须在这个层面上寻找宗教的起源。国家和社会产生了宗教,因为它们自己构成了一个虚假的世界。

为什么是一个虚假的世界？
——与哲学所定义的人的本质不一致。
——苦难的抗议判定了它的虚假,马克思在这里把苦难的抗议与人的本质的哲学定义看作是同一的。

这样一来,人就好像分裂了：人以自己真实本性的名义,对自己的苦难表示抗议。人的这种分裂的真正基础是什么？对于费尔巴哈来说,那只是因为人被从"人类"中分离了出来。马克思将走得更远。

2. 国家＝宗教的基础,《论犹太人问题》

根据布鲁诺·鲍威尔的看法,国家要成为人的国家,就必须

摆脱宗教的束缚,马克思指出这还不够:

——政治解放并不伴随着宗教解放而到来;

——政治解放不是人的解放。

人们信仰上帝,是因为他们实际上受到他们的世俗存在的限制。

这种世俗限制的本质是什么呢?即使人还不是自由人,国家也可以成为自由国家。国家中存在的自由,其本身只不过是经济奴役的一种异化形式。

国家=被异化了的人的本质。国家="人民生活的宗教"①。在政治上得到解放的国家,人以双重的形式存在:既作为鞋匠、伐木工人等而存在,又作为公民而存在。作为公民,他是"一般的存在",一种抽象的存在:只在国家中被承认为是自由、平等和博爱的,因为这种自由、平等、博爱在他的现实的和物质的生活中没有被承认。人热爱他在国家中的真实的本性(也就是成为自由的等等),因为这种真实的本性在他的现实生活中没有得到实现。

因此,马克思还保留着黑格尔的观念,认为国家是人的自由

---

①注意,这里"国家='人民生活的宗教'"(État =«religion de la vie populaire»)与前面的说法"国家=政治生活的宗教"(État = religion de la vie politique)有所不同。参见马克思,《黑格尔法哲学批判》,《马克思恩格斯全集》第一卷,人民出版社,1956年,第283页:"政治制度到现在为止一直是宗教的领域,是人民生活的宗教,是同人民生活现实性的人间存在相对立的人民生活普遍性的上天。政治领域是国家中的唯一国家领域,是这样一种唯一的领域,它的内容同它的形式一样,是类的内容,是真正的普遍物,但因为这个领域同别的领域相对立,所以它的内容也成了形式的和特殊的。就现代的意思讲来,政治生活就是人民生活的经院哲学。"——译注

的所在地。但他指出,政治生活领域是非现实的领域。这才是他在《论犹太人问题》中人权批判的奥秘所在。这种批判仍然是非常唯心主义的:人的一般的存在与其具体的现实性之间的分裂→公民权的形式特征:在政治上是自由、平等的,等等,但这种肯定,并没有消灭人在市民社会中的种种现实环境。人是那些政治属性的主语,但那些政治属性并没有消灭他的社会环境,而是必须以它为前提。私有财产在政治上的废除(=取消纳税选举制)并没有消灭私有财产,而是相反,以私有财产为前提。

→公民权与人权之间的矛盾:尽管公民权指出人的特征是自[由]、平[等]、博[爱],①但人权却指出人的实际实践的特征是资产阶级社会的自私自利。自由=做任何不损害他人的事情的权利←人=自我封闭的单子。财产权=任意地处置自己的财产的权利。资产阶级社会最根本的权利=安全!因此,事实上,人权被献祭给了利己主义的统治。

→悖论:政治权利为人权服务:公民为市民社会的人+自私的人服务。

3. 因此,必须在市民社会的那些矛盾中寻找人把自己真实的本质投射到公民中、投射到政治生活中的理由。

人被异化了,因为他是自私的,因为他在别人那里看到的是一种竞争。人的本质的这种异化的实现,马克思在货币中找到了(这

---

① "自[由]、平[等]、博[爱]"原文为"lib[erté], ég[alité] et, fr[aternité]", "lib" "ég" "fr"是阿尔都塞的缩写,括号中的内容为原编者的补充。——译注

不是马克思主义的论点:在《资本论》中,货币将仅仅是一个经济范畴)。

→人的解放＝消灭经济生活领域与政治领域之间的矛盾→创造一种真正的民主,从而人不再因为自私的需要而与别人分隔开来。人的本质＝人回归于共同的联合而不再是孤立的:"人的本质,就是人们真正的集体性。"① 人的本质的内容,就是共同体。

→政治解放与人的解放之间的不同。人要想不再被异化,仅仅作为公民获得政治解放是不够的。

4. 人的本质的这种实现如何完成? 这将是无产阶级的使命。

为什么? 因为其性质本身,因为无产阶级的性质与人的本质的性质之间有内在关系。无产阶级,"用黑格尔的话来说,就是在被唾弃的状况下对这种被唾弃的状况的愤慨,这是这个阶级由于它的人的本性同作为对这种本性的露骨的、断然的、全面的否定的生活状况发生矛盾而必然产生的愤慨"②。因此,无产阶级的作用被以下两点所规定:

——无产阶级的总体异化;

---

① 在《论犹太人问题》及马克思的同期著作中未找到对应句子,不过此句的意思与后来《关于费尔巴哈的提纲》中的名言"人的本质不是单个人所固有的抽象物,在其现实性上,它是一切社会关系的总和。"(《马克思恩格斯文集》第一卷,前引,第 501 页) 相通。——译注

② 参见马克思,《神圣家庭,或对批判的批判所做的批判》,《马克思恩格斯文集》第一卷,前引,第 261 页。——译注

——人的本质与其存在的无人性的矛盾。

革命是这种矛盾的必然后果。正是在无产阶级那里，人的本质达到了其异化的顶点。革命的，是因为**这个矛盾从本体论上来说与人的本质不相容。人的本质的不可异化性与它的异化之间的矛盾**，革命只不过是它的现象。无产阶级的作用只有在这种哲学前景中才能被理解。

这就使我们能理解马克思在那个时期的立场的另一个方面：哲学的作用。"这个解放的头脑是哲学，它的心脏是无产阶级。哲学不消灭无产阶级，就不能成为现实；无产阶级不把哲学变成现实，就不可能消灭自身。"①人的本质＝哲学反思的对象和无产阶级的存在。

因此，在这个时期，仍然是历史哲学，其基础是关于人的本质的哲学观念。

→难题＝对马克思所形成的关于人的哲学观念的历史澄清。这正是1844年以后所发生的事情：两种经验：

(1) 马克思对英国经济学家们有了清醒的认识。

(2) 对当时存在于法国和英国的社会主义运动有了清醒的认识。这个运动因马克思的活动而在共产主义组织方面得到了发展。

---

①同上，第107页。（参见《马克思恩格斯文集》第一卷，前引，第18页。——译注）

C. 对马克思的决定性观念的方法论思考①

马克思的抱负是为一种**科学的历史理论**奠定基础,这就意味着:

(1)拒绝一切古典意义上的历史哲学;

(2)科学的辩护,为马克思主义理论的科学性辩护。

1. 对历史哲学的拒绝

参考马克思《政治经济学批判》第 8 页②:"当 1845 年春他[恩格斯]也住在布鲁塞尔时,我们决定共同阐明我们的见解与德国哲学的意识形态的见解的对立,**实际上是把我们从前的哲学信仰清算一下**。"③

清算历史哲学=清算历史上的哲学家。上面所说的哲学包括什么呢?

---

①这一节的文本根据阿尔都塞的打字稿编辑而成,编号是我们自己加上去的。原标题为"关于马克思主义历史理论的笔记",它的第一页上有手写的"课程 50−58?"的印迹。因为没有太多发挥,听课者的笔记和这个打字稿的内容非常相近。

②阿尔都塞引用的马克思的这段文本的翻译来自劳拉·拉法格(Laura Lafargue),《〈政治经济学批判〉导言》(*Contribution à la critique de l'économie politique*),第五卷,Giard 和 E. Brière 出版社,1909 年。为了省略,阿尔都塞的打字稿中通常将《政治经济学批判》称为"Criteco"。(参见《〈政治经济学批判〉序言》,《马克思恩格斯全集》第三十一卷,人民出版社,1998 年,第 413−414 页。——译注)

③译文经过阿尔都塞的修改。在拉法格的译本中,这个句子的结尾是:"实际上是把我们从前的哲学信仰衡量一下"。

(a)如果我们细数一下我们曾经仔细考察过的那些不同的历史哲学(博絮埃、孔多塞、卢梭、黑格尔等),我们会发现,它们都由两种要素所规定:

——一种是**历史的**要素(材料,历史的内容);

——一种是**超历史的**要素:上帝的计划、神意的目的、历史的目的。这种要素把**它的意义赋予历史**,赋予给历史本身记载的经验内容。

由此产生了那些历史哲学的内在悖论和矛盾:它们的对象和内容是历史材料本身,但只有通过走出历史,才可能理解这种历史材料。也就是说,历史不为它**本身所理解**:nota per se①。

历史判断的尺度**来自于历史之外**。②

外来的尺度这个原则与**历史的实际**内容发生了矛盾。为什么这个目的要采取这样的形式呢?(通往历史的"道路"。参考《哲学的贫困》,第 132 -133 页③)

(b)然而,这个尺度,这种真理,这种超历史的意义,如果我们考察它们的内容,就会发现,它们深深地与历史联系在一起:历史的神圣意义(或超验意义)永远都是人对历史作出的某种判断的表达。正如黑格尔深刻地注意到的那样,反思的历史的判断

---

①拉丁文,意为"通过自己而知道"。——译注

②参考一下阿尔都塞致让·拉克鲁瓦(Jean Lacroix)的长信(1950—1951),将会很有帮助。《哲学与政治文集》(*Écrit philosophiques et politiques*),前引,第一卷,第 277 -315 页。

③阿尔都塞引用的《哲学的贫困》(*Misère de la philosophie*)由 Costes 出版社出版。

原则所反射的,无非是它自己的意识和它自己的目的(或它的时代的意识和目的)。也就是说,历史哲学用以对历史作出判断的超验的尺度本身就是历史的一个要素、一个事件和一种事实——而它的内容无非是对于历史的当前意识(或关于当前的意识)。

因此,主观的或回溯的**幻想**是历史哲学所固有的东西。

历史哲学的哲学缺陷,在于历史哲学把**自己现在的意识**作为判断历史的超验尺度。

参考马克思《哲学著作集》第六卷①,第186–187页:

"历史〈在此前的历史观中〉总是遵照在它之外的某种尺度来编写的……而且在②每次描述某一历史时代的时候,它都不得不**赞同这一时代的幻想**。例如,某一时代想象自己是由纯粹'政治的'或'宗教的'动因所决定的——尽管'宗教'和'政治'③只是时代的现实动因的形式——,那么它的历史编纂学家就会接受这个意见。"(第187页)④

这种观念最彻底的形式,是明确地把历史的**目的**呈现为与历史学家当前的意识内容相重合。

例子,整个18世纪的意识形态……黑格尔:**历史是理性的显灵**,**神正论**。

历史的目的 = 启蒙的生产 = 获得对"理性""自由"等的自我意识,这就是说,构成哲学(这里是启蒙哲学 = 自由理性主义的各

---

① 这里涉及的是《德意志意识形态》。
② 正如打字稿所示,是"pour"(在)而不是"par"(被)。
③ 在打字稿中,没有"'宗教'或'政治'"几个字。
④ 参见《马克思恩格斯文集》第一卷,前引,第545–546页。——译注

种要求)的意识内容的要素就是历史的目的,也就是说,整个的历史都是**为了**这个目的而被生产出来的。

这是将一个时代对自己的幻想当作是历史的原因,并将这种幻想描绘为历史的目的。

参考马克思《哲学著作集》,第六卷①,第 199 页:

"在日常生活中任何一个小店主都能精明地判别某人的假貌和真相,然而我们的历史编纂学却还没有获得这种平凡的认识,不论每一时代关于自己说了些什么和想象了些什么,它都一概相信。"②

因此

　　　　(c)**消灭历史哲学**,就不是把它当作幻想和神话来消灭。而是将历史哲学强加给历史的**尺度**,还给历史本身。就是承认那种尺度本身的历史性和历史意义。消灭历史哲学,不是用另一种其原理与它的原理相反的哲学理论来代替它,而是将历史哲学带回并归还给历史本身。就是将一个时代的意识归还给那个时代,并通过那个时代自己去理解它。

因此,这强行颠覆了**整个古典历史哲学**。这是走上一条**关于历史的各种观念的理论道路**。因此,这同时就是要摆脱当前意识内容的控制。也就是说,创造一门历史科学(1)来解释关于历史的各种哲学观念,(2)同时不将科学家的意识提交给由他的时代的历史内容支配的意识来仲裁。

因此,这就是超越历史相对主义,并找到一个阿基米德式的**坚实的支点**,使得建立一门关于历史的科学成为可能(也就是说,

---

①还是涉及《德意志意识形态》。
②参见《马克思恩格斯文集》第一卷,前引,第 555 页。——译注

在**历史的内容**中抵达历史判断的客观性的基础)。

2. 为马克思主义理论的科学性辩护

事实上,承认有必要将历史哲学的内容(即各种意识形态)提交给历史科学的法庭来裁判,还远远不够。**这门科学必须作为科学而存在**。也就是说,它必须满足**科学性**的全部条件。

(a)马克思主义(历史唯物主义)并不是一种**绝对的知识**,而是一门**开放的科学**,它像其他科学一样,自我建立并自我发展。

参考列宁《什么是"人民之友"》①:

"社会学中这种唯物主义思想本身已经是天才的思想。当然,这在那时暂且还只是一个假设,但是,是一个第一次使人们有可能以严格的科学态度对待历史问题和社会问题的假设……"(第91页)②

"马克思在**40 年代提出这个假设后**,就着手实际地(**请注意这点**)研究材料。他从各个社会经济形态中取出一个形态(即商品经济体系)加以研究,并根据大量材料(他花了不下 25 年的工夫来研究这些材料)对这个形态的活动规律和发展规律作了极其详尽的分析……"(第 93 页)③

"……《资本论》不是别的,正是'把堆积如山的实际材料总

---

①《什么是"人民之友"》("Ce que sont les Amis du Peuple"),收入两卷本《列宁选集》(*Œuvres choisies*),莫斯科版(Moscou),第一卷。
②参见《列宁选集》第一卷,人民出版社,1995 年,第 7 页。——译注
③同上,第 9 页。——译注

结为几点概括性的、彼此紧相联系的思想'……现在〈1905 年〉,自从《资本论》问世以来,唯物主义历史观已经不是假设,而是科学地证明了的原理。在我们还没有看见另一种科学地解释某种社会形态(正是社会形态,而不是什么国家或民族甚至阶级等等的生活方式)的活动和发展的尝试以前,没有看见另一种像唯物主义那样能把'有关事实'整理得井然有序,能对某一社会形态作出严格的科学解释并给以生动描绘的尝试以前,唯物主义历史观始终是社会科学的同义词……"(第 94 页)①

〈为了反驳米海洛夫斯基宣布马克思企求说明"人类的全部(原文如此!!?)过去",列宁说〉:

"这完全是捏造!这个理论所企求的只是说明资本主义一种社会组织,而不是任何别种社会组织。既然运用唯物主义去分析和说明一种社会形态就取得了这样辉煌的成果,那么,十分自然,历史唯物主义已不再是什么假设,而是经过科学检验的理论了;十分自然,这种方法也必然适用于其余各种社会形态……

……种变说所企求的完全不是说明'全部'物种形成史,而只是把这种说明的方法提到科学的高度。同样,历史唯物主义也从来没有企求说明一切,而只企求指出'唯一科学的'(用马克思在《资本论》中的话来说)说明历史的方法。根据这一点可以判断,米海洛夫斯基先生所采用的是多么机智、多么郑重、多么体面的论战手法,他首先歪曲马克思,把一些妄诞的企求强加给历史唯物主义,说它企求'说明一切',企求找到'打开一切历史门户的钥

---

①同上,第 9-10 页。——译注

匙'(这种企求当然立即遭到马克思极其辛辣的反驳,见马克思为答复米海洛夫斯基的文章而写的'信'……"(第97-98页)①

一方面,历史学家面对**大量的事实**(历史材料)。

历史唯物主义不企求建立关于那些事实的**绝对知识**(一次性说明一切),但它企求通过提出一种**一般理论**,使得对那些事实的**发展的认识**(对现存事物肯定的认识)成为可能。

这样一来,历史唯物主义就像**其他自然科学**一样向前发展,后者也只有在一种抽象理论的帮助下才能建立起来,因为那种抽象理论使得对**大量凭经验观察到的事物**的认识得以可能。

(参考物理学:数学理论;生物学:进化理论,等等)

而同样,**正如在其他科学中一样**,并不是那个抽象的理论的特殊效能,并不是它的内在有效性,而是**它的科学检验**,证明它的**科学有效性**。

所以,在历史学中,正如在其他科学中一样,**一般理论**首先是一种假设,要变成一种**科学真理**,还必须接受**检验**。

(b)但这又是什么意义上的**检验**呢?

正如在一切科学中一样,对一种假设或抽象理论的**检验**,包含两种意思:

  (1)**科学内部的检验**:假设通过它使得大量事实变得可理解而得到检验。参考列宁,使大量的事实"得到说明……整理得井然有序……"

  (2)但这种内部的检验(内部的融洽和一致)还不

---

①同上,第13-14页。——译注

足以使一种科学理论有效。这种检验本身服从于外部的**另一种标准**：即科学实践(或科学实验)的标准。

一种理论的科学有效性直接(物理学)或间接(数学)地以**实践的检验为基础**。

在历史学这门经验的科学中也完全一样。参考马克思《哲学著作集》第六卷，第168页：唯物主义的历史学不可能产生于德国："因为在德国缺少感性范畴"①，并且"**而在莱茵河彼岸之所以不可能有关于这类事情的任何经验，是因为那里再没有什么历史**"②。

同样，列宁，《唯物主义与经验批判主义》③第123页："**实践标准即一切资本主义国家近几十年来的发展进程所证明为客观真理的，是马克思的整个社会经济理论，而不是其中的某一部分、某一表述等等……**"④

参考斯大林：**理论**是"概括起来的工人运动的革命经验"⑤。

最重要的是严肃地把这个要求当作**根本**的要求来对待：用实

---

①这段话可能是阿尔都塞自己翻译的。他所参考的科斯特版中有"感性确定性"，但没有"感性范畴"这些词(见下一条注释。——译注)。

②参见《马克思恩格斯文集》第一卷，前引，第533页："但是，这样的历史在德国是写不出来的，这也是很明显的，因为对于德国人来说，要做到这一点不仅缺乏理解能力和材料，而且还缺乏'感性确定性'；而在莱茵河彼岸之所以不可能有关于这类事情的任何经验，是因为那里再没有什么历史。"注意，这里"经验"与上文中的"实验"是同一个词"expérience"。——译注

③引用的是莫斯科版。

④参见《列宁选集》第二卷，前引，第103页。——译注

⑤参见斯大林，《论列宁主义基础》，《斯大林选集》上卷，人民出版社，1979年，第199页："理论是概括起来的各国工人运动的经验。"——译注

践来检验各种理论,以理解历史的科学性——并且总的来说,理解由各人文科学提出来的诸多认识论难题中的一个。

结论:

(1)大多数历史学家、历史哲学家在这方面所处的**条件**,与一切科学的真正条件完全不同,这是一个事实:因为他们(从劳动分工上说)既不**受**他们的条件的**限制**,也不用**担心**用实验检验的标准来衡量他们的理论。历史学家或历史哲学家通常来说是一个知识分子,一个孤独的思考者,他所企求的仅仅只是发展出一套能符合可理解性和一致性这种**内在**标准的一般理论,但并不寻求有效的实践标准。**他解释现实**,而不必给现实"**什么交代**"①。但对一种理论的有效性作出判断的,正是这种有效的对照。例如:启蒙哲学的意识形态,卢梭的和法国大革命的意识形态;事实是,众多的百科全书派成员最终都成为**吉伦特派**。由法国大革命的实验在他们的意识形态中引起的选择=因此人类解放和知性改进的理想,带来了纳税选举制、谢普利法、《民法典》,也就是说,带来了资产阶级在政治上和经济上的统治,即经济上的剥削和政治上的控制。正是这种实验,这种理论与现实之间在**实践上的对照**,揭示了理论的价值,并向我们证明:并不是那些观念创造了历史,而历史也不是为"理性"或者"自由"的统治服务。同样,巴黎公社(la Commune)和德国社会民主党的实验,也在实践上证明了恩格斯理论的错误,他认为无产阶级有可能在资产阶级民主国家的框架内夺取政权,等等。

---

①原文"Il rend compte de la réalité sans lui «rendre des comptes»."这里阿尔都塞借由"compte"单复数的不同而造成的意义差异玩了一个文字游戏:"rendre compte"意为"解释","rendre des comptes"意为"向……交代"。——译注

然而,有人会说,就算历史哲学或古典历史学家不想解释现实,现实自己也会对理论的价值作出判断。另一方面,掌握了政权的政治人物也运用一些理论并对它们进行检验,进行修正:他**们这些人也处于科学实践的环境中**。确实如此,但如果说他们必然要处于这种环境中的话,他们却拒绝利用这种环境,因为他们的目标不是真理,而是他们的利益(参考霍布斯),因为他们的目标不是去检验某种理论,而是**实现他们的目的**。

因此,我们看到,某种理论的**科学有效性的标准**若要得到遵从,**仅仅**满足以下条件之一还不够:

(a)**这种理论是严密的**;

(b)**这种理论处于迫使它必须通过实践检验自己的环境中**。

还必须同时要求:

(a)这种理论的内部严密性;

(b)检验这种理论的条件;

(c)这种检验的**科学的条件**(也就是说,能有效地从实践中汲取实践的教训,也就是说,在"利益和真理"之间不存在冲突)。

(最后一个条件说明了马克思主义有可能由资产阶级知识分子创造出来——它还说明,从总体上来说,只有无产阶级能避免真理与利益之间的冲突。)

(2)另一个重要结论:如果这种历史理论的命运在这种实验的检验中上演,那么这种检验就是**当前的**(*actuelle*),因而科学解释的重心就转移了。在各种古典的历史哲学理论中,要解释的**是过去**;对于历史哲学和古典历史学家来说,过去就是历史的要素本身,以至于,比如在一些现代教科书和课程中,历史的现在到20世纪50年代就停止了(Wesen ist was gewesen ist①);但马克思主义的历史理论指出,历史理论的命运实际上在**现在**上演,在**现在的实践和现在的历史行动**中上演,而在**对过去的认识进行检验**时,这种现在的实践起着生死攸关的作用。在历史学中,正如在各自然科学中一样:在各自然科学中,正是那些从最当前的难题出发的最先进的理论,照亮了那些众所周知的事实和那些先前的理论,使得它们各安其位,并每一次都更深入地解释了它们(参考物理学)。同理,在历史学中产生了同样的循环现象——即过去的教诲与现在的理论进步之间的循环。在实践中检验了的现在的理论,反过来通过自己照亮了过去。

参考马克思《政治经济学批判》第342页②:

"人体解剖对于猴体解剖是一把钥匙。反过来说,低等动物身上表露的高等动物的征兆,只有在高等动物本身已被认识之后才能理解。因此,资产阶级经济为古代经济等等提供了钥匙。但是,绝不是像那些抹杀一切历史差别、把一切社会形式都看成资产阶级社会形式的经济学家所理解的那样。人们认识了地租,就能理解代役租、什一税等。但是不应当把它们等同起来。"

如果我们不仅考虑在现在所获得的理论后果,还尤其考虑它在历史的实践本身中的发展,那么,马克思的这个总指示,将会闪耀出更灿烂的光芒。例如:现代阶级斗争的经验,已经深入照亮

---

① 德文,意为"本质就是已经发生过的事情"。——译注
② 参见《马克思恩格斯全集》第三十卷,人民出版社,1995年,第47页。——译注

了过去的历史,并深化了人们对它的认识。例如法国大革命中阶级斗争的经验:资产阶级与平民的关系的难题,"第四等级"的性质的难题,革命过程中平均主义改革的过激企图失败的难题(最高限价法令①),吉伦特派的叛变的难题,等等。同样的现实难题及其解决办法,也一样给 18 世纪各种意识形态的性质和它们的阶级内容等等,投上了一束全新的亮光。对于科学的历史学来说,"过去"不再仅仅是通过它独一无二的现实性对"现在"作出解释,因为它已经被历史固定并被转变成**本质**了;对科学的历史学来说,"过去"必须通过**参与到现在的历史实践中去的理论**在当前的进步,被越来越深入地理解。

(伴随这一点而来的是另一个重要结论:那就是,一般理论本身也在生成之中,它在某些方面会改变:参考列宁和不平衡发展、列宁和苏维埃、斯大林和民族及殖民地的难题,等等)。

(3)其他结论:关于历史的科学之所以如此彻底地卷入到了历史的当前实践中去,是因为它不仅关系到直接的现在,还关系到从现在中诞生的**未来**本身。在这里,历史的科学身份还与诸自然科学的科学身份相似:那些自然科学都以发现自然规律为目的,但这种目的嵌入到作为那些规律的起源和要素的更普遍的实践中:嵌入到改造自然、嵌入到人对自然所展开的行动中。同样,历史科学也嵌入到人对他们自己的历史所展开的行动中。所以,关于历史的科学,当一丝不苟地仔细考察它时,它**实际上**与对历史的改造——

---

①"最高限价法令"(loi du maximum),国民公会 1793 年 5 月 4 日颁布的法令,法国大革命期间实行,意在设定价格限制、判定价格欺诈、保证食品流通。——译注

在历史本身中进行的改造——紧密联系在一起。如果历史科学要彻底接受自己的条件,它就必须如它自己所是地去思考,思考它的现实性和它的实际意义,并承认,它在本质上不是一门冥想的科学,面向着过去的本质;而是一门行动的科学,面向着未来。所有的历史经验实际上都是对历史内容的一种改变,所有从那种经验中得来的理论都是一种通过它自己的生成而改造历史的理论。所以,我们或许可以悖论地说,关于历史的科学,像触及过去一样地触及到了未来——这使我们可以理解斯大林那悖论式的说法:

"马克思主义是关于社会主义**建设**的科学……"①

这种说法不表达任何其他意思,它无非是对历史科学的真实条件和它的实际身份的明确的理论承认。不应当把对历史的改造理解为是一种任意的改造,理解为是给现实强行带来一种与其内在的发展相反的发展。当马克思说迄今为止的一切哲学家都只满足于对世界进行沉思冥想和解释,但是必须改变世界时,马克思的意思并不是说这种改造可以成为政令(décret),可以对历史的运动本身漠不关心。历史科学之所以能成为建设未来和改造历史的科学,只是因为历史本身是对自己的改造。只有当那种在历史中实现的改造与历史的改造的一般意义相吻合,与它未来的法则相吻合时,历史才能成为科学。正是从这点出发,我们才能理解马克思的两种表面上相矛盾的说法:

(a)仅仅解释世界是不够的,还必须改变世界。

---

①斯大林实际说的是"马克思主义是……关于共产主义社会建设的科学",见《联共(布)党史简明教程》,《斯大林选集》下卷,人民出版社,1979年,第615页。——译注

(b)人的历史行动永远只能加快历史的运动并加速历史的分娩,促进它的改变,但那种运动和改变由不以人的意志为转移的规律所支配(斯大林在《社会主义经济问题:与雅罗申科商榷》①中重新抓住了这个主题)。

正是最后提到的那些关于历史未来的内在客观规律,赋予了对历史开展的科学行动和对历史的改造以意义。也正是它,为历史作为科学的主张确定了界限:作为科学的历史,是对本身以历史实践为指归的实践的反思,它嵌入到历史的运动当中,也就是说,嵌入到一个进程、一种现实当中,这个进程和现实比它更为深广,更为丰富多彩——历史②的任务就是从这里产生的,就像一切科学的任务一样,历史的任务是就不断深化自己的理论,以适应一种永远走在它前面并永远超出它的无穷无尽的现实。

3. 历史唯物主义的理论原理

到目前为此,我们已经对历史科学的一般条件进行了规定。接下来要思考的是,那些条件如何在历史唯物主义的理论原理中得到表现。这个要求是根本性的,因为这一次它涉及历史科学的对象的独特性。

事实上,一门科学作为科学而存在,不仅是因为它拥有真正

---

①《社会主义经济问题:与雅罗申科商榷》(*Problèmes économiques du socialisme. Discussion avec Iarochenko*),即《苏联社会主义经济问题》,参见《斯大林选集》下卷,前引第 539 - 612 页。——译注

②这里的"历史"既不是经验存在的过去的历史,也不是记录下来的历史,而是阿尔都塞特指的由马克思开辟了新大陆的历史科学。——译注

的科学存在的条件和方法(理论—实践),还因为它处理的是**一个被科学地定义了的对象**。对一门科学的对象的定义,是与其理论方法及其操作条件密不可分的。

然而,最重要的是必须对历史科学的对象进行定义,以解决一切**古典历史哲学**理论都由以失败的根本性难题:即如何找到一片**客观性的地基**,使得历史科学可以打破历史主义[原文如此]的循环,使得历史科学可以达到一种科学的客观性,从而不再陷入历史的相对性,不再陷入无穷无尽的历史怀疑主义?正是这种循环构成了理论的弱点,造成了各种哲学的矛盾,比如 Aufklärung① 哲学的矛盾和黑格尔哲学的矛盾。参考爱尔维修:精神是时代的产物,所以历史学家、历史真理也都是时代的产物;不同的时代,不同的真理——古典哲学只有通过求助于某种超验的标准,或通过绝对真理与时代真理之间的奇迹般的巧合,才能摆脱这种循环。正是这种循环激发了对科学的客观性的批判,参考索莱尔、波格丹诺夫及其后的雷蒙·阿隆②。庸俗的主观主义批评所提出的正是同样的难题,它们把

---

①德文,意为"启蒙""启蒙运动"。——译注

②参考路易·阿尔都塞,《论历史的客观性:致保罗·利科》(« Sur l'objectivité de l'Histoire. Lettre à Paul Ricœur »),载《哲学教育评论》(Revue de l'enseignement philosophique),1955 年 4 月—5 月号,收入《马基雅维利的孤独及其他》(Solitude de Machiavel et Autres Textes),法国大学出版社,1998 年。这篇文章是就利科在一次研讨会上所捍卫的一些论点进行商榷的文章[利科的文章《历史中的客观性与主观性》(« Objectivité et subjectivité en histoire »),载《哲学教育评论》,1953 年 6 月—9 月号],这篇文章本身还包含了对雷蒙·阿隆的《历史哲学导论》[Introduction à la philosophie de l'histoire,Gallimard 出版社,1948 年]一书的批评。

历史构想为独一无二的个别事件发生的场所；那些事件人们永远不会看到两次，这证明了一切 Einfühlung① 论的合法性（历史是对独一无二事件的主观恢复）。再者，这个难题并不仅仅是从外部向马克思主义提出来的：它是从内部向马克思主义提出来的，是由我们曾称之为科学的科学性条件本身提出来的。对此，我们可以明确表达如下：要想让历史通过它的经验的**当前的辩证法**回到它自己的过去从而照亮自己；要想让自身中孕育着"未来"的"现在"和行动能够有助于建立一种通过自己而照亮过去的科学理论；就必须在"过去"和历史的"当前性"之间存在一种深层的、共同的联系，即摆脱了现在的相对主义的绝对客观的有效普遍性。在对反思的历史进行批判时，在他的"Erinnerung② 论"中（"过去"是"现在"，因为"过去"被保存在"现在"的内在性中），黑格尔早就清楚地注意到了这个难题。但他把历史进程的这种内容丰富的共同性，构想为精神的内在性，即通过引入一个空洞的哲学概念而不是一个科学概念，来解决这个难题。

马克思主义通过一种关于历史判断的理论来解决这个生死攸关的难题。这种理论从根本上重新抓住了《真空论》③ 片段中帕斯卡尔的直觉（尽管在帕斯卡尔和马克思之间并不存在传承关系）。正是这种直觉，使帕斯卡尔在谈到古人时能够写道："我们

---

① 德文，意为"移情"。——译注

② 德文，意为"回忆"。——译注

③ 《〈真空论〉序》（*Préface pour le Traité du Vide*），收入帕斯卡尔，《著作全集》（*Œuvres complètes*），Gallimard 出版社，"七星文库"（Bibliothèque de la Pléiade），1954 年，第 535 页。

能保证与他们所说的相反的东西而不与他们构成矛盾。"①那是一种深刻的直觉:历史中的真理不是来自历史的某个要素和外在于历史的某个标准之间的关系,也不是来自那个要素和外在于包含着那个历史要素的历史时代的某个标准的关系,而是来自**那个历史要素与它的存在条件**的关系:因此,古代天文学的知识在以下程度上是绝对正确的,即它们既不是与某种超验的真理,也不是与某种外面的真理联系在一起,而是与那些古人用以处理他们的"经验"的方法联系在一起的,简言之,是与那些真理的存在条件联系在一起的。但是,那些真理的存在条件是一些客观经验的、绝对单义的规定性,它们并不会给历史相对主义以口实(古人用的是肉眼,17世纪天文学家用的是望远镜)。然而,帕斯卡尔通过提出这个原理,解决的只是通过他的原理作出历史判断的难题:他出色地证明了历史判断只有建立在历史的某个要素的存在条件的基础上才站得住脚,但他还是给某种经验论的相对主义留了一条后路。确实,难道人们不能让**历史真理的形形色色的存在条件**相互对立,并同样得出结论说,它不是历史中的绝对参照,因为那些存在条件本身也处于生成之中,而它们的生成会以任意的方式使它们变化多端。现代历史编纂学的整个分支就是追随着这条道路的:在帕斯卡尔的意义上,人们或许可以设想一种肉眼的文明,一种天文望远镜的文明。今天人们会读到那些关于水稻的文明、竹子的文明、电的文明等著作(整个人类地理学在总体上都从这个原理中得到启发)。确实,这种观念在反驳相对主义和历

---

① 参见《帕斯卡尔(文选)》,前引,第29页。译文有修改,另参见本书第31页译注。——译注

史主义的最后论据时,对那些存在条件**转变过程的客观方式**缺乏说明。必须从客观性的角度来说明一定的存在条件向另一种存在条件的"过渡的必然性"(黑格尔)。换言之,必须不仅仅分析出那种关系,还要分析出**历史真理的存在条件发生转变的客观的动力学规律**。也就是说,在历史中分析出能对作为生成的历史的动力学作出解释的某种恒定关系。为了建立一门历史科学,必须在历史本身中分析出使得科学得以成立的东西:即**普遍性**(亚里士多德)、**"恒定性"**(胡塞尔)。然而,在历史内容的无限多样性和表面独特性中,哪里找得到这种恒定性呢?

历史唯物主义的"假设"要回应的就是这个难题。为了更好地理解它的意义,必须提醒大家注意,整个古典历史哲学,除了卢梭之外,都只不过成功地让历史存在的两个领域变得显而易见了而已。大体说来,就是**社会条件**的领域(例如:孟德斯鸠那里的政体、爱尔维修那里的政治、黑格尔那里的市民社会)和**意识形态**的领域(精神、风俗、道德、宗教、哲学)。当古典哲学**把这两个领域联系起来**,并将历史的发展思考为是**这种恒定的关系的结果**时,它的分析就到达终点。但特别值得注意的是,那种关系几乎仅仅表达了意识形态对社会条件的决定性作用(参考 Aufklärung① 和黑格尔)。爱尔维修在这方面无疑是唯一这样一位古典思想家,他通过他关于一个时代的精神受到其社会和政治条件的绝对制约的理论,通过关于"公共利益"的生成理论的纲要,预感到,为了解释那种关系本身,必须向一种更深刻的词语求助,但他仅仅是预感到了这种要求。是卢梭在他的《第二篇论文》中,通过指出社

---

①德文,意为"启蒙""启蒙运动"。——译注

会条件(也就是说,人与人之间的关系)取决于经济条件(也就是说人与自然的关系),而将上述要求表达了出来。但他没有创造出关于那种关系的一般理论,当然也没有发展出自己的科学理论。

马克思重新抓住的正是这种灵感。参考《政治经济学批判》第4—6页①:"我的研究得出这样一个结果:法的关系正像国家的形式一样,既不能从它们本身来理解,也不能从所谓人类精神的一般发展来理解,相反,它们根源于物质的存在条件,这种物质的存在条件,黑格尔按照18世纪的英国人和法国人的先例,概括为'市民社会',而**对市民社会的解剖应该到政治经济学中去寻求**……我所得到的、并且一经得到就**用于指导我的研究工作**的总的结果,可以简要地表述如下:人们在自己生活的社会生产中发生一定的、必然的、不以他们的意志为转移的关系,即**同他们的物质生产力的一定发展阶段相适合的生产关系**。这些生产关系的总和构成社会的经济结构,即有法律的和政治的上层建筑竖立其上并有**一定的社会意识形式**与之相适应的现实基础。物质生活的生产方式制约着整个社会生活、政治生活和精神生活的过程。**不是人们的意识决定人们的存在,相反,是人们的社会存在决定人们的意识**。社会的物质生产力发展到一定阶段,**便同它们一直在其中运动的现存生产关系或财产关系(这只是生产关系的法律用语)发生矛盾**。于是这些关系便由生产力的发展形式变成生产力的桎梏。那时社会革命的时代就到来了。**随着经济基础的变**

---

① 1978年,阿尔都塞以一种相当严格的方式,长时间地重新思考了这个段落。参考《局限中的马克思》(*Marx dans ses limites*),收入《哲学与政治文集》(*Écrit philosophique et politique*),前引,第一卷,第409—416页。

更,全部庞大的上层建筑也或慢或快地发生变革。在考察这些变革时,必须时刻把下面两者区别开来:一种是生产的经济条件方面所发生的物质的、可以用自然科学的精确性指明的变革,**一种是人们借以意识到这个冲突并力求把它克服的那些法律的、政治的、宗教的、艺术的或哲学的,简言之,意识形态的形式**。我们判断一个人不能以他对自己的看法为根据,同样,我们判断这样一个变革时代也不能以它的意识为根据;相反,这个意识必须从物质生活的矛盾中,从社会生产力和生产关系之间的现存冲突中去解释。"①

因此,一切社会中的三个根本性要素,马克思在《德意志意识形态》,《哲学著作集》第六卷,第 171 页称之为:

历史的"三个因素即生产力、社会状况和意识"②。

同时参考斯大林:《论辩证唯物主义和历史唯物主义》和《马克思主义和语言学问题》。

(a) 生产力

参考《哲学著作集》第六卷,第 165 页:"人们为了能够'创造历史',必须能够生活。"③

---

①参见《〈政治经济学批判〉序言》,《马克思恩格斯全集》第三十一卷,前引,第 412-413 页。为照顾阿尔都塞所引法文原文的不同和术语在上下文中的统一,引文中的"相反,它们根源于物质的生活关系,这种物质的生活关系的总和……"修改为"相反,它们根源于物质的存在条件,这种物质的存在条件……"——译注

②参见《马克思恩格斯文集》第一卷,前引,第 535 页。——译注

③同上,第 531 页。——译注

第165页:"……生产物质生活本身……人们从几千年前直到今天单是为了维持生活就必须每日每时从事的历史活动,是一切历史的基本条件。"①

不过,人们在历史中**以不同的方式生产他们的生活资料**。**"生产方式"在历史中发生了变化**。换句话说,**人对自然采取的行为方式发生了变化**——这是因为**生产力的发展程度**发生了变化。

生产力 =(斯大林)

——**生产工具**(人、动物的自然力、蒸汽、电、原子 + 各种工具、机器……)

—— +**运用那些工具的人**

—— +**生产经验**

—— +**劳动熟练程度**

"生产力……所表现的是人们同那些用来生产物质资料的自然对象和力量的关系。"②

(b)**生产关系**(下层建筑③)

---

① 同上,第531页。——译注

② 参见《论辩证唯物主义和历史唯物主义》,《斯大林选集》下卷,前引,第442页。——译注

③ "infrastructure"和"superstructure",通译为"基础"和"上层建筑",但为了与"base"(基础)相区分,也为了突出这个对子的"隐喻的""描述性的特征",我们把这两个词全部译为"下层建筑/上层建筑",相应地,后文中的"infra-politique"也译为"下层政治"。——译注

"人们在生产过程中的互相关系。"(斯大林①,第 142 页)

参考马克思《雇佣劳动与资本》:

"人们在生产中不仅仅影响自然界,而且也互相影响。他们只有以一定的方式共同活动和互相交换其活动,才能进行生产。为了进行生产,人们相互之间便发生一定的联系和关系;只有在这些社会联系和社会关系的范围内,才会有他们对自然界的影响,才会有生产。"②

"这些生产关系的总和构成社会的经济结构……现实基础",《政治经济学批判》第 5 页③。

生产关系、"经济关系"——**社会的经济结构**,生产和分配的经济形式(例如:奴隶社会、封建社会、资产阶级社会的经济结构)。

"它们**一直在其中运动的**现存生产关系或**财产关系**(这只是生产关系的法律用语)",参考马克思《政治经济学批判》,第 5 页④。

各社会阶级表现了在经济关系的框架内,即在生产资料所有制的关系的框架内人们的社会分布。

例如:奴隶制　　　斯大林　　第 148 页

---

①《论辩证唯物主义和历史唯物主义》(Matérialisme historique et Matérialisme dialectique),社会出版社(Éditions sociales)(参见《论辩证唯物主义和历史唯物主义》,《斯大林选集》下卷,前引,第 442 页。——译注)。

②参见《马克思恩格斯文集》第一卷,前引,第 724 页。——译注

③参见《〈政治经济学批判〉序言》,《马克思恩格斯全集》第三十一卷,前引,第 412-413 页。——译注

④同上。——译注

封建制　　　　—　　　　第 148 页
资本主义　　　—　　　　第 148 页

（c）上层建筑

参考《政治经济学批判》，第 5 页。

当人们仔细考察**历史上一定的社会**时，就好像是在面对由许多不可分的要素组成的一个总体，一个深层次的统一体。

例如：生产力——生产关系

事实上，这不是 $\begin{cases} 发生论力学 \\ 理想类型理论 \end{cases}$

而是关于发展的功能理论。

例如：**生产关系**：并非机械地是生产力发展程度的产物（这可能使马克思相信："**手推磨产生的是封建主的社会，蒸汽磨产生的是工业资本家的社会**"，《哲学的贫困》①）。

它们具有**一种意义**，在**生产力**发展过程中起一种作用。它们的作用类似于生物学中的形式的作用：它既是生物进化的**产物**，同时又是生物进化的**条件**。

例如：**资本主义的生产关系**（生产自由、劳动自由、生产资料私人所有制、雇佣劳动、资产阶级和无产阶级）代表了**一种形式**，（**工业**）生产力的发展在这种形式下从某个阶段开始发挥作用了：在此之前，工业生产力已经成为生产力发展和那种作用要求的**产物**，但为的是使生产力能够发挥作用和得到发展——由此产生了

---

① 参见《马克思恩格斯文集》第一卷，前引，第 602 页。——译注

马克思的表达:"**生产关系是那些……生产力的发展形式**"①。

所以生产关系是服务于那些生产力的,所以它们代表了生产力得以发展和**发挥作用的条件**;所以,**生产力生产了它们自己得以发展的条件**(同样,在生物学中,某种生物的形式也代表了进化在形式上的条件②)。

这就是生产关系的**功能性质**,它使得我们可以理解一定社会条件向另一种不同的社会条件的"过渡的必然性",也就是说,理解那些**革命**。

参考马克思《政治经济学批判》第 5 页:

"这些关系便由生产力的发展形式变成生产力的桎梏。那时社会革命的时代就到来了。"③

因此,是生产力与生产关系的矛盾,也就是说,是发展了的生产力与这些生产力发挥作用的条件(落后于生产力发展的那些条件)之间的矛盾,解释了**社会革命**,并解释了《共产党宣言》中的说法:历史是**阶级斗争的历史**,因为生产力和生产关系之间的矛盾,在各阶级之间生产关系的层次上得到反响,并在那个层次上发挥作用、得到解决。各阶级根据利益的不同,或与新的生产力站在一边,或与旧的生产关系站在一边。

---

① 参见《〈政治经济学批判〉序言》,《马克思恩格斯全集》第三十一卷,前引,第 412-413 页,马克思的原文是:"……社会的物质生产力发展到一定阶段,**便同它们一直在其中运动的现存生产关系或财产关系(这只是生产关系的法律用语)发生矛盾**。于是这些关系便由生产力的发展形式变成生产力的桎梏。那时社会革命的时代就到来了。"——译注

② 在打字稿中,最后一个词与括号之间有一大段空白。

③ 参见《〈政治经济学批判〉序言》,《马克思恩格斯全集》第三十一卷,前引,第 412 页。——译注

这种功能理论使我们能恰当地定位关于**上层建筑和意识形态**的理论,后者也具有一种功能作用。参考《政治经济学批判》,第 5 - 6 页。

这就意味着,**上层建筑**发挥着一种功能作用,服务于生产关系和阶级关系(阶级关系是生产关系最终的现实)。

例如:各种法律的和政治的机构 = 国家,是统治阶级的一种统治工具。

例如:各种意识形态表达了处于斗争中的各个阶级的目标或愿望。在这里,各种上层建筑仍然具有双重性,它们或者促进或者阻碍生产关系的变动。

参考意识形态斗争和政治斗争的"巨大作用"。

参考斯大林①,第 154 - 155 页。

所以,我们看到,一定的历史社会的**总体**在自身中包含着它的生成和转变的原则本身:即生产力和生产关系之间的矛盾。

正是这种根本的关系,这种根本的矛盾(以及它们的各种派生关系——参考上层建筑),向历史学保证了使得它可以成为科学的那种普遍性要素和"恒定性"。正如马克思所说的那样:

"生产的经济条件方面所发生的物质的变革,可以用物理学和各种自然科学精确地指明。"②

---

① 前引。
② 参见《〈政治经济学批判〉序言》,《马克思恩格斯全集》第三十一卷,前引,第 412 - 413 页,马克思的原文是:"……在考察这些变革时,必须时刻把下面两者区别开来:一种是生产的经济条件方面所发生的物质的、可以用自然科学的精确性指明的变革,一种是人们借以意识到这个冲突并力求把它克服的那些法律的、政治的、宗教的、艺术的或哲学的,简言之,意识形态的形式。"——译注

正是这个在经验上可确定的、**绝对的要素**,这个阿基米德式的支点,使得建立一门历史科学成为可能。

参考列宁《什么是"人民之友"》,第 92 页①。

---

①《什么是"人民之友"》,前引:"在这以前,社会学家在错综复杂的社会现象中总是难以分清重要现象和不重要现象(这就是社会学中主观主义的根源),找不到这种划分的客观标准。唯物主义提供了一个完全客观的标准,它把生产关系划为社会结构,并使人有可能把主观主义者认为不能应用到社会学上来的重复性这个一般科学标准,应用到这些关系上来。……一分析物质的社会关系……立刻就有可能看出重复性和常规性,把各国制度概括为**社会形态**这个基本概念。只有这种概括才使人有可能从记载(和从理想的观点来评价)社会现象进而以严格的科学态度去分析社会现象,譬如说,划分出一个资本主义国家和另一个资本主义国家的不同之处,研究一切资本主义国家的共同之处。"(参见《列宁选集》第一卷,前引,第 8 页。——译注)

片　段①

有一种根深蒂固的偏见支配着 18 世纪的历史观。哲学运动,尤其是百科全书派,或许并没有真正的历史感。伏尔泰、霍尔巴赫、爱尔维修、狄德罗、卢梭等人,他们无论是批判一种制度还是为一种制度辩护,都不是援引其起源(genèse),而是诉诸理性,不是援引历史的必然性,而是诉诸自然,这一点,难道不是有目共睹吗？[参考马布利和卢梭对孟德斯鸠的批判,只考虑"实证法"(droit positif),参考胡耶·多尔弗耶②、卢梭等人对历史的批判]。那些表达了历史前卫要求的意识形态,或许用不着历史来为自己

---

①阿尔都塞的文档中包含了一份文件,标题为"关于 18 世纪历史哲学的报告",其中一部分是这些报告的导论手稿草案,这部分很难编辑,另一部分(我们这里出版的部分)是前者非常局部的打字稿。虽然无论从哲学内容方面还是从年代方面看,这些分析都与本书中的历史哲学讲义很接近,但它似乎也可能是另一个不同的整体的一部分。它或许是扬·穆利耶·布唐(Yann Moulier Boutang)在《路易·阿尔都塞传》(*Louis Althusser. Une biographie*)(Grasset 出版社,1992 年,第一卷,第 465 页)中提及的 1954 年 11 月 13 日的报告。

②参考奥古斯汀·胡耶·多尔弗耶(Augustin Rouillé d'Orfeuil),《法律蒸馏器,或法国的拥护者对人和法律的观察》(*L'Alambic des loix ou Observations de l'ami des François sur l'homme et sur les loix*),1773 年。该著作以下网址可下载：http://gallica.bnf.fr/scripts/catalog.php? CT =N049706.

辩护。更有甚者,他们通过诉诸某种非历史的理性和自然,可能已经拒绝了历史。

此外,或许我们要从另一个阵营出发,才能抵达名副其实的历史意识。从布兰维里耶、孟德斯鸠等人,总之,从"封建的"阵营①出发。他们挖掘法国的过去,希望从那里找到一些符合他们抱负的凭证,利用事实的状态来作为各种权利(droits)的根据,利用历史来为理性辩护。

然而,必须承认,求助于历史,并不等于有历史意识。当布兰维里耶和孟德斯鸠为了给封建制提供反对绝对君主制的政治论据而追溯到日耳曼法、追溯到在莱茵河畔的森林中把法兰克国王与其同僚们联合起来的自由时,当他们把那些原初的制度的堕落呈现为国王与平民的联盟所带来的毁灭时,他们虽然是在求助于过去,但却是为了反对现在,虽然求助于历史,但却反对历史的本质本身。因为历史不是与对它过去的召唤浑然一体,而是与超越它的智慧浑然一体。布兰维里耶和他的信徒们的悖论是,求助于历史的过去来反对历史的现在,求助于历史来否定历史。在"实证的"、事实的外表下,他们仅仅是保卫某种对于当前的存在来说已经过期的过去的权利;对他们来说,历史不是对各种社会制度和形式进行超越的实在进程,而是某种倒退的理想的历史权利。而当他们的对手,比如说度波长老,跟随他们来到他们的论辩阵地时,也并没有表现得比他们具有更强的历史感。如果有人把封建制或绝对君主制当作"原初的"制度来辩护,那么他永远只能通过永恒的范畴(这个范畴正好是对历史的否定)来思考历史。

---

① "阵营"原文为"parti",也译为"党"。另参见第37页译注。——译注

因此，在这种论战的层次上，历史感不可能与对过去的求助浑然一体。相反，历史感表现在超越的智慧、表现在创新的意识当中。如果我们在这种关系中、在其限度（它诚然是狭小的）内来研究它，就无法拒绝启蒙哲学的历史感。而我们同时就能理解启蒙哲学表面上拒绝历史的含义。

当卢梭拒绝利用历史，当他"抛开一切事实"时，他并不隐瞒自己的理由。历史对他来说，不是过去的秩序，而只是已确立的秩序的论据（同样的，参考胡耶·多尔弗耶，转引自卡尔卡松①）。仅凭这一点，我们能就否认启蒙哲学可能具有的对它自己时代的根本创新、对将它与过去之间区分开来的距离的敏锐意识吗？启蒙运动对中世纪的批判，既是对一个时代的批判，也是对一种过时的秩序的批判，还是对某种关于过去的反历史的观念的批判。

然而，一旦放弃在过去中寻找其原本时，人们如何能为这个新的"现在"以及它所孕育着但却还没有得到发展的新事物进行辩护呢？在这场历史论战中成长的这一代哲学家，只有两种可能的求助，事实上，它们是一回事，那就是求助于历史意识和求助于理性。

当伏尔泰为一种"资产阶级的"绝对君主制辩护（对此，路易十四的时代为他提供了希望，他也从这里期待着他自己时代的降临）时，他非常清楚，为了反对那些"封建主"，他是站在"新事物"的立场上反对"原初的事物"（originaire），他非常清楚，他必须通过一种被"原初的事物"的拥护者们所忽略的论据来保卫这种"创

---

①艾利·卡尔卡松（Ely Carcassonne），《孟德斯鸠和18世纪法国制宪的难题》（*Montesquieu et le Problème de la Constitution française au XVIIIᵉ siècle*），法国大学出版社，1927年。

新"。因此他说:"一切都按照时代,按照适应时代的国王们的意志而变化。"但这样一来,他就同时草创了(虽然还非常形式化)一种过去必然被超越的理论,也就是说,一种起源(genèse)理论和历史调节理论。他从自然和理性中演绎出了新秩序,他指出了这种新秩序的历史出场。矛盾吗?矛盾不存在于他的思想中,因为对他来说,"现在"的历史创新恰恰不在于过去遭到了嘲弄,而在于启蒙和理性获得了胜利的统治。历史对他来说,仍然属于创新的领域,真正变化的领域,但在这种历史中被改变的,是理性和它的对立面即"错误"之间的关系,是启蒙和迷信之间的关系。

伏尔泰的例子可以适用于大多数启蒙哲学家。对布兰维里耶或孟德斯鸠的历史的拒绝,无非是对一种不承认变化的历史的拒绝:对自然和理性的求助,如果意味着对那种历史的拒绝的话,它就与理性和自然的胜利的历史密不可分,也就是说,与一种意识的新形式即对历史中变化的承认密不可分。

很显然,无论如何,既然理性的历史是永恒理性在时间中的显灵,并且既然它可以归结为通过理性自己而获得对理性的意识,那么这种理性的历史就包含在理性本身当中。由此产生了这种历史的形式主义。然而,这种理性和自然(包裹着作为它们自身展现的历史,并由此显示了启蒙观念的种种局限),毫无疑问具有一种论战意义。由于缺乏"远古时代的凭证",由于没有一套不但能思考而且能解释历史中对过去的超越和新事物的降临的科学理论,对理性和自然的求助,无非是一种为现在或为历史的变化进行辩护的手段。由于没有能力论证新的秩序的历史必然性,人们求助于"理性的"论证。自然和理性只不过是某种历史论据的代用品。

革命的爱尔维修(1962)①

作为一个受过极好教育,一个很会招待朋友且在他同时代的巴黎文化界引起如此多公众兴趣的人,爱尔维修之所以因其著作而引起如此多的愤慨,无疑是因为他并不只是一位普通的教育学家。尽管如此,在阅读他的文本时,我们会发现整个一套表达方式,让人不但想起他同时代教育学家(特别是卢梭)著作中的精神,同时也想起他们的文字。因此,我们将如实地这样来开始:先把他看作是一位教育学家,然后我们再来追问,为什么这位教育学家竟会引起如此多的愤慨。

首先,他对同时代教育发展中的矛盾具有极敏锐的意识。当人们考察那些关于教育的流行方法时,就会一目了然地发现那些矛盾:在学校里长达六七年的拉丁语学习期,文字的学习期,对各种事物一无所知,总之,一种形式主义的教育方法。爱尔维修像卢梭本人一样,称之为经院的教育。这种纯粹经院的人文主义教

---

①在这里,我们把1962年2月10日法国广播电视公司(RTF)播出的无线电广播节目"对西方的谱系分析"的文本编辑了出来,这个节目后来收入两盘题为"法国思想录音选"的CD由"法国国家视听研究所"(Ina)发行。更多的细节,请参看本书编者说明。

育,与时代的要求相矛盾,也就是说,与时代的种种艺术、科学、技术的发展相矛盾,尤其是与由整个百科全书派所阐明了的那些发展相矛盾。在当时,人们认识到需要把人塑造成另外的样子,而不是单纯的修辞学家。

正是这第一种意识的获得激发了爱尔维修一整套的改革,这些改革并不是他首创的,它们在洛克那里已经存在,在卢梭那里同样也已经存在。比如,废除以拉丁语为基础的教育:教授儿童学习民族语言,对他们进行科学和技术教育,还对他们进行有关各种物体的自然教育。也就是说,通过对固体的操作来教授物理学,通过对液体的操作来教授力学,等等。也就是说,把他们置于各种环境中,以使自然自己来向他们教授它固有的规律:从词语走向事物。然而,更重要的是,在对教育的这种矛盾的起源的意识方面,爱尔维修走得稍远一点(而卢梭正好也走到了这一步)。爱尔维修声称,人们不仅在家庭中,而且同样也在学校中,教给儿童一整套事实上与世界的运行相矛盾的行为规范。人们教给儿童一些道德规范,但一到他们长大成人,那曾教给他那些道德规范的同一个神父又在这时候教给他们一些完全是犬儒主义的规范,这些规范是用于让他们到世界上去获取成功的,这个世界可能是政治的世界,社会的世界或者经济的世界。而这样一来就[出现]①了一个根本性的矛盾,一方面是教给儿童的道德,由儿童的父母和学校的老师教给他们的那些规范,另一方面是支配着那个世界(显然这个世界是社会世界)的必然性的内在法则。从这里,我们通向了第二种意识的获得,即不仅意识到教育学方法的矛盾,而

---

①在录音中,没有这个词。

且还意识到支配着这第一个矛盾的根本性矛盾。

如果我们停留在作为教育学(pédagogie)的教育(éducation)层面上,同时如果我们把爱尔维修的思想与卢梭的思想进行对照,就一定会发现,他们的设想在许多方面是吻合的,或者甚至整个地是吻合的。但非常让人吃惊的是,尤其是在《论精神》和《论人》的一些章节中(在这些章节中,爱尔维修考察了自己与卢梭的关系),非常让人吃惊的是,爱尔维修对卢梭提出了诸多批评,那些批评既与教育学的难题有关,但又大大地超出了那些教育学难题的视野。爱尔维修特别批评卢梭相信人先天的善。他同样批评卢梭把过分的重要性赋予他称之为"人的生理构造"的东西,即人的有机构成。爱尔维修同样还批评卢梭相信天生的道德本能的存在。这些批评,让我们在那些关于教育学难题的争论(或一致)背后,发现一个将爱尔维修与卢梭彻底区分开来的理论背景。而这可以让我们进入爱尔维修那里我将称之为"教育"一词的第二种含义,这一次它再也不是教育学的(pédagogique)含义,而是一种延伸了的①教育(éducation),正如他自己所说的,一种非常广义的教育,它与人们给小孩子所提供的学徒期毫无关系,而是涉及在整个历史自身当中的人的生产。换句话说,在"教育"这个词下面,我们在爱尔维修那里遇见的是一种关于人类历史的理论。而现在,或许正是这种理论值得去研究。

如果我们想要通过扩展了的"教育"概念的各种形式,去描绘爱尔维修所形成的人类历史观的特征,我们就必须说,他认为人

---

①原文为"entendue"(被理解为),疑为"étendue"(延伸了的)的笔误。——译注

在出生的时候,可以说绝对没有给自己的存在带来任何结构(人生下来就有一种绝对的可塑性),人完全是由爱尔维修称之为"机遇"的东西所塑造的,而我们很快就发现,"机遇"事实上受到个体本身所处环境结构的支配。对于天性完全纯洁并且只有被动性的儿童来说,机遇首先就是他所生活于其中的家庭环境,他要与之打交道的亲人,给他喂奶、向他说这说那、向他讲他可能受到什么惩罚的奶妈。在机遇这个概念(它本身好像没有一定的结构)的各种形式下,爱尔维修在思考的,事实上是环境的影响,而这个环境本身,在从个人还是很小的孩童时期开始就已经具有一定的结构了:那就是家庭环境。而小孩子所经受的第二种教育,即广义的教育,是当他变成青少年、然后长大成人要经受的教育,也就是说,当他开始与一个比儿童的家庭环境更广大的环境相接触时,即与他身边的朋友以及接下来与整个社会相接触时要经受的教育。而这个时候,正是第二种环境,将通过机遇的形式在他身上产生作用,而且将在某种程度上,某种更强烈的程度上,在他身上打下他自己性格的烙印,并构成他,或更准确地说,生产他。正因为如此,爱尔维修把人的历史描绘为人的全面生产的历史,这种生产是通过环境作用于个人的影响而进行的,其中个人本身被设想为具有一种完全可塑的性质。正是这种总体的眼光,如果你们愿意这样说的话,使得我们能够理解当爱尔维修分别对狄德罗和卢梭的理论进行批判时所从事的双重驳斥。换句话说,对于爱尔维修来说,人并不取决于狄德罗意义上的生理构造,即取决于人的生理的、神经的构成,取决于①人的大脑的内部设计。狄德罗

---

①在录音版中,是"关于"(sur les)。

会说:如果有人剖开一个傻瓜的大脑,他就会知道那人为什么是傻瓜,而如果剖开一个天才的大脑,他也会知道那人为什么是天才。我们马上就会发现,爱尔维修那里的绝对的环境决定论,更确切地说是人类自由的象征;而狄德罗那里彻底的个人内部生理构造决定论,在爱尔维修眼里不是自由的决定论的象征,相反,是宿命的决定论的象征。

爱尔维修从自己的立场出发对其进行反驳的第二个对手,正好是卢梭。因为对卢梭来说,问题不在于对个人历史起决定性影响的个人生理构造(尽管爱尔维修可能会这么说)——对卢梭来说,个人并没有在生理构造上被预先塑造为有这样那样的命运。但爱尔维修特别敏感的是另一点。个人(卢梭的个人)在出生和成长时给这个世界带来的是另一种形式的天生结构:这就是卢梭在个人身上发现的、在出生的时候就被赋予了个人的那种道德感受性本能的设计。(①只要回想一下第二篇论文即《论不平等的起源》,就会发现,卢梭把自由作为一种原初的品质,作为一种人类存在的根本性结构,赋予了人,而这种自由从本质上来说被他构想为一种道德自由,也就是说,被构想为是道德本能的等价物。爱尔维修同样驳斥这种关于人性的原初结构,因为这是一种将会支配整个人类命运的结构——他希望人是完全赤条条的,即不带任何原初的结构,从而服从于一切外部环境的影响。在这里,我们面对的是某种以往绝不可能被陈述出来的激进主义,某种关于环境对人的发展产生影响的激进主义,也就是说,我们面对的是人通过自己的历史的全面生产。当爱尔维修说人完完全全由机

---

①原文只有括号的前半部分,没有另一半。——译注

遇所塑造时,我们发现(我刚才指出了这一点),在儿童的教育中,机遇的第一种形式就是直接的家庭环境;在青少年和成人的教育中,机遇的第二种形式就是附近和周围的社会环境,这种环境是非常广义的,因为它涵盖了整个社会。并且我认为,如果我们想要将爱尔维修最深刻的思想陈述出来的话,那就是力图在某个单一的概念之下,对那些环境、那些在个人的成长过程中要经历的不同环境的整体进行思考。而这个单一的概念,非常让人吃惊的是,我们在爱尔维修的"政府"这一概念的形式下遇到了。

爱尔维修把社会概括在他称之为其政府即一整套法则当中:它们支配着种种社会风俗、支配着各社会机构、直至教育的细节、从而直至环境对个人产生影响的最精细的形式。正是在这里,如果我们愿意这样说的话,将产生爱尔维修整个思想的颠覆性,并且正是在这里,我们才可能把握到爱尔维修背后的想法,把握到他最深刻的思想,而这些思想才无疑是他的著作在其时代引起愤慨的根源。但我认为(爱尔维修已经用他自己的词语对此说过多次——我们可以在这里提供一些非常简洁的文本),这种关于教育的一般化理论,在他看来是他得以思考如下问题的理论前提:即通过激进地改革人类的政府模式来彻底改革人类。人们之所以确实会成为傻子、疯子或者天才,只是因为他们生活在这样或那样的政府形式之下。如果政府对于个人的形成和他的命运的至高无上的权力得到了论证,爱尔维修从中得出的结论就是激进的,但这个结论非常简单:要想改变人性,要想改变所有个人的命运,只要改变政府的形式就够了。也就是说,我们可以从政府的改革出发,去想象一种社会改革,以使得在那种社会中,人们不再是疯子、不再邪恶、不再是傻子,在那种社会中,人们可以在某种程度上随心所欲地生产一些天才,并且,总之,人们可以为了社会的需要,而生产一些具有特定素质的人,以使他们预先满足社会给他们派定的职能。

我们当然必须指出,这种理论上的激进主义,注定只是一种相当平庸的改良主义。因为,归根结底,一旦把这种观念建立在某种关于教育的一般理论、关于历史的一般理论之上,就很难在18世纪占统治地位的乌托邦形式(即向开明的专制君主进行呼吁)之外,再给这种观念找到实现它的其他形式。这样,爱尔维修最终没有提供任何可以将他的革命思想付诸实施的革命方法。他的一切政治努力,都仅限于期望降临一位君主,一位专制君主,这位君主将足够开明,懂得必须对政府进行改革,必须让德性大行其道,必须通过改变政府来改变人性。他将把爱尔维修关于教育的一般理论应用到人类身上,他还将是一位教育学家,也就是说,在这种关于政治教育的一般理论中,他还将发现教育学意义上的、即我们在一开始从其出发的狭隘意义上的教育的分支即学校教育——也就是说,他将对学校进行改革。然而,广义上的教育,即政治意义上的教育,完全掌握在某个神奇的个人手中,他或者某一天突然出现在政治界,或者是某位能理解爱尔维修的深刻思想并承认那些事实的天才——也就是说,他将足够开明,可以将爱尔维修本人对历史所期待的那种改革付诸实施。

说到底,爱尔维修对卢梭的那些批评或许具有某种意义,它可以既让我们看清楚他的理论的激进性质,同时也让我们看清楚他所具有的政治意识的改良主义性质。说到底,他向自己所提出的是一种他没有思考其实现手段的目标。我并没有说卢梭对某种真正的政治改革的手段进行了思考,但我要说,很显然,他对他那个时代的社会所陷入的矛盾有清醒得多的意识。特别是，卢梭并不认为，一种总体的政治改革可以通过我们称之为"知性的改进"的方式而实现，也就是说，通过为真理进行辩护而实现。卢梭并不认为真理仅仅通过被陈述出来，就能照亮人们的心智——而实际上，支配着整个法国（还有德国以及那个时代整个欧洲）启蒙思想的就是这种乌托邦。这种观念认为，真理可以通过自身而生效，而这正是爱尔维修所分享的思想。不过，卢梭却没有这样的信心。卢梭认为，真理与错误之间的斗争采用了一种人的形式，这种斗争不是抽象的斗争，而是在低微得多的、物质得多、具体得多的层次上发生的人与人之间相互对抗的斗争。从个人的角度来说，这一点让我倾向于得出结论说，爱尔维修的激进主义仍然是一种抽象的、纯粹理论上的激进主义，而爱尔维修所指责的卢梭的那些矛盾，或许在卢梭那里实际上是一种标志，它指示了一种对真正的矛盾和实际的条件更深刻、更敏锐的思考，那些矛盾和条件不仅是关于人的存在、人的成长、人类历史的矛盾和条件，同时也是他的时代的各种政治难题的矛盾和条件。

马基雅维利

Machiavel

(1962)

在马基雅维利这里,令人惊奇的是,在他的思想的命运(这是一方)与这同一思想的身份(这是另一方)之间,有着一种罕见的不相称。

他的思想的命运:还没有哪位政治作家招致过这么多的反应,这么多的评论,这么多的义愤和这么多的赞赏[a]。

(a)这些解读。怎么把它们分开来?(附页)

对马基雅维利的四种解读[①]

(1)[②][b]也要提到克罗齐的"历史化"解读:马基雅维利是客观、中立的纯理论家。他完成了政治科学,不带偏见。如其所是地讲述事物本身,那些事物既可以服务于一些人,也可以服务于另一些人。

(b)(最近的除外)

(2)作为马基雅维利主义者的马基雅维利……被认为和

[①]我们把阿尔都塞在页边附注中提到的"附页"归并到这里。这个"附页"替代了下面这句在打字稿中用笔划掉的话:"我暂且将边上的空间保留,以备写下那些反应的内容及含义,也即是说那些解读的含义。"

[②]在打字稿中,第一种解读最初是作为第四种解读提出来的。后来阿尔都塞用笔对这些解读的陈述顺序进行了修改。

宣布为政治上不道德的厚颜无耻之徒。被绝对君主们阅读，被异国的绝对主义政客们阅读——或者被他们批评（也就是说被他们赞成）（参考腓特烈①）。政治的恶魔般的幽灵。马基雅维利的上述那些阅读者，分为两种，厚颜无耻地践行其理论的门徒和愤怒的批评者。

（3）对马基雅维利的"民主的"解读。拿《论李维》与《君主论》相比照(c)。马基雅维利是个将暴君的真相告诉人民的共和主义者。为了指点人民。为了让他们自己武装起来以反抗暴君。为了揭下暴君的面具。参考卢梭和整个复兴运动传统②。参考德·桑克第斯③和马志尼等人。

（c）斯宾诺莎
　　卢梭

（4）葛兰西（黑格尔）。参考黑格尔的文本④。

---

①这里指普鲁士的腓特烈二世（Frédéric Ⅱ）的《反马基雅维利》（*Anti-Machiavel*）。

②"复兴运动"（Risorgimento）在这里指19世纪的意大利统一运动。——译注

③弗朗切斯科·德·桑克第斯（Francesco De Sanctis），《意大利文学史》（*Storia della lettura italiana*），第二卷，米兰（Milan）再版，费尔特里内利（Feltrinelli），1956年。

④在学生的听课笔记中，还包括如下一段："《论德国的制宪》（*Die Verfassung Deutschand*）：意大利没有国家，就像德国。但意大利已经有一位理论家去思考其国家的缺失，马基雅维利（统一的民族国家）。黑格尔为马基雅维利及其以厚颜无耻对抗厚颜无耻的思想辩护。"参考黑格尔《政治著作集》（*Écrits politiques*，10/18）中的《论德国的制宪》（*Sur la constitution de l'Allemagne*），1996年，

(与前两种解读相比,尤其让人印象深刻)①

我只想指出,那些相互矛盾的解读(马基雅维利式的马基雅维利,或非马基雅维利式的马基雅维利;关于纯粹暴力的理论家马基雅维利,或关于暴力的政治含义的理论家马基雅维利)——那些解读,在它们的矛盾本身中,预设了某个有待解读的**对象**,预设了存在着一种虽然其本身成问题,然而又足够丰富以引起解读和争论的思想。我想说的是,如果马基雅维利只不过是像他同时代的圭恰迪尼或科曼之类的编年史作者,那么,在那么多的理论家那里,比如在斯宾诺莎、霍布斯、孟德斯鸠和卢梭(只提他们就够了)那里,就根本不会有那样一种对马基雅维利思想的关注。他们(圭恰迪尼和科曼)的写作同样涉及了政治、涉及了统治人类时要用到的手段,他们同样指出了建立在实例基础上的那些规则。然而,无论是公开或在暗地里,他们都未被那些理论家们**承认**,未受到应受的评论、批评或辩护。对马基雅维利的使人分裂的解读,不可避免地给人强加这样一种观念:他的思想本身包含着真正的、在这些争论中成为问题的理论资源。

第 125 - 129 页(见《黑格尔政治著作选》,《德国法制》,薛华译,商务印书馆,1981 年,第 91 - 95 页。——译注)。提到葛兰西的部分在学生听课笔记中要更长一些:"参考葛兰西(Gramsci),《狱中札记》(*Cahiers de prison*)中有一个深刻的部分,讨论马基雅维利的著作。同时,他将马基雅维利的著作当作一种可以变成现实的神话来思考。现实性的一种前瞻。马基雅维利甚至还指明了解决这个难题的办法[……]民族的军队。"

①"附页"到此为止。

然而,当我们仔细思考这一思想的身份,这一思想本身的身份时,很难从中辨认出**经典意义上的**理论思想的身份。那些引用马基雅维利并与之论争的理论家,虽然在事实上将马基雅维利当作理论家一样来**对待**,但就是他们,却不正面指出他是一位理论家。看看斯宾诺莎。在深受马基雅维利启发的《政治论》第一章中,我们会发现以乌托邦或道德批判的方式来对待政治(乌托邦是一种披着道德幻象面纱的政治)的哲学家们与受到人类城邦历史的不断重复的经验教育的政治家们之间的对立。位于这些政治家身边的,是对那些具体的政治经验进行反思和论述的人:"公共规则和公众的事务,是那些曾经建立过制度或已经对其进行过论述的特别敏锐、机灵或狡猾的人的研究对象"①。虽然这段话——谈到那些 homines acutissimi②——没有提到他的名字,但我们不难在那些人中辨认出马基雅维利,因为后来当斯宾诺莎引述他时,斯宾诺莎对他用了同一个形容词:acutissimus③。

但确切地说,这种敏锐对于斯宾诺莎来说,还只是经验性的敏锐,而不是理论家的敏锐、实践家的敏锐,也不是哲学家的敏锐。斯宾诺莎的意图仅在于:(1)承认关于政治所能说的所有真理,既不能

---

① 阿尔都塞所引用的斯宾诺莎(Spinoza)的《政治论》(*Traité politique*,这里引用的是第一章第 3 节),是阿朋(Charles Appuhn)翻译的(现在有 Garnier-Flammarion 出版社的版本)(参见《斯宾诺莎文集》第二卷《政治论》,冯炳昆译,商务印书馆,2014 年,第 226 页。译文有修改。——译注)。

② 拉丁文,意为"敏锐的人"。——译注

③ 同上,第五章第 7 节、第十章第 1 节。(参见斯宾诺莎,《政治论》,前引,第 264、359 页。译文有修改。"acutissimus",拉丁文,意为"最敏锐的""最精明的"。——译注)

在乌托邦中,也不能在或多或少带有宗教意味的哲学家的道德批判中找到,而只能在实践中,在经验中找到;(2)但同时,斯宾诺莎想为与这种实践纠缠在一起的盲目的真理,赋予某种理论的理性形式:"在研究政治时,我并不想证明什么新的或陌生的东西,只想通过确定无疑的理性来确立什么与实践最相符。"①因而,这就是马基雅维利的命运。被看作是有天分的经验主义者,但又受限于其经验主义本身。因陷入到这种经验主义的材料中,而没有能够上升到特定的**理论**形式。

可是,事实上,如果我们转向这些理论家,我们会发现马基雅维利对于他们的概念世界来说是陌生的。所有的政治哲学都玩弄一些特定的概念:自然状态,社会契约,结合的契约,服从的契约,市民状态②,政治主权,等等。这些概念,以及和它们联系在一起的难题

---

①前引,第一章第 4 节(参见斯宾诺莎,《政治论》,前引,第 226 页。译文有修改。——译注)。在页边,一个箭头指向打字稿反面的一个手写的附页:"与费希特的著作中非常相似的立场:《论作家马基雅维利》(*Über Machiavelli als Schriftsteller*,1807)——马基雅维利的政治思想'完全以现实的生活为基础',但又绝对处于其眼界之外,'高于一切人类生活和从理性的视角来看待的国家的视野'。《君主论》不是'一部关于先验的公法的论著',而是一部供君主使用的技术书。"法译本,费希特,《论作家马基雅维利》,收入《马基雅维利及其他哲学、政治著作》(*Machiavel et Autres Écrits philosophiques et politiques*),Payot 出版社,1981 年。

②"市民状态"原文"état civil",即与"自然状态"(état de nature)相对的状态,以往也有译为"文明状态"或"公民状态"的,本书统一译为"市民状态"。与此相应,后文中的"la société civile",以往也有译为"文明社会"或"公民社会"的,本书统一译为"市民社会"。——译注

性(社会联系的性质,社会的起源,政治权力的目的和归宿),因此是任何严格意义上的政治理论的组成部分。确切地说,它们构成**作为理论对象的政治**。所有那些外在于这个难题性的,即使有一些深刻的见解,都还属于前理论的范围,恰如测量的经验属于前几何学的范围,因为几何学只有在其对象被一些定义、公理和公设建立和明确之后才存在。同样,我们可以说,对于古典作家(17 世纪到 18 世纪),作为理论对象的政治,通过我上面提到的那一系列特定的概念得以明确——从而我们可以说,任何没有达到他们那个高度的反思都没有达到理论的高度。这是对马基雅维利进行理论批评的标准:由于他没有构成和定义这个政治对象的概念,所以他没有这个对象,并停留在它之外。

这就是整个的悖论所在。一个因自己的思想在公认的政治**理论**中找不到其位置,因而被看作经验主义者的作家。但同时又是一个被那些理论家本人严肃对待的思想家,而且他的思想已经遭遇了特殊的命运,所以,除非在他的思想中潜藏着一种真正的理论价值——要么更直接地说一种理论意义,要么更间接地说一种可能涉及古典理论自身的意义——,这样的事不可能发生。我想说的是,或多或少有点含糊不清,在对他的愤慨本身中,在他模棱两可的特性(他是专制主义者还是共和主义者?)中,在他谜一般的特性中,一切都好像承认了在马基雅维利的思想中有一种让人不安的、古典理论家无法表达和辨认的**潜在的理论意义**,但他们最终间接地承认了,仅仅通过他们自己对于他所感到的不安而承认了。① 事实上,如果我们在马基雅维利那里找不到构成作为对象的政治的古典概

---

①这一句是在页边用手写补充的。

念,我们可以找到**另外的**、仅仅或差不多仅仅属于马基雅维利的概念:幸运-virtù① 这个对子,国家的开始的理论,一种关于历史的一般理论,等等。我想提出的是,一方面是对马基雅维利思想的理论意义的实际的或潜在的承认,另一方面是那些理论家本人对这同一思想的理论意义的彻底否认,这种矛盾或许是一种机会和手段,可以让我们提出关于古典作家的理论对象的自身性质的难题。如果马基雅维利具有理论价值,那是关于政治理论的对象的理论价值,这种理论价值关系到它的主张,并在它的主张中引起争议,而且在某种意义上来说,这种理论价值由这个预先成问题的赌注,即这个不被承认的马基雅维利的理论来裁决。换句话说,尝试回答这样一个问题:是否马基雅维利不是一个经验主义者而是别的什么?我们能否在这个成问题的赌注上押上古典政治理论的内容本身,不是为了摧毁它或驳倒它,而是为了一旦弄清楚了马基雅维利理论自身的意义,就通过他的见解去照亮它的意义。

要尝试回答这样的双重问题:一方面,什么是马基雅维利的深刻见解;另一方面,他在理论上的孤独有什么含义;我将通过提出一种特定的阅读方式,来对《君主论》的一些主题进行评论。

《君主论》的引言和结尾。

---

① 意大利文,对应法文中的"vertu"(德性),但又不是指通常意义上的"德性",而是兼指"英勇""能力""美德""优点",中文版《君主论》译为"能力",阿尔都塞本人倾向于把它理解为"优点"(见第260页相关部分)。本书根据凡法文之外的语言保留原文的原则,凡后文中出现这个词,均保留原文。——译注

得出一些政治主题和理论主题。

《君主论》的引言(献辞)

马基雅维利援引自己"对伟大人物事迹的知识,这是我依靠对**现代大事的长期经验**①**和对古代大事不断阅读**②而获得的"③(289④)。

意识到他的新颖^(d):"内容的新颖和主题的重要性"⑤。同上
(d)新颖

他,"一个身居卑位的人",能够谈论"君主"吗?"然而,我胆敢探讨和指点君主的政务"⑥。

------

①从"经验"一词开始,有一个箭头标记指向该页顶端手写的附注如下:"关于**经验**的主题,事实,对实际现实的**接触**,关于**方法**的卡片"。

②从"阅读"一词开始,一个箭头指向该页底部的手写补充如下:"关于历史的卡片/关于过去的主题/古代的事情:φ 历史的——参考卡片/为什么古代? 同样的质料→人类本性的永恒性/成就,罗马,斯巴达(神话)/→φ 历史的实验性","罗马"一词被圈起来,对它本身有一个注释:"不是人文主义的"。

③马基雅维利的文本引自"七星文库"(Bibliothèque de la Pléiade), Gallimard 出版社,1952 年。

④参见马基雅维利,《君主论》,潘汉典译,商务印书馆,2005 年,第 1 页。译文有修改。——译注

⑤同上,第 1 页。译文有修改。——译注

⑥同上,第 1 页。译文有修改。——译注

比喻:为了描绘出高山,应当侧身于平原,正如为了描绘出平原则应当高居山顶一样。

……"同理,深深地认识人民的性质的人应该是君主,而深深地认识君主的性质的人应属于人民"①……同上 (esser popolare②)。

这个意思也就是说,马基雅维利是"人民",而只有"人民"才认识君主和他们的性质!!!

///参考孟德斯鸠③:为了对一切一览无余而登上钟楼！他倒宁愿站在君主们的一边！///(e)④

---

①同上,第2页。——译注

②意大利文"是人民"(esser popolare)是手写补充的。

③大概是指:"每当我到达一座城市,我总是登上最高的钟楼或最高的城楼,为了在看到部分之前先看到整体;而在我离开的时候,为了巩固印象,我也同样这样做。"孟德斯鸠,《游记》("Voyages"),见《著作全集》(Œuvre complètes),Gallimard 出版社,"七星文库"(Bibliothèque de la Pléiade),第一卷,1949 年,第 671 页。

④很可能是指莫里斯·梅洛-庞蒂(M. Merleau-Ponty)的《论马基雅维利》("Note sur Machiavel"),收入《符号》(Signes)一书中,Gallimard 出版社,1960 年。在这篇文章中,他对马基雅维利的同一段文字评论道:"权力在自己的周围带着一圈光环,而它的不幸——正如不能很好地认识自己的人民的不幸一样——在于它看不见自己呈现给他人的自己的形象。"(见莫里斯·梅洛-庞蒂,《符号》,姜志辉译,商务印书馆,2005 年,第 271 页。译文有修改。——译注)

(e)→参考梅洛·庞蒂

《君主论》书尾的祈求①

(1)"此时此刻",一位**新君主**可能"获得荣誉"(367)②

此时此刻:"而意大利现在不乏可以采取各种方式表现的质料"(369③)

质料:时机,人们。(f)

(f)质料="幸运"(参考第304页)

(2)为了赎救意大利,就必须使它沉沦至极,悲惨至极,受奴役至极(368)。

"必须将意大利驱往那样一种极限,在那里人们看到:它比犹太人受奴役更甚,比波斯人更受压迫,比雅典人更加分散流离,既没有首领,也没有秩序,受到打击,遭到劫掠,被分裂,被外族追捕,总之,要遭受种种不幸。"④(g)

(g)参考第304页的同一主题。

意大利到达不幸的顶点,沉沦至极(h)……以给新君主提供获得荣耀的最伟大的事业……这样的观点(是的,但和从最大的否

---

①也就是《君主论》最后一章:"奉劝将意大利从蛮族手中解放出来"。在这个标题上边,在这一页打字稿的顶端有手写的:"'16世纪的马塞曲'。一个政治宣言。基内(Quinet)。葛兰西"。

②参见马基雅维利,《君主论》,前引,第122页。——译注

③同上,第124页。——译注

④同上,第122页。译文有修改。——译注

定中萌发出最大的肯定的观念一样吗？我们想到青年马克思：在德国，必须形成一个被戴上彻底的锁链的阶级……①！"人类革命"②的条件是德国的沉沦……又是发展不平衡现象。(i)

(h)→关于循环和堕落的理论。

(i) 参考《君主论》第304页："当幸运之神要使一位新君主成为伟大人物的时候，就给他树立敌人……以便他有机会战胜他们，并且凭借他的敌人给他的梯子步步高升。"③

(3) 在沉沦至极的状况下，一切都在等待着一位新君主的出现。

"人们将怀着怎样的热爱、对复仇雪耻的渴望、多么顽强的信仰，抱着赤诚，含着热泪来欢迎他！什么门会对他关闭？有什么人会拒绝服从他？怎样的嫉妒会反对他？有哪个意大利人会拒绝对他表示臣服？"(j)（370－371④）

(j) 与群众的关系。

(4) 万事俱备，时间，人们，质料。只欠一位懂得采用何种**新形式**的君主。马基雅维利在《君主论》中已经将这种形式向他指出来了。君主将从这里获得荣誉，而人民将获得利益（367－368）。新的形式？意大利人在对阵交战时的软弱"是由于头头们

---

① 参见马克思，《〈黑格尔法哲学批判〉导言》，前引，第16页。——译注
② 马克思实际上说的是"人的解放"，同上，第16－18页。——译注
③ 参见马基雅维利，《君主论》，前引，第102页。译文有修改。——译注
④ 同上，第126页。——译注

软弱的结果"（369①）……这些人在自己指挥自己的时候却很优秀。为了防御外侮，使国家统一，必须有一位拥有自己的军队和国民的领袖，他将对他们进行训练，"一种可用的新型军队，改变他们的阵形"（370②）。

我们看到，通过这个简单的分析，清晰地突出了：

(A) **一些理论主题**

(1) 马基雅维利在方法论上的现实主义态度。拒绝表象，无论是在反思的乌托邦中制造的道德表象——还是直观的表象（粗俗见解的表象）……总之，一种关于表象和事实的哲学。

(2) 一种经验性的历史哲学，以及其前提（经验包含历史的全部真理；过去的经验在其本质上来说与现在的经验是相同的）。为什么呢？因为人永远是一样的，历史总在重复（循环论）。

(3) 一种历史行动的哲学：幸运 – virtù 这个对子。

（我们暂时把它们放在一边）

(B) 同时，一些政治主题，通过一定的方式组织起来，并围绕下面这个**核心主题**而集合起来：新君主的降临。

被马基雅维利持续不断地重复的，照亮整个《君主论》的主题。

他的事业的新颖性……以及《君主论》的新颖性。

---

①同上，第124页。——译注
②同上，第125页。译文有修改。——译注

《君主论》的提纲,突出这个主题及其后果。

参考提纲①

(1)从第一章到第十一章。现存的不同种类的君主国:对共同体可能具有的不同形式的思考:所有的可能。
(2)从第十二章到第十四章。军备。
(3)从第十五章到第二十三章。所有其他的方法。
(4)从第二十四章到第二十六章。结论:
　　——历史的基础
　　——政治的行动
　　——历史的目标

这个新君主的榜样是什么②:独裁者,温和的君王,一位共和国的首领?
这可以通过马基雅维利的神话非常直接地看出来。
　　(a)没有教廷……
　　(b)没有暴君(土耳其人,恺撒)
　　(c)但有……
　　　　——罗马
　　　　——法兰西和西班牙

---

① "参考提纲"是手写补充的。阿尔都塞的打字稿中没有任何关于《君主论》提纲的指示,相反,我们这里所用的学生的听课笔记中提到了它。
② 在打字稿中,这句话后面有一个难以理解的"1."。

——切萨雷·博尔贾。

(参考附页)①

马基雅维利的处境——以马基雅维利自己的参照和神话来判断

反面的神话②:
——罗马教廷

——暴政 | 土耳其人
　　　　　 | 恺撒

(1) 古罗马(过去)。
(2) 法兰西和西班牙:现在,但在意大利之外。
(3) 意大利自己的榜样:切萨雷·博尔贾。但同样还有他的失败——这暴露了意大利本身的虚弱状态。

每一个神话-参照本身都是具体的。

罗马:既不是人文主义者们笔下的罗马,也不是法学、文学和哲学的罗马。而是罗马的政治-军事组织;它的存在是作为现在的可能性的证明。复兴运动……统一的意大利的伟大复兴。

---

① 接下来的分析,在另一张单页上,好像就是这里所提到的"附页"。
② 接下来的三行是阿尔都塞打字稿该页顶端手写的补充部分。

但是有一个反神话:恺撒……明白为什么是共和政体的罗马……马基雅维利是共和主义者吗?是罗马的共和政体使马基雅维利感兴趣吗?

法兰西和西班牙。在这里,榜样变得明确:法国的典范:国王-贵族-人民之间的平衡状态。国王-贵族-人民。这三种力量……毫无疑问是共和政体。相反:毫无疑问,(1)为了创制一个国家(nation),必须要有绝对的君主政体。(2)要有最好的政府来组织这三种力量。^(k)

(k)阿拉贡的费尔迪南多

切萨雷·博尔贾。政治英雄的神话,英雄行动的条件;与圭恰迪尼相对照。图画的底色是一样的,但圭恰迪尼是保守主义的,而马基雅维利具有革命精神。^(l)

(l)反神话……1.教廷
  2.暴君:——土耳其人
     ——恺撒

一、①起点:对各种君主国的检视

因此,需要一位新君主来创制一个民族国家:也就是说,一个在意大利并不存在的政治统一体——这个政治统一体事实上只存在于外国(法兰西、西班牙)或只存在于历史上的意大利(罗马的神话)。

一位新君主,他将给**现存的质料**赋予新的形式,他必须把它塑造成形。马基雅维利的反乌托邦主义在这个现实主义的关切中显示了出来:民族的统一将从意大利的现实、从她本身的混乱状态出发,通过现有的这些人,通过意大利现有的质料来实现。并非将乌托邦投射到质料之上,而是寻求将政治方案**嵌入**质料本身以及现存的政治结构本身之中。

然而,意大利这个小国家的普遍虚弱这种纯粹消极的状态,这种整体衰弱的状况(这种绝对的负面性,从这里积累起来的所有矛盾:各邦的弱小无能,最终被人占领)已经到达这样的程度,

---

① 在打字稿中,这个部分被标明为第二,但在它之前并没有第一。在学生的听课笔记中也没有这两部分中任何一章的标识。我们对这份讲义的整个章节编号进行了调整。

使得她一方面必须有这样一个方案,通过创制一个新国家而使民族得以再生;同时另一方面又使得要为这样一个进程确定**它的实施基点**和**它的开始**成为**不可能**,或者说几乎不可能。从其总体来说,质料要求一种新的形式,但质料又处于一种相当混乱的状态,几乎没有任何形式,它只有那么一点自己的轮廓,只有这个形式的雏形,一个可能让形式得以开始诞生的中心点,但在质料中**不可能预先确定这个形式得以诞生的位置**。这个马基雅维利心中想着意大利的状况时提到的政治"质料",甚至无法与亚里士多德的"力"相比,后者虽然也缺少形式,但毕竟它有对自己的形式的渴望,自身中包含着未来的轮廓(正如大理石块上的一些纹理显露出雕塑家将要给予它的某种形式)。它也更无法与包含在黑格尔的历史环节中的内在形式相比(后者不知不觉自己成熟,这种隐含的形式,一旦抛弃先前已有的形式,就会在新时代来临时显现)。不:这质料是形式的真空,是期待着形式的纯粹的无形式。意大利的质料是一个权力的真空,等待着**从外部**带给它或强加给它一种形式。

正是质料的这个形式的极端外在性,使得《君主论》前十一章的分析,就其天真性并且就其深度来说,显得顺理成章,否则就显得莫名其妙。事实上,为什么要有对现存君主国的**全面检视**呢?为什么要对等待着其新形式的意大利的"质料"进行全面而详尽的描绘呢?那是因为,尽管马基雅维利宣布质料在等待并要求一种新形式,但他无法[a]从质料本身出发去预料新形式诞生的地点,无法预料开始,以及这个新形式得以开始的具体条件。对现存消极形式进行彻底盘点的**必然性**,只不过是对将新形式应用于现存质料的彻底的偶然性的承认。换句话说,新形式的必然性的条件,是其开始和诞生的彻底的偶然性。

(a)没有 τόπος①

没有地点的空间

参考"不同国家的诞生是因为偶然"

《论李维》?

在我看来,这就是《君主论》在开头部分检视各种不同类型君主国的原因。

阅读建立明细清单的第一章。

让我们跟随这种分析(b):

(b)君主国的六种类型

1. 世袭君主国

马基雅维利很快地掠过。容易保持的君主国。只要"不违反或触犯祖宗的规矩"就够了(291)②。在这些国家,君主是"**自然的**"。他是那些事物秩序的一部分。他因其资历和人们对起源的遗忘而受庇护。没有变革的理由;对他的权力的起源的遗忘,使他处在权力的位置上。"革新的理由,由于世袭权力的古老和其时间上的连绵久远而被取消了,随之消失的还有**对权力起源的记忆**。"(291)③一个有趣的暗示:长时间的习惯使君主变成自然的。

---

①希腊文,意为"地点"。——译注
②参见马基雅维利,《君主论》,前引,第 4 页。译文有修改。——译注
③同上,第 5 页。译文有修改。——译注

这种长时间的习惯的后果(和原因)是**对起源的遗忘**。这种君主的自然状态只不过是已经变成自然状态的习惯。揭示起源或援引起源都将激起变革(蒙田和帕斯卡尔的相同主题)。处于停滞状态的国家,对它本身不能有所期待。

2. 混合君主国(占了两章,即较长的第三章和第四章)

研究一个对马基雅维利来说最主要的问题,即通过兼并而**使一个国家变得强大**的问题。准确地说,通过不断地扩张和兼并来创制一个民族国家的问题。参考法兰西,第 292－293 页[c]:"如果那些被合并到一个比它们更古老的领地的被征服国家或地区与该领地属于同一民族,拥有相同的语言……那么要保有它,只需要灭绝过去统治他们的君主的后代就够了,因为,对于其他人来说,如果你保留他们的古老特权,且如果习俗没有什么不同,那些臣民们就会安然生活下去。正如人们在布列塔尼、布尔戈尼、加斯科涅和诺曼底所看到的,这些地方已经长时间地归属于法兰西帝国了……在一个极短的时间内,这些新国家就会同古老的王国变成浑然一体了。"[1]

(c)《君主论》第 292－293 页。

这个目标:将通过征服而兼并的各国变成**浑然一体**。但如果那些国家习俗和语言都不一样的话,提出一些棘手的难题。

---

[1] 阿尔都塞对译文作了细微的修改。(同上,第 7－8 页。译文有修改。——译注)

当人们征服那些在语言、习俗和制度上都不同的国家时,就需要幸运和机巧。不同的方法:驻节在那里。向那里殖民(但不是用军队占领)。削弱那些支援弱小国家的较强大的邻国。要有远见。

参考路易十二世在意大利犯下的五个错误(297)①:(1)他灭掉了那些最弱小的国家。(2)扩大了在意大利的一个有势力者的势力(教皇)。(3)引入了非常强有力的外国人(西班牙人)。(4)没有在那里驻节。(5)没有在那里殖民。

关于以下区分的明显的悖论:那些语言和习俗都相同的国家,那些语言和习俗都不同的国家,关于他们的征服和他们可持续的兼并所引出来的特定的难题,路易十二世及其所犯错误的例子——这个悖论似乎引出一个问题,即在第二种情况下,这是否还是一个民族国家的创制方案的问题。从法国方面看这个法国的例子,这一点可以很清楚地看出来。但从意大利方面看这个法国的例子,就没那么清楚了。然而,在马基雅维利的头脑中,这个例子与意大利的难题更为相关。要证明这一点,只要把对路易十二世所犯错误的考察与对切萨雷·博尔贾无可非议的行为的考察放在一起对照就够了。对于马基雅维利来说,意大利并不是一个在其全部领土范围内拥有**相同的风俗**甚至**相同的语言**的民族。作为典范的那波利王国(被罗曼人征服并留下痕迹的古老国家,在那里已经建立了非常强有力的封建秩序,一种法国式的封建制)就是一个对意大利的其余地区来说**几乎陌生**的国家,北部和

---

①同上,第 15-16 页。——译注

中部的意大利人就是这种感觉(d)。因此,在这种情况下,我们并没有因**不切实际的**或漫无边际的想象而偏离创制民族国家这一现实难题的范围:这是关于这种创制的诸多特定难题中的一个。意识到这种创制必须正视以下难题:征服、兼并对于这个民族(nation)来说虽属外族、然而又必须被合并入这个民族的地区。

(d)参考 mezzo-giorno① 的现代问题。

3.关于自由城市,即那些"在各自的法律下生活"的城市(第五章)

自由的人民。兼并及统治他们的困难。只有一个解决办法:或者把他们摧毁(②把那些城市夷为平地:"占有一个地区的最稳妥的办法就是将它毁灭掉"③(302④),或者驻在那里,并⑤"借助于那些市民的援助"去保有它。

如果不这样,就会有数不清的叛乱,因为那些共和国的人民保有"对他们从前自由的记忆",这会使他们"无法平静"……那些共和国的人民**永远**忘不了他们的自由(302-303⑥)。

这种自由的城市,为马基雅维利提供了一种极端的情况。显然是受到佛罗伦萨和威尼斯的例子的启发,无论如何是受到对意大利公社时期自由城市的记忆的启发。新君主可能面临这种情

---

①意大利文,原意为"中午",转指"意大利南方"。——译注
②原文如此,缺后括号。——译注
③阿尔都塞对译文作了细微的修改。
④参见马基雅维利,《君主论》,前引,第23页。译文有修改。——译注
⑤这句话的结尾是手写补充的。
⑥参见马基雅维利,《君主论》,前引,第23页。译文有修改。——译注

况:即不得不去占领并兼并一座自由城市。两种方式:或者将它夷为平地(将它和它独立自主的精神一起摧毁),或者如果不想将它摧毁,那就驻在那里并"借助于那些市民自己的援助去保有它"(302①)。然而,这种极端的情况几乎被当前意大利的状况排除在外。参考《论李维》第二卷,第二章:罗马征服并控制那些自由人民所面临的巨大困难:"虽然在当今这个时代,只有一个地区,人们可以说它拥有自由的城市〈指德意志:但这些德国城市的自由只属于一个民族国家〉,但我们可以看到,在古代,所有的地区都有很多极其自由的人民……在我们现在正在说的那个时代,在意大利,从如今把托斯卡纳与伦巴第分隔开的阿尔卑斯山一直到意大利的底端,全都是自由地区的人民……"(516 - 517)②但现在,意大利却不再包括那些地方了……

4. 那些靠个人创建的国家(从第六章到第八章)

从无出发,完全依靠自己的优点③(virtù)或完全依靠幸运(他人)。"全新的君主国……"

> 三种情况:一开始靠幸运(博尔贾)
> 　　　　　一开始靠 virtù(斯福尔扎)
> 　　　　　或靠纯粹的卑鄙行为(第八章)

---

① 同上,第 22 页。译文有修改。——译注
② 参见《马基雅维利全集》之《君主论·李维史论》,薛军译,吉林出版集团有限责任公司,2011 年,第 324 页。译文有修改。——译注
③ "优点"原文"mérite",也有"功劳""成就"的意思。——译注

对马基雅维利来说的起源状况的典型。它同时也是极端的状况:某个人以任一种方式从未掌权状态到登上权力宝座。并且从那里开始,从这种由他创造的(virtù)或偶然落到他身上的(幸运)状况出发,奠定自己权力的基础……不再依靠他人。

5. 市民的君主国(第九章)

在这种国家,某个人因被贵族或人民召唤到这个职位上而成为君主。这一次,权力的起点在各社会力量之中,后者**直接干预**、**直接活跃**于建立君主国的过程中。正是在以下意义上它被称之为**市民的**:即君主的权力不是来自他自己,不是来自他的 virtù 或者(匿名的)幸运,而是来自某一社会集团的干预。

这种情况的好处是使政治世界的**深层社会基础昭然若揭**,而在另外的情况下,或多或少总是隐而不现的。

关于两种"情绪"(医学术语①。在马基雅维利著作中经常出现)的理论。所有的城市都包括两种"**情绪**":人民和贵族。

"在所有的城市都可以找到这两种情绪"(317②)总是处于斗争中。为什么会有这种斗争?"因为人民既不愿意被贵族统治也不愿被他们压迫,而贵族则想统治和压迫人民。"③

正是这两个阶级的这种斗争激起了对君主的召唤。贵族们

---

① "humeurs"一词在医学中指"体液",后来被用来指人的"性格""性情""脾气"和"情绪"等。——译注
② 参见马基雅维利,《君主论》,前引,第 45 页。译文有修改。——译注
③ 同上,第 45 页。译文有修改。——译注

想要一位君主,因为他们"不能够抗拒人民",他们想要一位君主,庇护自己防御人民,以便他们"在他的庇荫下,满足自己的欲念"。与之相反,人民想要一位君主,庇护自己防御贵族,"以便在他的羽翼下得到保护",不受贵族的侵害(317①)。

因此,君主统治的阶级起源,在这种情况中,是**看得见的**起源。

不过,在对这种君主国的考察中,值得关注的是马基雅维利提出来的问题。在那些状况下,一经被召唤,君主如何才能最好地维持其权力?他指出,**人民的**君主,处境最为可靠,最稳固;而贵族的君主,却处于一种不稳定状态,总是受到威胁。"那种依靠有钱人的帮助而成为君主的人"更加受到威胁,因为他是处于与他平等的人当中的君主,"因此他不能按照自己的意愿随意指挥他们或者管理他们",而为了讨好贵族,他就必须损害人民。相反,被人民召唤而成为君主,不会受到来自人民的威胁,因为他们不自以为与君主是平等的……而且无需损害其他人就可以使人民感到满足,因为"人民的愿望比贵族们的愿望更为正直,后者总想欺凌弱小……"(317②)。由此得出双重的结论:

(a)人民的君主只要保持与人民的友谊

(b)贵族的君主:"同人民对立,依靠贵族的赞助而成为君主,应该……想方设法争取人民……把他们置于保护之下"③……在任何一种情况中,无论其起源是什么,"君主必须去赢得人

---

①同上,第45页。译文有修改。——译注
②同上,第45页。译文有修改。——译注
③阿尔都塞对译文作了细微的修改。

民的爱戴"(319①)。

6. 教会的君主国

它们完全自己统治自己……统治它们既不需要幸运也不需要 virtù……"因为它们是依靠宗教上的古老的制度维持的"……那些君主拥有臣民,却并不统治他们!!马基雅维利的讽刺。"既然它们是依靠人类智力所不能达到的高级理性所统治的,我就不再谈论它们了;因为它们是由上帝所树立与维护的,议论它们,就是僭妄的冒失鬼的行为"(322②)。这种奇怪的措辞只能当作是马基雅维利对罗马教会的政治活动的一种刻毒谴责来理解。教会虽然没有能力统一意大利,却从不缺乏力量阻挡别人去统一它。"教会,从来没有强大到能控制整个意大利,也从不允许别的力量去占领它,一直是这个地区不能统一于一位领袖之手的原因③……"(《论李维》第一卷,第十二章,第 416 页)④。因为"这个地区无法真正地获得统一并繁荣起来,除非它完全服从于一个独一无二的政府,无论它是君主政体,还是共和政体。法兰西和西班牙就是这样的。无论是采取君主政体,还是共和政体,如果意大利的政府没有完全按这种方式去组织,我们只能将其归因于教会"(同上,第 416 页)⑤。

---

①参见马基雅维利,《君主论》,前引,第 47 页。译文有修改。——译注
②同上,第 54 页。译文有修改。——译注
③阿尔都塞对译文作了细微的修改。
④参见《君主论·李维史论》,前引,第 187 页。译文有修改。——译注
⑤同上,第 187 页。译文有修改。——译注

是否可以说,对现存君主国诸形式的这种分析完全证实了我从一开始就赋予的那些意义呢?换言之,这些**质料**确实处于**真空**状态,这种对现存各种形式的罗列就其自身来说是完全**中性的**,马基雅维利,预支了笛卡尔的最后一条法则,进行**全面枚举**①,其意义就在于清理出一个同质的、空的、无论什么都没有优先权的纯粹可能的空间?或者说,甚至在这个可能的纯空间的中心,是否不存在一点阴影区域,或其他更明亮的区域,可以被看作具有某些优先权;或在空隙中展现出某些确定的迹象?

在这一方面,有三点似乎值得关注。

(a)第一,**有一些国家的类型,对于它们没有什么可指望的**。那是一些古老的世袭国家,它们沦落为一种习惯,一种自然的存在,沦落到历史的沉睡状态。其次,是那些教会的君主国,它们在某种方式上,是由那种高于政治的东西所建立的(通过上帝的作用而得到维护……),以至于它们超出了政治,超出了政治层面。最后,是那些通过纯粹的卑鄙行为而征服、建立的国家,它们也一样处于政治之外,因为它们是历史的怪胎。因为君主的做法在那里没有别的目的,只是为了满足自己的暴戾,它是私人的而完全不是政治的,并不是用于真正的政治目的。

(b)第二,那些**新国家**相反得到极大关注,这些国家由那些因幸运或 virtù 而得到政治提升的人所建立,或者由那些响应某个社会阶级的召唤而获得权力的人所建立。在这两种情况(因幸

---

①参见笛卡尔,《谈谈方法》,王太庆译,前引,第17页:"最后一条是:在任何情况下,都要尽量全面地考察,尽量普遍地复查,做到确信毫无遗漏。"——译注

运-virtù 而建立的国家,或因一个社会阶级的干预而建立的国家)中,这些国家揭示出[……]①君主与人民之间的一致才是它们获得力量并持久的真正"基础"。

(c)第三,**共和国**的缺席。在《君主论》的开头,马基雅维利就自我辩解:"我想撇开共和国不予讨论……"(290②),其借口是他已经在《论李维》中论述过了。但他认为民族国家的降临不可能从共和国起步。有一个很好的论据,那就是共和国在意大利只以一种堕落的形式而存在。而一个堕落的共和国(参考《论李维》第一卷,第十八章,第431页)没有未来,除非"人们把政府推向君主国家而不是推向人民国家"③。

所以,事实上在这个底色上,那些排他的、优先的,或者即便不是排他的,也是有细微指示性的东西,被描绘了出来。这一切都由讨论混合国的那一章支配着,那一章描绘了新国家即将来临的未来:为了创制民族国家,征服与兼并其他区域。

---

①打字稿中,这里面有一个"在"字。
②参见马基雅维利,《君主论》,前引,第4页。——译注
③参见《君主论·李维史论》,前引,第206页。译文有修改。——译注

二、军队与政治

军事问题,是马基雅维利无法摆脱的问题。参考《君主论》最后的劝告。君主必须首先是战争的领袖。意大利人缺乏的是首领,有了首领才能让他们在军队里表现得与独自一人时一样勇猛。"他必须做的第一件事情就是组建自己的军队"(370①),并赋予军队组织以一种新形式。

(1)那些不好的军队(充斥于意大利的就是这种军队)

(a)雇佣军:他们不愿战斗。

(b)援军:这些部队归另一个国家所有。法兰西国王。

(c)混合军:路易十二领导下的法国军队(法国骑兵,瑞士步兵)②。

(2)好的军队:**民族的军队**。

切萨雷·博尔贾的例子:他依次从依靠雇佣军转到依靠援军,然后转而依靠民族的军队。

对所有的新君主来说,组建一支民族的军队都是必不可

---

① 参见马基雅维利,《君主论》,前引,第125页。译文有修改。——译注
② 打字稿只是指出了这三种军队,并在每一种后面留下了大片空白,而没有写出这些具体内容,这些评注来自学生的听课笔记。

少的。

"从来没有一位新君主解除了他的属民的武装,与此相反,当他发现他的属民没有武装时,他总是把他们武装起来;因为通过将他们武装起来,那些武力就成为你的武力,并且那些以前怀疑你的人会变得忠于你,那些本来就忠于你的人,将继续忠于你,那些属民将会成为你的拥护者。"

"在一个新的君主国里,新君主总是把自己的属民武装起来。"(353①)

一支民族的军队,是独立自主的条件。武装起来的人民:"罗马和斯巴达有很长一段时间都整军经武,从而享有自由。瑞士人则是彻底武装起来,从而享有完全的自由……"《君主论》第326页②。

而享有自由的条件:是那些国民都被武装起来,不再畏惧暴政。

马基雅维利的计划。创建**由城镇居民和农民组成的民兵部队**:把农民招募进由城镇居民组成的部队中,使用同一番号。也就是说,使军队像雅各宾派将来计划中所设想的那样:成为民族统一体的熔炉。(a)

(a)参考葛兰西。

---

①参见马基雅维利,《君主论》,前引,第100、101页。译文有修改。——译注

②同上,第59页。译文有修改。——译注

步兵优先:军事民主。马基雅维利对雇佣军的技术上的批评:步兵数量的减少和骑兵数量的增加。真正有斗志的是那些步兵……

正是马基雅维利对战争的艺术中技术性难题的态度,最有力地突出了他的军事观的政治意义。对他来说,所有的技术性难题都从属于以下力量:由民族的军队中城镇居民们的联合所构成的力量。**火炮**的例子。对于马基雅维利来说,火炮并没有改变战争的艺术。难题依然是那些难题。

堡垒和金钱也都无法改变战争的艺术(战争之本不是金钱,而是好的士兵。见《论李维》第二卷,第十章,第 538 -540 页)①。

马基雅维利纠缠于这些军事难题究竟有什么总体的意义呢

(1)坚信军事力量对于实现那个宏伟计划来说是必不可少的。没有武装的君主只是被解除武装的先知。无结果的。坚信即使有某位首领,像萨伏那罗拉②那样,能够赢得人民一时的信赖,他也可能会失去它,因而不能完全依靠它,并且应当在人民不再自发地信赖他时,**用武力迫使人民去信赖**。所以,为了创制、保有新国家并使其强大,必须要有军队。

---

①参见《君主论·李维史论》,前引,第 351 -354 页:"……如果没有忠实的军队,大量的钱财对你来说也是不够的……黄金不是战争的支柱,好的士兵才是战争的支柱。"——译注

②参见马基雅维利,《君主论》,前引,第 27 页。——译注

（2）坚信这一军队本身应该是民族的和人民的。那足以实现民族大业的军队本身应该独立于外部势力；即它**必须团结一致，以完成它应当完成的使命**。这种军队就是武装起来的人民。这种军队能预料到自己的后果。也就是说，在服务于某种政治时，军队不应该仅仅是技术性的力量，其本身就要是一种**政治力量**，并以某种方式，对它所能达到的目的有审慎的预料。

或许可以说，在通向克劳塞维茨与列宁的悠久现代传统中，马基雅维利可以算得上是第一位意识到战争的**政治性质**，并第一位意识到必须给暴力的形式和手段赋予其本身是**政治的内容**的理论家。

（3）马基雅维利对战争的政治含义与那些军事难题之间的这种关联有一种直接的意识。

《君主论》（324 页①）

"一切国家，无论是新的国家、旧的国家或者**混合国**，其主要的基础乃是良好的法律和良好的军队。"

……但是，光有法律是不够的（被解除武装的先知），最重要的是军队。

最主要的是，最主要的东西要是良好的，也就是说，**军队要是良好的**。良好的军队意味着**良好的法律**。

并且"因为如果军队一文不值，那里就不可能有良好的法律，同时如果那里有良好的军队，那里就一定会有良好的法律。接下

---

①同上，第 57 页。——译注

来我将不讨论法律问题,而只谈军队问题"(324①)。

对于马基雅维利来说,谈论军队,就是谈论法律。

---

① 同上,第57页。译文有修改。——译注

三、统治术

如果说所有法律的根源都已经包含在良好的军队中,那是因为军队从本质上说就是政治的。政治是战争通过其他手段的继续①……那些手段是什么?

马基雅维利著作中关于统治术一般理论的三个重要部分。

(1)一种关于暴力的理论

(2)一种关于表象的理论

(3)一种关于与人民的关系的理论。

---

① 阿尔都塞在这里借用并倒转了克劳塞维茨的著名论点:"战争是政治通过其他手段的继续。"参见克劳塞维茨,《战争论》,中国人民解放军军事科学院译,商务印书馆,1978年,第43页:"战争无非是政治通过另一种手段的继续。"值得指出的是,毛泽东和福柯也都各自独立地提出过相同的论点。参见毛泽东,《论持久战》(1938年5月),《毛泽东选集》第二卷,人民出版社,1991年,第480页:"政治是不流血的战争,战争是流血的政治";福柯,《必须保卫社会》(法兰西学院演讲系列,1976年),钱翰译,上海人民出版社,2010年,第12页:"我们把克劳塞维茨的命题翻转过来,我们说,政治是通过其他方法继续的战争。"——译注

1. 关于暴力及各种手段的理论

正是这种理论，让马基雅维利臭名昭著。目的使任何手段合法的理论（参考穆南①，提醒我们注意对加米涅夫的审判和维辛斯基的指责：你们颂扬马基雅维利……他还宣称人们永远无法洗白马基雅维利，因为他颂扬了切萨雷·博尔贾，而后者在将雷米罗·德·奥尔科派往罗马尼亚去当总督以安抚并驱逐那里的小封建强盗之后，又在切塞纳的广场处决了他。）

马基雅维利的全部理论都可以归纳为这句话："**应受谴责的是毁坏事物的暴力，而不是纠正事物的暴力**"（《论李维》第一卷，第九章，第 405 页②）。关于罗穆卢斯，他在刚建立新国家之后就为了登上权力宝座而杀死了自己的同僚和兄弟："明智之士从来不谴责那些为了整治一个君主国或者建立一个共和国而使用通

---

①乔治·穆南（Georges Mounin），《马基雅维利》（*Machiavel*），法国图书俱乐部（Club français du livre），1958 年，Seuil 出版社，1966 年再版。比如参考该书再版的第 177－178 页："可以肯定的是，《君主论》是对马基雅维利主义的忠告，马基雅维利希望给出人们可从中发现的教训。世界上所有的评论都无法掩盖第十七章……比如，什么都无法改变这样一种事实，即对雷米罗·德·奥尔科（Remiro de Lorqua）的处决——作为受到马基雅维利如此赞扬的目的的结局，就是一种典型的替罪羊政治。"或者还有第 187 页："维辛斯基……当莫斯科大审判时，也同样对被告人的意识形态进行了审判，他批评加米涅夫对马基雅维利的崇拜，并与加米涅夫的理论进行斗争，根据后者的理论，马基雅维利依然有现实价值。"

②参见《君主论·李维史论》，前引，第 175 页。译文有修改。——译注

常规则以外手段的人。极为合理的是,尽管就行为而言应该指控他,但就结果而言应该原谅他……应受谴责的是毁坏事物的暴力,而不是纠正事物的暴力。"①

因此,有一种内在于暴力本身的法则操控或制止对暴力的使用。被接受的只有积极的、建设性的暴力,而不是消极的、破坏性的暴力。

参考那些纯粹通过卑鄙行为而攫取一个国家的人的例子:《君主论》第314页:阿加托克雷。"屠杀同胞,出卖朋友,缺乏信用,毫无恻隐之心,没有宗教信仰,是不能够称作 virtù② 的……阿加托克雷的野蛮残忍和不人道,以及不可胜数的卑鄙行为,不允许他跻身于大名鼎鼎的最卓越的人物之列。"③

因此,暴力及对不道德的方法的使用,只有在有一个正义的目的——即创建或保有一个国家——这种**正当的情况**下才可以得到辩护。

在创建一个新国家这种情况下,这种暴力和厚颜无耻的政治是[原文如此]绝对不可少的。"君主,特别是新君主,不能老老实

---

① 参见《君主论·李维史论》,前引,第175页。译文有修改。——译注
② 这里原文为"vertu"(德性),应是"virtù"之误。关于 virtù,参见第245页译注。——译注
③ 参见马基雅维利,《君主论》,前引,第40-41页。译文有修改。——译注

实地遵守那些被认为是好人应该遵守的所有条文,因为为了保持自己的国家,他经常不得不背信弃义,不讲仁慈,悖乎人道,违反神道……如果有可能的话,他应该不背离善良之道,但是如果必须的话,他就要懂得怎样走上为非作恶之途。"(342①)或更直截了当地说:"在所有的君主当中,不可能避免残酷之名的是新君主②。"

因此,在马基雅维利的作品中,关于目的和手段的难题,是在一种极其明确的和结构化了的语境中出现的:

(a)只有**好的目的**才能为手段辩护。暴力、残酷、厚颜无耻、言而无信,等等,只有当它们不是用于个人的私欲,而是用于**完成其本身就是好的**历史任务时,才能得到辩护。当混乱的意大利处于各小国君主横行霸道,外国入侵者肆意劫掠的普遍暴力中,当意大利的质料就体现为**暴力的一般组成部分**时,只有利用暴力手段才能结束暴力,但必须有一个条件,那就是这种暴力必须是建设性的、用来纠正错误的,必须是积极的和用来消除灾难的。其他的一切都是纯粹的乌托邦:或者是道德家和哲学著作家的乌托邦;或者是萨伏那罗拉的具体的政治乌托邦:他的非暴力最后害了他;或者是佛罗伦萨人文主义者关于比萨的乌托邦:它造成了比人们想要避免的暴力更残酷的暴力。因此,正是这个目的的**现实性**构成了使用所有暴力和不道德手段的内在的、未明言

---

①同上,第85页。译文有修改。——译注
②同上,第79页。译文有修改。——译注

的标准。

这种有条件的暴力,其性质的后果就是,目的仅仅征用恰当的手段,它们可能是暴力的、不道德的,也可能是道德的、非暴力的。在《君主论》一书中,马基雅维利分析**残酷**问题、吝啬问题、忠诚问题、不遵守信义等问题的所有章节,都受到这一标准的支配。对此,我们也可以概括如下:好的政治目的征用所有的手段,无论是不是暴力的,也无论是不是道德的。所有的手段,无论好坏。

(b)所以,暴力和厚颜无耻等方面的这种聪明技巧,总是伴随着别的方法上的可能性。局势并非总是要求诉诸残酷、不遵守信义等手段。也可能通过良好的道德规范去统治人。换句话说,对暴力使用条件的限定,为在这些界限以外使用非暴力手段的条件解除了限制。

参考《君主论》中著名的第十八章:

"世界上有两种斗争方法,一种是运用法律,另一种是运用武力:第一种方法是人类特有的,第二种是野兽所特有的。但是,因为前者常常不够,所以必须诉诸后者。因此,君主必须懂得怎样善于使用野兽和人类所特有的斗争方法……"(341[①]):当古代作家们说阿基里斯是以半人半马的怪物,即半人半兽的基罗尼为师时,就是在用隐晦的话作这样的教导。

(c)因此,政治经常**利用法律**,然而同时又更经常地被抛向武力。但这不是盲目的武力。马基雅维利关于野兽的神话:狮

[①]同上,第83页。译文有修改。——译注

子和狐狸[a]。

(a)
人

野兽：$\begin{cases} 狐狸 \\ 狮子 \end{cases}$

"那些只希望像狮子一样行动的人们却对此毫不理解"（341[①]），纯粹的武力是徒劳的。

成为狐狸：懂得依靠智慧来支配对武力的使用，使之适合自己的目的。

2. 一种关于表象的理论

然而，这种复合体：手段和目的在人类的总体即**表象**的总体中上演。

换句话说：君主的行为，虽然以他的目的和手段之间关系的现实性为基础，但却是在那些被统治者们的**舆论**中作出的。在这种舆论中占统治地位的是关于德性和道德仁慈的观念，以及关于道德-宗教品质的观念。

不要触犯人们的表象。人们自发地生活在种种道德和宗教的德性当中。不要触犯它们。

[①] 同上，第84页。译文有修改。——译注

参考关于**表象**的卡片。

人们用双眼而不是用双手来作出判断……与斯宾诺莎非常相似的想象的范畴(参考对笛卡尔主义者们来说的形象和想象的典型：视觉的,直接视觉的；看到太阳就在离我们两百步远……参考笛卡尔的对比：看起来弯曲的棍子,**摸起来**不是弯曲的……)

人们自发的表象与"现在"、与"现在"的直接性紧密相连(同样,参考斯宾诺莎)。

第二级的表象：**宗教**(与斯宾诺莎作品中一样的笔法,但未经反思。在斯宾诺莎那里,宗教表现为对自发的想象物的意识形态反思。)

政治地去行动,不是去改变政治在其中得以发挥作用的想象世界的结构,而是永远在两个层面行动：在目标的层面和实际计划的层面,在目的的层面和实际手段的层面,并且同时将道德－宗教因素和意识形态的想象因素考虑进来,因为人民就是根据它们来行动的。政治就是要认识到这种表象的本质,然而又利用它,而不是去消灭它[b]。非理论化地意识到了大众信仰(少数的人可以不考虑)[c]的意识形态存在,意识到了存在于意识形态和政治的本质之间的一种内在有机联系,并且同时意识到了改进这种自发的意识形态信仰的不可能性。没有对知性的改进,与斯宾诺莎的著作完全一样。这与18世纪完全不同。

(b)参考关于底层**宗教**的卡片。

（c）（关于在底层的**声望**的卡片）。

3. 一种关于君主与人民的关系的理论

恰当地估量爱戴与憎恨……

参考斯宾诺莎。同一主题。

爱戴……表象的层面
憎恨……相反的现实性的层面

不带憎恨和蔑视的恐惧……对想象和激情的恰当利用

（关于**恐惧**的卡片）
（阴谋）参考斯宾诺莎①

在附录中：回到起源的理论。
参考斯宾诺莎《政治论》第十章，第一节②。
参考马基雅维利，《论李维》第三卷，第一章（第 607 – 611 页③）④

---

①以上两行是手写的。
②参见斯宾诺莎，《政治论》，前引，第 359 – 361 页。——译注
③参见《君主论·李维史论》，前引，第 439 – 444 页。——译注
④在阿尔都塞的打字稿中，这里没有任何别的关于"回到起源"的细节。本章的结尾部分都取自学生的听课笔记。

回到生死攸关的原则：

——采取断然措施；

——有一位伟大人物；

——有一个调节性的原则，即回到起源（每五年：夺回政权）。掩盖国家的起源。重新发现国家起源的应该是首领。

正是通过这些，马基雅维利变得与古典政治理论相似。这种回到起源的深层原因，是马基雅维利虽然没有意识到但却一直在谈论的绝对开始的幽灵：从那里某种政治的东西得以**开始**、**诞生**。这种困扰，与古典政治有根本的不同：必须对非存在进行思考。

古典思想只思考那些已经达成的同意的可能性条件：权利（droit）的难题。对他来说，成问题的是降临。这是他从否定的方面思考的东西，其他人甚至没想到它。

四、幸运和 virtù：一种关于行动的理论？[1]

人尽皆知的概念。

它们的起源。命运理论的风行：意大利的重大事件："这种意见在我们这个时代又重新得到相信，因为过去已经看到而且现在每天看到世事的重大革命远在人们的预料之外。"[2]
《君主论》第364－365页。

在fortune[3]对面：virtù：一种建立秩序、保护已经建立的秩序不被命运破坏的意识的外在形象。

命运的三种面目：
(1)命运的无法预料、不可思议的自发的和消极的面目：命运

---

[1] 注意，"幸运"（fortune）在下文也译为"命运"。关于virtù，参见第245页译注。——译注

[2] 参见马基雅维利，《君主论》，前引，第118页。译文有修改。——译注

[3] 这里原文斜体，表示用的是意大利文"fortune"，与这个词对应的法文也是"fortune"，意为"命运"，在其他地方也译为"幸运"。——译注

就像是泛滥的河流(a)①。对付这种消极的、否定性的命运形式的办法：就是在风平浪静的间歇，筑起堤坝。利用风浪平息的时间，筑起抗拒自然风暴的大堤(b)。

（a）参考第 365 页文本。

（b）"fortuna"②－自然？

政治－耕作③？

↓

政治的必然性就是耕作，就是去做，去组织——如果命运就是自然〈为自己排水除污的自然的形象：洪水，等等。与之对等的人类的革命——参考后来的卢梭：人类的革命已经取代了自然的革命〉。

《君主论》第二十五章，第 365 − 366 页。

（没有堤坝的意大利）④

（参考文本）

建立秩序。保护它。以一种人类－政治的必然性对抗非理性的必然性。一种连续性。建立一种稳定的政治现实和时间。建立这种必然性。virtù 是这一事业所需要的心理－个性上的等价物。

---

①"我把命运比作我们那些毁灭性的河流之一，当它怒吼的时候，淹没原野，拔树毁屋，把土地搬家；在洪水面前人人奔逃，屈服于它的暴虐之下，毫无能力抗拒它。"（同上，第 118 页。——译注）

②拉丁文，意为"命运女神""命运""幸运"，注意这个词的词性为阴性。——译注

③"耕作"（culture），也译为"文化"。——译注

④这一行是手写的。

适合这一事业的人的风格。与建立这种历史必然性相一致的意识的外在形象。使历史变成这样一条河流：它只在人的行动和可预见性这两道堤坝间流淌。virtù 的这种唯意志论，是建立历史的必然性秩序的可能性条件。

尽管如此，就在马基雅维利这样描绘 virtù 的使命及其在面对命运的非理性的质料时的**功能**的同时；就在他说明 virtù 的天职就是在历史进程中、在因为是由人的行动所支配因而可理解的历史连续性中改变历史的同时；就在这同时，他也感觉到了对这种 virtù 本身的**要求**的抽象性。他感到这种 virtù，这种应当成为所有必然性的根源的 virtù 本身，反过来在它的承载人身上从属于一种**彻底的偶然性**。在这里(c)，我们看到，关于必然性依赖于彻底的偶然性的矛盾感，在马基雅维利的计划和难题得以被概括的抽象概念层次上，**再一次出现**。换句话说，在断言所有的东西都取决于 virtù，在断言 virtù 应当对命运（命运女神是个女人，"给予"）动武以将自己的法则强加给她，使她服从于它自己的可理解的连续性时，马基雅维利无法以别的方式而只能通过 virtù 自己的后果，对 virtù 本身下一个定义。他无法以别的方式而只能通过行动中的决心和行动中的连续性，通过人们在自己事业道路上坚持到底的能力（capacité），通过必然性中的激进性，来定义它。因此，对 virtù 的思考完全是从它应当带来什么东西出发，而不是从某种使它本身得以产生的必然性出发。所以，如果我们真的回过头去看那些历史上展露过这种 virtù 的人时，我们会看到他**本来可能并不具备它**。同时，我们会在这种关于 virtù 的理论下面发现第二层次的思考，这种思考关系到那些我们通过对个性多样性的观察就能非常简单地指出来的事实：即有的人胆怯，有的人勇敢，等等，因此有的人带着自己天生的烙印，无法改变；还有的人，他们的成功**纯粹是命运本身的产物**。换句话说，virtù 对于命运的这种极端的外在性，颠倒了这个问题的用语本身。[virtù]①的这种极端唯意志论本身，仍然服从于命运的非理性的必然性。参考具有象征性的关于切萨雷·博尔贾的例子。命运从他那里夺走了它曾给予他的东西，尽管他也曾作出种种努力把开始的偶然性转变为历史的必然性。因此这就是说，堤坝筑得还不够高，第一个筑堤坝的人的作品，要长时间地受到非理性的意外事件的摆布，那是一件对于想建立人类的历史来说几乎毫无希望的人类作品；但那不是切萨雷·博尔贾事业的唯一教训；另一个教训是在他失败之后命运留给他的晦暗不明的前途。一旦他丧失自己的权力，他就只不过是一个只懂得打仗的士兵，一个为西班牙国王服务的普通团伙的头领，并在围攻一个二级要塞时，平庸地死去。那么，他的 virtù 那时没有用了吗？人还是那同一个人。变了的——正如马基雅维利在谈到别的例子时所说的——是时间和命运。就好像命运本身将他高高举起（这只有一次），使他成为一个有潜在 virtù 的人，但这 virtù 潜藏得如此之深，以至于人们只有通过他的作品才能认出它，同时又是如此的脆弱，以至它又被自己的作品本身所埋葬。因此，就好像 virtù 本身在他身上只不过是命运的现象。

（c）双重的抽象

  a. 人的个性

  b. 命运本身

---

① 阿尔都塞写的是"命运"，显然是失误。

(2)命运的另一种面目,积极的然而又是隐匿的面目。命运的隐秘计划。在第一种情况中,命运是纯粹的无理性,没有计划,也没有目的:是人类在混乱中设定了目的。是人类筑堤坝拦住河流,并制造河流。在第二种情况下,命运本身有自己的目的:它所追求的,为人类所不知。

《论李维》第二卷,第二十九章,第596-597页(文本)①。

真正的命运是追随自己计划的神意。当需要的时候,是它使virtù产生。virtù只是命运的现象——而不是它的对立物;必然性并非virtù的产物,相反,virtù是必然性的产物[d]。

(d)开启了整整一个传统的理论:黑格尔主义=伟人的必然性。

某种必然性的观念,然而是隐秘的。"人类不知道什么是自己的目标"……他们只是要变得**有德性**(vertueux),只是去**希望**。对人类来说难以理解的世界进程,没有给他留下别的办法,只是要变得有德性,却不知道其德性(vertu)与世界进程永远不会相符。

---

① "命运的运行是这样的:当她想完成一项伟大的计划时,她就挑选一个有足够勇气和virtù的人,使他能识别命运提供给他的时机。同样,当她想让一个大国家产生动荡时,她就让那样一些人担任这个国家的首领,以加速这个国家的毁灭。如果有人强大到能阻止它的毁灭,那她就要么杀死他,要么夺走他所有的手段,让他无可依凭。"(参见《君主论·李维史论》,前引,第422-423页。译文有修改。——译注)

我们可以说,在这两种对立的面目中,马基雅维利从对立的一面走到了另一面。背负着必然性和偶然性、否定性和肯定性的,一会儿是virtù,一会儿是命运……不可能的综合。马基雅维利陷入了一种不可能性中,即他无法指出在预示新君主的必然性与新君主出现的彻底偶然性这两者间的连接物是什么,这非常准确地反映了马基雅维利的政治处境。应当奠定秩序,使历史成为在自己堤坝中平缓流淌的河流的人,同时也是局势和一种无声且又盲目的历史必然性(这是命运的第二种含义)所要求的人,但同时,也正是这个人应当把自己的virtù会带来的必然性的秩序和积极的一面,注入时间的无序中和命运的纯粹消极性中。马基雅维利意识中的所有这些不统一,都反映在这个概念的不统一中。

(3)然而,在这个地平线上(作为一种希望?①),出现了一种关于命运的新观念,假定这个综合的难题已经得到解决:参考《论李维》第三卷,第九章,第[640]-642页(重复《君主论》中的许多段落):"我常常想,人们是成功还是失败,取决于他们是否懂得根据情况来调整自己的行为……错误犯得最少的人,是那些其活动与有利的情况相一致的人……正因为如此,我们的命运才变得不一样:时间在变化,我们却不愿改变。也正因为如此,一些城邦才灭亡了,因为那些共和国没有根据时间的变化而去改变其制度……"②在这里,(消极的)命运不是别的,就是人类在面对时间

---

①这个问号是手写加上去的,代替了最初用的逗号。
②参见《君主论·李维史论》,前引,第480-481页。译文有修改。——译注

的必然性时不明智,在这里,我们处于人应当可理解的必然性之中。所有(不幸的)人类命运,都是因为人们在面对时间的流转,也就是说面对事态的发展和社会的变化时不明智和盲目。而积极的命运来自人们适应当前的局势及其变化的 virtù。因此,virtù 的含义本身变了。在同一章节中,马基雅维利写道:"共和国之所以比君主国更持久并始终更幸运,是因共和国公民天资的多样性使它具有比君主国更容易适应时间变化的能力。"《论李维》第三卷,第九章,第 641 页①。接着在西庇阿例子的附近引述了法比乌斯的例子。这里所谈到的 virtù,不再是指历史的必然性本身的创造性力量,而是指关于局势的智慧和对必然性本身的适应力。② **然而,在共和国中**,virtù 的产生这个问题同时就得到了解决:不是因为恰好具有为那些局势所需要的 virtù **的某个人偶然出现了**(这本身是难以解决的问题),而是因为共和国**储备了那些能适应所有局势的具有不同天资的人**。但同时也很值得注意,这里被明确讨论的是共和国,而很少涉及君主国,也就是说,被讨论的是一种已经成为历史的政治形式,而非当前的政治形式,是一种对于解决马基雅维利的根本难题来说并不适合的政治形式。

我认为我们可以说,这种共和国的乌托邦对于马基雅维利来说,正好代表着对幸运与 virtù 的二律背反的政治难题的解决。这种政体是在命运的庇护下通过由它所培养的人们的才能本身所创造和实现的历史事实。当政治不再只是一个人的事,而是共和国

---

① 参见《君主论·李维史论》,前引,第 481 页。译文有修改。——译注
② 这一句是手写加上去的。

中所有人的事时,它就会通过自我生产来为自己确保一个属于自己的未来,确保在它数量众多的公民中找到一种途径,解决由命运可能向它提出的难题。

但唯一的障碍是,解决了与新国家有关的这个根本性理论难题的共和国,却不可能是这个新国家本身。所以,矛盾无法解决。而 virtù 只是对于一项急于实现而又不可能实现的计划的祝愿。

结　论

在结束之前,我想提出最后一个问题:《君主论》这部著作提供给我们的整个理论(这个理论的顶点是关于幸运和 virtù 的理论),却是一种没有被武装的理论,正如马基雅维利的现实计划没有被武装一样。一种一说出来同时就被否认的理论,就像通过它所表达的计划一样,既是必不可少的又是不可能的。但这就是我们在马基雅维利那里所发现的全部理论性的东西吗?对《君主论》的分析难道没有以隐含的或明确的方式(参考它的开场白),反过来给我们带来一种或两种更一般的理论,以作为对马基雅维利的政治学进行分析并作出结论的**基础**吗?换句话说,我们难道没有在马基雅维利那里发现与斯宾诺莎一样的雄心壮志吗?后者希望"通过确凿的无可争辩的理性建立与实践最为一致的东西"①。我们难道没有发现一个《君主论》的诸实践理论**建立于**其上的思考的层面吗?换一种说法,在马基雅维利那里,难道不存在一种人性论,同时也存在一种历史理论,以作为其政治思想的

---

① 斯宾诺莎(Spinoza),《政治论》(Traité politique),第一章,第 4 节,阿朋(Appuhn)译。(参见斯宾诺莎,《政治论》,前引,第 226 页。译文有修改。——译注)。

基础吗?

(1)马基雅维利的**人类学**的难题。

马基雅维利的大部分文本都充斥着对人类行为的思考,这提示我们存在着一种关于人性的理论。卡西尔①(《国家的神话》)甚至提出,马基雅维利在政治学领域引发了一场伽利略式的理论革命。对感觉的幻象(这里是道德和宗教的幻象)的批判和对使了解所有现象成为可能的恒定法则的发现。对存在于所有现象中的那种使普遍的解释得以可能的不变本质的发现。在伽利略那里是运动,在马基雅维利那里是"人性"。"人性"就是那种隐秘的、唯一的、普遍的本质,它使我们能撇开所有宗教或道德良心的幻象,说明所有形形色色的历史现象(a)。

(a)验证

参考马基雅维利:"只要把现在和过去加以对照,任何人都会发现,所有的城邦,所有的人民,**都一直并且现在仍然被同样的欲望、同样的激情所驱使着**。因此,通过对历史的精确研究和仔细思考,就很容易预见在共和国中可能发生什么。"(《论李维》第一卷)②

---

①恩斯特·卡西尔(E. Cassirer),《国家的神话》(*The Myth of the state*),耶鲁大学出版社(Yale UP),1946年(法文版《国家的神话》,Gallimard 出版社,1993年)(参考卡西尔《国家的神话》,范进、杨君游译,华夏出版社,1990年,第156-157页。——译注)。

②《论李维》,第一卷,第39章,第467页(参见《君主论·李维史论》,前引,第255页。译文有修改。——译注)。

一种相同的本性，受到相同的激情的驱使：这是认识历史（认识过去的历史与现在的历史的同一性）的基础，也是预见和政治行动的基础。

马基雅维利的政治学可能以一种人类学作为真正的基础。**哪一种呢**？

绝对不是一种具有**道德或宗教**性质的人类学。人类并非天生地就具有道德本能，或者天生就具有某种能辨别善恶的知觉。善与恶是在社会中产生的概念。属于人的社会范畴。

一种世俗的人类学，把人与**欲望**等同起来（参考斯宾诺莎：人就是其欲望）。

"人的欲望是不可满足的：就其本性来说，它想要并且会去追求一切，就其命运来说，它又不可能获得一切。"由此导致的结果是，它总是不满足，同时对已经拥有的又产生厌倦；"正是这些，使它责备现在，称赞过去，向往未来；而所有这些都没有合理的理由[b]"（《论李维》第二卷，前言）①。

（b）（参考斯宾诺莎）

人是欲望。而欲望是无限的（无限的罪恶）[c]："自然创造了

---

① 参见《君主论·李维史论》，前引，第318页。译文有修改。——译注

人(les hommes)①,使他们能够欲求一切但却没有能力获得一切,如此一来,欲望永远超过获取的能力,结果是他对已然拥有的并不满意,对所拥有的很少满足……"(《论李维》第一卷,第37章)②

(c) $\begin{cases} \text{无限的欲望} \\ \text{有限的人} \end{cases}$

欲望的无限性:总是比它已经拥有的对象要求得更多。对既得的东西永远不满足。因此,欲望本身就是对变化的欲望,对新事物的欲望:"人们渴望新事物"(《论李维》第三卷,第21章)③。

然而,当我们仔细考察这种自发地呈现为马基雅维利政治分析基础的人类学时,我们就会发现,在它所提出的那些概念(人就是其欲望,人渴望变化,人对自己状况的不满,人对表象的满足,所有这些范畴都与后来斯宾诺莎所重新采用的范畴相类似)之间,以及在它所提出的那些概念与它试图进行的那些分析之间,**不存在任何联系**,不存在任何**演绎**或**起源**(genèse)④。在马基雅维利这里,我们绝对找不到人们在霍布斯或斯宾诺莎那里所发现的那种发生学意义上的人类学理论。比如说,在霍布斯那里,人类欲望的无限性(还要加上人性中的其他特性:对死亡的恐惧、语

---

① 这里,阿尔都塞似乎自己重新翻译了马基雅维利的文本。在他通常参考的"七星文库"版的译文(这一部分有错误)中,我们发现此处是"人"(l'homme)。

② 参见《君主论·李维史论》,前引,第247页。译文有修改。——译注

③ 参见《君主论·李维史论》,前引,第514页。译文有修改。——译注

④ "起源"一词被手划的圈圈了起来。

言、对未来的预见能力)是一种先天的本源,从这里可以演绎出某种社会理论的所有范畴。在霍布斯那里,正如在所有政治哲学家那里一样,人类学(关于人性的理论)充当的是发生学本源和理论本身的基础。当霍布斯——按照他自己的说法——把"社会"看成"分解了的",他把社会分解为其最终要素,也就是人们,然后他从人们的本质,也就是从人性出发,重组这个社会,以便让社会的本质显露出来①。在马基雅维利那里,人类学似乎是其政治理论基础的一部分,但同时,前者对后者来说又是**外来的**(d)。我们看不到马基雅维利的人性与马基雅维利的政治理论之间的关系。它们之间即使有联系的话,也不是明确的,而是处于潜在状态。

(d) 马基雅维利的反心理主义

说实话,我认为我们可以肯定地说,马基雅维利的人类学并不充当其政治理论的基础,因为它不是一种真正的人类学。它具有的只是人类学的外观,而没有其现实性,也没有它的那种地位。它毋宁是别的东西,而不是它自己。它掩盖了什么呢?我将从这样一个简单的说明开始:马基雅维利很少谈到"**人**"(«homme»),或者说"**人性**"(«nature humaine»):当他谈到人们的欲望,谈到他们的恶行等等方面时,他更多地谈论的是他们对表象的爱好……他谈论复数的**人**(hommes)。而这种复数既不是一种概括的标志,

---

① 参见霍布斯,《论公民》,应星、冯克利译,贵州人民出版社,2003 年,第 9 页。——译注

也不是一种集体性的标志①,我想说的是,在对复数的人的这种称呼中,考虑的是人在政治与社会关系当中的团体性。以上述关于人的欲望的无限性的意义为例,当马基雅维利谈到它时,表面上看,他似乎是在谈关于人性的某种先天的特性,但实际上,他所举的例子都是从具体的政治状况中得出的政治事例。在构成一个民族的两种情绪的斗争中,在强者与弱者的斗争中,在贵族与人民的斗争中,贵族欲望的无限性就是永不满足已经从人民那里榨取到的东西,就是总想得到更多,就是要延续他们的控制和统治。而人民的欲望,就是在无限的范围内,不满足于被奴役和被剥削,而去追求更高的权利。换句话说,在这里,人的欲望的无限性与一种没有出路的冲突状况混同了起来,与一种不可超越的辩证法的坏无限混同了起来(e)。况且只要不断改变那种关系就够了,只要想到比如说**市民的**君主国的那些状态就够了。在后者那里,马基雅维利考察了两种可能的解决办法,即贵族的君主和人民的君主②,并分别考察了被贵族或被人民召唤而成为君主的各自的优势,以发现在被贵族召唤而成为君主的情况下,当他们将自己一派的人推上权力宝座时,他们的欲望便无限③延续下去(他们总是想要更多,因此君主受到他们的威胁,他的地位是不牢固的)——然而,如果被召唤的君主是人民的君主,得到满足的人民的欲望就与那些耀武扬威的贵族们的欲望面目不一样。出于同样的原

---

① "集体性"(Collectivité)一词是手写改正的,代替了原先的"普遍性"(généralité)一词。

②《君主论》,第九章。

③ "无限"一词是手写补充的。

因,在马基雅维利著作中的其他地方,我们也可以看到对人民所具有的理智^(f)的赞扬,后者具有一种安全可靠的(几乎是预见的)本能,知道该采取什么分寸,知道该选择什么样的官员等等,好像他们的激情本身会因其自发的智慧而被超越。我们还可以列举更多的例子来颠覆这种人类学,比如说我们可以指出,就人的欲望来说,对新事物的爱好似乎是人性的基本倾向,但它同时也表现为对新事物的**恐惧**:这取决于社会状况和政治关系。因此,对一个国家的基础所进行的激进的革新就尤其不牢固、不稳定。在马基雅维利①分析的这个例子中,我们确实看到了这种悖论性的颠倒的含义:有人喜欢新事物,想从新事物中获得好处;有人拒绝新事物,因为害怕丧失自己的利益。同样,这里给人的欲望这个空洞的人类学概念所赋予的内容,与一种关于人性的理论只有一种遥远的联系,但却与相互对峙的社会力量之间的冲突性的平衡状态有一种很紧密的联系。

(e)阶级

(f)(同上,在斯宾诺莎那里)

因此,我乐意得出这样的结论:因为缺少从某种关于人性的理论出发对政治和社会形式所作的发生学演绎,马基雅维利式的

---

①在打字稿中,这里有一个空着的括号。很可能涉及一段出自《论李维》第一卷第三十七章的引文:"一方面有些人欲求更多,另一方面有些人害怕失去他们已经获得的一切,市民们由此从相互敌视走向战争,由战争导致他们国家毁灭,被另一个国家所征服。"(参见《君主论·李维史论》,前引,第247页。译文有修改。——译注)

人类学的**伪装**面目暴露了出来。让我们这样说吧：为了拒绝一切道德的或宗教的人类学，他从人类学所择取的只是自己所需要的内容和概念（无限的欲望）：在一种人类学（或一种关于人性的理论）的肤浅表象下面，他描绘的实际上是**社会的和政治的行为**，正因为这个根本的原因，所以他并没有择取很多概念，也没有费多大的劲，就在它们的基础上建立了自己的政治理论。他的人类学，就它确实存在来说，是消极的和批判的。就其他方面来说，它只是作为他的政治学的表象来说才是积极的。

（2）**马基雅维利的历史理论**会是另一种情况吗？换句话说，如果马基雅维利没有成功地将自己的政治学建立在一种人类学之上，或者说这样做并不是他的本意的话，我们能否说，在另一个层面上，不再是在人类学的层面上，而是在历史的层面（历史理论）上，他最终将自己的政治理论建立在一种历史理论之上呢？

事实上，我们可以根据马基雅维利本人的意见，认为人类学理论暴露了其背后的一种更深层的理论：即关于历史的理论。如果关于人类的激情（passions humaines）的人类学理论并非是关于人的激情（passions de l'homme）的理论（17 世纪的那种理论），而是关于城邦和人民的激情的理论（正如他明确地指出："只要把现在和过去加以对照，任何人都会发现，所有的城邦，所有的人民，都一直并且现在仍然被同样的欲望、同样的激情所驱使着……"

《论李维》第一卷)①,那么,恰恰是在与其激情不可分的城邦的变化的层面,在政治的和社会的激情的变化的层面,一个基础才是可能的。

注意这点。

存在于《论李维》第一卷,第二章,第384-387页中的关于历史的理论。②

重复柏拉图-波利比乌斯的循环理论。三种类型的政府及其退化。

参考卡片

国家的必然的循环。《论李维》,第386页。

君主制——暴政;贵族制——寡头制;人民政府——无政府的放纵——君主制……
永无休止的循环。然而……

(a)"这就是所有国家都注定要经历的循环。但人们其

---

①《论李维》(Discours),第一卷,第三十九章。在打字稿中,"城邦""人民""欲望"和"激情"等词都被用手划的圈圈了起来。(参见《君主论·李维史论》,前引,第255页。译文有修改。——译注)

②同上,第148-153页。——译注

实很少能看到这些国家回归到那些同样的政府形式上去;因为它们持续的时间不足以让它们在被颠覆之前经受这么多的兴衰。它们所经受的各种各样的不幸,使它们疲惫不堪,渐渐失去力量和智慧,很快就被政制更为健全的邻国所控制。但如果它们能避免这种危险,我们将会看到它们在相同的革命循环中永无休止地重复。"①

因此,这种循环被国家之间的战争打乱,后者改变了事情的进程。不同的内容……

(b)接着:理想:由另三种政府的三种优点综合出一个真正的政府,从而**消除这三种政府的缺点**(实际上是终止那个循环???:君主+贵族+人民……)比所有其他那些坏的政府"更牢固也更稳定"(g)……

(g)阅读第386-387页

创造一种能避免循环的政府

总而言之,(1)这个循环本身被政府外部的干预及其斗争所打断,它使得政府消亡;(2)可以通过建立那种混合的政府来避免这一点。

"创造完美政制的三种权力的结合。"②罗马(《论李维》,第

---

① 参见《君主论·李维史论》,前引,第151页。——译注
② 《论李维》,第一卷,第二章,第388页(参见《君主论·李维史论》,前引,第153页。译文有修改。——译注)。

397 页）

我要说：在这里，我们仍然看到一种奇怪的现象，它非常类似于在我前面谈到过的人类学还原的层面上所发生的事。

这里，我们同样面临着一个无限的过程：循环，循环的重复（马基雅维利谈到一些国家时说："我们将会看到它们在相同的革命循环中永无休止地重复"）。但是正如欲望的无限性不能在它自己的层面上建立人类政治的有效现实性一样，波利比乌斯式的循环的无限性也不能在它自己的层面上为马基雅维利建立历史的现实性。这种无限性是抽象的，它的抽象性在上述两种情况下显现了出来：

（1）当第一次循环时，循环的无限性就被其他国家的干预而打断（征服—斗争）；

（2）尤其是，创制那种能综合三种好的政府所具有的优点的混合政府（君主＋贵族＋人民），质疑了关于循环的全部理论。如果这种综合不是通过创制一种能将三种基本政府中有益的、特定的原则结合起来（让它们互相中和）的政府，提供一种逃离那种无限性法则本身的希望，那又当如何理解呢？

因此，我要说：关于历史循环的无限性是抽象的。具体的是打破循环的无限性的国家之间的斗争，直到突然出现一个构造得如此之好的混合国家，以至于它本身就是对这种循环的无限性的一种挑战。

与人类学一样，循环的历史理论也不能为马基雅维利政治学奠定基础,除非在内容上取消它,把它与马基雅维利所描绘的现实(国家之间的斗争,以及它们的相互征服)混同起来,把它与因其内在的构成(三种势力)而有能力逃出那种抽象循环宿命的新国家的理想方案混同起来,也就是说除非完全不顾它的含义和用法。

为了得出结论,该如何从古典政治哲学的角度描绘出马基雅维利独特立场的特征呢?

在一开始对其进行介绍时,我们就已经说过,他为自己招致了一种**经验主义**的名声,因为他对政治行为的描绘和他的一些政治学方法,与用来定义古典思考的政治学对象的诸范畴毫不相干。没有关于自然状态、社会契约、市民状态、结合的契约或服从的契约等等问题。我们刚才又看到了其思想的另一个特征:那就是,这种思想既不能**建立在**一种人类学**基础之上**,也不能**建立在**一种历史循环理论**基础之上**(况且后者本身也具有人类学性质)。

这种双重的排除,即既排除古典政治哲学的对象,也排除他的描绘和他的政治结论的理论基础的作用,造成了**马基雅维利的全部孤独**①,同时,这种排除也是一种揭露,因为它向我们指出了在古典政治哲学中,政治学对象的性质与对该对象的建立活动之

---

①这使我们想到1977年阿尔都塞在国家政治科学基金会(la Fondation nationale des sciences politiques)所作的一次题为《马基雅维利的孤独》(«Solitude de Machiavel»)的讲座[收入《马基雅维利的孤独及其他》(*Solitude de Machiavel et Autres Essais*),法国大学出版社,1998年]。

间有着有机的联系。与古典政治学思考的特征相对照,马基雅维利的独特和孤独更为显著,因为除非古典政治学将政治学对象的**基础建立**在某种能通向一种(循环的)历史哲学的哲学人类学之上,它便无法在它以这种方式构成的范畴内对其政治学对象进行思考。

然而,我们还不知道是否可以说马基雅维利的这种孤独就是一种批判的孤独。马基雅维利不是高于古典理论活动及其基础,而是**低于它们**。我们甚至可以认为,他在人类学和历史-哲学方面的努力的失败,更确切地说表明了**一种行动上的无能为力**,一种表达上的无能为力,即他无法表达自己只能用约定俗成的哲学概念说出来的东西,无法表达他的某种真正的批判意识。还要等数个世纪,人们才会有意识地去拒绝和批判如此这般将政治学对象建立在哲学-人类学基础之上的做法。所以,让我们说这是非有意的批判,它显得幼稚天真,是因为他的无能为力,同样也是因为他的拒绝(他的拒绝:哪怕注意到了失败,也拒绝描绘一种伦理学的人类学)。他低于^(h)那种政治哲学,更低于自己的批判意识。

(h)从而因此又高于

但是这种孤绝的处境,对应着某种现实,或更确切地说对应着对某种恰好被古典理论所掩盖和遮蔽的难题的**感觉**和**感知**。当我们确实从通常的意义上——从其通常的意义上同时也从其种种变体的意义上——来审视 17 和 18 世纪的古典理论时,我们会发现纠缠着这种理论的根本性难题,是一个**具体的难题**,这个具体的难题尽管可能与古代前辈(柏拉图、亚里士多德、伊壁鸠鲁等人)的政治学理论有一些相同的特征或一些相同的概念,但抛开这种特殊性,它依然是难以理解的:这个难题就是**绝对君主制**的难题。无论涉及的是对绝对君主制原则的反对(正如在反暴君派或在受封建制度影响的理论家们那里一样),或者相反,对绝对君主制原则的辩护(正如在博丹或者在霍布斯那里一样);还是在抽象理论外表下,涉及对一些概念的平衡或干预(比如社会契约的不同类型,自然状态与市民状态的关系等)以使现存绝对君主制的内容转向三种等级中的中产阶级方向,或者相反,转向封建大地主的方向;或者最后,涉及与洛克及其后的卢梭一起为绝对君主制的废除或继承作准备;这种思考的政治难题都出现在**绝对君主制的存在不成问题的地方**。它涉及的是一种现存事实的状态:已经建立的、统一的、稳定的民族国家的存在。正是这个有效的、现存的现实,支配着那个政治思考以及它所固有的全部难题:分权的难题,君权的难题,权力的绝对性质的难题,公民与君主之间关系的难题,有没有造反权的难题,等等。但在这种现实已经被给定的情况下,它的存在对古典的思考来说是不成问题的。换句话说,古典的思考不会在社会起源(genèse)的外表下提出民族国家的创制和绝对君主的降临的难题[i]。它不会在这种虚假的起源(genèse)外表下,提出那些现存政治关系的内在本质的难题:人民对政权的同意的难题,关于组成政权并维持政权稳定的那些力量之间关系的调整的难题。

(i)?

马基雅维利,他以及使得他孤独的东西,正好将古典的思考所**遗忘了的难题**即创制民族国家的难题、绝对君主制的产生的难题[j]提了出来。我并不是说他解决了**这个难题**,我仅仅是说,他的理论意识中包含这个难题,同时,君主国的降临对他来说变成了**一个处于纯粹状态的难题**,一个因为在他所分析的质料中没有任何东西可以向他预先暗示某种答案,因此更为尖锐的难题。我说的是,这个难题对他来说是一个纯粹的难题,因为他感觉到自己无法实际地解决它,他说:"对我来说,我抱怨命运,它本该或者不让我懂得这些重要的准则,或者给我提供将它们付诸实践的手段。"(《兵法》第七卷,第 17 页)①在现存的那些国家中,这个难题只有通过对它的解决才能被提出来,这个难题已经被对它的解决所掩盖,因此,不是这个难题,而是对它的解决,在随后得到思考。他面对一个从外部向他提出来的难题,但它事关意大利,也就是说一个不具备条件解决这个难题的地区,甚至一个不能以真正的方式提出这个难题的地区。正因为如此,马基雅维利才处于这样一种优势位置:成为一个真实事件的想象性见证人,或想象性事件的真实见证人。他所有的理论都可以归结为对这个事件的思考,并且他所有的理论,所有他自己的概念(幸运/virtù,回到起源,罗列种种可能性,等等)都无非是对这个事件和这个事件的降临的无能为力的思考。正因为如此,在概念的层面上,他的理论才如此地自相矛盾,而且归根结底,甚至在它一提出的时候就已经得到了解决。正因为如此,所以尽管他的理论费尽心机去定义新君主和新君主国,即纠缠于**绝对的新**,却最终未能思考这种新颖事物的降临形式。正因为如此,他的理论才在概念上费尽心

---

①前引,见马基雅维利,《著作全集》(*Œuvres complètes*),第 902 页(参见马基雅维利,《兵法》,袁坚译,解放军出版社,2007 年,第 274 页。译文有修改。——译注)。

机,试图在概念的"绞盘"中抓住这个事件得以发生的纯粹条件：幸运和 virtù。

(j) 逆推(国家的原始积累)

然而,这种理论上的无能为力本身就见证了一种真实的感觉：对一种彻底的**开始**的把握,对一种不可化约为任何基础理论还原、不可化约为任何演绎的新的政治存在和政治组织形式的把握,对一种现代历史不可逆转的事实①的把握。马基雅维利是这个事实的唯一见证人,一个试图将这个事实作为一个难题来思考的唯一见证人,也是被这个事实完成——也就是说这个难题被解决——以后的所有那些理论所淹没的唯一见证人。

然而正是由于这个原因②,在所有后来的理论看来,他依然停留在错误的意识中。因为他没有以对这个政治事实进行人类学辩护的观点来处理这个事实；因为他谈到挑战和保障同意的武力,却没有谈到这种同意的伦理的或理性的起源；因为他打乱了提出难题的方式以及约定俗成的概念；因为他重新提出了一种自以为没有起源的政治组织的实际起源。正因为如此,就像任何错误意识一样,他有时会纠缠着他的后继者们的理论意识本身。我只想举两个例子。斯宾诺莎和卢梭的例子。

斯宾诺莎的例子：对这样一个难题的讨论,即在一个国家中,当政府成为公民们憎恨的对象时,人民进行造反的作用。人们期

---

① "事实"一词被手划的圈圈了起来。
② "正是由于这个原因"为手写补充。

望这个公然宣称拥护民主政体的人(民主政体对他来说,就是所有政府的原初的内在本质,就是一种准则,对于它来说,不同的政府只是它的各种变化形式)会拥护这样一种观点:造反可以使一个政府得到新生(正如多年以后洛克所说),使它回复到它自己的内在原则,即公民的同意。但斯宾诺莎却在这个结论面前停住了脚步,并且宣称造反对于一个国家来说是危险的。在这里,马基雅维利的启发突然重新出现了,也就是这样一种经验突然重新出现了:国家是脆弱的,从过去诸多小国家的混乱中诞生的新国家是脆弱的,并可能重新陷入到以前的无政府状态中,或更准确地说重新陷入到非存在中去。低地国家的经验,西班牙入侵的经验,创建各省联盟的困难依然过于急迫,因而不排除这样一种可能性:即一次内部的造反会造成这个国家本身的彻底消亡。在洛克那里,情况不再一样。国家已经存在,它的连续性不成为问题,只是它的形式可能会改变,但它的存在是确定的,所有可能会在它内部发生的,只是一种革新的辩证法,而不是毁灭的辩证法。

卢梭的例子。他可能是对马基雅维利的经验发出一种遥远的回响的最后一位作者。这种回响,存在于他关于社会契约的**脆弱性**的理论中,存在于他关于国家的统一性本身可能会解体,并可能再次陷入战争状态的敏锐意识中(参考《第二篇论文》《波兰政府论》,同样可参考《社会契约论》)。应该把这种意识与他关于社会创制的理论,即不通过人们的政治社会而创制**全新的**事实、创制完全新颖的事物的理论相对照。但关于这一点,我们可以以后再讨论。

片 段①

霍布斯–马基雅维利

要看到霍布斯和马基雅维利之间的不同。霍布斯的根本**要素**是恐惧。恐惧在马基雅维利那里是一种统治他人的**手段**。恐惧并不是普遍的,不是人与人之间的纽带。马基雅维利的悖论之一在于,由于他的概念并不是个人主义的政治概念,所以他利用的不是个体心理学,而是一种社会群体心理学。当他谈论"人们"(«hommes»)时,他总是指**群体的**人。不存在从**孤立的**原子式的**个体**行为出发而对社会关系进行的演绎。非常奇怪的是,整个政治理论的这种预设在他那里是不存在的。

为什么?

---

①我们在这里发表一些保存在阿尔都塞文档中关于马基雅维利课程的备课笔记中的一些片段。因为学生的听课笔记有时候非常简要,所以不可能知道在课堂上真正讲授时,这些片段被利用的情况如何;但无论如何,可以肯定的是,题为"马基雅维利的处境"的片段得到了利用,1962年1月26日写给弗兰卡·马当尼亚的一封信(我们在本书"编者说明"部分引用了其中很长的一段)证明了这一点。

马基雅维利的根本**要素**是**暴力**的政治用途,它不是恐惧。它利用恐惧,但不以恐惧为基础。与关于社会创制的个体理论完全不一样。

霍布斯的要素是恐惧,它具有两个面向:竞争和政治斗争。但它们存在于一个已经成为对经济个人主义各种难题的解决办法的有机体内部。

在马基雅维利那里,个体就是组成国家的人。这种质料的形式就是那些人以及他们的生活、他们的冲突等。与霍布斯作品中君主(此外,他可能是单一的或集合的个体,等等)的独特处境相比较:他外在于那个程序,他不是契约的某一方。那是因为他已经位居权力的宝座之上了。他的权力的获得**是不成问题的**。

对霍布斯来说,契约关系到**每个**个体;因此,个体在契约中拥有一种法律地位(反映着他既有的经济地位)。特别的个体,君主,不是一个个体……但所有其他人都是。在马基雅维利那里,君主是唯一的历史个体。其他人都是**社会群体**,从后者那里不可能产生任何解决办法,无论是作为个体还是作为群体。

霍布斯,关于同意的理论哲学。马基雅维利,关于奠基的哲学。一种不对奠基的权利进行质疑的关于奠基的哲学。

为什么马基雅维利没有提出任何关于权利的难题。或者说为什么他提出的关于权利的那些难题(恐惧的限度,不守信用的限度等等)(暴力的限度)其实都只是在某种局势中提出来的,而这种局势本身除了其紧迫性-显而易见性之外没有其他权利。

一种新的政治形式突然出现时的哲学。

*

关于行动的理论?

对马基雅维利的一种阅读的不满。依靠一种可能是关于人性的理论,在他那里所有的难题都转化为,或更准确地说,都可以被转化为一种关于行动的理论,一种关于人类行动的理论(斯宾诺莎会这么干吗?)。

马基雅维利本人可以证实这种类似的转化。
"人都是一样的",等等。
同样,他所描绘的政治行动总是一种个体的行动。至少大部分是这样。

马基雅维利的分裂。陷入这种诱惑,然而又总是对它加以克制。

看清楚,不是关于人性的理论。诚然,不是道德理论,但也不是一种关于人类本性的心理学意义上的人性论。

他坦率地在事情本身所在的层面上谈论它们,在政治学的真正的抽象层面上谈论它们,在群体现象的层面上,在社会现象的层面上谈论它们,甚至当他采用一种个体的形式时,也是如此。他就是这样来谈论它们的,但他对此并不自知,他并不完全清楚自己所说的东西,他并不完全清楚自己的理论本身处于什么领域:心理学? 政治学? 当他试图建立它时,他犹豫了……或者人们可以把他的政治学当成人类学吗? 如果说他走向了人类学的话,也只是那种他所描绘、所领会和所期望的人类学:政治学,而且仅仅是政治学。

我们在他那里所发现的人性论胚胎,只是他的政治理论的神秘化颠倒。此外,就算我们在他那里发现一种理论,一种人性论的胚胎……但这个胚胎本身,就意味着对后来种种人性论非批判的、消极的显而易见性之谜的一种解答。这是因为人性论无非是神秘化了的投射,却被思考为政治社会范畴的基础。就这样,他将一道刺眼的光芒照在随后的理论家们身上:由于他们将自己的政治学建立在一种关于人性的理论之上,所以他们不知道,他们也没有看到,他们成了这种投射的受害者(发起人和受害者);他们没有看到,他们的人类学、他们的心理学(打引号的)永远只是他们自己的政治范畴的抽象,但它们却被思考为这些范畴本身的先天基础。在马基雅维利这里,我们在萌芽状态中,就同时抓住了这种投射的不可能性以及它可能的诱惑。尽管是一种幼稚的形式,但它的失败(正如它的诱惑——它的诱惑不是一种有意的企图)的幼稚性本身是一种清楚明白的、供认不讳的幼稚性,没有任何伪装,比所有古典政治思考的抽象的掩饰都要清楚明白。

而唯一一位可能避开了这种诱惑的作家:斯宾诺莎。他的人性论实际上几乎被其用法所驳斥。当一种思考把政治看成是想象,把政治视为在意识形态、宗教、权力机构等表象之间进行的游戏,视为无意识地生产各种不可能(按照契约的方式)从一种真正的人类学起源演绎出来的社会形式时,这种人性论还剩下什么呢?如果这种想象就是**一个世界**,如果政治可以像世界一样被直接把握,如果政治行为和政治后果的意义恰恰是要在这个作为总体的世界中来理解,那么一种先天的人类学还剩下什么呢?

*

马基雅维利的处境

谈论马基雅维利很困难。因为他的处境:有距离、落后然而同时又超前;他被法国和西班牙所纠缠,同时又被罗马已逝的幽灵所纠缠,因而,他处于历史的幻象中,处于一种去现实化的(déréalisante)处境中——还因为在这同时,由于具有一种自觉而坚决的现实主义的意志,他又将其呈现为甚至是可实现的(réalisable)。

正是这个反差,使我们谈论他时如此困难,因为对他来说,对他自己来说,如此困难的不是谈论他的那些思想,而是对它们进行思考。马基雅维利的大部分主题,与其说是处于一种被思考的状态中,还不如说是处于一种纠缠不清的状态中。他围着它们转,固定地围绕着一个中心点,但他并没有能够找到这个中心点的准确位置,他总是谈到它,然而却从来没有准确地说出他自己所谈论的和他自己想说的是什么。

一种他感觉到了的行为,一种他预感到了的难题,一种他期望着的未来的政治结构,还有他预料到了的新君主的政治作用。他试图把它们与已经存在的、古老的、医学的、生物学的、循环论的概念(古老的波利比乌斯式的循环)联系起来,或者将它们与贯穿于古罗马以降的西方思想中的人类学概念联系起来……然而,他没有真正地进入其中。他不可能有充分的权利进入其中。这些概念与他所感觉到的和预感到的东西并不契合。在接触它们的同时他几乎就抛弃了它们。他触及到它们差不多就是为了把它们丢在一边。他像回到一种可能的参照一样再次回到它们,然而对它们又并不坚信。

他意识中的所有分裂和含糊不清,都与下列事实有关:他被迫纠缠于无法用语言表达的理论(没有与之相符的概念),一种没有先例的降临,一种独一无二的降临的理论,在这种纠缠中,他自己也被支配并被撕裂着:一种政治未来的降临,一种在现实中还没有描绘好的、没有预兆的政治形式的降临。一种还没有形式化的、没有被概念化的降临,它以某种古老的或现代的形式出现。真实的历史,既没有避开他的意志,也没有避开他的预感,而是在缺乏其概念的情况下抓住了他。

*

马基雅维利,一种盲目的思想,它有自己的意识,却没有能力将那种意识进行定位,没有能力将它与现存的概念联结起来,它制定一种计划和实现计划的条件,然而却与所有的科学无关。

一种没有科学同时也没有理论的意识。

一种对一个难题、一个基本范畴的降临的当代现象学意识,它通过某种概念的迷雾把握了这种降临,然而却无法为之提供一种身份。

我们之所以能感觉到它,与其说是通过它所肯定的东西,不如说是通过它所排斥的东西。

被那些潜在的理论形式和结构所纠缠,但却没有明确化,并且拒绝了哲学的理论形式(或者当他试图接受时,却失败了)。

卢梭及其先行者:
17、18 世纪的政治哲学[①]

Rousseau et ses prédécesseurs: La philosophie
politique au XVIIe et XVIIIe siècle

(1965—1966)

---

①在听课者笔记中,这部分课程的名称是"卢梭之前的 17 世纪政治哲学",它无疑与阿尔都塞所教授的课程名称相一致。然而课程的最后部分讲的是卢梭,所以我们就把标题改了。

重要的是认识卢梭对其先行者霍布斯和洛克的最初拒绝所涉及的理论概念的实质。我们将不考虑斯宾诺莎,但他的缺席值得注意。

方法论。与哲学相比,政治哲学的身份

首先,统治着法国哲学的对于政治哲学的轻视或许会让我们感到惊讶。笛卡尔沉默无语。格劳秀斯、普芬道夫和霍布斯,不为17世纪的法国思想界所知。然而,所有的政治学著作都包含一种真正的理论思考,一种明确的 φιλοσοφειν①。似乎有充分的理由认为,政治学理论与哲学理论有关系。变化的是与历史材料的关系;最直接的关系是与政治哲学的关系。哲学是通过政治哲学所提供的一些对象的二度反思。

这些政治哲学的对象。我们可以天真地来构想它们:那样一些对象,政治哲学的反思主题,对我们来说可以被认为是同一的。由此在作为给定物的那些对象的基础上得出对现实的判断。因此,我们要研究关于那些对象的不同思想的种种变化,研究不同思想中的相同对象的种种变化。这条研究路线将我们置于作者的视角中,但那些相同的对象的身份根据作者的不同而有变化,可能出现一些新的有差别的对象。因此,可以通过以下这些变

---

①希腊文,意为"哲学思考"。——译注

化,来确定一位作者的相对立场:新的对象的出现,位置的变化。

由此产生一种批判的必要性,这种批判可以是关于那些变化的一个体系。正是在这里,我们必须阐明支撑着那些不同对象、决定着对那些对象的明确表达、并规定着它们的位置的理论内容。必须对理论难题性(这种难题性不一定由作者表达了出来)进行梳理,因为只有它能解释对那些对象的排列(ordonnance)。

因此,我们有了一个概念对子:

——对象;

——理论的难题性。

于是就出现了关于各种真实目标的概念,出现了那些只属于哲学家们的根本关切。这些政治目标同样也是变化的:可以通过其总症状即一定的理论难题性而诊断出它们的存在。这之所以可能,是因为17世纪和18世纪的那些难题在很大程度上被我们遗忘了,比如,从马基雅维利到卢梭,"virtù",国家的脆弱性难题,成为反复出现的主题。事实上,这是一些国家完全消失的难题——这里与西欧的形成有关。

因此,我们捕捉到了一种"颠倒"

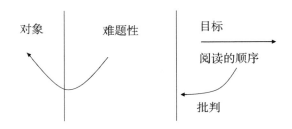

这样一来,我们发现,那些看起来对于哲学来说被给定的东

西、被给定的对象,其实是根据那个难题性而在理论上建构出来的对象,为的是对那个难题性的种种目标作出回应。因此,有一部分对象是虚构的,根据目的的需要而"量身定做"的(参考孔狄亚克的雕像,哲学经验主义的对象,孔狄亚克关于雕像对象的哲学经验)。霍布斯给出了一种心理学,但后者似乎是他的难题性的产物。由此产生了那些对象的模棱两可的身份,作为难题性的意识形态副产品。由此也产生了政治哲学的不稳定的身份,它显然是不稳定的,政治哲学总是患上它自己想要去医治的那种病,总是受它想要去解决的那些难题的影响。因此,我们可以建立一种症状的反思。根据它固有的句法(syntaxe)和语义学(sémantique),去梳理那些使得一种思想能够自我引导的东西。

一、17 到 18 世纪政治难题性的一些基本概念

1. 这个理论体系以三个概念为基础：

——自然状态；

——市民状态、政治状态①；

——契约带来的断裂。

	契约	
自然状态 战争状态	‖	市民状态、政治状态
自然	"fiat"②	人为的 生产

这三个概念形成一个整体。

在同一时期，也存在另一种类型的论证，拒绝契约和线性顺

---

①参见第 243 页译注。——译注

②拉丁文，意为"要有"。典出《圣经·创世纪》拉丁文译本："fiat lux, et facta est lux"（要有光，就有了光）。后世引作创世的命令或法令。——译注

序,没有契约:维柯、孟德斯鸠。这里存在着另一个概念,即天然的社会性①的概念,其基础是亚里士多德的 zôon politikon ②这个概念(斯宾诺莎虽然在第一种体系中思考,但实际上,他也受到这个难题性的影响,并占据着一个特别的位置)。

从表面上看,这是一个阐明社会关系和市民社会的**起源**(genèse)的问题。这个起源(origine),把我们拉到低于社会的状态,社会的乌有状态,即自然状态。因此,自然状态既有作为**起源**的理论功能,同时又悖论性地具有**保留理想**的功能(这些哲学家将他们论证的终点,政治理想,寄存在假设的起源中)。帕斯卡尔就知道,提出制度的起源的难题,就是去动摇这个制度:在国家方面拒不触及起源,就会造成哲学中自然权利的缺席。保留理想,就是保留政治的幻觉。

从这种自然状态中又分出战争状态,后者是自然状态发展的产物。由此产生了社会契约,它结束了战争状态的矛盾。通过契约行为,社会及其制度得以建立。契约的概念假定了订立契约的人都是平等的,即假定了平等的法律主体,法律上的"cogito"③(斯宾诺莎拒绝契约的可能性,因为他拒绝"我思"在理论上的可

---

① "天然的社会性"原文"sociabilité naturelle",也可译为"自然的社会性",指以亚里士多德"人在本性上是一个政治动物"为基础的观点,该观点认为人"天生/在本性上"就具有"社会性"。参见亚里士多德,《政治学》,吴寿彭译,商务印书馆,2014年,第7、133页(1253a、1278b20)。——译注

② 希腊文,意为"政治动物"。——译注

③ 拉丁文,意为"思想""沉思",这里为"我思",来自笛卡尔的论点"我思故我在(Cogito ergo sum)"。——译注

能性)。同时它还假定了这种行为首创了某种新的、人为的事物(在霍布斯那里,后者与语言一同产生)。这是与人生而不平等这种传统观点(它是中世纪传统的基础)的公开决裂。人为性,就是生产的人类性,赞同的文化的人类性。

然而,我们可以提出关于这种起源(genèse)的现实性问题:它是一种历史事实呢,还是一种对本质、对社会秩序的本质的分析,或者还是对在社会关系中统治着人的那些法则的分析呢?这样一问,起源就变得成问题了,难道这一切不都是存在于"现在"吗?因此,契约是永久的(permanente),它一直存在,并且永远是当下的。对于卢梭来说,这意味着什么?起源(genèse)和本质的起点(origine)重叠了。

2. 社会契约

即使在这同一个难题性当中,我们也发现契约概念的不同结构。

(a)人民与君主之间的总契约。人民/君主。

格劳秀斯

近乎某种绝对君主制类型的契约,自我解放的封建社会制度。

(b)由平等的法律主体所订立的契约。

霍布斯,但这种契约是为了将权力赠与君主。为了某个第三方的利益而订立的赠与式契约。

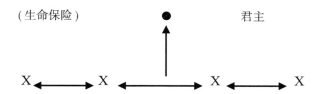

(c) 双重的契约:诸法律主体联合成一个集体的主体(即人民)的契约;以及人民的服从的契约,但这种服从是相互的。

(d) 卢梭。一种单一的契约:它是一种行为,人民通过这种行为而变成人民(服从的契约),它同时又是法律秩序的契约,通过这种行为,人民变成主权者。

必须搞清楚契约对象的这些变化,是如何回响在这个总体系中的。

二、霍布斯(《论公民》)

在霍布斯《论公民》中,反思的三个最根本的环节,不是自然状态、市民状态①和契约,而是:
　　——自然状态;
　　——自然法;
　　——契约、市民状态、主权。

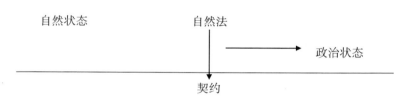

A. 自然状态

（a）自然状态是人的关系状态,而不是孤独状态②;
（b）是一种自由状态;

---

①参见第 243 页译注。——译注
②见霍布斯,《论公民》,前引,第 11 页:"我首先要证明,在市民社会之外,人的状态(也许可以称之为自然状态)无非就是一切人反对一切人的战争;在这种战争中人人享有对万物的权利。"译文有修改。——译注

(c) 是一种平等状态;

(d) 也就是说,自然权利统治的状态;

(e) 它通向一切人反对一切人的战争①;

(f) 它自身构成了一种对无所不在的死亡的恐惧和不幸状态。

(a) 自然状态是人的关系状态(≠**卢梭,在卢梭那里,孤独占据着明确的位置**)。

在这种状态中,人与人之间没有法律和政治的关系,但是有人的关系。因此,霍布斯认为自然状态是永久的,他触及到了那个内在机制。因此,这种倒退模棱两可,它是本质的和非历史的。

这种自然状态一开始就被看成是社会的,它构成了社会固有的内在原则。这种状态是社会状态的本质,是已经被给定了的:社会露出了其野蛮本质,也就是说,露出了隐藏在种种社会制度下面的人之间的各种构成关系。

由自然状态所揭露的人之间的这种构成关系,就是恐惧,即"对即将出现的恶行的担忧"②。霍布斯对人的实际行为进行直

---

①"一切人反对一切人的战争"是改用《利维坦》中译本的译法,《论公民》中译本译为"人人相互为敌的战争"或"所有人相互为敌的战争",也有人译为"每一个人对每一个人的战争"。——译注

②"在我看来,这些人是把恐惧混淆为害怕和厌恶。但我用那个词指的却是对即将出现的恶行的担忧或预测。"《论公民》第一卷,第一章,第2节。阿尔都塞引用的《论公民》的翻译出自索皮埃尔(Sorbière)。我们所提供的参考根据的是以下版本:霍布斯,《论公民或政治的基础》(*Le Citoyen ou les Fondements de la politique*),Garnier-Flammarion 出版社,1982年(此处引文见第94页)(参见霍布斯,《论公民》,前引,第12页。译文有修改。——译注)

接的解读。如何解释这种普遍的威胁呢?

(b)自然状态是一种自由状态。

自由被定义为"自我的保存和提升"①;**唯物主义的定义**

——这个定义是积极的,因为个人以其自身发展的能力来定义自己;

——从世界的角度来看,这个定义是消极的,自由是"缺乏对运动的阻碍"②。"根据其所被给予的空间大小,所有人都或多或少有自由。"③

自由要求一个关于环境的消极定义:没有阻碍,允许在其中有运动的空的④环境。霍布斯的目标之一是:与追求自己功利性的个人的能力和发展相对应的空无一物的环境。自然状态的自由寻求自我实现,就好像自由的现实性与其概念相一致,就好像

---

①在霍布斯《论公民》中译本中没有找到对应的句子,霍布斯对"自由"的论述,可参考《论公民》,前引,第 97-98 页;另参考《利维坦》,前引,第 97 页:"著作家们一般称之为自然权利的,就是每一个人按照自己所愿意的方式运用自己的力量保全自己的天性——也就是保全自己的生命——的自由。因此,这种自由就是用他自己的判断和理性认为最适合的手段去做任何事情的自由。自由这个语词,按照其确切的意义说来,就是外界障碍不存在的状态。"——译注

②参考《论公民》第二卷,第九章,第 9 节,第 189 页:"自由不过是缺乏对运动的阻碍。"(参见霍布斯《论公民》,前引,第 97 页。——译注)

③前引,第 189-190 页。(同上,第 97 页。译文有修改。——译注)

④关于此处及下文中的"空的"(vide)一词,参见第 110 页译注。——译注

环境都是空的一样。然而,环境又是自由本质的界限(≠卢梭,对于卢梭来说,环境基本上是指自然环境)。

(c)平等状态

这种平等既不是道德的,也不是理想的,而是物质的:物质力量的平等,即体力和智力的平等。

霍布斯把平等概念联系到经验主义:在知识面前,所有人都有平等的机会,这就是他的论点。

同样,甚至在身体上不平等的人,其实在这方面也是平等的,因为任何一个人都能杀死另一个人;死亡是平等的标准(≠卢梭:对卢梭来说,在自然状态中,不存在死亡,人会死亡但却对死亡没有意识,死亡是一种自然事件,人并不惧怕它)。对霍布斯来说,死亡是诸恶中的至恶①,人最基本的倾向就是逃避死亡。死亡是人的极端状态。通过死亡,人在镜像中从反面遭遇到自己的本质。由人一手造成的死亡,就是一个想要空的(人类)环境的自由消灭另一个自由,即是另一个自由的消亡。平等自身中包含着矛盾,超越自然状态的原动力。

(d)自然权利统治的状态

正是个人的权利要得到伸张。这就是强力②。自然法与道德法将是一致的。参考斯宾诺莎。自然权利由一些相同的原则构成:强力、权利、自由、利益的一致。个人是唯一的标准:根据自然

---

①参见霍布斯《论公民》,前引,第 7 页。——译注
②"强力"(puissance),也译为"力量""势力"。——译注

权利,所有的人对所有的事物都享有平等的权利。

这不是原始的共产主义,而是所有的人对所有的事物的抽象的、形式上的权利。与权利的道德理论决裂。

这是先于权利、先于法律上的权利的权利:道德观念在这里不起作用。那种以功利性为原则的权利,是无效的,它受到其对立物(即来自他人的权利)的打击。它不是在理论上,而是在实践上否定自己:它的失败显示了它的要求和它的本质。一切人反对一切人的战争,既是这种权利的本质,也是这种权利的失败。在实践上否定自然权利的,是它的现象,也就是说,是它的确认(affirmation)。

(e)一切人反对一切人的战争

战争是自由处于其自身的否定中这一矛盾的现实化,是权利的现实化。

战争的循环:霍布斯区分了可能引发战争的三个时刻:

——为了某种好处而进行的竞争;

——猜疑;

——先发制人的①战争。

这种起源(genèse)表现为一种普遍的体系:在这种状态中,无人能幸免,它对于人来说,不像一个事件,而像是一种条件、一种状态。战争是自由的结果。对于战争的这种推论是一种转化:战争可能看起来是一种后果,但因为战争是普遍的,它又像是自身产生的条件。由于战争体系(战争充满了各自由之间的空白地

---

① "先发制人的"(préventive),也可译为"预防性的"。——译注

带)的存在,人类被迫为恶。战争体系与其说代表了人性的后果,不如说代表了人类的关系体系。

这里,这种理论必然有模棱两可之处,它就出现在关于恶的难题当中①(≠卢梭)。霍布斯给自己提出了一个问题,然后又拒绝被看作是悲观主义者:他主张善要多于恶,同时又主张生存的条件是战争。对他来说,人天生就是"动物",生来就具有动物的各种激情,追求功利性,这些本身并不坏,但人会由于它们的作用而违背"应当"(devoir)。这就是关于固执的孩子的理论:一个小孩子,如果他所有的欲望都得到满足,就会一直老实听话,而如果受到人的阻挠,就会变邪恶②。恶无非是病态(pathologique)的后果,它使人处于精神上的欠发展状态。恶被消极地定义为是人身上缺乏理性。这就是说,战争状态中的恶,可归因于战争状态中的人类关系体系。

这里,我们获得了异化理论的第一种形式:正是那些自由、平等、相互之间没有其他人类关系的个人,最终造成了一切人反对一切人的战争这种普遍体系,这与善的目的本身背道而驰。本想实现其天性,最后却摧毁了它。他们的天性的本质,在自我实现

---

①参考霍布斯《论公民》的"前言",前引,第73页:"可见,恶人就像固执的孩子,或孩子气的成人,恶无非就是人到了一定的年龄时依然缺少理性。在这个年龄上,人们通常自然而然地会因为法纪和对伤害的体验而受到约束。因此,除非我们认为,人们天性邪恶完全是因为他们天生不懂得克制,不懂得运用理性,否则我们就得承认,人的贪婪、恐惧、愤怒以及所有动物性的激情,也许来源于自然,但他们并非天生邪恶。"(见霍布斯《论公民》,前引,第11页。——译注)

②同上,第11页。——译注

的同时自我摧毁了。个人的自由活动,生产了一种人类关系秩序,生产了他们的本质之间的矛盾以及统治他们的东西。这里,没有给人性的预先假定(présupposé)加上任何东西。是各自由主体的人性的共同存在,引起了［战争］。出现了一种转变,给定的本质向自己的对立面转变,主体生产出了一种与自身相对立的秩序。

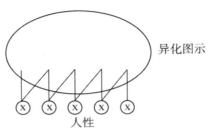

异化图示

人性

有一个前提(présupposition)决定着那些主体的特征,但这个前提并没有出现,马克思后来批判了这种前提的缺席:所有的人类活动都在一个由其前提所统治的世界中展开。生产的世界位于一个先决的世界当中。主体是某个总体中的一些抽象环节,这个总体预先决定着他们的活动和存在。

(f) 对无所不在的死亡的恐惧和不幸状态

在霍布斯这里(≠洛克和卢梭),自然状态和战争状态完全重叠在一起。

这种状态没有为一般意义上的工业(industrie)留有空间。人的生活被死亡控制着。自然的自由反过来与自身相对立,自然权利的所有规定性都反过来与自身相对立:所有人对所有东西的权利被剥夺了。人类的自由的实现,导致了其反面后果:战争状态通过一个致命的矛盾否定了自己。

由此产生了寻求和平的必要。正是在这种矛盾的深处,产生了对拯救之路的寻觅。

在这种矛盾中、在对这种矛盾的解决中得以实现的,是自然权利的原则,是人对好处(bien)即对自己功利性(utilité)的寻求。一旦人们认为和平有好处,难道他们不会必然地去改变那些关于自然权利本身的真理吗?如果自由在想要实现那种空的环境时遭遇了挫折(表现为死亡),人们难道不会去对那个环境进行组织,难道不会承认那个已经被充满的世界将由此变成服从于那种组织的自由吗?

这种理论在(它所拒绝的)**天然的社会性这个背景上反向凸显了出来**。霍布斯公开地批判 zôon politikon① 这一理论②,因为这一理论建立在对人性错误观察的基础之上。

这种理论的目标,出现在自然状态中,是为**自由理论**奠定基础,也就是说,为作为自由发展的人类的自由奠定基础。在关于空的环境的神话中、在关于自由的学说中表达出来的,是个人主义的自由主义论点,它代表扩张着的功利主义势力。然而,在自由与其环境、自然状态与其现实即战争状态的特殊矛盾中,这种自由主义产生了自己的对立物。对战争状态的描绘针对的是这种现实:自我发展着的个体的活动与活动的条件之间,因竞争条

---

①希腊文,意为"政治动物"。——译注
②指霍布斯批判亚里士多德提出的"人在本性上是一个政治动物"这一观点,参见霍布斯《论公民》,前引,第3页。另参见第319页译注。——译注

件和发展的矛盾而产生了对立。死亡是竞争的后果,但是我们知道,这是人为造成的死亡。

两种死亡概念:
——隐喻性的死亡;
——人为造成的死亡。

一切人反对一切人的战争这个概念(concept),既表述了作为自由发展的竞争,也表述了作为内战的政治斗争的概念(notion),即作为与那种经济竞争密不可分的阶级斗争的概念。

此外,霍布斯还有一个目标,**就是通过超越战争状态**,即通过超越阶级斗争的暂时暴力,甚至通过利用阶级斗争,**来保留和发展个人主义的自由主义原则**。

B. 自然法

"如果人都能自治,也即如果他们能依据自然法来生活,那他们就绝对不需要搞什么政治活动了。"①

自然法和契约是同时开始的,它是契约在机制上的先决条件,并将在市民状态和政治状态中占统治地位。自然法的这个难题性很特殊:在洛克那里,自然法与所有阶段(自然状态也包括在内)都有关;在卢梭那里,我们不知道自然法在市民社会之前是否存在。

---

① 《论公民》第二卷,第十六章,14 节,第 158 页。(原注有误,这句话实际出自《论公民》第二卷第六章注释 3。参见霍布斯,《论公民》,前引,第 74 页。译文有修改。——译注)

这种自然法的内容：法律－道德行为的相互性。这是一条规定市民社会中权利平等的法律－道德法则，一条爱邻人的法则。

（a）自然法的身份

既然自然法没有在自然状态中出现，那么难题在于要搞清楚，自然法怎么可能作为一种全新的东西突然出现。自然状态是一种战争状态，事实上它本身是自相矛盾的：在坏到极点的情况下出现了对战争状态之不幸的反思，由此产生了自然法。它从厄运和矛盾中产生。对战争状态的反思，决定了法（这一次是实证法）的可能性条件，也就是说，决定了重构人与人之间关系的可能性条件。作为对事实进行反思的产物，自然法是对不幸状态进行反思的结果。在这种反思中，人们以理性取代了激情：主观地追求好处的自由，让位于义务的约束。自然的平等结束，实际的不平等开始。因此，这是在自然状态内部的反思时刻，它确定了超越这种状态的各种条件：人们将确定那些条件即自然的诸根本法则，以实现和平。

自然法的起点（origine）和起源（genèse）：霍布斯把自然法当作是反思的产物，因而就拒绝在自然法中看到"应当"（devoir）①，"应当"是某种超验理性的产物，而超验理性从本质上决定着自然法。它不是关于事实的超验理性的一种原则。既不

---

① 参见第56页译注，"应当"（devoir），在其他地方也译为"职责"。——译注

是上帝的世俗化表现,也不是 consensus omnium① 的结果。它只是对事实进行理性思考所得到的结论。"正确理性所给我们的指令。"②推理:理性指导下的功利主义计算。对自然法的一切违反,都来自错误的计算。这个定义是经验主义、理智主义、功利主义的。

然而,由此也提出了一个关于条件的难题:理性要得以出现,就必须服从那些条件。对于霍布斯来说,理性的成长是以激情为起点的。"对死亡的恐惧和对舒适生活所必需的事物的欲望"③,就是理性的原动力。死亡这一新因素出现了:死亡是理性的"出生证"。对于古典主义作家来说,死亡是生命的自然判官,是理性的起因:真理的在场,死亡是对肉体、对现象的否定,它是消灭事件的事件,它向我们表明,真理在事件的彼岸。真理的虚无,死亡指向存在的真理。对黑格尔来说,现象在死亡中触及到了其自身的法则,也就是消亡,死亡通过自身照亮了现象,指向此岸,而不是彼岸。对于霍布斯来说,死亡指向生命,不是把它作为现象的真理,而是作为对生命的否定。死亡没有丝毫模棱两可之处,作为现象,它属于自然界,作为本质,它属于另一个世界。它是生命的一个事件,然而却又是生命的对立面,它是至恶。死亡扮演着至关重要的角色。

——因为死亡是绝对的恶,是一切虚无的真理(同时也

---

① 拉丁文,意为"全部同意"或"一致同意"。——译注
② 《论公民》"前言",前引,第 74 页。(参见霍布斯《论公民》,前引,第 15 页。译文有修改。——译注)
③ 参见霍布斯《利维坦》,前引,第 96—97 页。译文有修改。——译注

是真理的虚无)。是人既不能接受、也不能忍受的恶,因为它是对生命的根本否定,而生命就是保存。因而,本体论观点的颠倒:至恶不应该存在。死亡揭示了生命的优先性:对霍布斯来说,搞哲学,就是学习不死①。

——因为死亡永远不在场,却又随时会降临。死亡的存在是一种不在场的存在。又随时会存在。人应该超越当前激情的直接性,唯其如此,理性才会作为一种新的激情(属于未来的激情)而诞生。对死亡之未来的担忧,催生了理性,理性抛开了野兽般的欲念,而依照后者,人总是优先考虑当前的好处而不是未来的好处。霍布斯的方案,以对死亡的如下思考为基础:即他必须摒弃任何外在于自然状态的要求,只通过利用自然状态内部的法则,即对死亡的恐惧,来对自然状态进行重构。要注意,这种死亡总是由暴力造成的:经由人们造成的人的"好处"(bien)。必须要严肃对待人类的命运。

---

① 原文为"philosopher, c'est apprendre à ne pas mourir",阿尔都塞在这里借鉴并反用了蒙田一篇随笔的标题"Que philosopher, c'est apprendre à mourir"(搞哲学,就是学习死),参考蒙田,《哲学即学死》,《蒙田随笔》,梁宗岱、黄建华译,人民出版社,2005年。这个观点最早来自柏拉图,见柏拉图,《柏拉图对话集》,王太庆译,前引,第216页(《裴洞篇》64A):"一般人大概不知道,那些真正献身哲学的人所学的无非是赴死和死亡。"而最早明确颠倒这个观点的是斯宾诺莎,见斯宾诺莎《伦理学》,贺麟译,商务印书馆,1983年,第222页:"自由的人绝少想到死;他的智慧,不是死的默念,而是生的沉思。"阿尔都塞对这个观点的发挥,见第469页相关段落。——译注

(b) 自然法的内容及戒律

自然法的内容就是人类实现和平的种种条件：我们进入了对自然状态的重构方案。为了避免战争，如何对不空的环境进行重新组织？找出一种不再给人带来障碍的人与人之间的关系。由此得出二十条自然法一览表。

第一条法则："应当寻求和平。"①应当从目的(fin)②开始进行逆向分析。人类(手段的)自由是人类自由的障碍。自由不应该是无限制的：人应该将自己权利的一部分放弃给别人。这种转让不是积极的，因为自由没有内容。必须放弃一项其本身就是消极的权利。"不进行抵制"③，这就是第一条法则所要表达的。这意味着相互的限制：相互性尤其重要，并且它出现在(两个个人之间的)契约中。

契约的本质，是针对未来的；由此必须进行理性的思考，也必须有指示未来、为了未来而将人联系起来的符号，即语言。这意味着人们不应该与不会说话的事物(动物、小孩、上帝等)订立契约。所有的契约形式都指明了这种最初的形式，即对双方自由的形式上的限制。由此得出：

——契约只是纯粹抽象意志的一种行为，由于屈服于恐惧而产生，恐惧是契约的原动力。人们由于恐惧而达成一致，同时，更确切地说，为了利益而达成一致……

---

① 参见霍布斯《论公民》，前引，第 15 页。——译注
② 这里"目的"(fin)，也有"结尾""终点"的意思。——译注
③ 同上，第 16 页。——译注

——通过暴力而达成的契约同样是有效的(参考奴役的契约):为了挽救自己的性命,奴隶表示了同意。奴役的契约,作为对死亡的恐惧的直接后果,甚至是典型的契约。

——契约也有其限度:当契约最终会导致个人死亡时,则该契约终止。

形式上的相互性将导致人们之间的不平等:为了让人不再是人的障碍,契约需要取得人与人之间的一种妥协,这一点是通过一种形式上的协议而达到的,而这种形式上的协议消除了所有内容上的平等。平等的形式定义了契约,然而其内容却是不平等的。由契约建立起来的平等,是一种按比例的平等。① 这里有个人自由的扩展的要求,但也有对作为条件的不平等的承认。

其他法则,是一些使契约能得以实现的手段。

——"信守已签订的协议。"

——"避免忘恩负义。"

——"要体谅他人。"

——"要宽恕他人。"

——"只为了未来的利益而施加惩罚。"

——"不能侮辱别人。"②

(c)自然法的意义

理性思考的结果是产生出二十条法则,它们是人类实现和平

---

① 同上,第29页。——译注
② 以上诸条自然法,参见霍布斯,《论公民》,前引,第26-32页。译文有修改。——译注

的条件。然而,从理论上讲,这些法则是个人自由的胜利:人从自发的自由秩序进入到由理性所照亮的自由秩序中。因此,理性－对未来的思考－相互性之间获得了一致性。

确保向市民状态过渡的这种理性的本质是什么呢?人们有一种起源于经验并被确认为是普遍的、表现为义务的理性。利益如何可能变成是道德的呢?如何从个人过渡到普遍呢?此处,展现了霍布斯的暧昧不清,甚至暧昧到将那些自然法称之为"神的"①法,并赋予它们以永恒性②。为什么出现这个死胡同?

因为个人主义,整个这种辩证法的内在因子。理性表现为个人行为:理性在个人身上产生。作为个人从经验中所获得的东西,理性同时也是人们所欠缺的。霍布斯强调这样一种事实,即大多数人达不到理性的高度。公设:理性恰恰应该通过个人而产生,由此又产生了它与其普遍价值之间的矛盾。

理性起源于个人,而自然法又具有普遍价值,这个矛盾引起了另一个更大的矛盾:达到理性高度的人与其他人相对立。霍布斯认为,当有理性的人接受自然法,而其他人却不接受这种法时,有理性的人就成为不理智的了,因为他所获得的恰好是与自然法相反的东西。有时候,违犯自然法,反而是在保护自然法,是为了幸免于难。由此,产生了服从现存法则的实践上的厚颜无耻。这样一来就引入了现存的各种关系。法的普遍性与其实际上的非现实性之间的矛盾在"凭良心的义务"中被化解了,在"凭良心的

---

①《论公民》第四章的标题是"自然法是神的律法"。
②《论公民》第一部分,第三章,第 29 节,第 126 页:"自然法是不可改变的,是永恒的。"(参见霍布斯,《论公民》,前引,第 38 页。——译注)

义务"中，法始终具有绝对的价值。① 道德良心的位置所在，就是道德上的普遍主义与活动条件之间的矛盾所在。凭良心的道德法则的内在化，只有在被当作规范的个人的活动与其活动的条件之间的矛盾中，并只有通过这种矛盾，才能得以实现。由此可得出结论：道德良心及其对位(contrepoint)的真理：实践上的厚颜无耻。个人利益决定着下述两种情况，即在理论上凭良心而愿意承担，在实践上通过厚颜无耻而实现。作为超验规范的法与经验事实之间的这种悖谬是根本性的。

最深的矛盾是个人的活动与其活动条件相对立的矛盾。自然法并非是绝对命令(impératif catégorique)，而是一种假言命令(impératif hypothétique：)：所有的义务都指向一种具体的意图(如果你想和平……你就必须接受这些实现和平的手段)。道义只是为了实现人的意图时在人与人之间的关系方面要用到的技巧和手段。这种假言命令本身是无力的，因为

——个人可能丧失运用理性的能力；

——大多数人不以理性的方式来行动。

全凭经验的计算及这种计算的失败同时得到确认。为了使人们承担义务②，自然法必须强迫所有人，必须保证他们的超验存在，保证自然(nature)的去自然化(dénaturation)。

---

①《论公民》第一部分，第三章，第27节，第125页："结论就必定是：自然法产生的义务位于无时不在、无处不在的内在的法庭或良心中；而在外在的法庭中，只有当遵守法则带来安全时，才会产生义务。"（参见霍布斯《论公民》，前引，第38页。——译注）

②"使……承担义务"原文"obliger"，另参见第56页译注。——译注

因此，自然法是一种悖论，因为它不是一种名副其实的法则①，而是对人性的根本改造——只不过是在战争状态下，在经验性内部的改造。可能的秩序，也就是说自然法，是一种必然结论，它是在这种秩序（该秩序本来是自然法所要构造的）内部，以一种不可能的可能性为基础的必然结论。霍布斯的矛盾，是对无能为力的供认，这种无能为力使霍布斯在自己的理论体系中保持了逻辑上的一致：法律的内容被思考为一种可能的标志，即其内容被描绘为一种纯粹的可能，在一个空的②空间中，应该赋予法律以有效性的义务并不存在。对被充满了的人类世界的反思描绘了一个空的世界，而这个没有被认可（sanction）的空的世界，注定要承认（reconnaître）那个被充满了的世界。与这种义务的虚空联系在一起的，是拒绝在人类世界以外的地方去寻找义务的根基。任何东西，无论是上帝还是道德良心，都不能干预进来：拒绝一切超验性。义务的虚空就是承认，唯一充满这个世界的就是这个世界本身，也就是说，恐惧、担忧和暴力。

C. 社会状态

霍布斯通过权力理论弥补了这种虚空。这种虚空既是解决

---

①《论公民》第一部分，第三章，第33节，第128页："然而我承认，我们称之为自然法的东西，就它们源自自然而言，确切地说，它们并不是法则。"（同上，第40页。译文有修改。注意，这里"法则"原文"loi"，前文"自然法"中的"法"也是这个词，它有"法则""法""法律""规律"等意思。——译注）

②"空的"（vide），也译为"真空""空白""虚空"，参见第110页译注。——译注

办法,也是可能性的条件。

(a)市民状态

市民状态的目的就是将自然法可实现性的条件具体化。作为一种纯粹可能的、通过反思而得到的和平条件,与实现和平的真实条件之间存在着矛盾,这个矛盾必须得到解决。不是在作为纯粹可能的理智的层次上,而是在激情的层次上,也就是说,在物质条件自身的层次上,找到一种可以迫使人们遵守自然法的保证。

这种保证在于通过另一种激情即恐惧,来阻止个人的争斗激情。不是通过理性,而是通过设置和构造恐惧,来将人们引向理性。两个假设作为保证将被拒绝。拒绝人们之间所订立的协议(convention)。人们在意志上的联合不能提供保证。规模有限的团体会受到来自外部的威胁,强大的团体又受到来自内部的威胁。在人们之间达成一致的层次上,也就是说在相互同意这个层次上,找不到内在的解决办法。因此必须有:

——参与者为了和平而达成的协定(accord);

——一种能制止他们违反这个协定的恐惧。由此产生了与一种绝对权力有关的契约的必然性,这样契约作为契约,又自毁于自身的可能性条件。

(b)政治契约与绝对权力

需要问的是,市民契约或法律契约与政治契约之间是什么关系。对于霍布斯来说,市民契约建立在政治契约基础之上(≠卢梭和洛克)。如果没有政治契约,就不会有市民控制(contrôle civil),不会有经济生活。

这种服从的政治契约不是君主与人民之间的一种简单契约（封建的契约）；"君主／人民"这种类型的契约通向的是无政府状态，因为这里没有第三方，没有两者之外的仲裁者来保证契约得到遵守。

这种契约是不对称的契约，它在两个层次上被构造：首先是社会上所有的个人承诺放弃抵抗，然后他们又一致同意将自己的一部分权利转让给君主。

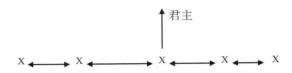

这个契约的不对称在于，（所有个人之间的）相互性的内容是某个第三方，而这个第三方外在于该契约；是这个第三方接受了权利的赠与。（契约订立之后）君主和人民之间不可相互转换：主权者不受任何约束：他只接受。自然法的全部矛盾都铭刻在契约的这种结构中了：个人之间内在的关系被投射到一种单方面的超验性中去了，但它在各种单方面的关系中没有得到反映（契约的类型："为了他人的约定"）。

这种转让的内容是消极的，因为人们保证不抵抗君主。全部转让就是放弃抵抗的权利。在个人这边，权利赠与的具体内容就是这种放弃。

这里出现了一个霍布斯没有意识到的难题：作为一切契约可能性条件的绝对权力的创立，却取决于人们相互订立的契约，这一点如何可能？这里似乎存在着一个循环，摆脱契约的不可能状态的必要条件，却表现为另一个契约。霍布斯要解决的新矛盾：

他谈到了"准契约"(quasi-contrat),也就是说,一种积极的现实性,绝对权力的存在。发生学的一面消失在对一切契约的可能性条件的本质分析当中。在霍布斯那里,不再有历史。

(c)绝对权力

霍布斯为一个根本的论点进行辩护:一切权力(无论是君主制还是民主制)的本质都一定是绝对的。权力是绝对的,也就是说,是不可废止的。权利一经转让,就不能改变:君主没有任何义务。在本质和期限方面,权力都是绝对的。

为什么是这种绝对主义?不仅仅是因为有这个契约,而是因为这种契约是不可逆转、非互相的。下面这点是正当的(en droit):已经转让给主权者的东西,不能重新收回,主权者所具有的权力是不可转让的。这一论点的内在理由在于,绝对权力先于任何契约,是一切对人类生活进行合理化组织的根本性的先决条件。如果没有能建立契约的政治权力,契约就是不现实的。自然法的可能性条件(以及支配自然法本身的),是那赋予它以具体含义的权力。权力是自然法的条件,而不是自然法的表现。与经验论的论据相比,这种绝对性并不在于它有与康德先天形式的先天性(apriorité)同样的要求(自然法是关于可能事物的感性论,而权力是关于可能事物的分析论①)。

---

① "感性论"和"分析论"原文分别为"l'esthétique"和"l'analytique",来自康德哲学。参考康德《纯粹理性批判》(李秋零译,《康德著作全集》第三卷,中国人民大学出版社,2004年)中关于"先验感性论"和"先验分析论"的相关论述。——译注

这种权力具有一定的结构，它建立在统一性基础之上。人民是被统治的大众（multitude），即没有单一意志、没有自己人格的人的总和。唯一真实的统一性是通过政治权力所强加的统一性。说人民是公共意志，就是说人民可以变成任何人，通过统帅人民的那个人的个性表现出来。霍布斯将把大众统一起来的人称之为人民，人民可以是**一个单独的人**，即君主。君主他自己就是人民。主权的本质，在霍布斯看来，不是普遍意志，不是它的抽象，而是君主的意志，全体人的意志体现在君主身上并通过他而实现。整个国家被包含在君主这一个人身上。

绝对权力的理论就是绝对个人的理论，这个绝对的个人与他的臣民相比，处于自然状态中，唯一者与所有其他人之间再次回到自然状态。绝对权力是唯一者对所有人的战争。但这场战争不可能发生，因为唯一的主权者自己具有一切权力。主权者对于其国家，具有人们对于其才能（facultés）同样的权力。

结果：霍布斯拒绝任何对权力（行政权、立法权、司法权）的分割，这些权力合并到同一个人身上了。立法权与行政权的模糊在这里是特别的：君主颁布法律，使权利诞生。国王就是一切权力。霍布斯坚决主张财产权，坚决主张反对错误学说的斗争权（霍布斯不赞成舆论自由）。

然而，这一切结束于在主权者职责（devoir）学说中不断增长的巨大矛盾。事实上：

——主权者必须要给其臣民一些保证：包括保证他的利益是人民的利益，他必须要对自己相对于人民来说所处的自然状态的处境有所反思。他必须要保证这一点，并保障和平和工业。

——他必须要尽可能地少颁布法律：作为职责，绝对权力在公民生活中要占尽量少的位置,以给公民留有广大的空间。我们重新找到了作为出发点的空的空间。总的悖论:使权力的绝对主义与必须尽量少起作用的主权者并存。自由的绝对主义。这个难题是无法解决的。绝对主义的目的是自由主义,也就是说,是对种种工业成果的享受。

因此,这里有两个层面:

——政治层面(它超越了各人类团体间的对立,以保障经济的自由);

——经济层面。

这两个层面反映了死亡的双重性(在内战中死亡和在竞争中死亡);防止在战争中死亡,是为了确保在竞争中死亡。国家的一个功能是:让经济发挥作用。从绝对视角得出的理论,就是从资产阶级视角所拟的纲要(≠博絮埃),但这是经历了第一次英国革命所造成的内战的资产阶级(这已经是关于**在过渡阶段实行阶级专政的必要性的理论**)。

在这个问题上,霍布斯可能是罗伯斯庇尔/马克思的先驱。

三、洛 克

洛克的理论似乎是霍布斯理论的反面,不是在表面的结论方面,而是在更深的层面,在关系到社会的内在本质方面。在表面的结论方面他们都是自由主义的:国家被简化到最小,法官和刽子手的国家,即作为处罚的权力,只对那些违反自然法的行为进行惩罚,而对其他的一切则放任自由,趋向于虚无国家。

霍布斯希望有一种政治理论,把所有关于国家、法律和道德的规定性都归于一种非法律、非道德的原则。在战争状态,恐惧被表明是国家的规定性的内在本质,权利和道德则仅仅是强力的后果。对被恐惧充斥的空间进行重新组织,说明了政治状态的特性:恐惧被聚集到一个确定的中心,而不是让无数的臣民去承受。同样,在自然法的首要性方面,霍布斯也是革命者,因为他将自然法阐释为是内在于在战争状态中占统治地位的必然秩序的法则。自然法是这种必然性的产物,是它的教诲,是一种得自于这种必然性的经验(通过理性和利益的计算而重新组织过的经验)的假言命令。它得到了另一种、然而对它来说又是同质的权威类型:使自然法生效的政治权力仍然是恐惧。没有任何地方向我们表明,一种纯粹的、通过超验的权威(理性或上帝)而强制规定的"应当"(devoir)①是怎么突然出现的。人所具有的唯一良知(conscience)②,就是对必然性的反思,但只有当这种良知无能为力时,它才成为道德的。这种理论上的良知,在实践中几乎不见了,仅仅化约为一种明显的恐惧而存在。

而洛克却断言自然法的统治是普遍的。自然法在一切社会秩序(从自然状态到市民状态③)中都占统治地位。各种实证法(包括其界限)只是自然法的现象。

然而,这种对立中包含着一种形式上的相似性。它们是要把所有的规定性化约为某种单一原则的两种尝试:而卢梭则通过真正的突变(mutations),通过去自然化(dénaturation),通过由断裂而得到的转变,来进行这种尝试。在霍布斯和洛克那里,我们一直停留在同样的内部,同样的一元论的难题性和同样的解决办法当中。更准确地说,自然法的身份表现出一些相似性:自然法是习得的,它具有经验的起源。洛克在父权理论中,发展了成人与孩童有别的论点(参考 puer robustus④):当孩童不再是孩童,当他通过一段时期的学习,具有**理性**的时候,才能理解父权。然而,理性的这种经验起源在这两位作家那里具有不同的上下文。洛克并不考虑自然法的难题(而霍布斯却解释了自然法的起源):对他

---

① "应当"(devoir),在其他地方也译为"职责",参见第56页译注。——译注

② "良知"(conscience),也译为"意识"。——译注

③ 参见第243页译注。——译注

④ 拉丁文,意为"强壮的小伙子",完整的表达是"强壮而心怀恶意的小伙子"(puer robustus sed malitiosus),语出霍布斯《论公民》"致读者的前言",参见霍布斯,《论公民》,前引,第11页。——译注

来说，义务不是来自权力，而是来自其自身。在洛克那里，自然法是很自然的要求，因为它与理性相吻合。我们看不到他的义务的起源，除非理性本身包含了这种义务。洛克回避了霍布斯的难题。

A. 自然状态①

1. **其结构**

洛克从求助于自然状态开始。② 为什么？因为自然状态的定义与在实践中选择的政治立场（与霍布斯相反的方向）相关。为了避免不幸，他寻找另一种起源。

动物性作为种种关系的基础，以强力和暴力的面目出现了。机械主义。"所以，无论是谁，只要他举不出正当理由来设想，世界上的一切政府都只是**强力**和**暴力**的产物，人们生活在一起乃是服从弱肉强食的**动物的**法则，而不是服从其他法则，从而奠定了永久混乱、祸患、暴动、骚扰和叛乱（凡此都是赞同那一假设的人

---

①关于洛克这一章接下来的部分是根据阿尔都塞的打字稿笔记和听课者笔记进行对照编辑而成的，因为打字稿中偶尔有画扛涂改，难以原封不动地加以编辑。

②阿尔都塞所引用的洛克第二篇论文的版本是：《政府论》(*Essai sur le pouvoir civil*)，法文翻译让－路易·菲奥(Jean-Louis Fyot)，法国大学出版社，1953年。我们要提醒大家注意，1960年阿尔都塞为雷蒙·波林(Raymond Polin)的《约翰·洛克的道德政治学》(*La Politique morale de John Locke*)撰写了一篇书评[载《现当代历史评论》(*Revue d'histoire moderne et contemporaine*,)，1962年4月—6月第9期，后收入《马基雅维利的孤独》(*Solitude de Machiavel*)，法国大学出版社，1998年]。

们所大声疾呼地反对的事情)的基础,他就必须寻求关于政府的**另一种起源**、关于**政治权力**的另一种起源和关于用来安排和明确谁享有这种权力的另一种方法的说法。"①(第61-62页)。"追溯政治权力的起源"②……(第63页)。因此,对起源理论的论战性和批判性,有非常明确的意识。参见第136页:君主变成暴君,"于是,臣民发觉有必要更加审慎地说明政权的起源和权利,并找到一些办法来限制专横和防止滥用权力……"③

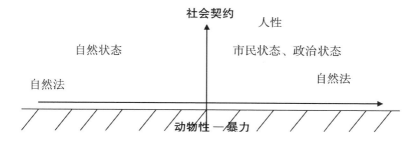

在自然状态中,人们的身份以三个范畴展开:自由、平等、博爱。

(a)**自由**:"在自然法的范围内,处理其财产,而无须得到任何人的许可。"④(第63页)自由被消极地定义为是一种独立状

---

①此处的引文,阿尔都塞省略了原文的最后一句:"在罗伯特·菲尔麦爵士的说法之外。"(参见洛克,《政府论》下篇,叶启芳、瞿菊农译,商务印书馆,2005年,第1-2页。译文有修改。——译注)

②同上,第3页。译文有修改。——译注

③同上,第70页。译文有修改。——译注

④在阿尔都塞的打字稿中,我们发现了对洛克文章的更长引用:"他们在自然法的范围内,按照他们认为合适的办法,决定他们的行动和处理他们的财产和人身,而无须得到任何人的许可或听命于任何人的意志。"(同上,第3页,正文中的译文有修改。——译注)

态,虽然不是孤独状态(不受制于某个人的权力＝不处于战争状态),自然状态在本质上排除了战争状态。

然而,也有积极的规定性:在自然状态,人不处于匮乏当中。他们有一些财产。所有权在市民社会之前的自然状态下就存在。自由仅仅在自然权利的范围内才存在。① 在自然状态中占统治地位的是道德秩序。

(b)**平等**。洛克把平等定义为是权利的相互性。人们处于一种"平等的状态,在这种状态中,一切权力和审判权都是相互的,没有一个人享有多于别人的权力……"②(第63页)。这个定义与霍布斯的平等毫不相关。这种平等的基础是人的相同本质。这种相互性涉及审判的权力:所有的人都是法官和刽子手。

(c)**博爱**。正义和仁爱是人们相互之间应有的义务。洛克③引用了胡克尔(第63页)。人们知道他们有同样的本性。而每一个希望得到别人的帮助和爱的人,都应该去帮助和爱别人……相互帮助的自然明证性,应该建立在本性和处境的一致性基础上。

这让我们再次回到**自由**:自由不是**放任**(第64页),完全根据激情和欲望的冲动去做自己想做的任何事情(霍布斯,斯宾诺

---

①阿尔都塞打字笔记中的相应段落有很大的不同:"此外,自由要服从于自然法(而不是像在霍布斯和斯宾诺莎那里一样服从于自然权利。在自然状态中占统治地位的是一种法律—道德秩序)。"

②参见洛克,《政府论》下篇,前引,第3页。译文有修改。——译注

③论述博爱的结尾部分,我们采用了阿尔都塞的打字稿,因为它比听课者的笔记更完整。

莎)。自由只有在**职责的相互性**范围以内才有意义。人都是平等而独立的,"任何人都不得侵害他人的生命、健康、自由或财产……"①(第64页)这种职责只是一个人从反面为自己所要求的东西:自我保存,保存自己的健康、自由、财产和生命……被投射到其他人身上的这些对个人的要求,构成了一个循环,其中铭刻着个人自由的运用**从一开始**就要遵循的规则。

2. 自然法

"它没有别的目的,而单单为了使我们不致坠下泥坑和悬崖。"(第29页②)也就是说,保护人与动物之间的界限。这种职责意味着对自然法在自然状态中占统治地位的认可。"自然状态有一种为人人所应遵守的自然法对它起着支配作用;而理性,也就是自然法,教导着有意遵从理性的全人类……"③

双重的自然法:必须保存-保护自己,并保护-保存**他人**。

(a)作为众法(实证法、成文法、成典法等④)之前的法,它同样存在,但却是作为不成文法而存在:"自然法不成文,除在

---

① 参见洛克,《政府论》下篇,前引,第4页。译文有修改。——译注
② 打字稿上是:"第29或98-99页"。(同上,第35页。译文有修改。——译注)
③ 同上,第4页。——译注
④ 原文为:"les lois(positives, écrites, codifiées…)",其中"les lois écrites"即"用文字写出来的法律","les lois codifiées"即"编纂整理成系统的法律",两者一般都通译为"成文法",但为了区分,此处将前者译为"成文法",后者译为"成典法"。——译注

人们的意识中之外无处可找……"(第64页①)

（b）但它作为不成文法，仍然是颁布过的，因为一种法要作为法而存在并使人遵守，就必须要为人所知，因此就必须是颁布过的（市民状态的范畴投射到自然状态中）："一个人不能受不是对他颁布因而为他所了解的法律的约束。然而，这个法律仅仅由理性颁布或宣告……"（第98页②）。

（c）③理性与自然法之间的同一性。自然法是理性的共通法则。它不是先天的，而是与理性的训练联系在一起的。

（d）因为自然法与理性是同一的，所以，没有理性的人，比如野兽、孩童、疯子和傻瓜，就不懂得自然法。这种同一性使洛克可以发展出一整套独创的对于孩童的父权理论，以驳斥父权的政治理论④（一般是针对费尔默；神圣权利）。创见：父亲对于孩

---

① 参见洛克，《政府论》下篇，前引，第85页。——译注

② 同上，第35页。译文有修改。——译注

③ 发表在这里的听课者笔记版本的内容，可能比阿尔都塞下述打字稿的版本更接近于课程讲授时的原貌："自然法与理性的同一。自然法的颁布可能是神的启示，或者是理性的运用。'理性的共通法则……'（第72页）。'但是可以肯定，确有这种法的存在，而且对于每一个有理性的、研究自然法的人来说，它像各国的实证法一样可以理解和浅显'，第68页（参见洛克，《政府论》下篇，前引，第8页。译文有修改。——译注）。这种法并不是先天的。它是通过经验和反思而发现的，也就是说，通过人类理性的运用（它不是别的，就是指经验和反思）而发现的。"在阿尔都塞打字稿这一页的页边，我们发现一个手写的旁注："有人说：与洛克的经验主义相矛盾！但如果理性是习得的，则这种说法就不正确了。"

④ 听课者笔记版可能比阿尔都塞打字稿版更可取（"政治权力的父权理论"）？

子的权力与政治权力不可等量齐观,因为孩童是不自由的,他们没有达到理性的高度,所以没有自由。孩童的理性存在于父亲身上,父亲是有理性的,因而他的自由是他自己和孩子两个人的自由。但是一旦孩子自己也达到有理性的年龄,这种委托就停止,从而父亲和孩子之间的关系(不对称的单边关系)就终止了,变成一种新的关系,不再是家庭的关系,而是两个有理性的人之间的人的关系。

(e)①法－理性－自由的同一性。正是这种动物性/人性的二元论,奠定了这种同一性的基础。法表现为永恒的道德法则。这样一来,洛克在自然状态中就投射了霍布斯只有在市民状态中才引入的自然法(理性的法则)的规定性。其造成的后果是(由于并不求助于对君主的恐惧从而以强制性的方式强加这些规定性),他从自然状态开始就把这些规定性思考为道德法则。然而,自然法的这种统治(霍布斯则在其中看到了自然权利的统治),这种取代了非道德性强力的法律－道德义务的统治,将彻底颠倒古典概念的含义,特别是战争状态这一概念的含义。自然法概念的这种扩展,将改变这个场域的构造。

---

① 出现在听课者笔记中的这一点,与同样出现在打字稿中的一个段落相对应,但在阿尔都塞的打字稿中被划掉了。相反,打字稿中包含一段似乎没有在课堂上讲授过的内容:"创见:法不限制自由,相反,它根据其利益为自由指引方向。它通过其真正的本质而确立自由。没有法的自由就不再是自由,而是放任……而这种放任＝非人性的冲突,动物性的冲突(泥坑和悬崖)。处于动物性悬崖边上的人类自由……将在战争状态中重新出现的重要主题。"

3. 自然法的应用

这种道德法则被描绘为好像在自然状态中就得到了遵守。 在自然状态中,它是在什么条件下得到遵守的呢?为了使它得到遵守,必须每个人都有权成为法官和刽子手。审判和镇压的权力在本质上属于个人。每个人都有权利要求别人遵从他对自然法的解释,因为他就是自然法的法官。

悖论①:

——在自然状态中,自然法占统治地位。

——它得到了应用。

——这种应用包括每个人具有审判别人的行为的权力。而这种权力来自正当的权利,因为它是由理性所驱使的。

但是洛克试图通过求助于下述的必要性来建立他的悖论,即一个本国人必须要有合理的权利来对一个外国人(一个印第安人)加以惩罚。只有依据自然法才有可能对外国人加以惩罚。"如果基于自然法,每一个人并不享有对于触犯自然法的行为加以惩罚的权力,尽管根据他的清醒的判断认为有此必要,我就不能理解任何社会的官长怎样能处罚属于另一国家的外国人,因为,就他而言,他们所享有的权力并不多于每一个人基于自然对于另一个人可以享有的权力。"(第66页②)

---

①原文为"paradoxe",参见洛克,《政府论》下篇,前引,第6页,中译本译为"很怪的学说"。——译注

②同上,第6页。——译注

4. 战争状态

战争状态几乎是不可想象的,然而有必要构想出这样一种状态,因为在人类秩序当中出现了兽性。战争是通过迂回到刑罚理论而出现的。

对于霍布斯来说,战争状态是总体状态,这种状态是永恒而普遍的,没有例外(这种总体性本身表现了斗争和恐惧作为社会关系之本质的普遍性)。人类社会永远无法彻底逃离战争状态,战争状态只为政治状态中的和平服务(和平是战争的产物,这种战争由于其自身所固有的恐惧而被抵消了,它是被升华了的战争,不再是一切人反对一切人的战争,而是一个人对所有人的战争)。在洛克那里,参照原则发生了根本的变化。是和平,支配着自然法的和平,构成了社会的最终本质。(在洛克那里和在霍布斯那里一样)所有的政治难题都包括对这种作为基础的原则的理性设计。但在洛克这里,这种原则就是和平。难题就变成了:如何在作为自然状态和市民状态共同本质的和平这个要素中,来思考战争?

因为我们看到,这种自然法有可能被违反。或者被那些因为疯癫而不了解自然法的人所违反,或者被那些虽然了解自然法但却宁愿放纵自己激情的人所违反。在他们身上,理性之光被本能的混乱所遮蔽。参考第 145 页:"有些堕落的人的腐化和罪恶"①;第 144 页:"因为,虽然自然法在一切有理性的动物看来,是既明显而又可以理解的,然而有些人由于利害关系而存偏见,

---

① 同上,第 79 页。——译注

也因为对自然法缺乏研究而**不了解**它,他们没有意识到那些法律对他们是有约束力的,可以在他们各自的情况下应用。"①而由于每一个人都有正当的权利要求别人去遵守自然法,惩罚和战争就随之而来了。

因此,抛弃理性的罪犯,被洛克当作一种极端情况来分析。这是人性当中的无人性②。理性中经常充斥着其彻底的虚无:即非理性。它的自然形象就是兽性。这种关于物种的观念认为,物种具有其内在的法则,有其不容置疑的边界把此物与别的物种区别开来。兽性突然出现的可能性,从一开始就作为人性和理性的结构性的反面而被给定了。向无人性的倒退,永远是可能的,并采用了一种侵害的形式:应该根据在罪犯堕落状态中起支配作用的规则,即根据暴力的规则、无人性的规则,来对待罪犯。战争状态被定义为侵害,而一切侵害都以死亡为终点(在"定位"这个终点时,洛克重复了霍布斯):死亡意志是兽性的属性,并作用于应该对罪犯执行的处理,应该将死亡应用于他。死亡被确认为一种非人性,是所有惩罚的极限。非人,是人类的致命威胁,应该被减少到无:人性把以非人性即死亡为目的的行为变为现实,并把罪犯抛回其本质即虚无、死亡当中。

洛克举了另一个例子,即窃贼的例子③:一个人可以合法地杀死一个窃贼,即使窃贼并没有侵害他的生命,或者对他的生命表示任何企图,因为窃贼为了夺走他的金钱而使用了强力……而如

---

① 同上,第 77–78 页。译文有修改。——译注
② "无人性"原文为"inhumanité",也译为"不人道"。——译注
③ 同上,第 12 页。——译注

果窃贼成功地将他身上的金钱夺走了,他并无任何理由认为,那个控制了他自由的窃贼,一旦把他置于自己的掌握之下以后,不会也夺去他的其他一切东西(其他的东西,从而还有他的生命)。

关于战争状态的理论是决定性的,因为它让我们得以思考市民状态中所出现的东西。死亡,是作为对致命侵害进行回应的权利的唯一尺度,它把侵害者抛回他自己的虚无中。谁用自己的暴力把自己排除在外,谁就不得不被排除:就好像他自己把自己排除出去。

但是,如此一来,两方面的暴力并不相同。在霍布斯那里,战争永远就是战争,战争从来都不分为两种,好的与坏的,正义的与非正义的。因为自然法晚于战争(并要成为战争的真理)。但在洛克那里,人性与无人性的根本对立在暴力本身当中得到反映。暴力有两面性:侵略者的暴力(无人性的),防卫者的暴力(这是一种权利,而且是一种人权)。这种区别对于理解严格意义上的奴役理论和战争理论至关重要。

a. 奴役状态

奴役状态作为一种现实,是侵害和抵抗的结果。那攻击我的人(无论以什么形式,包括仅仅为了夺取我的财产)在事实上是在对我的自由和生命进行攻击(由于可能对我做一切事情,所以对我来说,没有任何东西保证他不会侵害我的生命……因此,受到威胁的是我的生命)。由于我被侵犯而处于暴力关系中,作为交换,我有权利运用暴力来保卫自己,并杀死那攻击我的人。

因此,奴役状态以暴力(反暴力)为基础。我本可杀死但却留其性命的那个人,就变成我的奴隶:奴隶是一种处于延缓期的死人。因为我有权杀死一个人,所以我有权让他处于奴役状态。奴役权的极限是剥夺生命的权利。因为有权杀死一个人,所以我可以从缓夺去他的生命。奴役状态是一种被延缓执行的死刑,一种缓期的死亡。

然而这种权利作为权利并不在所有的暴力关系中出现。只有当对它的运用是合法的时候,当征服者是在正义战争中成为征服者时,也就是说,在防卫战争中,在反抗对权利的否定的权利之战中,它才出现。由此,在洛克那里产生了关于奴役状态的悖论性理论,偏袒一方的理论:奴隶是那些本该获死罪的人,也就是说违反自然法因而罪当该死、然而又被免死的人。因此,一个人要合理地被当成奴隶,他必须已经罪当该死,也就是说,在"正义战争"(第116页①)中,在"正义和合法战争"(第177页②)中,被"合法征服者"(第78页③)所俘虏。

奴役状态"不外乎是合法征服者和被征服者之间的战争状态的继续"(第78页④)。可是,如果意外地是侵略者胜利了呢?那么,这就不是纯粹的奴役权利的问题了。征服者很可能也从缓夺去被征服者的生命,但是既然从法律和道德的角度来说,他都没有权利杀死被征服者(自然法否认他的这种权利),所以他也就没有奴役被征服者的权利,因为奴役的权利完全取决于合法剥夺生命的权利(使人处于奴役状态的权利只不过是剥夺生命的权利的

---

① 同上,第51页。——译注
② 同上,第110页。——译注
③ 同上,第16页。——译注
④ 同上,第16页。——译注

因此,奴役不是一种契约,因为通过契约而使自己成为奴隶,就是将自己置于某个人的绝对权力之下——从而就是把支配自己生命的所有权力交给某个第三者,而这是矛盾的:"因为一个人既然没有创造自己生命的能力,就不能用契约或通过自己的行动把自己交由任何人奴役,或置身于别人的绝对的、任意的权力之下,任凭夺去生命。"(第 77 –78 页①)

b. 严格意义上的战争

这里仍有两种情况:不正义战争和正义战争。不正义战争,正如人的动物性一样,是一切战争的根源。"一个侵略者由于使自己同另一个人处于战争状态,不正义地侵犯他的权利,因此决不能通过这一不正义战争状态来获得支配被征服者的权利,对于这一点,人们都很容易同意。"(第 179 页②)这种暴力的结果,即使是胜利也不能带来任何权利。战争状态还会继续,被征服者应该"诉诸上天"③,也就是说一旦出现有利的机会,就继续不择手段地进行斗争。

相反,权利可以来自胜利的正义战争:"我们假定胜利是归于正义的一方,并且考察一下合法战争中的征服者,看他事实上得到什么权力〈言下之意:合法的〉④和对谁享有这种权力。"

---

①同上,第 15 页。译文有修改。——译注
②同上,第 112 页。译文有修改。——译注
③同上,第 14 页。——译注
④尖括号中的内容,是阿尔都塞在其打字稿上手写加上去的。

(第181页①)答案似乎一目了然:一国的人民被另一国的人民不正义地侵略,被侵略的人民有权采用暴力手段消灭侵略者。因此,他们也就有权杀死侵略者。而通过保留从缓剥夺其生命(他们本可以剥夺其生命)的权利,从而获得了使侵略国的人民处于奴役状态的权利。

但洛克在重要后果中引入了一些差异(迫于奴役理论的要求)。"让我们再看一下一个合法的征服者对于被征服者享有什么权力;我说,这种权力纯粹是专制的。他享有绝对的权力来支配那些因不义战争而丧失其生命权的人的生命,但是对于那些不参加战争的人的生命或财产以及甚至那些实际上参加战争的人的财产,却不能享有这种权力。"(第182页②)

(1)并不是侵略国的全体人民罪当该死。只有那些参与侵略和战争的人罪当该死,其他人除外。观点:在侵略别国人民时,只有某些个人违反了自然法。"事实上人民没有授权他们的统治者去做不正义的事情,例如发动不正义战争,因为他们自己也从未有过这种权力。"(第182页③)深层的观点:从总体上来说,人类不可能脱离其本质,违背其本质,背离这个物种的法则。观点:一国的人民不可能想要不正义,一个人更不可能会期望自己的死亡。因此,人性与无人性的区分,变成了在向别国人民挑起战争的那国人民内部本身中进行的区分。因此,战争成了某些个人的行为。战争从来都不是普遍的(否则它就会变成中性的,

---

① 参见洛克,《政府论》下篇,前引,第113页。译文有修改。——译注
② 同上,第115页。——译注
③ 同上,第115页。译文有修改。——译注

没有内在标准)。是那些个人,那些将自己置身于人类这个物种之外的个人,罪当该死,从而可以被置于奴役状态(专制主义)。

(2)然而,即使是那些个人,征服者也不能剥夺他们的财产。因为他们的财产并不是只属于他们,同时也属于他们的妻子儿女。而他们的妻子儿女是无辜的,至少在他们身上含有无辜的人类的种子。合法的征服者要求赔偿损失的权利,遇到那些妻子儿女、那些无辜者、那些人民中属于人类的那部分人的权利时,就当止步。即使在极端的情况下,即在被洛克显然当作极不可能出现的情况下:当"作为同一个政治体的一部分,那个社会的所有成员都一起参加了那场不正义战争"(第 187 – 188 页①)时,这一逻辑也同样适用。在这种情况下,合法的征服者尽管拥有支配一切人生命的权利,但他却并不拥有支配他们儿女生命的权利,因为后者是无辜的。"无论父亲有何遭遇,儿女仍是自由人,征服者的绝对权力只能及于那些为他所征服的人本身,并随着他们消失;如果他把他们当作奴隶那样统治……他对他们的儿女却没有这样的权利"②,因而由此对战败者的财产也就没任何权利(因为财产的天生用途是保留给孩子的)。

简言之,一般来说,甚至在战争的普遍性中,也总还存在着人性的避难所。自然法永远都不会被人性所驱逐(即使它被所有的人违反,仍然可以在他们的儿女们身上找到,并因此在人们的财产中找到)。

---

① 同上,第 121 页。译文有修改。——译注
② 同上,第 121 页。译文有修改。——译注

c. 专制主义和绝对权力

通过这种关于战争与奴役的双重理论,我们看到,绝对的(专制的)权力只有在一种情况下才是合法的:即当一位胜利者结束了一场正义战争时。而即使是在这种情况下,绝对权力也有其限度:即它只能及于那些应受惩处的人(那些发动不义战争的人),而绝不能及于他们的儿女,也绝不能及于他们的财产。当战争是非正义的时,这种权力则是绝对非法的。由此得出关于绝对权力的理论:臣民是奴隶。在绝对君主制国家,绝对权力就是战争状态关系的典型:"谁企图将另一个人置于自己的绝对权力之下,谁就同那人处于战争状态"①(换句话说,绝对权力=侵犯生命=不合法的奴役)。由此得出洛克的观点:君主的绝对权力,比如在绝对君主制国家,不是自然状态(因为主导自然状态的是自由),而是战争状态,这比自然状态更坏,因为它废弃了市民状态的好处,并让人重新回到兽性(得到充分发挥的主题,参考第 119 – 124, 69 – 70, 151 – 153, 154, 172 页②)。由此,即使在市民状态中战争状态可以藏于专制主义的形式之下,它也永远是不合法的。因而,拒绝专制主义是人们的职责:造反的合法性。

因此,我们看到,在奴役、战争和绝对权力这三种形式下,战争状态是自然状态的绝对对立面,是把人规定为人的东西的绝对对立面:即自然法的有理性的自由的绝对对立面。正是最后这种

---

①同上,第 11 页。——译注
②分别见洛克,《政府论》下篇,前引,第七章、第二章等相关部分论述。——译注

本体论的论证证明了:(1)人们有权利通过武力甚至暴力来保卫人性,以反对它的对立面;(2)暴力永远不是中性的,而总是有所定性,或者是人性的(正义的),或者是无人性的(不正义的),在它自身当中,总是以人的本质为标准而有所区分;(3)战争从来都不是普遍的。在霍布斯那里,(一切人反对一切人的)战争的普遍性以及战争的循环的后果和条件在于,暴力行为即或可能出自恶人或不正义的人,但其源头却在暴力的普遍性当中。总之,所有的人都是侵略者,而之所以如此,是为了要先发制人。战争的普遍性,或更恰当地说,战争的普遍化,标志着战争不再是一种事件,战争成了战争状态(恶劣的气候①)。这种战争是一种没有开端的战争,没有确定的侵略者的战争,永远都不知道何为正当何为错误的战争。在这种战争中,无所谓正义还是不正义。暴力先于正义和不正义。在洛克这里,战争从理论上来说不可能成为普遍的,也就是说,战争从理论上来说,不可能涵括人类的本质,不可能涵括整个的人类。战争从来都是在人类内部的对人类的否定,人类中局部化的非人性。对于人来说,堕入人类之外的可能性永远都存在。在人类本身当中永远有局部化的可能性。这意味着,人类永远都可以找到逃避战争的庇护所。战争的期限是有限的:洛克的战争状态的延续,不等于霍布斯的战争状态的延续。对于洛克来说,真正延续的,是对自然法的恢复(是对被破坏了的自然法的修复),这种恢复一直持续,直到满意为止。战争状态没

---

①参见霍布斯,《利维坦》,前引,第94页。——译注

有任何资格延续。延续着的是依据权利的武力反抗。①

5. 所有权理论

在自然状态中,不但有人的法律的和道德的自由,还有他们的**财产**。所有权在一个社会创建之前就存在。所有权的基础在**人性**当中,而不是在社会公约之中。关于所有权的推论是从人性开始的。

这种明显的推论存在于洛克给出的对所有权的一般定义中;在谈到某个个人时,所有权的意思应该是指**他的生命、他的自由和财产**。所有权概念的这种扩展,意在把财产所有权当作人对于自身的所有权的现象而建立起来。

有待解决的难题:占为己有(appropriation)的难题。上帝把土地赐给"一切人所共有"②。"但即使假定这样,似乎还很难解释人们是如何对任何东西享有财产权的。"③同样的难题:"在上帝给予人类为人类所共有的土地中,人们如何能使其中的分开的小块土地成为他们的财产,并且这还不必经过全体世人的明确协议?"(第80页④)

自然和它的果实,是共有的资源。占为己有从何开始呢?

---

①打字原稿的笔记中,此处还有一章题为"前政治。下层政治(L'infra-politique)"(关于这个词的译法,参见第219页译注。——译注)的草稿。那十二行文字在打字稿中都被划掉了。而在听课者的笔记中没有相应的内容。

②参见洛克,《政府论》下篇,前引,第18页。——译注

③同上,第17页。译文有修改。——译注

④同上,第17页。译文有修改。——译注

"每个人对他自己的人身享有一种所有权,除他以外任何人都没有这种权利。结果是,他私人的劳动和他双手的劳动成果,就正当地属于他。"①"所以只要他使任何东西脱离自然为那个东西所安置和保留的状态,他就在那个东西中掺进了他的劳动,在它里面加入了他私人的某种要素,因而就获得了对它的所有权。"②

建立在个人对其自身、对其活动和其工作的所有权之扩展基础上的所有权。

一种交换:通过掺入到事物之中去的劳动,个人把他自己的实质(substance)加入到事物之中,因此,他有权利把它们加入自己当中(这些东西成了他的身体本身的扩展。一种已经扩展到被占为己有的对象身上的自己的身体)。占为己有的两个时刻。

(1)采摘使得(在树上时仍属于所有人的)果实的所有权归于采摘者。采摘行为使得果实脱离了共有状态,并让它们过渡到私人所有的状态。做到这一点并不需要人们的同意;"如果这样的同意是必要的话,那么,尽管上帝给予人类很丰富的东西,人类早已饿死了"(第81页③)。洛克告诉我们,甚至现在还有这样的时刻(谁捕到了鱼,那鱼就归谁所有)。④

(2)农业。所有权扩展到被劳作过的土地:被开垦的空间就是某个人劳动的边界,随后这个边界变成围栏(圈地时代)。

---

①同上,第18页。译文有修改。——译注
②同上,第18页。译文有修改。——译注
③同上,第19页。——译注
④阿尔都塞的打字稿到此结束,后续部分仅根据听课者的笔记整理而成。

在上述两个时刻,都不存在个体之间的关系,但却存在个人身体的扩展。这种占为己有有其限度,这个限度以是否有需要,是否能够对财产进行保存为标准。一个人不能囤积独占超过他所能消费的财产,这是自然法的强制要求,在个人之间不存什么关系,因为总有剩余的空间(参考卢梭笔下的森林)。"世界就像美洲"(第93页①),有无限可取的空间。

人类的关系以他们施劳动于其上的财产的性质为中介。随着货币的发明,冲突出现了。洛克并没有追问货币何以发明。对他来说,货币是约定俗成的,特别是因为货币是一种不会损坏的财富(≠自然物品)。随着货币的出现,导致了被看作是储存行为的积累行为。由于货币的出现,所有权将得到扩展,并超越自然法为属于其身体范围所确定的自然限度:那并没有在土地上劳动的人,也将占有土地。分配的不平等建立在货币的基础之上。货币这种天然的、合法的手段,成为非法的不平等的根源。

这一切都先于公约:文明秩序的诸范畴仿佛由虚线描画了出来。自然法被演绎为根本法。

B. 社会契约与市民社会和政治社会

诸范畴的起源(genèse)带来了种种人类关系,社会的、经济的、法律的:下层政治②被认为是独立自治的(autonome),是政治的本质。因此,洛克发现,自然状态有许多缺陷,促使人们走向市

---

① 参见洛克,《政府论》下篇,前引,第31页。译文有修改。——译注
② "下层政治"原文为"infra-politique",也可译为"基础政治",参见第219页译注。——译注

民状态(第145页①)。自然状态的这些缺陷、缺点,包含着一种回到兽性的危险:

——自然状态缺少一种既定的、公认的法律。自然法必须变成客观的成文法。

——自然状态缺少一位公认的、公正的裁判者,以使得人们都遵守那些法律,并且是缺少一位独一无二的裁判者,以使得客观的裁判者能代表居住于每个人心中的许多裁判者。

——自然状态缺少一种能够执行那位裁判者的判决的权力。

自然状态和市民状态之间不存在转化:社会将是自然法的现象。

1. 契约

见第119、125-126页②。它包括每个人之间的相互同意,包括一个服从多数的条款:洛克把这样一种承认包括在契约中,即各种决定由多数人作出(多数人被看成是一种能带动在其指导下形成的政治体的有形力量)。

这种契约使一个共同体凝成一体。契约的作用是要将两种本属于个人的权力,即立法权和行政权,转交给共同体。没有出现任何新东西。

---

① 同上,第77页。——译注
② 同上,第54、59-60页。——译注

立法机关根据自然法有对一切不法行为进行裁判的法定权利(capacité)。市民社会是对先前已经存在的现实的现象性表现。

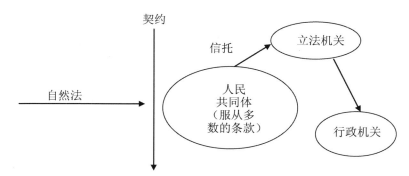

社会还必须提供这些权力的物质手段。由此产生了关于各种权力的理论。

2. 各种权力

首要的行动(契约通过它而现身)就是创制一个共同体,它是自然法的直接存在。这种自然法的直接存在,是最高权力,其他的一切权力都只是它的现象。卢梭的人民主权论在这里还处于萌芽状态(第203页①)。

这个共同体,即自然法通过(多数人的)普遍意志的形式得以表达的地方,具有立法权作为其手段。而立法权产生于共同体中大多数人的投票,它既可以委托给全体成员,也可以委托给一小部分人或某一个人。如果是君主制,那么国王就被委托他的共同体公认为立法机关的中枢。信托(Le Trust)是明确的委托,不再

---

①同上,第135页。——译注

有服从的契约,而是单纯的结合的契约。信托是一种独特意义上的权力委派:共同体授予那种构成了自己本质的权力——即宣布自然法并使之生效的权力。自然法在实证法的形式下变成立法权。因此,人民拥有废除信托的权力。

行政权①体现在官吏身上,他们是它所从属的立法权的执行者:政府执行。洛克考虑了君主制的情况,在君主制国家,国王集两种权力于一身,但更确切地说,国王就像受共同体委托,授命自己为秩序官。因此,我们面对的是一种不可逆的推论。一切都发生在立法机关的层面上。立法机关没有绝对权力,它不能超越自然法,而必须尊重个人的生命和所有权。立法机关不能颁发任意的政令,而只能颁发那些由被立法机关承认即任命的行政机关所制定和颁布的法律。同样,立法机关不能把制定法律的权力让渡给任何人。

3. 结论

洛克通过讨论政府解体的问题(这个体系的生死攸关的问题)得出了一些结论:立法机关不应该被当作共同体,行政机关也不应该被当作立法机关。

如果立法机关不遵从自然法,如果它把自己变成行政机关,如果它不与自己的本质相一致,则人民－立法机关之间的关系就解除了。

如果行政机关损害了立法机关,则立法机关－行政机关之间的关系就解除了。更严重的情况:行政机关将立法机关集于自

---

① "行政权"(Le pouvoir exécutif)即"执行权"。——译注

身,并颁布违反自然法的法律,从而改变立法机关的本质。

洛克考虑了对这些反常情况的答辩:人民有权废除立法机关并另外任命一个;同样,人民有权推翻行政机关,这就是造反的权利。

卢梭将从这一理论的革命的重要性中得到教导,他看到主权者只是立法权的执行者(ministre)。卢梭将使洛克的逻辑变得更激进。

四、卢梭和《论不平等的起源》中的难题性[①]

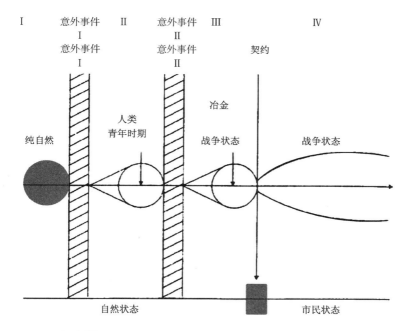

又见《忏悔录》
——第八章("人为的人","自然的人");

[①]阿尔都塞的打字稿和手稿中都没有这部分,所以这一章是根据听课者的笔记整理而成的。

——第十章("《社会契约论》里的一切大胆言论早在《第二篇论文》里就有了。")

A. 卢梭在启蒙意识形态中的立场

我们既可以把卢梭看作是启蒙意识形态家之一,也可以把他看作是在启蒙意识形态内部反对启蒙意识形态的哲学家。这样的说法也同样适合内部的右派。这是来自内部的反对派。对于他在其中进行思考的整个难题性,他的立场赋予了他一种巨大的批判的统一性,但这也迫使他在这个意识形态内部本身中去展开自己的批判:他陷入到他自己所揭示的矛盾当中。

在《第二篇论文》中,卢梭分享了那些自然法哲学家同样的难题性,并使用着同样的概念。

——同样的难题性:追溯社会的起源以发现社会的基础。

——同样的概念:自然状态,契约,市民状态①。

简言之,卢梭似乎拟出了一份对本质进行分析的纲要(《序言》)。但表象是迷惑人的:我们发现一个非常深刻的差别。

这个巨大的差别在于,起源(genèse)包含着两个根本的不连续性:第一个不连续性将纯自然状态与人类青年时期的状态分开,第二个不连续性将人类青年时期的状态与契约状态分开。

——第一批意外事件是一些自然灾难,黄道的倾斜,季节现象的产生。

---

① 参见第 243 页译注。——译注

——第二个意外事件是冶金的发现，一个偶然的发现。

起源(genèse)的结构改变了：不再提供一种在起点(origine)①就已经被给定的形式上的重新分配(像在霍布斯和洛克那里那样)，不再有一个单独的本质被给定，在卢梭那里，那些不连续性都是跳跃的：结果与起点有着根本的不同，在终点和在开端，在不同的时间段，没有共同的本质。这意味着，开端处的自然(nature)②，随着一个去自然化(dénaturation)的过程，在终点不再存在了(第一卷，第296页，伏汉本③："自然处处消失，自然处处登场")。这种去自然化，自然的丧失，也将是社会契约的模型(modèle)，社会契约本身将是对这种去自然化的再一次去自然化(《爱弥儿》第一卷：好的社会制度是这样的制度："它知道如何才能够最好地使人改变人的天性"④，改变人性)。由此产生了这个模式在方向上的彻底颠倒——还有概念的彻底颠倒。

---

①"起点"(origine)在其他地方也译为"起源"，下文中的"起点"原文都是这个词。另参见第20页译注。——译注

②"自然"(nature)在其他地方也译为"本性""天性"。——译注

③《让-雅克·卢梭政治论文集》(The Political Writings of Jean-Jacques Rousseau)，剑桥大学出版社(Cambridge UP)，1915年。同时参见卢梭，《著作全集》(Œuvres complètes)，"完整版"第二卷，Seuil 出版社，第82页。

④卢梭，《爱弥儿》(Émile)第一卷，收入《著作全集》(Œuvres complètes)，Gallimard 出版社，"七星文库"(Bibliothèque de la Pléiade)，第四卷，第249页。(参见《爱弥儿》上卷，李平沤译，商务印书馆，1996年，第10页。译文有修改。其中"改变天性"原文为"dénaturer"，即前文"去自然化"(dénaturation)的动词形式。——译注)

B. 纯自然状态及其后果

此外,一切都取决于"纯自然"这个词最初的含义。对于卢梭来说,没有哪位哲学家成功地追溯到了自然状态的"根本"。这是一个公认的新概念,其主题没有得到很好的确定。

事实上,卢梭将这种纯自然状态描绘成彻底的孤独状态,这种状态由于其自身原因而结束:这是一种循环重复的状态,它没有历史,不带来发展。

由此产生了一些后果,颠倒了整个的难题性。

(a)自然法变得成问题了(参见霍布斯),在自然状态中,它不占统治地位。难题将成为:自然法是如何构成的。解决办法也将是新的:自然法建立在一种反思原则上,一个社会阶级的反思(≠霍布斯)。

(b)战争状态变得成问题了,因为它在起点并不存在,而是存在于自然状态的终点,而且是作为名副其实的战争状态:战争状态是被生产出来的。

(c)起源(genèse)整个地改变了面貌,在这里,它具有了一种真正起源(genèse)的意义(≠涂尔干①),一种真正的人类社会发展史的意义。其中一个标志是时间的作用,时间是创造性

---

① 涂尔干(Durkheim),《卢梭的〈社会契约论〉,这本书的历史》(Le contrat social de Rousseau, histoire du livre),《道德与形而上学评论》(Revue de métaphysique et de morale),1918 年 1—2 月号。

的。这是一种构成性的起源(genése)(代替了《圣经》中的创世①)。又见《论语言的起源》。

更确切地说,我们面对的是这样一种政治思想,它通过自己与现存思想的区别而界定自己,它思考别的思想的错误:通过那些使他自己的解决办法成为可能的词语,卢梭**为他自己的概念赋予了概念,并为无概念的概念即关于其先行者所犯错误的理论赋予了概念**。其他哲学家的错误的起因,是他们认为自己在思考自然状态中的人,然而他们的描绘与他们想要的情况并不一致。他们通过回溯性的投射,将后来的状态投射到自然状态中去了。

——洛克将市民状态投射到了自然状态中。

——霍布斯将战争状态投射到了自然状态中。

——普芬道夫把自然状态思考为不幸状态,而后者只有在社会状态中才是可想象的。

总而言之,整个启蒙意识形态认为,历史的内在本质是理性的发展,也就是说,人们在成为人之前就已经是哲学家了。如果整个历史只不过是理性(最后的产物)的发展,我们就无法设想有发展。理性作为产物而出现。由此得出对哲学的批判:哲学家们总是对"现在"进行评论,即最终为"现在"**进行辩护**。他们只不过是现存政权、当前社会的奴才。

这个循环建立在一个客观的循环,也就是异化(aliénation)的循环的基础之上:这里不仅有一些逻辑上的谬误,同时还有一个客观上的矛盾,也就是当代社会的本质的矛盾,自然人的去自然

---

①原文"genèse"(起源),也即《圣经》中的"创世"。另参见第20页译注。——译注

化。自然状态的丧失构成了人类社会的本质。自然再次被非自然、人为的东西覆盖。正是因为起点被掩盖,所以那些理论家们变得错乱(aliéné)①,并在这种面具下去思考本质。卢梭甚至会说,关于人的种种科学已经陷入这种循环:那些科学著作只学会了把人当成已经形成的那样——也就是说被搞乱的那样——去看待。一切关于人的科学都忘记了其起点,并错过了"那先于所有反思的纯自然运动",也就是说,错过了在反思本身中就已经丧失了的东西。反思并不能生产出它构成其重新开始的东西。在那些哲学家的理论循环中得到理论反思的,正是这个根本的关于异化(aliénation)的循环。

卢梭自己也陷入了这个循环:他肯定了回到自然状态的必要性,同时断言通过纯粹的反思不可能做到这一点。他的解决办法让人难以指责:那就是求助于内心世界(cœur),即直接与(在其本源上)没有经过反思的起点联系起来,被掩盖的起点在人身上变成在场的,它在社会中表现出来。参见1758年2月18日给凡尔纳的信:"我向自然求教,也就是说,求教于内在的感觉。"这种内在的感觉就是对自然本身的感觉。只有当谈到这种内在的感觉时所说的就是自然,人们才能信赖这种内在的感觉。正是这种求助,使得肯定的部分成为可能。然而,要注意,内心世界并非处处都是纯自然,通过求助于其实际的起点,它允许人们对一些科学观察进行全新的利用。《第二篇论文》这部关于理性的著作,取决于内心世界,即取决于与自然直接联系起来

---

① 注意,"错乱(的)"原文"aliéné",与"aliénation"(异化/转让)都是由同一个动词"aliéner"(让与、转让、丧失、使失去)派生出来的。——译注

的可能性。卢梭本人也是将其论文作为一种猜测性的和推论性的历史来写的。

为了消除这个矛盾——即一方面为了抵达起点,必须向内心世界求助,将无法观察到的东西作为根据,另一方面,卢梭的全部论据都是推论性的——;就必须看到,在追溯起源(genèse)的整个过程中,"内心世界"都与一些规定性(比如说怜悯心)紧密勾连着。在这种理论中,人们对某一概念产生了幻觉,其作用就是在推论本身中实现"短路保护器"(coupe-circuit)①的功能。这种纯自然状态,作为根本无法观察到然而又是必然可以想象的状态,是内心世界的代表。说它无法观察到,是因为它已经不再存在,尽管我们能观察到其他阶段的一些遗迹。纯自然状态的这种不可观察性是根本的:一切操作都通过以加勒比人为例来进行。②可是那些文明程度更低的人即使是可以观察到的,也不属于纯自然状态。

随后,一系列可观察到的事实被卢梭试图通过一些猜测来填补的空白所分开。关于人类的猜测性历史以第二阶段之后的整个历史为基础,并排斥了第一阶段,从结构和形式上来说,第一阶段代表了内心世界及其对象得以出现的场所。

C."猜测性的推论"和循环

卢梭预见了一种可能性,即为了测定来自教育与环境等特定

---

① "短路保护器"即"熔断器"。——译注
② 参见卢梭《论人与人之间不平等的起源和基础》,前引,第52页脚注以及第61、78页的例子。——译注

条件的影响,人们可以利用在未开化的小孩身上所做的实验(这正如莫佩提①)。卢梭的方法包括对事实本身进行研究、观察,或者对在已经确认了的系列中缺席的事实进行重构。卢梭自己禁止把自己的推论表达为那种来自宗教传统的、明确的历史真理,而是仅仅提出一些"从人独一无二的本性中得出的"猜测性假设。在《论语言的起源》中,卢梭从《圣经》"创世纪"中得出纯自然状态,把它作为上帝造人之后重新落入的状态。面对《圣经》的叙述,为了坚持这个解释方案,卢梭试图指出,由上帝创造出来并已经掌握了语言和农业的人,重新落入了纯自然状态中。②

同样,当卢梭谈到"通过'正当'(droit)③来考察事实"时,我们知道他与孟德斯鸠不同,后者通过诸构造要素来分析经验性的历史总体("通过事实来考察事实"),卢梭思索的是合法性(légitimité)得以产生的场所,合法性得以产生的抽象场所。

我们在卢梭这里发现,循环以另一种、然而是肯定的形式表现了出来(见图示④)。在事物的突然出现与这个循环之间存在着某种关联。

除图示中的那些循环之外,还有:

---

① 莫佩提(Pierre Louis Mmoreau de Maupertuis, 1698—1759),法国科学家,法国科学院院士。——译注

② 参见卢梭,《论语言的起源》(第九章"南方语言的形成"),洪涛译,上海人民出版社,2003年,第52-70页。——译注

③ "正当"(droit),在其他地方也译为"权利""法""公正的"。——译注

④ 指本书第369页的图示。——译注

——语言的循环；

——理性的循环；

——发明创造的循环。

卢梭观察到,不可能给一种新现象确定一个起点:循环与起点之间的关联。关于语言的循环——语言是人们通过约定而制定的符号的集合,然而,在人们能够制定语言之前,又必须先有语言;为了使原因得以产生,后果必须走在原因前面。对于理性来说也一样。对于发明创造来说也一样:卢梭向自己提出了一个问题:即去了解人在纯自然状态下是否已经能够发明某些东西。他指出这是不可能的,因为在那种状态下人们的需要是变幻不定的。我们总是遇到这种情况:要提出某个难题而发现将这个难题提出来是不可能的。因为必须说明,使那些现象得以出现的条件,必须先在于这种东西(以便使这种东西能够产生),而那些条件又恰恰只有通过这种东西才能获得。纯自然状态(Ⅰ),人类青年时期的状态(Ⅱ),战争状态,这些状态本身都不包含任何能解决自身矛盾的办法,它们注定是永恒的状态:必须要有一些意外事件,以使得一种状态向另一种状态转变。这就是循环。卢梭通过以下三种办法来解决这些矛盾:

——通过外部的意外事件；

——通过时间的无限性；

——通过某种构成性的首创精神。

1. 通过外部的意外事件来解决

这就是第一个意外事件(A1)和第二个意外事件(A2)。它们或者是自然界的意外事件,或者是人类的意外事件。

——**自然界的意外事件**(A1)。要解决的是纯自然的循环问题。一些意外事件会干预进来,一种纯粹的外在性:自然的节律和质料改变了。卢梭谈到四季的更替:自然变得无情。这里我们遇到一个卢梭给出了多种解释的事实。在《论语言的起源》中,卢梭给出了三种原因:

　　——地轴相对于黄道的倾斜。
　　——四季的更替。
　　——洪水、大地震,火灾。

所有这一切,使人们在一种外部强制的压力下"相互接近"①(岛屿作为封闭空间带来的难题)。

——**人类的意外事件**(A2:冶金)。这个意外事件给人类的生存带来了巨大变革,完全改变了自然和人类的界限。开启了第三个阶段。

2. 通过时间的无限性来解决

它的干预是为了解决那些最难解决的难题:语言的起源,理性的起源,第二阶段中诸社会要素的起源。出现了两个概念:

　　——关于人类可完善性的消极概念,空的概念;
　　——状况维持的概念:时间的无限性(参见"缓慢而连续

---

①参见卢梭,《论人与人之间不平等的起源和基础》,前引,第91页。——译注

发展的事物……一种无限性作为对难题的解决办法"①,"当细微的原因不断发生作用时而产生的惊人的力量"②)。时间的无限性被赋予重任,以消除关于语言、理性的循环、关于社会结构雏形的出现的循环。它是18世纪的难题性的一个基本概念(参见康德)。

3. 通过构成性的人类首创精神来解决:契约

契约的困难与其他的困难身份不一样。战争状态(第三个阶段)在市民状态(第四个阶段)中依然持续,而后者的任务是消灭战争。威胁始终如一。

D. 后果

通过考察这些循环以及它们的解决办法,一些值得注意的关于起源(genèse)的总结构的理论后果清晰地展现了出来。

(a) **这是一种生产性、构成性的起源**(genèse)。在每个阶段,都有事情再次发生,它对整体产生影响,因为人们从社会的乌有状态进入到了社会状态。

(b) **这是一种辩证的起源**(genèse),因为其构成是非连续的,它跳跃地发展,带来了一些根本的差异。对于每一个来说,跳跃的结构都不一样。在各个阶段,每个跳跃都是特殊的。

(c) **这是一种诸差异的起源**(genèse)。把那些跳跃的起点与它们的结果相比,我们看到:

——对于卢梭来说,任何起源(genèse)都是偶然性

---

① 同上,第85页。译文有修改——译注
② 同上,第83页。译文有修改。——译注

向必然性的转变：作为偶然事件而偶然发生的事情，造成了一种新的不可逆转的必然性。反过来说，任何必然性，都有一种偶然性作为其起点（在第二和第三阶段，部分地在第四阶段）。由此，必然性遭到某种不确定性的侵袭。

——必然性的每个序列都是特殊的，与别的序列不一样（第一、二、三、四阶段都是特殊的）。特殊的法则统治着每个阶段，而这就是它的结构的法则。

——这种辩证法是不可逆的。只有一种倒退的可能，即从第四阶段倒退到第三阶段。不管怎么样，这并不是返回到纯自然状态，也不是返回到第二阶段，然而这是最幸运的。如果我们想要去什么地方的话，我们只能往前走：《社会契约论》是《第二篇论文》的自然后续。卢梭的潜在逻辑是发展的逻辑。

（d）**起源**（genèse），**对于处于第四阶段的我们、对于通过结果来进行反思的我们来说，表现为我们要服从的必然性的起源（genèse）。卢梭的所有著作都从这种必然性出发。**

从第三阶段到第四阶段的过渡是特殊的，因为它们之间的断裂具有一种特殊的结构。由于我们处于第四阶段，所以把这种支配着我们的必然性加以主题化（thématiser）就很重要。我们面对的是一种由人类联合的决定带来的断裂。这是通过契约来创制社会的典型：它不消除先前的必然性，而是将它作为基础，将自己建立于其上。从先前某种必然性的内部深处生产出一种超越性（transcendance）。在必然性的内部存在着偶然性对必然性的关系。在这里，卢梭与霍布斯和洛克相遇，然而立即又将自己与他们区别开来：卢梭，与洛克相反，认为人们始终可能重新落回到战争状态；卢梭，与霍布斯一样，使对战争状态的反思这一主题浮现了出来,但这种反思不是所有人的反思(那种反思会是相矛盾的),而是那些富人的反思,他们提出这种反思是有利可图的,因为富人们最容易遭受危险。

(e) **这种起源(genèse) 将两个决定性的要素作为每个阶段最重要的环节展现出来:人与人之间的关系,人与自然之间的关系**。人与人之间的关系由人与自然之间的关系所支配,包括在人与人还没有发生关系的纯自然状态中:人与人之间的关系以人与自然之间的关系为基础。

E. 出发点:纯自然状态

它表现为这样的特点:卢梭回溯到了社会的乌有状态,回溯到了一个等于零的起点。他通过社会的根本乌有状态来思考人的起点。纯自然状态是这种乌有状态的具体外表,理论目标。

1. 人的动物性和非动物性

人既是动物,同时又不是动物。卢梭把人描绘为动物,因为人具有纯粹的、即直接的物质需要(既没有理性也没有想象作为中介)。**人要面对的只是本能**。这些需要对应的是人和自己的身体保持的直接性关系(人的身体可以变成一种工具)。这种直接性以需要的满足为目的。需要得到满足之后就是睡眠。**睡眠的特殊情况**:死亡。人对它还没有意识。人是动物,因为他还没有语言,没有理性,也没有道德。人是动物,还因为他体会到怜悯之情(动物都有怜悯心)。

人不是动物,因为人首先比动物低级(在纯自然状态,人既不会说话,也没有任何语言器官,而动物却具有语言本能)。人不是动物,还因为人比动物高级:**他没有本能的规定性**;人的本能,既没有被限定,也不是特定的。这种本能的虚无,与能让人变得高于动物的可完善性联系在一起。然而在纯自然状态,这种可完善性毫无用处。最后,人天生就被赋予了自由,也就是说,不是机械的:这里,在第一阶段的状态中,自由仍然毫无用处,只表明本能的不确定性,它确保人在其环境中具有巨大的空间活动性。

那么,怜悯心、可完善性和自由,都有什么用呢? 它们之所以出现,因为它们随后会有用:自由将使人成为缔结契约的公民,可完善性使技术进步成为可能,怜悯心使得重新发现自然法成为可能,然而在这个层次上,自然法还有待产生。这三个要素代表着内心世界,即超越动物性的特性,它们将逐步得到恢复。

2. 人在人间的孤独

人对人没有需要。这假设了关于需要的理论:身体(physique)需要与社会和道德需要被区分开来,后者牵涉到人之间的关系。人们远不是聚集在一起,身体需要将他们驱散开来。社会不是由于身体需要而建立的。由此提出了性的需要的难题:社会的需要/性的需要之间没有关系。在纯自然状态中,性的需要纯粹是身体的;它是瞬间的,得到满足之后,因为空间结构的原因,人们不会再次重逢。性交以后,男人没有任何理由与女人固定在一起。然而,母亲和孩子呢? 妇女把自己的孩子带在身边:这里,母亲/孩子之间的关系持续存在着。卢梭思忖过小孩是不是开始说话。接受功利主义意识形态的威胁出现了,根据功利主义意识形态,身体需要是社会和语言的起源(origine)。卢梭摆脱了这个威胁,他说如果小孩会说话的话,一旦小孩可以离开他母亲的时候,他的语言就会消失。由此,性的需要被降低为相遇时的短暂需要。

正是通过偶然相遇这种形式,人与人才相会,瞬间的相会,同时不留下记忆:在虚无中颠倒的存在的直接性(参见黑格尔)。一个人对另一个人没有任何需要。所有这些勾画出了卢梭的理论要求,它可以概括为对自然①社会性的拒绝。

3.人绝对孤独的具体的可能性条件

这是丛林理论:世界是一片巨大的森林。森林的自然现实与所要求的理论条件相对应。

——**森林是一片被充满了的空间**。这是 Handgreiflichkeit②:森林为人确保他所需要的东西——食物、住所和庇护。这是对人的不确定本能的补充:人可以利用他周围的一切。森林在这种直接的关系中,显得像是极丰裕的森林—母亲。没有变化:自然等同于法则。直接性的范畴占统治地位。

——**森林是一片空的空间**。它的空是无边的。正是这一点与社会的乌有状态相对应:为了让人们不受限制地相遇,森林必须成为一个无限的空间。相遇中人与人之间不发生关系的可能性条件。这是一个没有地点的空间,一种笛卡尔式的空间。

4.对自然社会性的拒绝

这种拒绝是彻底的。

---

①形容词"自然(的)",原文"naturelle",也可译为"天然的",下同。"自然社会性",前文也译为"天然的社会性"。——译注

②德文,这里可译为"随手可得性"。——译注

——在亚里士多德那里，人是 zôon politikon①。社会性是自然的异化，它是与作为"社会纽带"的语言一起被赋予人的，而且是出于功利。社会性是把社会当作功利、德性场所的一种自然倾向。需要有两种：物质的和道德的，而社会性使这两种需要都得到满足。

——所有的政治哲学都将重复这个理论。首先是唯物主义的功利主义思潮——狄德罗、重农学派、边沁。在这种情况下，人被看作是为了满足自己的需要而需要社会（《百科全书》词条"社会"）。对社会的需要是对满足那些需要的手段的需要。

——其次是特别注重伦理一面的思潮：社会满足了社会性的需要，也就是说德性、仁善的需要。普芬道夫属于这一类。

卢梭拒绝把社会性当作满足伦理需要的功利手段，也拒绝把它当作是伦理倾向。这种双重的批判在两个时刻被表达了出来：

——关于身体需要的理论；

——关于怜悯心的理论；

5. 双重理论：身体需要和怜悯心

（a）关于身体需要的理论

不是使人们相互接近，而是让他们相互疏远。卢梭拒绝需要的社会化可能性，同时也拒绝满足那些需要的"社会—手段"概念。这种断言引出了一个难题，它似乎与《论语言的起源》中的论点相反，后者与亚里士多德的理论是一致的。对于卢梭来说，是自然地形迫使他们相互接近（比如某个有水源的地方）。

---

①希腊文，意为"政治动物"。——译注

一个未发表过的片段(伏汉本,第一卷《政治论文集》,第351页)①非常关键:卢梭区分了三种需要:

——与我们的自我保存相关的身体需要。食物和睡眠。

——以我们的安逸为目的的欲念或不必要的需要:性欲和性生活,性爱。这里具有社会的雏形。

——来自舆论的需要,这种需要在社会中变得没有止境。人为的需要。

后两种需要只有在第一种需要得到满足之后才产生。

---

①《让-雅克·卢梭政治论文集》(The Political Works of Jean-Jacques Rousseau),前引。"我们的需要是多种多样的;第一种需要与生存有关,我们的自我保存要靠它们。如果它们不能得到满足,任何人都会死亡:这种需要叫作身体需要,因为它们由自然提供给我们,没有什么能使我们从中得到解放。这种需要只有两种:即食物和睡眠。另一些需要不是以我们的自我保存为目的,而是以我们的安逸(bien-être)为目的,它们确切地说只是一些欲念(appétits),但它们有时候又如此强烈,以至于比真正的需要更折磨人;然而,对它们的满足从来就不是绝对必需的,任何人都非常清楚,活着不是只顾安逸。第二种需要是以众多的感官享受、奢侈逸乐、两性的结合以及一切以满足我们的感官为目的的需要。第三种需要来源于舆论(opinion),它们后于其他需要而产生,最终也不可能超过其他需要。比如荣耀、名誉、地位、贵族身份,以及一切只有通过对人的评价才会产生的东西,但通过这种评价,可以带来人们无法通过其他途径获得的实际好处。所有这些不同的需要都彼此相连着,然而第二种和第三种需要(原文为第一种和第二种需要,根据下页正文内容改正。——译注),只有在第一种需要得到了满足之后,才能被人们感觉到。只要人们仅仅是为了活着而奔波,就不会考虑奢侈逸乐,更不必说虚荣心了:对荣耀的热衷很少会成为食不果腹者的烦扰。"我们也可以在卢梭的《著作全集》(Œuvres complètes)中找到这些片段,"七星文库"(Pléiade),第三卷,第529-530页。

要注意到,卢梭根本没有证明身体需要的分离功效:它们使人们疏远,是因为它们不让人们相互接近——身体需要的地位是完全消极的。正是在身体需要方面确认了没有对人的需要,才使得人们分离开来。人们彼此分离的积极原因,是自然的富足:自然使人与人之间没有需要。人与人之间的这种"无关系",是以人与自然之间的某种特定的关系为前提的。然而,为什么要耗费这样的热情去拒绝18世纪的功利主义呢?后者在这方面不包含任何与道德法则相关的伦理论点。原因有二:

——一个是原则上的原因:功利主义论点假定社会是为了充当满足各种需要的手段而被建立的。这必须得到解释。

——一个是实践上的原因:功利主义论点构成了对于社会的全面曲解,因为它是乐观主义的和乌托邦主义的。这是关于目的与手段的先定和谐的论点。卢梭认为,社会无法满足人的真实需要。这里显露出了卢梭所特有的批判立场。

卢梭提出了一个关于人与其需要之间关系的原创性观点(相对于18世纪来说)。因此,虽然霍布斯表达了需要的无限性论点,但对他来说,人天生就是为了那个**无限性**,而卢梭却认为人的特点是其**可完善性**。这是有区别的。霍布斯的无限性是欲望的无限特性,表现为所有的人对任何事物都具有权利(帕斯卡尔是霍布斯的双重否定)。对于卢梭来说,可完善的人没有可完善性的内在推动力:可完善性是一种纯粹的可能性,它本身并不具有自己的推动力。坏无限(mauvais infini)①的进程是从外部启动的:

---

① "坏无限"(mauvais infini),来自黑格尔的概念,与"真无限"相对。"真无限"即"肯定的无限"或"理性的无限",即在有限者之内的无限;"坏无限"即"否定的无限"或"知性的无限",即有限者之外的无限,相当于我们通常所说的"无限"。——译注

从根本上，人生来是停留在静止状态中的（纯自然状态和睡眠）。这种静止状态的本质，是需要与力量（forces）的一致：只要欲望在力量所及的范围内，一切都没问题；而如果欲望超出了力量范围，就成为灾难。从后者那里，产生了欲望与力量之间的分裂，这种分裂一旦产生，就使需要陷入无限的进程中。

在自然状态中，在对无限性的描绘之上，卢梭难道没有暂时中止情感的有限性模型，一种他在《社会契约论》中将力图重新发现的人与其自身的一致吗？问题出现了。这种思想在《爱弥儿》中得到发展：任何人的幸福，都在于其需要与力量的相符。这两项中的任何一项发生变化，都会破坏平衡。"使能力（puissance）与意志保持完美的平衡"①正如在自然状态中所实现的那样。想象力将是不平衡的主要源头之一。对于卢梭来说，力量是什么呢？力量，就是超出满足需要的官能（facultés）的剩余部分。然而，不一致是循环的和不确定的。人本身不像霍布斯所说的那样是无限欲望的向前飞奔，人之所以是无限欲望的向前飞奔，是由意外事件引起的，而不取决于他自己。社会，因外来的事件而产生，变成真正无限的了。卢梭的目标是调整这种无限，社会的这种假无限。卢梭的分析是批判的，它通过实际的有限性、通过欲望—力量之间的一致而得到整理，以使社会契约和教育必然得以实现。

---

①《爱弥儿》（*Émile*），第二卷，前引，第304页。（参见《爱弥儿》上卷，前引，第74页。译文有修改，其中"puissance"在其他地方也译为"强力""力量"。——译注）

(b)关于怜悯心的理论

关于怜悯心的主题使得自然法的难题化更具体了。如何真正地解释这种法的起源(genèse)呢?对于卢梭来说,在自然状态下,怜悯心在自然状态中的作用相当于一块基石,以便将来在社会缔结契约期间,自然法能以它为基础而引申出来。在自然状态中,使人和道德联系在一起的,是怜悯心。怜悯心将一点一点受到自然法的抑制,作为理性发展的后果,自然法命中了与怜悯心的目标相同的目标,而怜悯心却没有命中。自然法的发展与怜悯心的被抑制相关。

这种出现在纯自然状态中的怜悯心,本质上与自我保存联系在一起。自尊心,或者说虚荣心,源自名誉的竞争,并随着社会的迅猛发展而一起累进地发展。它与自爱心相反①。怜悯心的特征被描绘为"自然的情感"②或"唯一具有的天然的德性"③。在尘世,在纯自然状态中,怎么可能存在德性呢?怜悯心是"先于思考能力的纯粹的天性的运动"④。这种品质,是人和动物所共有的。

---

①参见《第二篇论文》(Discours),《著作全集》(Œuvres complètes),"七星文库"(Pléiade),第三卷,第219页:"自爱心(amour de soi-même)是一种自然的情感,它使各种动物都注意保护自己。就人类来说,通过理性的引导和怜悯心的节制,他将产生仁慈和德性,而自尊心(amour-propre)是一种相对的情感,它是人为的和在社会中产生的;人身上所有相互为恶的坏毛病都由它引起,它是荣誉心的真正根源。"(参见卢梭,《论人与人之间不平等的起源和基础》,前引,第155页。译文有修改。——译注)

②同上,第75页。——译注

③同上,第72页。译文有修改。——译注

④同上,第73页。译文有修改。——译注

在自然状态,它起自然法的作用,是自然法的替代品。"种种社会德性全都是从这个品质中派生出来的"①:它是理性将重新发现的其他德性的基础。它的发展与理性相对立,后者抑制着它,但它并不彻底消亡;这种德性有时候会重新显露出来,比如在某个"胸怀博大的世界主义者的心中"②。

在《爱弥儿》中,这个理论处于核心位置。道德的真正产生是通过爱心。然而,仔细观察的话,怜悯心先于爱心,它使肉体需要得到升华。怜悯心才是道德的真正根源;这种怜悯心像激情一样,最初就确定了。怜悯心被描绘为一种把别人认同为是自己的同类的现象。但是,与《第二篇论文》中所描绘的不同,这种认同只有通过想象力(在一种消极综合中有相对的差异)才是可能的。在《第二篇论文》中,想象力在纯自然状态并不存在。把一个受苦的人看作是自己,只有以受苦的最初经验为基础才是可能的:怜悯是经受痛苦的人的行为。人们的怜悯心是指向谁呢?为了深入怜悯心的本质,在《爱弥儿》中,卢梭通过将其与对妒忌心的分析相对照的方式进行了推论③。卢梭宣称人们只妒忌那些高于我

---

① 同上,第 74 页。译文有修改。——译注
② 同上,第 102 页。——译注
③ "怜悯心是甜蜜的,因为当我们设身处地为那个受苦的人着想的时候,我们将以我们没有遭到他那样的苦难而感到庆幸。妒忌心是痛苦的,因为那个幸福的人的面孔不仅不能使羡慕的人达到那样幸福的境地,反而使他觉得自己不能成为那样幸福的人而感到伤心。我觉得,前者可使我们免受那个人所受的痛苦,后者将从我们身上剥夺另一个人所享受的那种幸福。"《爱弥儿》(Émile),第四卷,前引,第 504 页。(参见《爱弥儿》下卷,前引,第 303-304 页。——译注)

们的人；怜悯的情感则处于一种相反的关系中：只有那些位处低层的人才能具有怜悯心①。位处低层的人同时也就是遭受苦难最多的那些人。

这样，在自然状态中，卢梭确立了怜悯心这种自然情感的联系。为什么卢梭将道德建立在怜悯心之上？其深层原因是为了把道德与受苦等同起来，并在这种道德的胚胎形式下描画出一幅铭刻在社会结构——这种社会结构是（巨大的或微弱的）苦难的先决条件——中的图景：并非所有的人都赞同这种道德。

F. 从纯自然状态到人类青年时期的状态的过渡

这种过渡要归功于一个矛盾，因为在自然状态中，不存在发展原则。因此，是一些意外事件影响着自然，它们是推动者，因为在纯自然状态下，人与自然（nature）是一种直接性的关系，而人的天性（nature）只是在次要的意义上才受到影响。

对卢梭来说，灾变以后，自然不再是 handbegreiflich②，也不再是极丰裕的。动物从此成了一种危险，是竞争对手。这就是"那些不同"或"来自自然的障碍"。

因此，人必须改变他对自然和对动物的处事方式：捕鱼和打猎的行为产生了（由此产生了记录意识：不再是原始野蛮人）。这些是迈出运用中介、工具、陷阱、"某种思考能力"的开始，换句话说，是理性和语言的开始。

这里出现的，是某种"自由的联合，所有权，联系"，也就是说，

---

① "具有（avoir）"可能是"唤起（inspirer）"的误用。
② 德文，可译为"随手可得的"。——译注

是处于前反思状态的社会纽带,在实践层面上的消极综合,它建立在中介的必要性基础之上。

同时这些东西正处于起源(genèse)中:

——理性;

——所有权;

——契约;

——各种观念。

这些意外事件有一个有形的作用;人与人之间被迫的接近随之而来(参见18世纪的所有文学作品,它们都用偏僻的地点来反衬被迫的社会约束)。

这种接近通过三重理论而得到阐明:即注视①理论,约束②理论和窝棚理论。

1. 注视理论

在纯自然状态中,人看不见他自己(既没有中介,也没有反思)。在社会状态中,人们留意"观察世界上的其他一切东西"③。

注视发展的两个环节:

(a)人把自己与动物相比较,因而以骄傲的目光(regard)看待自己。

(b)他把自己的目光投向那些对自己可能有用的人。

---

① "注视"(regard),在其他地方也译为"目光""看"。——译注
② "约束"(lien),在其他地方也译为"联系""纽带"。——译注
③ 参见卢梭,《论人与人之间不平等的起源和基础》,前引,第91页。译文有修改。——译注

整个这套理论在《社会契约论》中都被正面地转换:成为公民,就意味着"懂得如何在公共的目光下生活"①。

2. 约束理论

卢梭因此谈到了"某种自由的联合"②。但在开始时,相互的同意被直接性的重新出现给破坏了(猎捕鹿和野兔的例子)③。

一种新的时间性产生了。捕猎的小故事使两种时间性形成了对照。

---

①在《社会契约论》中没有找到相应句子。——译注

②参见卢梭,《论人与人之间不平等的起源和基础》,前引,第88页。——译注

③《著作全集》(*Œuvres complètes*),前引,第166页:"他从经验中得知:对幸福的追求,是人类行为的唯一动机。根据这个经验,他发现:为了共同的利益而需要同类帮助的情况,是很少的;而为了竞争必须提防他人的情况,就更少了。在前一种情况下,他和他们结合成群,或者顶多结合成某种不强迫任何人的自由联合,这种联合持续的时间,在结成这种联合的暂时需要一得到满足,便宣告结束。在后一种情况下,每一个人都想方设法攫取自己的利益:如果他认为用武力可以成功,他就公开用武力攫取;如果他认为力不如人,他就用技巧和机智攫取。原始人就是这样不知不觉地获得相互约定的大致观念并知道履行这种约定将得到什么好处的,但是,他们只能在眼前的和可以感知的利益驱动下,才这么做,因为他们这时还没有预见力;不用说遥远的将来,就连第二天的情况他们也预见不到。例如大家去捕捉一只鹿,尽管每个人都知道为了达到这个目的而必须严守各自的岗位,但是,如果此时有一只野兔从他们当中的某个人的跟前跑过,可以肯定,这个人将毫不迟疑地去追赶那只兔子;在捉到兔子以后,他的同伴是不是因此就没有捉到那只鹿,他一点也不过问。"(同上,第88页。译文有修改。——译注)

3. 窝棚理论

这是人类青年时期的特殊时刻。窝棚使人脱离了纯自然状态,在纯自然状态中,空间是无限的,没有固定场所。现在,一些简陋的**房子**(*topoi*)出现了(同样也是在一些有水源的地方)。窝棚意味着某种工具设备,意味着一种财产的雏形。

然而,最早的那些窝棚属于最强的那些人,而那些弱者也更情愿自己去搭建,而不是去窃取别人的窝棚。自然还是那样,有足够的丰富资源,而这一点非常关键,因为自然余下的部分不属于任何人。

→**村庄的诞生,某种社会的诞生**,"最初那些道德规则"的出现,都与注视的出现联在一起。

但直接的暴力由于此前不能显露的某种自然状态的重新出现,继续在报复中存在。这种报复既是对权利(洛克)的预见,同时也是自然暴力的表现。①

由此产生了人为的需要。一种人为的、建立在劳动分工基础之上的时间性出现了,而人们在手段与目的的关系上,极端地迷

---

①同上,第169-170页:"每一个人都开始注视别人,同时也希望自己受到别人的注视,于是,众人的尊敬,就成了对一个人的奖赏。……人们一开始互相品评,尊重的观念一旦在他们的头脑中形成,每个人都认为自己有权利受到尊重。从此以后,任何人如有不尊重人的行为,就不可能不受惩罚:最初的文明礼貌的观念就是从这里产生的,甚至在野蛮人当中也是如此。任何故意伤害人的行为,都将被看作是一种存心凌辱,因为,除了伤害的行为造成了痛苦以外,被伤害者认为对他的人格的轻视往往比痛苦本身还难忍受;每个人都将根据别人对他表示轻视的方式而给以相应的惩罚:报复的手段是可怕的;人变成了凶暴残忍的人。"(同上,第91-92页。译文有修改。——译注)

失了方向。

→**空间的第二次巨变**:森林一点点地消失,随之而来的是它的一切神秘作用也一点点地消失。

(a)如果在路上停下来,人们会看到一大片已开垦了的土地。这要求对土地的保证(半占有状态)。而矛盾的是,这种保证来自余下的森林:那里还余下可以开垦的地方。自然允许穷人占有某些东西。

在这个阶段,存在着两个部门,农业和林业。

(b)当森林消失时,"要想在世界上找一个没有奴役的地方,已经不可能了;每个人的头上都有一把不知道谁悬挂的利剑,要想躲过这把利剑,已经不可能了"①。正是在这里,我们重新发现了霍布斯的战争状态。

人们再也不能通过与自然的直接接触来满足各种需要。这就是人与人之间关系的普遍异化(aliénation universelle)(依赖、骄傲、轻视)。参考霍布斯:即使有的人很正直,他们同样也要受制于这个体系。

这个过程在三种时刻显露出来:

——当富人与穷人在一起时;

——当强者与弱者在一起时;

——当主人与奴隶在一起时。

这一切在战争状态中达到顶点。在那里,卢梭面临霍布斯的循环,即主-奴关系的循环。人们通过一个原初的跳跃即反思,而逃脱这个循环。但**在霍布斯那里,是整个人类的经验在反**

---

①同上,第101页。——译注

思（经验的循环），而在这里，反思是由富人引起、由利益触发的。

4. 契约和政府

事实上，在流行的功利主义主题之外，出现了最重要的一点，反思不是来自那些被压迫者，而是那些富人：只有他们才拥有害怕失去的东西。

由此得出契约的含义：富人们搞出一套自己可以逃避的机构；一套在动机上占优势的程序。这种社会契约在形式上有一种价值：它从普遍依赖出发开启了一个新空间，那就是法律性（juridicité）的空间。因此，没有出现新要素：改变了的是那个结构。

因此，契约看来是意志的行动（acte），其对象就是那些个人的意志本身要构造的东西。个人的意志服从它将要颁布的那些法律本身。这样一来，得到其他人拥护的富人们的创制权就产生了，契约成为各不相同的动机的交汇地。它建立在一种客观的误解之上。它的实证性在于诸意志——它们的特殊动机会积累起来——的集中。关于自愿同意的这种理论，将卢梭与所有其他人区分开来，并开启了法律性的领域。

两个相继的时刻（在这里，卢梭重复了洛克）。

（a）**民法诞生的时刻，订立所有权的总协议。**

这不是政治法，并且由此，富人与穷人的根本区分被认可了。

这些法由"共同体"发布，就洛克而言，它们是一种混合状态。它们既是自然状态也是市民政府的组成要素。

卢梭将洛克用来证明向市民状态过渡的论据当作创建政权的论据。政府来自一种消极经验。

(b) **政府的建立**。

这个时刻卢梭要留给以后再研究，它消弭了政治的/市民的(polique/civil)①这个区分。在这里卢梭驳斥了所有先行者，并在这一点上赞同洛克的意见。

确实，真正的契约是洛克的契约：是相互的义务，同时也是对一些基本法的义务。由人民来决定对民法起担保作用的宪法。这种义务所有人都必须承担，没有例外。

行政官只有"根据订约人的意愿"才能行使权力。他是立法机关的职员，受委托去使人遵守民法（参考洛克）。一旦他超出界限，就必然会破坏人们曾向他允诺的服从（造反的权利在这里获得了充分的理由）。

这定义了合法性(légitimité)的范围和向战争状态的回归（注意卢梭对造反的权利的谨慎态度）。

然而，政府也会变质。这种变质来自行政官超出了合法性的限制。

人们不是回到积极的自然状态，因为人们已经被变质了的政府的后果绊住了。

这是以战争状态为前提的某种讹诈。要恢复合法性已经变得不可能。所有的人都是奴隶，人们返回到一种比先前更糟的状态，正像在洛克那里一样，这种向先前状态的返回，并非是救赎之道。

---

① 指"政治社会"与"市民社会"的区分。——译注

然而,参考第 138 页①。

从人类青年时期的状态到卢梭《第二篇论文》中的社会契约②

1. 人类青年时期

经过一系列自然变化之后,人类进入了青年时期,并且一直延续到冶金的出现才告结束。是自然的变化,使得人与人之间相互接近。人与自然之间不再是直接的关系,而是拉开了一定的距离。一些新节律使自然与自己也产生了距离:一些树长得更高大了,由此,人对动物的态度也发生了变化。人们开始狩猎和捕鱼,以弥补植物界的不足,也就是说,弥补由竞争而带来的损失。③ 青年时期的状态,就是处处是陷阱的状态。通过"感觉的反复叠加"④,人获得了将自己与动物以及自己的同类进行比较的观念。这就是注视的产生。他注视,并且开始能够将注视者与被注视者进行比较。注视是社会关系的中介。

随着人与自然之间直接关系——这曾是一种自然与自然的

---

①即《第二篇论文》"序言"的倒数第二页。

②这个扩展部分重复了前面 F 条中的一部分。在听课者笔记的分页中,它紧接着出现在这里最后部分后面,中间跳了一页,似乎与另一不同的课程稍有关系。

③参见卢梭,《论人与人之间不平等的起源和基础》,前引,第 86 页。——译注

④同上,第 86 页。译文有修改。——译注

关系——的结束，理性得到了发展。理性只有通过语言的发展才可能得到发展，也就是说，只有当人具备了抽象思考能力时，才是可能的。此外语言又指向社会活动。因此，对于意识来说，对象将增多：人借助语言来消除对象的多样性。对象增多，是因为：

——与自我产生了距离的自然变得有差异，消极性。

——已建立的社会使需要变得多样了，因此需要的对象也增加了。

事实上，人们之间产生了原始的临时联合，这一点，已经通过关于猎鹿和野兔的例子得到具体的说明①。对于协同他人一起猎鹿的人来说，守候所带来的好处并非决定性的，因为野兔也可以维持他的生活。不过，建造窝棚将改变生活空间，改变人们之间的联合。因为有了窝棚，空间紧缩了，并具有了一定的组织结构：语言、家庭、家庭内部的劳动分工、有着相同风俗的共同体（它预示着各民族的诞生）。

在这种状态中，弱者与强者之间的关系不会遇到麻烦，因为弱者不会想去占有强者的窝棚，他可以搭一个属于自己的窝棚，所以人们处在一种和平关系中。事实上，人们之间即使有了关系，一个人也可以不需要另一个人。这是一种"独立交往"②状态。经济自主，没有被经济依赖所污染的关系。由于森林能提供充足的猎物，经济竞争的基础还不存在。

---

① 同上，第88页。——译注

② "独立交往"（commerce indépendant），其中的"交往"（commerce）也可译为"贸易"。——译注

2. 战争状态

是一个意外事件结束了人类的青年时期的状态,并拉开了战争状态的序幕:这个事件就是冶金的出现。说它是意外事件,是因为人不可能自己发明冶金术,因为人不懂生产,也不知道记下或传播生产的程序。因此,这个事件是一个全新的事件,它是一种断裂。

冶金的出现带来了劳动分工,并完全改变了人与人之间关系的性质。出现了一种与其说是因金钱不如说是因争夺铁和小麦而带来的异化,因为农业取决于冶金。由此,不平等具有了一种技术－经济的起源。

冶金的进步所带来的后果:

(1)人类的时间性改变了,它具有了一定的结构,并且加快了前进的步伐。

(2)有了劳动分工。出现了冶金工人、铁匠,他们由从事农耕的人养活,同时为农民提供器具。相互依赖的关系进入了一个无限的进程。

(3)这是一个普遍的进程,事实上它可以自己向前发展,需要和技艺之间的循环进程。与劳动分工的无限发展相应的,是新的需要的无限发展。

(4)随之而来的人类能力的发展:想象力、语言、理性、自尊心。

(5)关于正义的原始规则,随着前法律的雏形,特别是最初所有者的权利的出现,产生了飞跃式的发展。

→结果出现了一种全新的自然。事实上,人们从自然走向被开发了的自然(nature cultivée)①。被开发了的自然与森林的关系,事实上是一种升华的(sublimé)关系:被开发了的田野给予了人类先前森林所给予的东西;这是人造的森林。升华的关系同时也是移位的(déplacé)关系,因为在第一个时刻,只有一部分森林被开垦变成农田,因此两部分可以共存,一部分属于独立的小生产者,另一部分属于有劳动分工的群体。但第二个时刻来临了,这时候森林完全消亡了。

战争状态来自森林的消亡。卢梭从劳动分工的普遍进程推论出了这一点。由此,战争状态变得成问题,与霍布斯不一样,霍布斯把战争状态铭刻在人性、人的本质当中,并且完全严肃地对待这一点(≠洛克)。注意,战争终止没有任何原因,它通过人们的反思而终止,由反思而产生了市民状态。

3. 社会契约和市民状态

在霍布斯那里,人们通过反思而走出战争状态,但卢梭的解决办法很独特。事实上:

——进行反思的理性是被限定的,那是属于某个社会小团体即富人团体的理性。

——富人设计了一套深思熟虑的方案:要求那些服从他们的人和威胁他们的人,为了保持他们的自由,把奴役转变为法律上的转让。因此,契约产生于对富人的建议的客观误解,产生于一种有差别的理性。

尽管如此,通过某种理性的狡计,其结果还是理性的,因为契

---

① "被开发了的自然"也可译为"文化化的自然"。——译注

约具有理性的形式,在这种形式下,契约产生于自愿的同意,并在自由的名义下被执行。这是把自己当目的来追求的自由。

更确切地说,在卢梭那里,在《第二篇论文》中,契约是双重的契约。事实上存在着:

——一种结合的契约,一些民法;

——一种服从或统治的契约,一些政治法。

这个双重契约的理论是一种**托管制**(Trusteeship)理论,根据这种制度,行政机关是一个代表团,一个委员会(正如在洛克那里一样),因此统治的契约是可废止的。

但一旦政府组建好了,富人/穷人的分化,就变成强者与弱者的分化了,并且始终有变成主人/奴隶的分化的危险。专制主义来自于行政机关的败坏,它标志着战争状态在市民状态中的再生。

历史在卢梭作品中的身份①

所有这一切引发了关于历史及其身份的难题。对于卢梭来说,有三个层面。

1. 在《第二篇论文》中

在《第二篇论文》中,卢梭将历史的难题(problème)提了出来,因为这篇论文并不像涂尔干、阿隆所说的那样,只是对社会本质的分析。事实上,卢梭否认关于自然状态的传统难题性(problématique)的方式,开启了一个新的领域,即把历史作为一个

---

① 在听课者笔记中,这个部分紧接着出现在先前的部分之后,中间没有跳页。

难题。这种对基本概念的难题化(problématisation)的后果就是，不可能直接回答关于社会本质的问题。而正是社会本质的概念，最终变得成问题(problématique)①。

在卢梭之前，"人性"这个概念就足以直接回答什么是社会的本质这个问题，但对于卢梭来说，只有对另一个先决问题——社会的产生问题，也就是历史理论的问题，历史的本质的问题——的间接回答。但它永远只是涉及历史的概念。

2. 在《社会契约论》中

这个新的文本，根据它与《第二篇论文》的关系，似乎重新提出了这个问题。涂尔干②认为，正是《社会契约论》直接回答了社会的本质是什么这一问题。但必须就《社会契约论》这篇文章本身的本质、它的思考方式和它所给出的分析提出问题：它是观念的(idéelle)吗？是理想的(idéale)吗？它与真实的历史之间是什么关系？

"观念的"？《社会契约论》难道仅仅给我们提供了构成如其所是的社会的概念吗？它是一切社会的本质吗？这个概念是否与《社会契约论》中给我们提供的概念相一致？《社会契约论》中的社会本质的概念，是否像在《第二篇论文》中一样，也通过历史

---

① 注意"难题"(problème)、"难题性"(problématique)、"成问题"(problématique)、"难题化"(problématisation)几个词之间的关系。——译注

② 爱弥尔·涂尔干(Émile Durdheim)，《卢梭的〈社会契约论〉，这本书的历史》(Le Contrat social de Rousseau, histoire du livre)，《道德与形而上学评论》(Revue de métaphysique et de morale)，1918 年 1—2 月号。

这个概念假设了过渡的存在?

"理想的"?在这个意义上,《社会契约论》提供了一个纯粹而完美的"好社会"的概念,因此,就不再存在它与历史概念之间的关系问题了。但是,出现了一个新问题:即《社会契约论》的"理想性"与历史上存在的诸社会的"现实性"之间的关系问题。换句话说,在其与历史之间的关系方面,《社会契约论》包含着两个问题。

3. 在各种《制宪方案》①中

在这些问题中,卢梭遇到了真实的历史。而通过与《社会契约论》相比所呈现的差异,可以回答社会契约的"理想性"(idéaux)与"观念性"(idéellités)这个问题。尽管如此,这里仍有一个问题悬而未决:社会本质的概念与历史的概念之间是什么关系?

因此,让我们求助于《爱弥儿》和《新爱洛伊丝》。这些文本给出了理想模型吗?抑或与"观念性"有关吗?无论如何,这个问题变成了如下问题:卢梭的思想在哪种要素中移动?这是一种乌托邦的关系吗?还是概念批判的关系?

4. 在《爱弥儿》中

有一个回答的要素。不同的文本。

---

① 《制宪方案》(Projets de Constitution)指卢梭所写的各种"制宪方案",如"Projet de constitution pour la Pologne"即《波兰政府论》(直译为"波兰制宪方案")等。——译注

——第 248 页。人与公民的矛盾或这两者之间的划分①。

——第 524 页②。

——文明人不可避免的矛盾：权利的平等依然是空洞而虚幻的。

——法律为强者对抗弱者服务，为特殊的利益服务。

——真实的社会被法律的表象与社会关系的现实性之间的矛盾逐渐削弱了。

——第 858 页。权利的虚伪性。然而，尽管它会败坏，但通过理性的狡计，法律秩序仍维持着某种积极的东西。它的确

---

①《爱弥儿》(Émile)，第一卷，前引，第 248 页。"由于不得不同自然或社会制度进行斗争，所以必须在教育成一个人还是教育成一个公民之间加以选择，因为我们不能同时教育成这两种人。"（参见《爱弥儿》，前引，第 9 页。——译注）

②《爱弥儿》，第四卷，第 524 页："在自然状态下，存在着一种不可毁灭的真正的平等，因为，单单是人和人的差别便不可能大到使一个人去依靠另一个人的程度。在市民状态中存在的权利平等是空洞而虚幻的，因为用来保持这种平等的手段，本身就是在摧毁这种平等，同时，公众的势力也有助于强者压迫弱者，从而打破了自然在他们之间建立的平衡。从这头一个矛盾中，也就源源产生了我们在文明秩序中所见到的那种表面和实际之间的矛盾。多数人总是为少数人作牺牲，公众的利益总是为个人的利益作牺牲；正义和服从这些好听的字眼，往往成了实施暴力的工具和从事不公行为的武器。由此可见，口口声声说是服务他人的上层阶级，实际上是在损他人而利自己；因此，我们要按正义和理性来判断我们对他们的尊重是否适宜。"（参见《爱弥儿》，前引，第 328 页。译文有修改。——译注）

保护着人远离暴力。这样的法律的存在,具有一种教育作用①。

——第484页。"爱弥儿是一个……要在城市中居住的野蛮人。"②这是由真实社会的重要矛盾所引起的。

换句话说,必须从当代社会矛盾的非辩证性质出发:

  ——在竞争和利己主义方面,个人保持着其自然状态;

  ——但他在一种法律身份下生活。

因为这两种状态并存,有些人可以设法让法律为自己服务。换句话说,普遍的平等状态依然是形式上的,而真实的状态,仍然是自然状态,只不过披着竞争发展的外衣。每个个体都把自己当作一切,并把一切东西包括平等,当作工具来为我所用。

这两种状态的并存,并非完全只有消极效果,因为对抗也由于法律而得到限制,战争状态的毁灭性后果也得以避免。因此,契约的形式继续存在着,即使已经被败坏了。这种败坏意味着所有人都承认这个契约。因此,通过理性的狡计,法律秩序将得以实现。契约永远是或多或少的欺诈或败坏,然而,它保留着法律的形式,而这是最重要的。从理论上说,当代社会的现实状态是

---

①《爱弥儿》,第五卷,第858页:"一个人总是要在一个政府和法律的幌子之下才能安宁地生活。只要个人的利益也像普遍意志那样保护了他,只要社会的暴力保障了他不受个人的暴力的侵犯,只要他所目睹的恶事教育了他要爱善,只要我们社会制度的本身使他看到和憎恨其中不公平的事情,那么,即使社会契约没有受到人们的尊重,那又有什么关系呢?"(参见《爱弥儿》,前引,第729页。译文有修改。——译注)

②《爱弥儿》,第三卷,第484页。(参见《爱弥儿》,前引,第279页。——译注)

可能存在的,它被隐藏在《第二篇论文》的分析当中。

我们可以回答关于社会契约的身份这个问题了:契约的本质与其说存在于其纯粹性中,不如说存在于其不纯性本身当中。社会契约具有一种概念的纯粹性,这个概念自身中包含着足够的东西以思考它的不纯性,思考那随时窥伺着它、并在当代社会变成了现实的死亡与衰退。

五、《社会契约论》①

A. 关于对它的阅读

有两种阅读《社会契约论》的方式。

1. 经典的论点(波拉翁)②

《社会契约论》是对所有市民政府的可能性条件的先天分析,它构造了法律-政治的先天结构。这甚至是康德的解释。

事实上,康德反思了自己与卢梭的关系以及关于先验模型(mode du transcendantal)的思想。对他来说,卢梭为政治的道德完成了他在道德的秩序中所完成的工作。

---

① 与前面的讲义不同,这个关于《社会契约论》的讲义,不构成此前讲义任何逻辑上的后续,但它紧跟其后出现在安德烈·托塞尔的笔记中,尽管如此,在题为"卢梭之前的 17 世纪哲学"的那些连成一体的笔记中,它并没有被编号。与其将它们作为一个独立的讲义来出版,我们宁愿将它们整理成先前部分的接续,以作为这个讲义的第五部分。

② 特别参考乔治·波拉翁(Georges Beaulavon)给其自己出版的《社会契约论》所作的"导言",修订版第 5 版,F. 里德尔及社会出版社(F. Rieder et Cie, Éditeurs),1914 年。

在《实践理性批判》中,康德重新讨论了道德的先验条件,在一切善意(bonne volonté)的经验之外来对其进行规定。

在《社会契约论》中,卢梭指出,一切社会在其可能性条件方面都由契约所规定,哪怕在事实上那个契约从来没有被宣告或得到过公认。"病态"(pathologique)和暴力这两者的存在(远说不上对权利的冒犯),就证明契约存在的必要性。

我们可以用卢梭本人的文本来支持这个论点:在第一卷第一、二、三、四章中,卢梭特意撇开自然、家庭、武力、奴役,为的是专注于探讨法律的-经验的秩序的基础。在那里,通过这种简化,他似乎要指出,这种秩序无法建立在任何经验因素基础之上。同样,康德也指出,道德无法从任何激情中演绎出来。所以对于康德和卢梭来说,"事实"(fait)不是对"正当"(droit)的驳斥,它只消极地证明了自己的存在以及其特殊的本质。因此,存在着一个法律的或政治的合法性的 Faktum①,它的事实性(facticité)不是经验的。这个 Faktum 与包裹着它,掩盖着它,同时又将其作为对立面而揭露它的经验性的事实相比,是一种超验瞄准(visée transcendante)的事实。

尽管如此,在康德与卢梭之间还有一点不同:那些 Faktum,各自开启了一个世界,在卢梭那里是政治学,在康德那里是伦理学,一切的发生都好像

——道德和法(droit)②被一种不可还原的主体性,即人的主体性所体验;

---

① 德文,意为"事实"。——译注
② 注意,"法"(droit)在有的地方也译为"正当""权利""公正的"。——译注

——它们无法还原为经验性的东西；

——这种伦理－政治体验的本质是开启某个空间的一种要求；

——对这种体验的可能性条件的澄清，构成了这个要求的本质。

——这个被瞄准的世界，恰恰在它被瞄准的意义上被打偏了，因为只有当人们去瞄准目标时，才谈得上打偏。

如此看来，这种解读似乎解释了《社会契约论》的规范性（normativité），同时解释了关于那些不纯的形式的难题。

但这种解读面对着一种根本性的反对意见：

——它完全没有顾及到《第二篇论文》与《社会契约论》之间的关系。

——它把法律的要求这一行为（acte）当作是已经构成了的，而没有提出这个 Faktum 的产生的难题，没有提出这个领域的构成的难题。实际上，应该提出道德、法等等的突然出现这个难题。

2. 第二种解读

这种解读基于最初的断定，即《社会契约论》以《第二篇论文》中的所有分析为前提。《社会契约论》的确是从确认一个变化——《第二篇论文》中曾追述过关于这个变化的假设的历史——开始的："人是生而自由的，但却无往不在枷锁之中。"[①]由

[①] 参见卢梭，《社会契约论》，何兆武译，商务印书馆，1980 年，第 8 页。——译注

此《社会契约论》得出,人类已然进入了一种无法返回的状态,这种状态建立在这样一种基础之上,即所有今后必将突然产生的东西都从这个基础上清楚地显现了出来。它因此是不可逆转的、不容置疑的状态,是地面和基础。

如果有一种可能的解决办法,那也必定要建立在这个地面之上。所有解决办法的失败都将把人再次抛回这个地面上。关于全部转让(toute aliénation)的错综复杂的关系,同样取决于这个地面,所有解决办法尝试的命运都一样。这种必然性具有这样的性质,即通过这种必然性本身不可能走出这种必然性。因此,卢梭是从他作为矛盾来反思的某个矛盾的内部来思考的。

这解释了对霍布斯和洛克某些理论的拒绝。

——对洛克的拒绝:他的解决办法是不可能的,因为它假定这个解决办法已经替代了那个难题。它实际上要求自然法在自然状态中已经存在。对于洛克来说,从来不存在真正的难题。

——对霍布斯的拒绝:他的解决办法继续停留在那个它要去改变的秩序中;它转移了难题,因为,在霍布斯的这种解决办法中,绝对权力这个难题重新出现了。

对于卢梭来说,成为难题的是自然法,因为它没有作为历史的内在真理而铭刻在历史之中,同样,战争状态也没有在自身中包含更多的对于其难题的内在解决办法。

剩下一条直接的出路:改变那个解决办法先前的含义[①]**、或改变存在于超验性(transcendance)和内在性(immanence)之间的那些关**

[①] "含义"原文"sens",该词也有"方向"的意思。——译注

系的含义。**必须创造一种以某种内在性为基础的超验性**,也就是说,为与前两种突变(mutation)相类似的某种突变建立等价物。关键在于在某种初始秩序的基础上建立一种超验的(transcendant)、与初始秩序不同的秩序,然而它又不会取消初始秩序。第二秩序总是面临着来自自身失败和初始秩序的威胁。它在自身中始终潜藏着失败的威胁。这就是鸿沟(abîme)理论。卢梭预见到这个失败是绝对的。解决办法的不可能性相当于权利(droit)的消失。在康德那里这是不可能的。这是关于人的去自然化的论点。

B. 阅读的诸要素

1. 鸿沟理论

秩序的基础就是它要建立于其上的那个东西,但那也是它原初的、最终的和现时的鸿沟。

a. 原初的鸿沟

有一种关于契约的原初必然性:确实,卢梭谈到了一种"自由的极限"。契约并非总是可能的,被奴役的人民无法追求自由。

因此,对于波兰这个农奴国家,卢梭并不建议解放那些农奴,相反,他希望推迟解放他们的时间,因为他们不懂得做自由人。

所以,人们不能不顾时机给任何团体提供法律。政治秩序的创立,与人类关系的秩序相比,是偶然的:有一些无解的难题,一些无出路的处境。政治秩序的创立只有在特定的条件下才是可能的。

b. 最终的鸿沟

见《社会契约论》第二卷,第八章。

归根结底,政府中存在着一种政府与主权者之间的无休止的冲突。人们所能做的,仅仅是推迟政治体的死亡。卢梭的政治学就在于对那个推迟的时刻进行调整并把它往后推。

c. 现时的鸿沟

事实上,有一个威胁着政治体的恒定鸿沟,内部衰退的恒定威胁。

这种鸿沟是人自身的内在鸿沟。需要有一种英勇的、坚忍不拔的努力,人才能超越这种内在鸿沟。

从此,我们明白了社会契约在理论上可以永久废除的论点:政治秩序从来不是一劳永逸地确立的,它是可废止的,因为它并不牢固。同样,社会契约的期限也并不是永久的,而是瞬间的。契约是一种持续的或永远当前的创造,但它必须在每一瞬间重新得到确认。它意味着自己的被接受是在每个瞬间发生的。

从这里产生了与帕斯卡尔的区别:法律是[……]①,因为在每个瞬间,我们都重新假定它们的起源,它们总是现时的。在每个瞬间,社会契约都需要重新被建立起来,因为它不断地受着崩溃的威胁。

---

①字迹不清。

2. 社会公约①

(《社会契约论》,第一卷,第六章)

六个部分

(1) 难题的提出。

(2) 难题的解决。社会契约。

(3) 契约的机制。直接相关的第一个错位。
共同体的身份及其后果。

(4) 契约的机制:直接相关的第二个错位。
全部转让和交易。

(5)②普遍意志③和法律。直接相关的第三个错位。
普遍利益。

---

① 从课程的这个时刻开始,阿尔都塞的文档中包含了一份与实际讲授的讲义很接近但偶有不同的、长达52页的打字稿,至少在听课者笔记中是这样显示的。正是根据这份打字稿,阿尔都塞撰写了他的《论"社会契约"》(« Sur le " Contrat social " »)一文,该文发表于《分析手册》(*Cahiers pour l'analyse*) 1967年第三季度第8期上,后收入1998年法国大学出版社出版的文集《马基雅维利的孤独》(*Solitude de Machiavel*)中。在笔记中,这个最后的版本已经包括一些主要的异文,从而与公开发表的文章的打字稿有所区别,当前这个版本,我们优先考虑了听课者笔记中的记录。(《论"社会契约"》中文版收入《哲学与政治:阿尔都塞读本》,前引。——译注)

② 阿尔都塞的打字稿中,在听课者笔记第4点和第5点之间,包括一个用手写添加上去的第5点:"(5)插曲:制度的确立"。

③ 普遍意志(la volonté Générale),也有人译为"公意",但与"公意"对应的有另一个词"volonté commune(公共意志)",所以本书中"Volonté générale"统一译为"普遍意志"。——译注

(6)最后三个错位：

——风俗理论。

——市民宗教①理论。

——契约的经济条件。

错位的概念

我们发现整个一系列的链条式的错位：一个错位的产生，总是担负着解决由先前的错位所提出来的难题的任务，而前一个错位本身又是先前的错位的解决办法。由此有了错位链的概念。

这使得卢梭的难题性及其后果变得可理解，这个后果既指理论的后果，同时并且尤其是指技术的后果（诸法律条款和国家的创制）。

这使得对《社会契约论》的种种可能解读变得可理解，尤其是康德和黑格尔的解读。卢梭通过理论错位的游戏奠定了那些解读的基础。事实上，康德的解读以第一个错位为基础，黑格尔的解读则以第二和第三个错位为基础。他们的解读都是基于不将错位当作错位来阅读，基于那些错位链的断裂。那些解读把错位思考为解决办法，而不是思考为通往一个新的解决办法的新的错位。这些解读砍向卢梭的思想，却没有切中要害。

导入。第六章占据什么位置？

这一章支撑着整个《社会契约论》，因为它提出并解决了"政治鸿沟"的难题。关键在于"要寻找出一种结合的形式，使它能以

---

① "市民宗教"（religion civile），也译为"公民宗教"，为了与"市民状态""市民社会"相对照，本书中统一译为"市民宗教"。——译注

全部共同的力量来卫护和保障每个结合者的人身和财富,并且由于这一结合而使每一个与全体相联合的个人又只不过是在服从自己本人,并且仍然像以往一样地自由……"①

——第一章,预告解决办法。

——第二章,政治社会的起源不是家庭。

——第三章,政治社会不是建立在"最强者的权利"之上。

——第四章,政治社会不是建立在通过暴力作用获得的同意之上。

无法把公约建立在自然因素之上。

——第五章,应该追溯到一个最初的约定,它在权利上先于所有服从的契约(格劳秀斯),通过它,人民选出一位国王。引入"人民由以成为人民的行为"。接着他驳斥了一种与自然主义的多数表决原则相关的洛克式的反对意见。对于洛克来说,多数表决法则相当于地球引力,它是政治领域的"重力":和地球引力一样,它是一种自然力量。对于卢梭来说,它是约定的后果。我们在这里得到两个结果:

——在所有其他(服从的)契约以前,必须阐明契约起源的问题。

——这个契约,即人民由以成为人民的行为,只能是全体一致的,因为多数表决的法则只有在一种约定的基础上才有效。

a. 难题的提出

(1) 难题提出的先决条件

---

① 参见卢梭,《社会契约论》,前引,第23页。——译注

见第六章,第一段①。

(a)断裂"点":原始状态不能继续维持。历史上存在着一个危机点(point critique),它就是战争状态的致命矛盾。

(b)"**障碍**","人的力量"。这些障碍不是外部的,也就是说,既不是来自自然,也不是来自外面的人。它们完全内在于现存的关系。它们就是战争状态的种种矛盾,普遍异化(aliénation universelle)的后果,历史的结果。这些障碍损害了人的持续生存,即损害了自爱的原则。这个概念和力量(force)的概念形成一个对子。这些障碍实际上被认为是"顽固的",对于人的力量来说是不可战胜的。"人的自然力量"就是每个个人在自然状态中为了自存所能运用的力量。自然状态中的人由个人(身体、生理和智力特性)+各种需要(靠最强者的权利而来的财产)+自由(见第一卷第九章)②而构成。

障碍/力量之间存在着一种冲突,其中障碍获胜。在战争或冲突状态中,没有任何解决办法。这就是"危机点",在这里人类必须改变生存方式。这个危机就其本身来说是致命的,威胁着所有的人。战争状态是一种没有选择余地的普遍竞争体系。必须"改变"这种状态。

---

①"我设想,人类曾经达到过这样一种境地(point),当时自然状态中不利于人类生存的种种障碍,在阻力上已超过了每个个人在那种状态中为了自存所能运用的力量。于是,那种原始状态便不能继续维持;并且人类如果不改变其生存方式,就会灭亡。"(同上,第22页。译文有修改。——译注)

②例如:"集体的每个成员,在集体形成的那一瞬间,便把当时实际情况下所存在的自己——他本身和他的全部力量,而他所占有的财产也构成其中的一部分——献给了集体。"(同上,第31页。——译注)

(c)生存方式的改变。第三个概念。战争状态直接影响人类的个人力量。在那里个人的力量因战争状态而变弱。矛盾削弱了人类的力量。见第二卷第四章:自然力量被简化为一种不可靠的状态①。注意,如果我们将力量的诸组成部分合并在一起,就能得到特殊利益的概念和这些特殊利益对立的概念(第二卷,第一章)。正是特殊利益的对立,使得社会的建立成为必要。"特殊利益对立"的范畴,使我们可以对战争状态进行思考。障碍/力量的矛盾,会以特殊利益的形式呈现于个人之间。

　　"特殊利益"的范畴解释了在人的历史中自爱的发展所采取的形式:自爱转变为自己的异化形式,转变为自尊。特殊利益之所以有意义,正是因为它在冲突中有可能协调一致。在战争状态中不存在这个难题。当最初的社会性组织(参见猎野兔/鹿的例子)建立时,特殊利益表现出了其概念意义。战争状态＝特殊利益的冲突。这个等式是最重要的。

　　(2)**难题的提出**

　　对难题及其解决办法的绝对限度的限定,先于难题的提出。事实上第二段②:难题得以提出的领域[使得]解决办法不可能在

---

①"……而是一件有利的交易,也就是以一种更美好的、更稳定的生活方式代替了不可靠的、不安定的生活方式。"(同上,第45页。——译注)

②"然而,人类既不能产生新的力量,而只能是结合并运用已有的力量;所以人类便没有别的办法可以自存,除非是集合起来形成一种力量的总和才能够克服这种阻力,由一个唯一的动力把它们发动起来,并使它们共同协作。"(同上,第22页。——译注)

现有给定条件之外去找到。"人类既不能产生新的力量。"必须改变现有关系的给定条件。卢梭拒绝了一切通过求助于第三方的超验解决办法（而霍布斯就是这样做的,他将权力授予于圈子以外的某个人）。唯一的出路：改变力量之间的现有关系,也就是说,改变这些力量的"存在方式"。这就需要把这些力量结合起来,"使它们协调一致",以通过结合（而不是聚集）而形成"一种能克服这种阻力的力量的总和"。见第二卷,第七章,论立法者①。卢梭谈到"改变人性",即抽掉人本身固有的力量,以赋予他们另外的力量。必须以那些力量和人自身为根据来寻求解决办法。

一个新词即"自由"出现了,这是决定性的。② 在解决办法的绝对限度领域之内,必须有一个与给定条件相一致,同时也与这

---

① "敢着手创建人民的人,——可以这样说——必须自己觉得有把握能够改变人性,能够把每个自身都是一个完整而孤立的整体的个人转化为一个更大的整体的一部分,这个个人就以一定方式从整体里获得自己的生命与存在;能够改变人的素质,使之得到加强;能够以作为全体一部分的有道德的生命来代替我们人人得之于自然界的生理上的独立的生命。总之,必须抽掉人类本身固有的力量,才能赋予他们以他们本身之外的、而且非靠别人帮助便无法运用的力量。这些天然的力量消灭得越多,则所获得的力量也就越大、越持久,制度也就越巩固、越完美。从而每个公民若不靠其余所有的人,就会等于无物,就会一事无成;如果整体所获得的力量等于或者优于全体个人的天然力量的总和,那么我们就可以说,立法已经达到了它可能达到的最高的完美程度了。"(同上,第54页。译文有修改。——译注)

② 《社会契约论》第一卷,第六章,第3段:"既然每个人的力量和自由是他生存的主要手段,他又如何能致身于力量的总和,而同时既不致妨害自己,又不致忽略对于自己所应有的关怀呢?"(同上,第22页。——译注)

种自由的现实性相一致的解决办法。这个解决办法必须既满足力量-利益的二重性,又满足自由-职责的二重性。

难题的提出是在第四段中得到陈述的。① 必须获得对下面五项的解决办法:

——一种结合、联合的形式;

——一种结合的力量;

——每一个人的财产;

——每一个人的自由;

——每一个人的利益。

我们仍停留在绝对限度之中。

b. 难题的解决

这关系到一种特殊的契约,而卢梭知道这种契约是非常独特的。见《爱弥儿》第五章。②

"这些条款无疑地也可以全部归结为一句话,那就是:每个结合者及其自身的一切权利**全部转让**给整个的集体"③;第五段的关键性定义,就其后果来说,它包含了整个的社会契约。

---

①"要寻找出一种结合的形式,使它能以全部共同的力量来卫护和保障每个结合者的人身和财产,并且由于这一结合而使每一个与全体相联合的个人又只不过是在服从自己本人,并且仍然像以往一样地自由。"(同上,第23页。——译注)

②"社会公约具有其独特的性质,因此,人民只是在同自己订立契约……"前引,第841页。(参见《爱弥儿》,前引,第709页。——译注)

③参见卢梭《社会契约论》,前引,第23页。——译注

340　　这个定义的核心是**转让的概念**(见论奴隶制那一章)。① 转让,就是献出:

——奉送自己 ＝无偿地奉送而没有任何交易;

——≠出卖自己 ＝奉送自己并在交易中获得补偿。

此处,转让被理解为一种免费的、没有补偿的自我奉献行为。在下列两者间存在着一种对比

——有交易的转让;

——无交易的转让,这里只有这种转让被考虑。见第一卷第四章,在那里,人民献出一切,包括他们的自由在内。但这是对理性和自由的犯罪,"是放弃自己做人的资格"②,并且没有报答。全部转让是一种词语上的自相矛盾,是违反人性的。然而这就是**社会契约**所要求的:个人的一切,他的财产,他的自由。

我们进入了这样一种处境,在这里,一种 aliénation③ 追逐着另一种 aliénation:通过转让(aliénation),社会契约成为异化

---

①"格劳秀斯说,如果一个人可以转让自己的自由,使自己成为某个主人的奴隶;为什么全体人民就不能转让他们的自由,使自己成为某个国王的臣民呢？这里有不少含糊不清的字样是需要解说的。让我们就举'转让'一词为例。'转让'就是奉送或者出卖。但一个使自己做另一个人的奴隶的人并不是奉送自己,他是出卖自己,至少也是为着自己的生活。可是全体人民为什么要出卖自己呢？国王远不能供养他的臣民,反而只能是从臣民那里取得他自身的生活供养;用拉伯雷的话来说,国王一无所有也是活不成的。难道臣民在奉送自己人身的同时,又以国王也攫取他们的财产为条件吗？我看不出他们还剩下有什么东西可保存的了。"(同上,第 14 页。——译注

②同上,第 16 页。——译注

③"aliénation"这个词本身既有"异化"也有"转让"的意思。——译注

(aliénation)难题的一种解决办法。这里异化概念指称的是战争状态的过程和后果。这是一个专属卢梭的概念。人们屈从于他们自己所造成的后果,成为他们活动产物的奴隶。我们置身于非自愿的、无意识的异化要素之中(但人们却仍然自以为是自由的)。**对于这种总体异化**(aliénation totale),**唯一的解决办法,就是全部转让**(aliénation totale),即另一种形态的 aliénation totale ①。我们在这个解决办法中重新发现解决办法的绝对限度的条件。事实上,解决办法不可能来自外部,它只能在异化(aliénation)的存在方式上"做文章"。这种可能性就在于,将这种非自愿的、无意识的异化(aliénation)转变为一种自愿的——但并非一定是有意识的(默认的)——转让(aliénation)(也是全部的)。自愿=自由。改变异化的存在方式这个游戏是通过其形态而进行的,即通过把

---

①阿尔都塞的打字稿中包括以下详细部分:"显然,(是的!)卢梭并没有在我们的意义上使用 aliénation 这个词——但无论如何,它出自他的难题性,甚至出自他的术语,并被黑格尔和费尔巴哈所继承——来指称作为战争状态后果的那些'障碍',指称那些后果的产生过程。这样使用它的是我们。然而,我们之所以可以这样使用它,是有其道理的,因为在异化当中,我们面对的是完全付出一切,服从他们自己所造成的后果,而得不到补偿的人。处于战争状态中的人的奴役状态是一种名副其实的非自愿的、无意识的异化,人们在无意识状态下,也就是说,在他们自以为自己仍然自由、独立的状态下,忍受着这种异化,然而他们是奴隶,他们变成了自己所做的事情的奴隶,他们既不是有意这样,同时也对此一无所知。果真如此,对于这种总体异化(aliénation totale),除了全部转让(aliénation totale)(但这是有意识的和自愿的),不存在其他的解决办法。"在《论"社会契约"》一文中,恢复的正是这个版本(但没有提到黑格尔和费尔巴哈),前引。

异化转变为自愿和自由而进行的。

然而,全部转让怎么可能是自由的呢?这不是绝对的矛盾吗?社会契约的条款就存在于这种矛盾中。卢梭将这种矛盾尖锐化了,使它具有了一种根据其内在原则来说站不住脚的悖论形式。我们必须从这个"症结"出发去寻找治病良方。仅仅是这种病态的加剧,就使建立一种新的正常状态成为可能。

自由的全部转让(aliénation totale libre)依靠上述难题的精确提出。只有通过转让,通过将异化转变为自由的全部转让,才能摆脱异化。

c.《社会契约论》的机制。直接相关的第一个错位:共同体的身份。第二接受方。

我们刚才把接受的另一方,即共同体,以及作为与个人的全部转让相交换而由共同体付出的东西,放在了一边。在契约中,需要有接受双方以及某种交易。契约必须以接受双方为前提,有来才有往。

我们要记下:

——甲方:第一接受方:被一个一个加以看待的个人。
——乙方:第二接受方:共同体。
——交易的第一接受方方面:甲方付出的东西在他的全部转让之中。
——交易的第二接受方方面:乙方付出的东西在该契约的约定行为之中。

我们得到该契约的方程:

——甲方:付出一切。

——乙方:?

我们既不知道乙方是谁,也不知道他在交易中付出了什么。社会契约的所有悖论都归结为乙方的性质。虽然甲方被定义了("每个结合者及其自身的一切权利"),但乙方始终是接受方,前者先在于并外在于契约,后者在契约之前并不存在,而是契约要达成的目的本身。乙方不是契约的主体,而是契约的产物。

事实上,共同体就是相同的那些个人,只不过以另一种形式出现,那种形式就是契约应该创造的形式。"人民只是在同自己订立契约"。甲方和乙方订立契约,就是相同的那些个人与相同的那些个人订立契约,他们

(1)以一种集合的形式;

(2)以一种组合的、联合的形式;

而存在。

我们得到一个后果(乙方)先于原因(甲方)的循环。卢梭看到了这一点:"必须倒果为因。"①

接受双方的这种同一性意味着什么呢?社会契约是一种发生于接受双方之间的约定,其中第二接受方被构成为契约的后

---

① "为了使一个新生的人民能够爱好健全的政治准则并遵循国家利益的根本规律,便必须倒果为因,使本来应该是制度的产物的社会精神转而凌驾于制度本身之上,并且使人们在法律出现之前,便可以成为本来应该是由于法律才能形成的那种样子。"(参见卢梭,《社会契约论》,前引,第 57 页。译文有修改。——译注)

果。但如果接受双方之一在契约之前并不存在,那还谈得上契约吗?**这不是事先已经存在的接受双方之间的交易行为,而是对第二接受方即共同体的构造**。交易发生在对第二接受方的构造以后。一切都建立在这个构造行为之上,它先于所有交易的可能性。第一个**直接相关的**错位:契约在交易的概念下被思考,但其内容却没有包括交易的概念,因为它是对交易关系的构造。康德的论点正是客观地建立在第一个错位之上的。

康德:如果说这种契约只是契约的表象,那是因为那些个人"只是在与他们自己订立契约……"这是一种个体与他自己之间的契约。而要被构成的,是集体的、普遍的、道德的(≠自然的、特殊的、感性的)个体。这是一种道德个体的自我构造。我们可以把这种契约理解为一种道德皈依(从自然性转为道德性)。卢梭的一些文本为此提供了根据,尤其是在《论政治经济学》中("从心中发出的职责的呼声")①。这种解读可以概括如下:社会契约被用于建立一种共同体,在政治共同体的表象下,这个共同体只不过是道德主体的共同体,是由目的支配的共同体(参见卡西尔)②。

然而,卢梭绝不是要把社会契约构想为从感性(sensibilité)到

---

①"正是职责的呼声不再从心中发出时,他们的统治者才被迫代之以恐怖的叫嚣,或是他们用以欺骗人的一种表面利益的诱惑物。"《论政治经济学》(*Discours sur l'économie politique*),见《著作全集》(*Œuvres complètes*),前引,第三卷,第 253 页。(参见卢梭,《论政治经济学》,王运成译,商务印书馆,1961 年,第 14 页。译文有修改。——译注)

②恩斯特·卡西尔(E. Cassirer),《让-雅克·卢梭作品中的统一体》(«*L'unité dans l'œuvre de Jean-Jacques Rousseau*»),发表于《法国哲学协会通报》(*Bulletin de la Société française de philosophie*),1932 年 4—6 月号。

理性(rationalité)的转变，而是希望将功利和职责统一起来，这一点是非康德主义的。私利并没有从契约中消失，它是道德的原动力。具有激情的人对于卢梭来说是不变的现实。此外，**自由的概念在卢梭那里是这样的**：在城邦中，人们将迫使人成为自由的存在①。暴力是实现自由的手段，这不属于康德主义的道德领域。

康德的解读，具有客观的可能性，但在理论上站不住脚。我们不能这样来解读，除非就在这里结束《社会契约论》，也就是说，除非这个解答是最终的——这意味着错位在其自身中就包含着解决办法。然而它是这样一个问题，这个问题在得到其最终的无－解答(non-réponse)之前，会在下文中被重新提出来。

尽管如此，从共同体的这种**模棱两可的身份**中，**卢梭赢得了某种东西**。他赢得了对由契约中个人的全部转让所提出来的令人议论纷纷的难题的解答。他通过避开古典政治哲学的疑难问题，而使得对霍布斯的异议和反对意见的清算得以可能。

卢梭解答了全部转让(aliénation totale)**的难题**。在契约中分两次出现的是同一些人。全部转让是可能的，并且没有矛盾，因为它停留在内部。可能的，也是必需的，因为人们只是在把自己奉

---

①《社会契约论》第二卷，第七章："因而，为了使社会公约不至于成为一纸空文，它就默契地包含着这样一种规定，——唯有这一规定才能使其他规定具有力量，——即任何人拒不服从普遍意志的，全体就要迫使他服从普遍意志。这恰好就是说，人们要迫使他自由；因为这就是使每一个公民都有祖国从而保证他免于一切人身依附的条件，这就是造成政治机器灵活运转的条件，并且也唯有它才是使社会规约成其为合法的条件；没有这一条件；社会规约便会是荒谬的、暴政的，并且会遭到最严重的滥用。"（参见卢梭，《社会契约论》，前引，第57页。——译注）

送给自己,因此这并不是一种无偿的奉献。这种转让是为了共同体的利益而施行的,共同体的成员就是该转让本身的施行人。在古典契约中,接受双方互不相同,并且是真正的交易契约,然而,交易总是部分的,而非全部的。个人出卖的只是其权利中的某一部分。在卢梭这里,悖论的是,为了在交易中获得某种东西,个人必须献出一切。为了在交易中获得某种东西,必须没有交易,而是全部转让。在交易的背后,作为可能性的条件,是全部转让的必然性。正是在没有交易的全部献出的契约这个层面上,存在着一切交易的可能性和必然性的先天条件。而且正是在这里,卢梭与霍布斯变得相近。

霍布斯也突出了社会契约的这种无-交易:他看到了社会契约同时还生产了第二接受方(并非是真正的接受方),这种生产也是由全部转让来实现的,而这种转让是一切交易的先天条件(这是把绝对权力作为权力的绝对本质的理论)。但霍布斯的悲剧在于,他的激进尝试在他那里是自相矛盾的:社会契约取决于外在性中的转让——虽然君主是由这个契约所构造的,但他却是个受益的第三方,他**作为外在于契约的后果而被构造**。君主,这个非接受方的第二方,这个受益的第三方,实际上在肉体上不同于甲方。由此产生出一系列无法解决的难题:

——君主与人民之间的关系及其可能的冲突的难题。由于冲突发生于其间的双方之一即君主并不是接受方,他对于人民来说不受任何约束。

——君主职责的难题。

所有这些在卢梭那里都有所不同。这个契约的特性,就在于排斥任何存在于外在性中的、外在于契约的转让。这个契约是与一个被契约所构造的第二接受方所订立的,后者远非外在于甲方,而是相反,与甲方相同一。因此,人们是在通过一种内在的转让,向他们自己进行转让。社会契约的行为

——构造了一种对于自然秩序来说超验的秩序;

——并且这种构造并没有求助于某种超验性。存在着形态的改变。建立于内在性基础上的超验性。

——结果,正是一种联合的创造物,具有了自然个人的一切属性。这个通过契约而创造出的集体的"我",具有霍布斯赋予君主的一切范畴。然而,这里涉及的不是一个真实的个人(比如作为君主的某个人或某个集体),而是一种通过诸多个人的全部转让而构成的道德人格。这些范畴是:

——主权者权力的绝对性,主权者对于别的个人,乃至对他自己,没有任何义务。他就是他所应该是的那样。

——这种权力是不可转让的。它不能被无偿献出。

——它是不可分割的。

——它是不会犯错的。

卢梭在契约的保证的难题上把自己与霍布斯区别了开来。一旦发生冲突,谁能在人民与君主之间进行仲裁呢?这不是一个关于事实的问题。在卢梭这里,仲裁的难题消失了。霍布斯知道怎么提出这个难题,但他却没有能力解决它,因为转让是外在的。并且他把这个难题转移到君主个人身上了。卢梭认识到,转移难题并不是解决办法,而他的解决办法是取消难题。假定在接受双方之间需要一个第三方作为仲裁人,就是假定这个市民社会并不存在,就是假定人们还停留在外在于契约的要素中,在那种状态

中，人们通过事实来论述"正当"（droit）。第三方难题是关于市民社会本质的错误提法的标志，是要突出法律－政治却遭到失败的标记。就是假定人们还停留在自然暴力领域。在卢梭这里，不需要仲裁人，不需要第三方，因为根本就没有第二方——那些个人只是在与他们自己订约，转让是内在的。主权者就是相同的那些个人，只不过他们以一种联合的形式而存在。

d.《社会契约论》的机制。直接相关的第二个错位。全部转让和交易。

看来我们在这里仍然没有进入被构想为道德的现实态（en acte）存在的道德领域。全部转让虽然不是一种交易，但它生产了一种交易，而这个被生产的交易是部分的（partiel）交易。正是这个直接相关的第二个错位，包含着对第一个错位的问题——即乙方的身份问题——的解答。这个新的错位以新的问题的形式，即以第三个错位的形式，包含着一种解答。

参见第一卷第九章："这种转让的奇特之处在于：共同体在接受个人财产时远不是剥夺个人的财产，而只是保证他们自己对财产的合法占有，使据有变成为一种真正的权利，使享用变成为所有权。……所以可以说，他们是获得了他们所献出的一切……"① 参与订立契约的人获得了他们所献出的东西，并把占有改变成所有权。他们保留了自己的所有物，然而却是以所有权的形式，而不是以占有的形式。

第二卷第四章写道："我们承认，每个人由于社会公约而转让

---

① 同上，第33页。译文有修改。——译注

出来的自己一切的权力、财产、自由,仅仅是全部之中其用途对于共同体有重要关系的那部分;但是也必须承认,唯有主权者才是这种重要性的裁判人。"①

全部转让,这个绝对条件,社会契约唯一的条款,产生了这个矛盾的结果,即就财产来说,它成了一种全部不转让(*non-aliénation totale*);**就自由来说,它成为一种部分的转让;就整个情况来说,作为其结果,它产生了一种交易,或更准确地说,它在我所说的"存在方式"方面所产生的改变就是一种交易**。参见第一卷第八章:"论市民状态"②,尤其是分析交易的那部分:"现在让我们把整个这张收支平衡表简化为易于比较的项目吧:人类由于社会契约而丧失的,乃是他的天然的自由以及对于他所企图的和所能得到的一切东西的那种无限权利;而他所获得的,乃是社会的自由以及对于他所占有的一切东西的所有权。为了权衡得失时不致发生错误,我们必须很好地区别仅仅以个人的力量为其界限的自然的自由,与被普遍意志所约束着的社会的自由;并区别仅仅是由于力量的作用或者是由于最先占据而形成的占有,与只能是根据正式的权利而奠定的所有权。"③

这个被生产出来的交易是一种存在方式的改变,并且它是有利可图的。一种并非交易的全部转让怎么可能直接获得交易的形式呢?这个交易(échange)怎么可能成为改变(changement)呢?这里有一种对转让的自我调节(autorégulation)和自我限定(auto-

---

①同上,第42页。译文有修改。——译注
②原文"De l'état civil"(论市民状态),中文版译作"论社会状态"。——译注
③参见卢梭,《社会契约论》,前引,第30页。译文有修改。——译注

limitation)机制,它来自对契约诸条款的一丝不苟的恪守。对这些条款的恪守,确保了这种自我调节。

——"**每个人都把自己全部地奉献出来,对于所有的人条件都是同等的,没有人想要使它成为别人的负担**。"①平等是由全部转让而产生的,因为后者要求每个人都献出他全部的所是和所有。这桩交易恰恰对所有物最多的人来说才是有利可图的,因为正是他在战争状态下冒着损失最大的风险。在这种形式的平等背后,利益作为其条件和后果出现了。如果某人想要使这种平等成为别人的负担,他就会自动地使其成为自己的负担。正是每个个人的这种利益,保证了社会契约的平等的相互性。社会契约的内容就是这种平等的相互性。所有的决定根据契约的平等原则都是相互的。全部转让是平等的基础(正如霍布斯那里对人为的死亡的恐惧)。这种相互性以每个个人的特殊利益为基础,正是这一点,才是平等的内在原则。权利的平等和公平的观念,来自每个人对自己的偏私,即自爱、特殊利益。

——**这种平等的内容存在于那些约定的性质中**。相互性的支撑物是特殊利益;服从普遍相互性条件的特殊利益的"游戏",在全部转让的结果中上演了其内容②:

---

①同上,第24页。译文有修改。——译注

②参考《社会契约论》第二卷,第四章:"把我们和社会体联结在一起的约定之所以成为义务,就只因为它们是相互的;并且它们的性质是这样的,即在履行这些约定时,人们不可能只是为别人效劳而不是同时也在为自己效劳。如果不是因为没有一个人不是把每个人这个词都当成他自己,并且在为全体投票时所想到的只是自己本人的话;普遍意志又何以能总是公正的,而所有的人又何以能总是希望他们之中的每个人都幸福呢? 这一点就证明了,

——普遍意志或普遍利益的产生;

——全部转让自我限定为部分转让和有利可图的交易。

正是因为特殊利益在全部转让中的高度作用,才有了自我调节。不存在特殊利益的道德皈依。这种自我调节作用,使得每个人想要保持自己所拥有的,并使得每个人必须为己之所欲而欲人。特殊利益将全部转让限定为部分转让。全部转让的内容都存在于个人的自然权利之中,后者意味着一种部分的交易,同时也意味着状态的改变。

由此产生以下后果:人们没有向任何人献出自己。契约生产了一种交易,是因为它本身并不是一种交易。它避开了无偿地献出自己是违反人性这条不可改变的准则,因为人们不是在向某个第三方献出自己,而是在一项交易中献出自己,其结果是他得到的超出他所献出的。而正因为他只是在向自己献出自己,所以他获得的才比献出的更多。然而,在这里,我们遇到了直接相关的第三个错位;它关系到特殊利益和普遍利益这个难题,也就是说,法律(loi)的难题。

权利平等及其所产生的正义概念乃是出自每个人对自己的偏私,因而也就是出自人的天性。这一点也就证明了普遍意志若要真正成为普遍意志,就应该在它的目的上以及在它的本质上都同样是普遍意志。这就证明了普遍意志必须从全体出发,才能对全体都适用;并且,当它倾向于某种个别的、特定的目标时,它就会丧失它的天然的公正性,因为这时我们判断的便是对我们陌生的东西,于是便不能有任何真正公平的原则在指导我们了……"(同上,第42-43页。——译注)

e. 政治的现实,社会契约的对象①

这涉及对概念的某种安排:

(1) 构成的政治现实:契约本身。

它是独一无二的,这是使人民成为人民的构成契约。它或者是明确的,或者是心照不宣的,但它永远是全体一致的:反对者将自己排除在城邦之外;如果他们还停留在里面,就是承认与自己的选择相违背。它构成城邦所有法令的内在本质(它的作用与洛克的自然法的作用相同)。它是可废除的。

它在订约人之间构成一个政治体。它是客观的现实,尽管也是道德的现实。它是一具被赋予了灵魂、知性和头脑(主权者、公共的杰出人物,政府)的躯体。从消极的角度看,这个躯体就是国家,从积极的角度看,它就是主权者。如果将它与别的国家相比较,它就是一种势力(Puissance)②。

(2) 主权者。

这是集合为一体的人民,它尊重社会契约的原初状况,作出能代表其意志的决定。它与普遍意志混同了起来。主权者,就是立法权,后者与行政权,与其执行者和职员截然不同(参见洛克)。主权者的工作是颁布法律,将普遍意志变成条文。

---

①这部分的分析在《论"社会契约"》一文中没有被再提起。这里的文本主要根据阿尔都塞的打字稿整理而成。

②"势力"(Puissance),在其他地方也译为"强力""力量",这个词本身也可译为"国家"。——译注

在这里,我们面对的是洛克观念中最主要的部分:人民身份、普遍意志、立法机关以及政府的工具性和从属性。然而,将卢梭与洛克区别开来的,是把立法机关或主权者与集合起来的人民视为同一(identification),是把权利视为同一。在洛克那里,人民向立法机关委派正式职员,那些职员可以是一个由被选举的代表组成的议会,也可以是一个小团体,或者是单独的某个人。立法机关与人民是有区别的。然而,在卢梭这里,所有的权力都是共和的,立法机关与集合起来的人民成为一体,人民不能把主权者的权力委托给任何人。

这个重大差别引起了另一个后果,那就是关于政府的不同形式的著名经典难题在洛克和卢梭那里并不是在同一个层面上提出来的。对于洛克来说,是在立法权的授予层面上来说明已有民主制、贵族制或寡头制和君主制之间的差别,是立法机关掌管者的性质规定了这种区别。相反,对于卢梭来说,立法机关不能成为任何委派或授权的对象。一切权力都是共和的。区别是在政府的层面上,并且以政府为根据而产生的:其根据的是行政权是授予全体人民(民主制),授予一个团体(贵族制或寡头制),还是授予某个单独的人(君主制),或者是授予某些混合的统一体(混合政府)。对于卢梭来说,一切政治体都意味着民有、民治、民享①的立法,但并不是一切政治体都意味着民有、民治、民享的政府。只有民主制才符合这个要求。

---

① "民有、民治、民享"原文为"du peuple par le peuple et pour le peuple",直译即"属于人民、经由人民、为了人民"。——译注

(3) **根本法的难题**。

构成主权者的人民,为了其联合性能永远存在下去,需要一种结构,一种对根本法的政治构造。这些法是政治法、民法、刑法。这些法必须由主权者自由确定,并被其自由接受。

卢梭的解决办法在这里是悖论性的:并不是主权者确定根本法的内容,而是某个神奇的第三者(因为他为了给人类制定法律就必须高于人类)[①]:立法者。主权者的职权是审查和接受立法者所提出的法律。拟订那些法律的是立法者。卢梭的这种发明在实践上和理论上有没有道理呢?

对立法者的发明,与这个人物承担着解决一个典型的卢梭难题有关:即在逻辑上极难的、一个必须打破的循环的难题。这里,历史突然闯入了。这个问题源自历史上某种新的现实的出现。制定法律,是突然发生的事情。不可能的必然性。在确定根本法的难题中,历史(以一种构成必然性领域的偶然性形式——这里我们又一次返回到《第二篇论文》中那种熟悉的结构)在为人民制定法律的最佳时刻、最佳时机出现:但人民是否会在那样的时刻接受那些法律呢? 并不是所有的人类团体都要在所有的时刻听从这种天命,注定变成人民,注定接受法律。卢梭举了一些同时代的例子,它们可能会一直停留在野蛮状态中,直到具备那些特殊的条件。最出名的是俄国的例子:人们过早地想塑造其人民。所以,俄国是一个具有两面性的例证:它既是将人群维持在野蛮状态的必然性的例证;又是有人(彼得大帝)试图给人民制定法律

[①] 参考《社会契约论》第二卷第七章:"要为人类制定法律,简直是需要神明。"(参见卢梭,《社会契约论》,前引,第53页。——译注)

时选择了错误的、不成熟的时机而造成灾难性后果的例证。相反,科西嘉岛,那个"将震惊世界的小岛"①,像波兰一样,却已经成熟到可以接受法律了。因此,人民的创建,即通过法律的制定(以及接受)而把人民创制为人民,直接触及了历史,卢梭就是这样来构想这个概念的。

立法者预支了人的历史,它制定必要的法律以使得人民具有立法精神:"为了使一个新生的人民能够爱好健全的政治准则并遵循国家利益的根本规律,便必须倒果为因,使本来应该是制度的产物的社会精神转而凌驾于制度本身之上,并且使人们在法律出现之前,便可以成为本来应该是由于法律才能形成的那种样子。"②这里的解决办法,依然来自外部。因为这必须求助于外在性:要高于人,差不多是神,是"发明机器的工程师"③。他超出了人性。此外,立法者应该继续自外于其所构造的机器:他既不出现在政府之中,也不出现在主权者之中!为了给那个联合体制定法律,他必须外在于那个联合体。"立法者在一切方面都是国家中的一个非凡人物。如果说由于他的天才而应该如此的话,那么由于他的职务他也同样应该如此。这一职务绝不是行政,也绝不是主权。这一职务缔造了共和国,但又绝不在共和国的组织之内

---

① 《社会契约论》第二卷第十章:"我有一种预感,总有一天那个小岛会震惊全欧洲的。"(同上,第69页。——译注)

② 同上,第57页。译文有修改。——译注

③ 《社会契约论》第二卷第七章:"但是,如果说一个伟大的国君真是一个罕见的人物,那么一个伟大的立法者又该怎样呢?前者只不过是遵循着后者所规划的模型而已。一个是发明机器的工程师,另一个则只不过是安装机器和开动机器的工匠。"(同上,第53-54页。——译注)

(……)因为号令人的人如果不应该号令法律的话,那么号令法律的人也就更不应该号令人。"①("先逊位"了的莱格古士)

在这种外在性的面目背后:宗教和立法者同时出现。宗教的出现是为了解决第二个循环,这次循环不是发生在人民本身的层面上,而只是第一个循环的重复。正是因为缺少社会精神,使得一个属于人民的人无法去思考法律:因为这种社会精神只有作为法律的产物才能够存在。只有一个在人民之外的人才能够思考法律并在恰当的时刻将法律赋予人民。然而,出于同样的原因,宗教出现了:不再是为了思考法律,而是为了接受法律,为了看到法律是好的,为了在法律中认出其普遍意志。人民应该恰好拥有这种社会精神,这种公民道德和这些知识,简言之,根据我们的循环,那些正好是法律所要造成的风俗。为了主权者自由地接受、认可人们给他提出的法律,同样要预支它自己的政治形态,这种预支,就是它们所提供的宗教的威信。在《第二篇论文》中,这就已经是卢梭的解决办法了。但在那里只是确认了这个解决办法,并没有将这个难题提出来。而在这里,这个难题的各项内容都被明确无误地提出来并得到定义。"这里还有另一个值得注意的困难。智者们若想用自己的语言而不用俗人的语言来向俗人说法,那就不会为他们所理解。可是,有千百种观念是不可能翻译成通俗语言的。太概括的观念与太遥远的目标,都同样是超乎人们的能力之外的(……)这样,立法者便既不能使用强力,也不能使用说理;因此就有必要求之于另外一种不以暴力而能约束人、不以论证而能说服人的权威了。这就是在一切时代里迫使得各民族的父老们都

---

①同上,第55页。——译注

去求助于上天的干预,并以他们固有的智慧来敬仰神明的缘故了,为的就是要使人民遵守国家法也像遵守自然法一样,并且在认识到人的形成和城邦的形成是由于同一个权力的时候,使人民能够自由地服从并能够驯顺地承担起公共福祉的羁轭。"①这两个循环之所以都通向同样的方法,并不是一种巧合:立法者类似于上帝,因而必须乞求上帝来使人们听从他。

(4)政府的创建。

主权者接受由立法者提出的法律。然而,城邦必须有一个头脑来执行法律:这就是政府。政府的创建问题,对于卢梭来说是个棘手的问题:因为它不是一项契约。"然则,应该以怎样的观念来理解创建一个政府这一行为呢?我首先要指出,这种行为乃是一种复合的行为,或者说,是由其他两种行为所构成的,亦即法律的确立与法律的执行。由于前一种行为,主权者便规定,要有一个政府的实体按照这样或那样的形式建立起来;很显然,这种行为就是一项法律。由于后一种行为,人民便任命首脑来负责管理已经确立的政府。但是这一任命只是一种个别行为,所以它并不是另一项法律,而仅仅是前一项法律的后果,是政府的一种职能。"②卢梭利用了法律与政府行为之间的区别,前者针对的是普遍的对象,后者针对的是特殊的对象。

这里,我们又一次面对一个循环!"困难就在于理解,在政府

---

① 同上,第 57 页。——译注
② 《社会契约论》,第三卷第十七章。(同上,第 130-131 页。译文有修改。——译注)

出现之前,人们何以能够有一种政府的行为!"① 通过以下的设计,卢梭摆脱了这个困难[又一次,一个关于起源(genèse)的难题]:"也正是在这里才能够发现政治体的最可惊异的性质之一,它就由于这一性质而调和了外表上互相矛盾的活动。因为这一点是由于主权猝然转化为民主制而告完成的;从而,并没有任何显明可见的变化而仅只是由于全体对全体的另一种新关系,公民就变成了行政官,于是也就由普遍的行为过渡到个别的行为,由法律过渡到执行。"②

但如果它确实是这样的,如果所有政府首脑的任命都是通过一个行为而完成的,准确地说,通过由政府的这种特殊形式(民主制)宣告的一道政令而完成的,那这就意味着以下两点:

——不但所有的权力是共和的,所有的规章制度取决于主权者(也就是说集合在一起的人民)的立法权,而且所有政府首脑的任命都至少以民主制最初一时的存在为前提。任何非民主的政府,为了具有其合法资格,都要以民主政府的最初(虽然也是短暂的)存在为前提。因此,民主制(即民主政府)的本质具有一种优先性,尽管从外表上来看它与所有其他政府形式相对立。

——其次这意味着相反,为了给行政官员的职位提供合法资格,民主制在自己之先并不需要一个政府;通过同一个行为,民主制就创立了,其职位也都得到提供。在民主制的情况下,确立民主政府的法律,以及给其职位授予合法资格的政令,与一次相同的、独一无二的普遍意志行为混在了一起。"这就是民主政

---

① 同上,第131页。——译注
② 同上,第131页。——译注

府所固有的便利,它在事实上仅只由于普遍意志的一次简单的行为就可以确立。"①在民主制的创建中,政令是一种法律,也就是说,它的对象是普遍的。这种巧合之所以可能发生,是因为当主权者"突然皈依"民主制时,主权者的成员们与行政官员们是同一的:主权者的每个成员,就地变成了行政官员。

这里我们看到了卢梭主要关心的事情:不惜一切代价,保留由集合起来的人民构成的主权者的权力的独特作用,通过与政令相对照,坚持把法律定义为针对一个普遍对象的立法行为。受其确定的严格性所支配,这两点要求最终在一种特殊的政府形式下发现了民主制。与所有其他政府形式相比,它具有绝对特殊的优势作用:在民主制中,立法机关与行政机关同时产生。

(5)其他机构的创建②

这样,立法机关和政府准备就绪了。我要略过我们重新遇到的一个技术性难题:它和行政官员(政府官员)的数量与公民的数量之间的必要比例问题有关。卢梭详述了(第三卷第一、二章)整整一套关于比例的理论,它完全以他关于各人类团体的特殊利益和国家的普遍利益理论为基础。同样,我还要略过人民大会的投票模式的难题,因为这个问题,同样也和特殊利益与普遍利益之间的关系有关。我只简单地提一下城邦所特有的三个机构:保民

---

①参见卢梭,《社会契约论》,前引,第131页。——译注
②"其他机构的创建"原文为"Les autres institutions",其中"institutions"既有"创建"也有"机构"的意思,与前文第4小点"政府的创建"(L'institution du governement)中的"institution"一词相同。——译注

官、监察官和市民宗教(religion civile)①。

卢梭说,保民官是一个委员会,确切地说,它不属于制宪(constitution)的一部分,而是在制宪之外,因为它的设立既不是为了宣告法律,也不是为了执行法律。而是为了保卫法律(第四卷,第五章)。

监察官的设立是为了"宣告公共判断"(第四卷,第七章),也就是说,为了关注构成风俗的舆论(opinions)。舆论取决于政治构造,它是后者的后果,监察官唯一的目标是"保持风俗",把它保持在最初的良好状态中,并关注者,让它们不要退化。

最后,市民宗教(参见另一处)②。

f. 直接相关的第三个错位:特殊利益和普遍利益;特殊意志和普遍意志;关于法律的理论。

由此,我们有两个等级的现实:

——一个是基础的:契约和主权者

——一个是第二位的、从属性的:政府及其行为。

基础的现实,本质是普遍性;第二位的现实,本质是特殊性。

法律是什么?③ 是主权的一种行为,它在形式上是普遍

---

①"市民宗教"(religion civile),也译为"公民宗教",为了与"市民状态""市民社会"相对照,本书中统一译为"市民宗教"。——译注

②这个关于"市民宗教"的附注,既出现在阿尔都塞的打字稿中,也出现在听课者的笔记中,但并没有任何后续的分析。

③在听课者的笔记中,这里的分析之前有一个导引:"1. 君主的生活。法律"。但在第1点之后,并没有第2点,我们更倾向于把它删除掉。接下来的文本主要是根据阿尔都塞的打字稿而整理的。

的——普遍意志的行为——在内容上也是普遍的——针对某个普遍的对象。"但是当全体人民对全体人民作出裁决时,他们便只是考虑着他们自己了;如果这时形成了某种对比关系的话,那也只是某种观点之下的整个对象对于另一种观点之下的整个对象之间的关系,而全体却没有任何分裂。这时人们所裁决的事情就是公共的,正如作出裁决的意志是普遍意志一样。正是这种行为,我就称之为法律。我说法律的对象永远是普遍性的,我的意思是指法律只考虑全体臣民以及抽象的行为,而绝不考虑个别的人以及个别的行为。"[1]

——法律的形式:法律的普遍性就是其形式的普遍性。全体人民都在法律中表达了自己的意志。法律的普遍性＝普遍意志＝普遍利益。

——内容:普遍性同时也是其对象的普遍性:人民只考虑着他们自己。对象的普遍性＝利益的普遍性。

在这两种情况下,最终得出的都是普遍利益。但提出这个概念,同时就是提出其所假定的另一个概念:特殊利益。因此我们可以写下:

——一方面:特殊意志,特殊利益(……)政令;

——另一方面:普遍意志,普遍利益……法律。

一切都取决于对这些概念的领会,在其等式游戏中用一个代替另一个。在这里我们选取普遍利益的概念为例。这个范畴是《社会契约论》中所有概念的"替身"(doublure)。社会契约的基

---

[1]《社会契约论》第二卷第六章。(参见卢梭,《社会契约论》,前引,第50页。译文有修改。——译注)

础等于社会政治生活的基础。普遍利益就是所有特殊利益所共有的部分。"如果说特殊利益的对立使得社会的建立成为必要,那么,就正是这些特殊利益的一致才使得社会的建立成为可能。正是这些不同利益的共同之点,才形成了社会的联系;如果所有这些利益彼此并不具有某些一致之点的话,那么就没有任何社会可以存在了。因此,治理社会就应当完全根据这种共同的利益。"①

在特殊利益和普遍利益之间,存在着什么样的关系呢?我们可以从一段文本中发现其根本原则。在谈到契约中的转让时,我们曾经提到过这段话:"如果不是因为没有一个人不是把每个人这个词都当成他自己,并且在为全体投票时所想到的只是自己本人的话;普遍意志又何以能总是公正的(droite),而所有的人又何以能总是希望他们之中的每个人都幸福呢?这一点就证明了,权利平等及其所产生的正义概念乃是出自每个人对自己的偏私。"②而在题为《日内瓦手稿》③的另一个文本中,这种偏私与特殊利益被认为是一致的:"既然意志总是以希望者的幸福为依归,而特殊意志总是以私利为对象,普遍意志总是以共同利益为对象,那么可以说,最后一项才是或应该是社会实体的唯一真正的动力……因为私利总以偏私为依归,而公共利益总以平等为依归。"

由这两段文本的对照所得出的悖论是,偏私,或者说私利,既被说成是普遍利益的根基,又被说成是普遍利益的对立面。我们

---

①《社会契约论》第二卷第一章。(同上,第33页。译文有修改。——译注)

②《社会契约论》第二卷第四章。(同上,第42页。——译注)

③引自《著作全集》(Œuvres complètes),前引,第三卷,第295页。

可以得出结论说，偏私具有两种存在形式，一种打开了通向普遍利益的道路，另一种又将这种道路给堵住了。换句话说，有一种有利的特殊利益和一种不利的特殊利益。有利的特殊利益就是在转让中产生普遍利益的那种，这种有利的特殊利益就是自爱，它与不利的特殊利益即自尊相反。

为了进行这种辨别，该如何进行操作呢？在城邦中，为了使普遍意志得到宣告，从而为了使普遍利益占优势，应该如何进行操作呢？在卢梭的思考中，这个难题占据中心位置，而且，在城邦组织的多种安排上，这个难题在多个层次上被涉及、被研究：不仅关乎投票，还同时关乎行政官员与城邦居民数量之间要遵守的比例，关乎保民官和监察官，等等。我们将仅以投票为例。

为了认识普遍意志——普遍意志的宣告就是法律——，应该如何行事呢？基本原则已经在第四卷第一章中给出来了："集会中的公共秩序的法则就不完全是要在集会中维持普遍意志了，反而更要是对普遍意志经常加以质询，并由它来经常作出答复。"①卢梭认为，普遍意志一直以一种纯粹的形式存在着，但它无法经常得到宣告。这是关于宣告的难题。

为了使普遍意志得到宣告，必须具备三个条件：

——它必须被问到一个直接相关的问题，一个属于它的范围的问题，一个特别明确的问题，这个问题针对的是一个普遍对象而不是特殊对象。

——这个问题必须被以直接相关的形式向它提出来，即以对普遍意志进行质询的形式提出来，这个形式确切地说就是投

---

① 参见卢梭，《社会契约论》，前引，第137页。译文有修改。——译注

票的法则。尊重意志及其对象的普遍性。

——普遍意志必须能回答这个问题,即它不能虽然存在但却保持沉默,不能像当"社会的联系在每个人的心里都已经破灭了"时那样。

这三个条件又都被包括在一个先决性的难题之中,即普遍意志纯粹的、不可摧毁的存在。

保证意志的普遍性的条件,在第二卷第三章中得到了思考。它就是人民进行讨论的条件,即通过消除那些小分歧而得出普遍意志的机制①;普遍意志是特殊意志的公分母,普遍利益是特殊利益的公分母。为了使这种关于公分母的机制有效,必须满足以下条件②:

——人民是开明的。③ 政治教育、市民教育④、道德教

---

① "除掉这些个别意志间正负相抵消的部分而外,则剩下的总和仍然是普遍意志。"(同上,第39页。——译注)

② "如果当人民能够充分了解情况并进行讨论时,公民彼此之间没有任何勾结;那么从大量的小分歧中总可以产生普遍意志,而且讨论的结果总会是好的。但是当形成了派别的时候,形成了以牺牲大集体为代价的小集团的时候,每一个这种集团的意志对它的成员来说就成为普遍意志,而对国家来说则成为特殊意志;这时候我们可以说,投票者的数目已经不再与人数相等,而只与集团的数目相等了。"(同上,第39-40页。译文有修改。——译注)

③ "开明的"原文"éclairée",字面意思是"被照亮了的",其动词形式"éclairer"即"照亮",也译为"开导"。注意这个词与"lumière"(光)、"lumières"(知识)、"Lumières"(启蒙)之间的关系。——译注

④ "市民教育"(éducation civile),也译为"公民教育",为了与"市民状态""市民社会"相对照,本书中统一译为"市民教育"。——译注

育、宗教教育的难题。

——在国家之内不能存在任何特殊"阴谋":消除那些小集团或党派。每个公民都必须表达自己的意见。普遍意志必须接受每个个体的质询,每个人要与别人没有勾结,也不考虑那些把他与别人(阶级、党派、集团、等级)联系起来的利益。特殊利益的出现与小社会的出现是相应的,它可能会规避普遍意志和普遍利益。人们可以向陷入那些特殊集团的人提出一些其对象不再是普遍的而是特属于那个集团的问题。

我们现在可以在卢梭思想的内部自身中揭示直接相关的第三个错位了。为此,我们必须牢记两点:

——普遍意志或普遍利益的宣告机制,完全取决于普遍意志即普遍利益的不可摧毁的、经久不变的存在。而我们知道,任何社会的创建都以这种存在为基础。因此,普遍利益的存在是任何国家可能存在的绝对条件:首先是社会契约本身可能存在的绝对条件,其次是任何普遍意志的宣告可能存在的绝对条件,也就是说,是政治体的生命本身在其灵魂——即主权者或立法权——中可能存在的绝对条件。因此,第一点:普遍意志即普遍利益的存在和绝对正确性,是绝对肯定的。

——不是普遍意志存在的可能性条件,而是普遍意志的宣告,以及其宣告的正确性的可能性条件,可归纳为两条:人民是开明的,不存在利益集团、联合集团和阴谋集团之类。

错位存在于第一点当中。它只停留在那种普遍利益绝对存在的宣告中。普遍利益必须存在,对于卢梭来说,是一项绝对的要求。然而,这种存在作为绝对的存在,却不过是卢梭的一厢情愿。不需要特别内行的阅读,就可以觉察这个意识形态的事实,即尽管卢梭相信普遍利益的存在,但这种普遍利益是一种神话,与此正好相关的是另一个神话:即特殊意志与孤立的个人的利益在真正严格意义上的同一。

证明普遍利益是一种神话的事实,不仅包括当普遍意志化为沉默并被回避时,断言普遍利益绝对的纯粹的存在,断言普遍利益是不可摧毁的,断言其不存在是不可能的,包括把"不存在"的概念转移到"沉默"和"省略"概念中;同时还包括对在特殊利益和普遍利益这对镜像概念中回避了的现实进行意识形态否认,对诸利益集团进行否认。确切地说,这是以澄清对普遍意志的严格性进行质询的严格条件的形式而进行的否认,即以断言某种现实不存在、或以断言其无关联性的形式而对这种现实进行的承认。卢梭在诸利益集团——经济的、政治的或其他的(比如宗教的)利益集团——中遇到一种现实,他对待这种现实的方式是双重的:在实践上,他把它看成是畸变的或异常的而将其隐去;在理论上,他把它纳入到特殊利益-普遍利益这对镜像范畴下去思考。一切人类集团,或更确切地说,城邦内的一切次级人类集团,都被思考为具有普遍利益(这只是在类比意义上的普遍利益:因为卢梭避免断言它是不可摧毁的、纯粹的普遍意志的所在地),而我敢说,它们被赋予一种非常特殊的利益,因为这种特殊利益不是在原先的那个(只有对于个人才有意义的)特殊利益的概念中被思考的,而是在一个同样是类比性的特殊利益的概念中被思考的,这一次是运用于某个集团!!因此,当卢梭试图去思考那些现实,即国家内部的那些人类集团、利益集团的身份时,一方面,他试图将那些镜像概念(它们限定了其领域和理论对象)——普遍意志和特殊意志、普遍利益和特殊利益——应用于它们；但另一方面，为了表明诸利益集团这种现象是不可想象的，他又不得不让那些概念遭受奇特的理论变形，这里，理论上最薄弱的节点，恰好是在"特殊利益"概念的运用上。

当我说普遍利益是一种意识形态神话，普遍利益和特殊利益这对相互反射的镜像范畴是意识形态神话时，当我说卢梭以断言普遍利益和普遍意志的纯粹的、绝对的存在的方式断言其信仰的绝对存在时，我同时也就是在说，正如一切意识形态观念一样，卢梭通过其虚幻的理论，暗示了某种现实的东西：各人类集团的集团利益的存在，即各社会阶级的存在或各政治的、意识形态的或其他什么的党派的存在。然而，在其思考中以这种方式被指示的现实，又被迫以对普遍利益和特殊利益这对镜像范畴进行思考的形式重新出现在其思考中。从表面上看，上述范畴完好无损；实际上，在其完好无损的表面背后，我们可以觉察到一种内在的变形，以及那些概念与其所描绘的现实之间的不相符，尤其是对于思考次级人类集团利益的存在时，特殊利益这个概念与之根本不相符。

这个理论上的误认同时是我前面提到过的一种实践上的否认：各利益集团，或者说各社会阶级和各政治的、意识形态的党派不得不消失，不得不被消灭，因为它们不能与那些成对的范畴相容，不能与关于它们之间的关系的"游戏"相容。我们看到，理论与实践成为一体了〈我希望那些四处鼓吹理论与实践相结合的人可以从这里得到最大的满足〉[1]——因为特殊利益和普遍利益的

---

[1] 在编写这个讲义时，他正在撰写一部关于"理论与实践的结合"的著作，但最后没有完成。后者在当代出版纪念研究所（Imec）可以查阅到。

理论关系与法令程序和投票程序是一致的,通过投票,普遍利益从特殊利益的冲突中艰难产生。

我的结论:在我们看来,这里这个直接相关的理论错位,第一次以其全部的广度,不再与该理论的某一个节点有关,不再与某个矛盾有关,不再与契约中的第二接受方的奇特身份有关,不再与某种交易的非交易状态的悖论有关——在我们看来,这一次,它是理论相对于现实的总错位,理论通过对其自身的否认表明了这一点。这个错位,像作为基础的理论概念一样,只是神话式的存在。实际上,这个理论以一个神话的存在为基础,这个神话就是与另一个神话即特殊利益的神话相应的普遍利益的神话。

一旦抵达这一点,我们就可以,并且也很自然地应该把一切倒过来想一想,也就是说,在这个神话空间中来定位那些卢梭事实上将其与这些神话概念联结起来的概念,比如,意志(＝自由)的概念,自爱的概念等等。我们肯定也会发现一些极有意思的事情,特别是如果考虑《第二篇论文》的话。比如说,在那里,在从特殊意志中产生普遍意志的过程中,自由的概念与它在这里所扮演的角色完全没有可比性,相反,在那里社会集团的概念处于缔结社会契约的中心位置,因为正是富人团体首创了社会契约,等等。我们可以将《第二篇论文》的理论领域与《社会契约论》的理论领域相比较,并测定它们之间的偏差,把它当作卢梭思想变动本身的偏差。但我现在还没法来讨论这个问题。

一旦抵达这一点,我就只想把这个刚才确定了第三个错位的新的理论转移再强调一下。这个理论转移将以我们察觉不到的方式,通过当前的错位向我们揭示的东西产生新的错位。我已经说过,这个转移涉及第二点:即在实践上消灭利益集团的存在或其存在的后果。新的错位就位于这个地方。值得注意的是,它必然会采取一种实践的形式,因为这次它直接涉及了现实。

g. 新的错位:在意识形态方面向前逃遁,在经济方面向后逃遁①

关键在于创造条件消灭那些中间的、阶级的、党派的集团。在卢梭那里,存在着两种解决办法。

——**第一种解决办法**(《百科全书》中的"政治经济学"条,《爱弥儿》):逃避到意识形态当中去。卢梭不是去抨击各集团存在的原因,而是抨击其后果。他制定了一种预备教育(propédeutique),以消灭由特殊集团的存在所引起的那些后果。由此产生一种一般化的教育学理论。法律造就了舆论,舆论造就了风俗。但是,特殊集团扰乱了法律,扰乱了这整个的过程。[为了保证]②那些法律的纯洁性,可以有三种干预方式:

——一种是直接的,由立法者作用于法律;

——一种作用于舆论(教育,私人的和公共的仪式,市民宗教);

——一种作用于风俗(监察官)

---

① 阿尔都塞的打字稿用的是"在现实方面倒退"这个词。在《论"社会契约"》一文中,他用的是"在经济方面倒退"这个词。

② 字迹不清。

——**第二种解决办法**：在那些集团存在的现实原因的层面上进行干预。在经济层面上。这是一种向后逃遁，倒退到过去。应该限制公民的财产（对于富人来说，是节制他们的财富，对于穷人来说，是节制他们的贪心）。必须消灭经济不平等带来的后果。卢梭在《社会契约论》中恢复了经济上的无依附状态的梦想，而在《第二篇论文》的中心，他通过取消一切劳动分工的后果即一切历史的后果，表达了这个梦想。卢梭知道，这是一个虔诚的希望。他只希望调节事物的力量，扭转事物的力量。卢梭在想象中实行了一次经济上的倒退，向封建生产方式（小手工业）解体时曾存在过的一种生产方式倒退。

这个错位的证据存在于被卢梭当作现实而指出来的事物中：

——现存的宗教；

——经济及其制度。

至此，再也没有逃遁的可能了。我们处在所有错位的终结处。卢梭终于完成了思考他那些矛盾的任务。

卢梭自有办法意识到这一最后错位的虚幻（vanité）。这就是当他研究为了创建这样的人民所需要的特殊条件(时间,地点,风俗)时,在《社会契约论》中所思考的。在那里我们重新发现了历史和立法者,重新发现了卢梭的历史概念。要创建人民很困难,因为那些条件的契合近乎奇迹;立法者和人民的维持也是奇迹。社会契约及宪法的根本的脆弱性,卢梭意识到了。卢梭的政治观念因他的历史概念而缓和了,他在历史概念上表现了其最强烈的意识。历史的脆弱性,与其概念一致,无非就是对这种脆弱性的历史的敏锐意识。

霍布斯

Hobbes(1971—1972)

一、导　论

霍布斯之于政治科学,正如伽利略之于物理学:"他带来了望远镜。"

A. 霍布斯的方法

"应该拂去掩盖在文明躯体上的尘沙":参考阅读的隐喻:"人应当去阅读他的激情之书";"阅读你自己"①;关键在于为了发现真理而将感性的事物"悬置(épochè)"②起来。参考笛卡尔,1643 年。亚当-塔纳里版(A. T.),第四卷③,第 66 页。

B. 人类学

"人待人如豺狼","人待人如上帝"④,"homo materia et artifex"⑤(《利

---

①参见霍布斯,《利维坦》,前引,第 2 页。译文有修改。——译注
②"悬置"(épochè),这里阿尔都塞借用了现象学术语。——译注
③这里涉及一封写给身份不明的耶稣会神父的信,在这封信中特别谈到霍布斯的问题。这里的引文出自亚当-塔纳里出版社(édition Adam-Tannery)的笛卡尔著作集。
④参见霍布斯,《论公民》,前引,第 2 页。——译注
⑤拉丁文,意为"作为质料和工匠的人。"参见霍布斯《利维坦》,前引,第 2 页:"它的制造材料和它的创造者;这二者都是人。"——译注

维坦》)。这里宣告了一种关于灵魂的理论。令人气愤的——因此伏汉说①：霍布斯改变了社会契约的最终目的(即民主制)——是霍布斯的唯物主义奠定了绝对君主主义的前景，但那些绝对主义思想家们却把自己与格劳秀斯、普芬道夫联系起来。这就提出了以下这个难题：怎么才可能调和绝对主义、唯物主义和个人主义(自由主义)？

C. 法权(droit)②

参考《德意志意识形态》，科斯特出版社③，第七卷，第143页："施蒂纳……提出力量(force)作为法的基础，从而使法摆脱了道德。"④

---

①参考伏汉(Vaughan)给自己编的卢梭政治论文集[《让-雅克·卢梭政治论文集》(The political Writings of Jean-Jacques Rousseau)，剑桥大学出版社(Cambridge)，1915年]所写的"导言"。

②"droit"有"法""权利""公正的""正当"等含义，有时也译为"法权"。该词在本书其他地方也译为"权利""正当""公正的"。——译注

③卡尔·马克思，《哲学著作集》(Œuvres philosophiques)第七卷，Costes出版社。

④阿尔都塞的引文与马克思的原文不完全一致，参见《马克思恩格斯全集》第三卷，人民出版社，1960年，第368页："'施蒂纳'现在必须提出他能够向个人请求的关于权利的经验规定，也就是说，他必须承认在法之中除了神圣性以外还有某种其他的东西。在这里，他本来可以省掉他那全部笨拙的手法，因为姑且不谈更早时期的思想家，就是从近代马基雅维利、霍布斯、斯宾诺莎、博丹，以及近代的其他许多思想家谈起，权力都是作为法的基础的，由此，政治的理论观念摆脱了道德，所剩下的是独立地研究政治的主张，其他没有别的了。后来，在18世纪的法国、19世纪的英国，整个法都归结为私法(关于这一点，圣麦克斯也没有提到)，而私法则归结为一种十分确定的力量，即归结为私有者的权力。事情还远不是仅仅几句空话。"——译注

这里有一个对以意志为基础的法权理论的颠倒。**对于马克思来说,把法归结为私法,就是把法的基础建立在意志和道德上。**

存在着两个系列:

(a)私法——意志——道德。

(b)力量(Force)——强力(puissance)——政治,法只是它们的现象。

它们的两个核心是:

(a)私法;

(b)政治力量。

在这个意义上,霍布斯是政治思想史上的一个敏感点。

D. 技艺①

我们发现,在霍布斯那里,主题是围绕以下这个**人类学问题**而扭结起来的:**人的特性是什么**?回答是:**就是技艺**(参考《利维坦》,"引言"):国家只是"人造的动物""人造的物体"②,**人,作为人,是有技艺的**。什么样的技艺类型(*artifice-type*)构成人的特征呢?**是语言,是说话:任意地使用任意的记号的能力**。这个主题与诡辩学派(参考伊索克拉底)有亲缘关系。亚里士多德也曾说过,自然将语言赐给人,语言是所有人的财富(《政治学》《尼格马科伦理学》);但对亚里士多德来说,语言和社会性是天生的,而对霍布斯来说,语言却是所有技艺的范型(*archétype*)。从这个意义上

---

①"技艺"(artifice)一词兼有"人为的方法""技巧""艺术""手法""诡计""人造"等多重涵义。——译注

②参见霍布斯,《利维坦》,前引,第 1 页。译文有修改。——译注

说,霍布斯是第一位谈到符号的任意性的理论家。符号的这种任意性包括两个方面:

(a)在自然状态(次要的方面):在所指与能指之间没有任何天然的联系,在词语与它所指的事物之间没有任何关系。

(b)主要的方面:记号体的确立的任意性;以此拒绝提出语言起源的问题,拒绝从所指中寻找能指的起源。

人用标记来代替事物,以便能重新回忆—辨认它们,而动物们则没有能力这样做。从这里引出两个主题:

(a)语言具有一种实际的用途:对某个对象,不会遗忘,可以重新回忆起来(参考功利主义);

(b)语言中断了直接性:作标记使重新回到已经过去的事情成为可能。人只有通过与现在拉开距离,通过对未来的思考,才能给它作标记。现在只能在对未来的展望中才能被重新发现:人为未来而作标记。**因此,人的未来就是他语言的技艺**:各种艺术、科学、工业。由此得出这个序列:技艺——语言——关于未来的技艺。

各种艺术的基础是词语:人为未来而作标记。**理性生长在技艺和语言的田野上**。因此,理性既不是**超验之光**,也不是**自然之光**(笛卡尔)。理性就是"用词语进行计算",用正确的词语正确地计算:理性=推理。词语的计算(减法、抽象……)使科学(science)①成为可能。科学的语言推论并非幻想;正如词语的计算,它使得通向对原因与后果的认识成为可能;科学就是关于种种后

---

①"科学"(science),也有"知识""学问"的意思,该书中文版中译为"学术"。参见霍布斯,《利维坦》,前引,第 27-35 页。——译注

果（conséquences）的科学。

词语的去标记化（démarquage）与给思想作标记不同。在对词语进行去标记化时，标记就从它所标示的特殊性中独立出来，走向普遍性。科学就是通过普遍的语词得来的科学。标记的性质决定着缺陷（欺骗和欺诈发生的地方）：只有在语言中才有科学，但关键是不要在标记上犯错误。不能在做加法或减法时犯错误——比如：非实体的实体，自由意志①。对标记进行的去标记化，使所有的欺骗得以可能，欺骗只与词语有关：谬误是会说话的人所特有的。这样，霍布斯反对所有那些虚假的形而上学的教条，宗教的迷信，虚假的政治概念。

从这里得出一个序列：人→技艺→语言→未来→科学→欺骗。

这是一种起源（genèse）吗？语言把自然放进"括号"中；这不是在一个系列意义上的起源（genèse）问题。对未来的思考必须以有预见的计算和语言为条件。由此产生一个循环：语言必须以对未来的有预见的计算为条件。

这个循环的哲学后果是什么？

（1）在由这个循环所规定的领域内否定了所有的自然性；

（2）拒绝了所有关于这个领域的整体的起源问题；

（3）确认了这个被规定了的领域的自治；

（4）拒绝了所有从那些要素的起源（genèse）出发而来的自然性的重新出现——这等于对整个人类学的可能性本身提出质疑。

---

① 参见霍布斯，《利维坦》，前引，第30页。——译注

二、霍布斯的政治理论

两种状态:因契约分成自然状态和市民状态①。

A. 自然状态

两个环节:

    1. **自然状态**确切地说 = **战争状态**。

    2. **自然法**:不是一个包含了"现实性"的环节,而是对自然状态进行**反思**的阶段。

1. 自然状态的六个特性

    (a) **是一种人与人之间的关系状态,而不像在卢梭那里一样是孤独状态。**

不存在法律、道德和政治上的义务,但存在着**人与人之间的关系**;参考《论公民》的前言②,在前言中,霍布斯将实际存在的国

---

①参见第243页译注。——译注

②《论公民》(*De cive*)引文的翻译出自索皮埃尔(Sorbière),可见霍布斯,《论公民或政治的基础》(*Le Citoyen ou les Fondements de la politique*),Garnier-Flammarion 出版社,1982年。阿尔都塞特别参考了下面这段话:"在研究国家的权利和臣民的职责时,虽然不应该将市民社会拆散,然而却应该考虑后者的分解状态。"(第71页)(参见霍布斯,《论公民》,前引,第9页。译文有修改。——译注)

家(la cité actuelle)搁置起来，以便使其本质要素得以展露；这种本质并不应该被说成是一种历史的先在性。**自然状态，就是在纯净状态中存在的人性。**参考《利维坦》第十三章，第 125 页①：恐惧同样存在于市民状态和自然状态中②。**这关系到一种从现象到本质的还原。**

(b) **是一种自由状态(《论公民》，第一部分)。**③

自由并不特别地构成人的特征；自由被定义为有生命的存在物在发展时的自由运动，或者某一物体在没有阻碍的空间中的移动，没有被什么障碍所妨碍；相反，不能运动的物体就不自由。因此，自由是运动所必需的；拒绝一切自由意志(libre arbitre)的唯物主义理论；"意志的"(volontaire)自由只不过是激情和欲望的满足与发展。自由与留给存在物的空间相一致；自由，就是在没有障碍的空④空间中演变、运动、发展，功利主义的个人主义主题。但自由将遇到它的本质的边界，因为环境并非天然地是空的。是人的存在使空间变得自由，在这种意义上，环境中充满着要求各自有一个空的空间的平等的人。

(c) **是一种平等状态。**

---

①此处引用的《利维坦》(*Léviathan*)，是弗朗索瓦·特里科(François Tricaud)译本，Sirey 出版社，1971 年。

②参见霍布斯，《利维坦》，前引，第 92—97 页。——译注

③《论公民》第一部分的标题是"自由"。

④关于此处及下文中的"空的"(vide)一词，参见第 110 页译注。——译注

平等既不关乎理想,也不关乎道德;**这是权力和强力的平等:"能够做同样事情的人是平等的"**。另一方面,这种在体力上和智力上的平等反驳了封建意识形态中的人的天然的不平等。**这是一种智力和体力上的平等。这种平等包含一个致命的矛盾,它包含着对自己的否定:最弱的人能杀死最强的人**①;在人所造成的死亡面前的平等,死亡就是空的环境的实现,是力图消灭我的另一个自由的现实;两种不相容的、平等的自由之间的对抗。

(d)是一种由自然权利统治的状态。

必须在以下方面进行区分:

——自然权利 = 个体的激情;

——自然法 = 结果,通过对自然权利的灾难性后果的反思而得到的规则和发现。

自然权利,是物质功利性原则下的权利和强力的同一;

(1)每一个人保全自己的生命;

(2)为这个目的可以采取一切手段,而个人是那些手段的唯一审判者;

(3)每一个人都可以占有他所喜欢的东西。

因此,序列:强力 → 权利 → 激情。同样,**这种权利不是法律上的规则,而是某种强力的后果**;一切道德观念只有在市民状态才出现。

自然权利中的"权利"这个要素依然是假想的、无效的,因为没有安全;正如平等一样,它否定自己(参考卢梭,《社会契约论》,

---

①参见霍布斯,《利维坦》,前引,第92页。——译注

第一卷,第三章)①。**这种权利无非就是强力**;然而,正是这种失败,这种自我否定,揭示了这样一种现实,即在一切人反对一切人的战争中"没有正当"(non-droit)。**这种关于自然权利将引起灾难的自我否定的观念,与洛克的相关观念相反。**

为了给权利的真实基础再次加上保险,霍布斯求助于权利的这种矛盾。

(e)是一种普遍化的战争状态。

原因 　对抗──→财富
　　　猜疑──→权力　战争状态的赌注
　　　荣耀──→名誉

参考《利维坦》,第十三章,第123页:

(1)对抗(rivalité):为了**利益**而发动的攻击,**竞争**(concurrence)②。这个层面上的冲突的赌注是物质财富;存在着两种欲望的对峙。

(2)猜疑:**安全**。当从对抗走向猜疑时,就是在从整个战争、整个冲突的一般形式——可以说它的动物性——走向战争的次级的、派生的形式。事实上,在猜疑中,赌注发生了变化,从物

---

①这章是《论最强者的权利》。
②"rivalité"和"concurrence"一般都译为"竞争",但"concurrence"是指利益不同导致的竞争,主要用在工业和商业方面,"rivalité"更强调争夺和竞争各方的冲突,有时也译为"争夺""敌对""对抗"。为了区分,本书中将"rivalité"译为"对抗",将"concurrence"译为"竞争"。——译注

质财富变为参与竞争者的权力;因此,争斗的形式也变了:重要的是进攻。**多疑的人发动进攻**,因为他能预见未来;他能预见正在进攻他本人的别人的进攻。战争变成人类的战争。**因此,人类的所有战争本质上都是先发制人的**①;因此,赌注就不再是财富;人们为了进行统治而相互斗争,双方都想使对方屈服,诸如此类。物质财富被搁在一边,因为它不是这场战争的真正赌注。对未来的计算,使赌注从财富转变为对手的权力。

(3)荣耀:调整。新的转移:为名誉而战;这里重要的不是一种意识(consciences)之争,而是一种权力的外在象征之争。所有的战争都发生在对舆论权力的外在象征(功勋等)进行比较的层面上,通过为荣耀而进行的战争,人们最后要求大家承认自己是最强的。这是一场演变为真实的战争的虚假战争。

难题:这个序列的身份。这涉及一种**虚假的起源**(genèse fictive):在第一个环节与第二个环节之间、第二个环节与第三个环节之间,并不存在因果关系:**这是一种分析,而不是一种起源**(genèse)。在所有的环节,都有为了某种赌注的对抗;尽管赌注会变,但对抗始终存在。

——冲突的直接性:原始形式;
——承认:已经内嵌于第一种形式之中的要素(计算的中介);人们要做的无非是发现这种先发制人的战争的直接性。
——随后发现了为名誉而进行的战争;这是对第二环节

---

①"先发制人的"(préventive),也可译为"预防性的"。——译注

的抽象。

这种形式非常接近于黑格尔的逻辑形式:**从抽象到具体的普遍性**;保存和超越;没有任何东西被取消:竞争被保持下来。**应该注意的是未来在这种走了样的起源**(genèse)**中的作用:正是陷入对未来的考虑,使第一种形式过渡到了随后的形式**;这种对未来的计算与对记号(marques)的制定结合在一起。如此一来,所有欲望的辩证法就建立在物质基础之上:物质竞争的战争决定着其他的战争。

这种战争的特征:它是**普遍的、永恒的**。

(1)**普遍性**。**没有任何例外**。战争本质上就是**进攻的和先发制人的**:"最合理的就是先发制人(prendre les devants)"①;是战争本身先走一步:人们永远摆脱不了战争。从这里得出:在战争的结果第一次出现时,起源(genèse)立即就自我废除了,因为**战争始终就在那儿**,人们永远摆脱不了的它,所以这里的起源(genèse)不是实际有效的起源(genèse):

在霍布斯那里,战争的理论意味着**对所有心理主义的拒绝**:战争不是一种好人与坏人之间的分裂;在这种战争中,个人的特殊性不起任何作用。解释这种战争的不是激情。激情只能解释战争的形式,而不能解释它本身;它无法解释人们好战的特性。**对霍布斯而言,激情不具有心理学的身份**。

(2)**永恒性**。战争是一种**状态**②。一种随时都可能到来

---

① 《利维坦》第122页。(参见霍布斯,《利维坦》,前引,第93页。——译注)

② "状态"原文为"état",其首字母大写即为"国家"。——译注

的"恶劣的气候"①；是先发制人的做法使得战争一直延续。**后者既没有开始，也没有终结**。人既无法在这种战争状态中生存，也无法摆脱它，**除非成立国家以改变这种战争状态**。霍布斯的政治学说所依赖的基础，就是把战争生产为国家（参考卢梭《社会契约论》，第一卷，第四章：人"并非天然地就是仇敌"②：战争是一种国家与国家之间的关系）。在霍布斯那里，**战争状态是一种恒定的关系，是一种法令**（statut），**一种标示出其特征的所有规定性的普遍法则**。这是一个没有外部的系统，所有的人都被包括在其中；**内在的、没有起点也没终点的**系统；没有庇护所的系统：人所具有的注定是战争的自由和战争中的自由。只能在战争中重组、重置战争的种种关系和联系：这便是国家。

然而，国家既不可能是超验的，也不可能是宗教的和道德的。它和战争状态一样位于同一系统之中，后者是一种恒定的关系。对于卢梭来说，所有的战争都发生在国家之间：它以所有权为前提，并从所有权开始。对于霍布斯来说，在所有权以前也可能存在战争状态，它存在于恒定的关系内部。

（f）是一种不幸和恐惧的状态。

战争引发了不幸和恐惧；没有工业的立足之地。参考《论公民》，"没有结果的自由"：自然状态与其后果之间的关系。在自然状态，自然法的后果孕育了自然法本身；诸原则与其实现之间的这种矛盾将带来拯救；对不幸的反思：人想要自己的好处，并为了

---

①前引，第124页。（同上，第94页。——译注）

②参见卢梭，《社会契约论》，前引，第17页。译文有修改。——译注

寻求和平而对战争状态进行"反思":反思的阶段。在一切人反对一切人的战争中,自由永远自相矛盾,自己限制自己;自由的本质是怎么回事?

自然状态在霍布斯那里的身份:

(1)它彻底驳斥了亚里士多德的天然的社会性论点;**人们聚集在一起是因为偶然**;联合出自于恐惧;因此它没有任何道德方面的根据。自然状态的概念反对一切作为社会不平等性基础的自然不平等性理论;这个概念反对将道德投射到自然中去。

(2)自然状态理论是对经济自由主义的一种意识形态担保:我们在"自由是在空的空间中运动"这一主题下发现的没有障碍的环境的神话,同时是个人无限伸张的意志的表达。霍布斯的功利主义是一种普遍的自由主义。自然状态表达的是自由主义和个人主义。

为什么将自然状态与普遍的战争状态看作是同一的呢?因为存在于个人的自由和它的环境之间,存在于个人的发展与他能在其中运动的空间之间的矛盾,是所有商人之间矛盾关系的反映和投射。竞争,就是空间加上自由的条件:在人类生活中赛跑(course)的主题。竞争的隐喻,是死亡;彻底的失败,就是在战争中死亡。同样,死亡同时也是:

——经济竞争的隐喻;

——暴力斗争:内战①,阶级斗争。

经济竞争和阶级斗争以关于群体间政治斗争的理论形式,以

---

① "内战"原文为"guerre civile",直译即"市民战争"。——译注

关于作为人类关系条件的全体成员间的战争的理论形式上演。由此引出一个难题:难道霍布斯没打算寻找一种解决阶级之间暴力斗争的办法,以在经济方面维持个人资本主义(capitalisme individuel)吗? 如何解决阶级斗争的难题呢?

2. 自然法

对霍布斯来说,它不代表任何实际的东西:它是反思的阶段。它是战争状态的恶的剩余,后者将启动对不幸的反思。自然法的规则对于摆脱战争状态来说是必需的。霍布斯研究了自然法的条件:

——它不是超验的;
——它不是自然之光;
——它不是斯多葛主义的一致同意;
——它是通过记号和词语的推理所得出的一套结论;
——它们是正确的理性指示给我们的一些准则。

是什么变化使得激情走向了理性?"是某些激情和理性本身"①;它来自内部:来自对死亡的恐惧,来自对和平所带来的好处的追求。

(a) **死亡**

它绝不指向生命的彼岸;它指向生命本身;它不是从现象到

---

① 前引,第127页。(参见霍布斯,《利维坦》,前引,第96页。译文有修改。——译注)

本质的过渡；它是生命中的一种罪恶："至恶"①。这是虚无的真理，而不是真理的虚无；在这里存在着一个关于死亡的本体论论据与关于死亡的柏拉图观点之间的颠倒，因为搞哲学，就是学习不死②。哲学是生命本身的一种召唤：**通过学习和对未来的计算而与死亡作斗争**。死亡是一件未来的事件，担负死亡的重负迫使人们去**预先作准备；而预先作准备，就是思考**。与对事实的激情的直接性相比，人们与最强烈的激情——对死亡的恐惧——拉开距离。死亡与理性、未来联结在一起，它是粗暴的，正如它突然降临到某些人身上，它也通过另一些人将个体保存的可能性传递下去。

（b）契约

自然法的规则提供了和平的条件：

——寻求和平；

——对人类自由的人类内容的承认；这种承认意味着放弃自己的一部分自由，并把它让渡给他人：他人对我放弃了的东西具有权利。这里关键的是对我的自由的形式上的限定；它引入了"我的"和"你的"之间的区分。

由此产生了契约的形式的必然性，这种行为意味着两个意志之间的协作（concours）③。它通过推理、语言和记号，建立在未

---

① 同上，第7页。——译注

② 参见第333页脚注。——译注

③ "concours"本义为"一起跑"，兼有"协作"和"竞争"两种意思，注意它与前文的"course"（赛跑，跑步）和"concurrence"（竞争）之间的关系。——译注

来之上;我们无法与那些不说话的东西(石头、儿童、上帝)缔结契约。这种承认是形式上的和内在的。契约是一种推理行为,它与私利和恐惧都密不可分。私利-恐惧这个对子是不道德的(immoral):契约是私利的后果,这显示在恐惧中。这就是为什么霍布斯后来会说契约可以通过暴力而建立的原因:由于对死亡的恐惧,奴隶制可以像契约一样运行,与卢梭相反。**死亡是所有恐惧的极限真理**(vérité-limite):**对死亡的恐惧奠定了契约的基础**。

在这里,契约具有一种纯粹的形式本质:关键的是保证**契约的关系,而不是契约的公正性**。据此有了契约内容的不平等:因为形式上的平等条款必须得到尊重,**而形式上的平等对应着内容上的不平等,这就是竞争自由主义的形式**。其他的法则在形式中确保了契约在形式上的有效性:守信,避免忘恩负义,不要分割那些不能分割的东西。由此,必须有一个解决争端的公断人。参见论契约的部分,《利维坦》,第十七章,第 177-178 页;《论公民》,第六卷,第 20 页。

这种自然法转向了它的对立面:"赞成放弃",涉及对已经写入契约中的权利的相互放弃。**权利没有被让渡,所有的人拥有所有的权利;但人们可以放弃他自己的权利**。为了不再成为他人自由的障碍,彼此放弃成为另一方的障碍。有一些来自第三方并对这种自然法构成威胁的障碍。

——在《论公民》中:自然法是社会的条件。

——在《利维坦》中,自然法指向理性的指令;那些法则仅仅是一些结论或定理:"确切地说,自然法并不是一些规律。"①"规律"②这个词并不恰当。

（1）**它不是自然的**。事实上，自然法并不来于自然。**它是诡诈活动**（*activité artificieuse*）**的结果，是通过记号而进行计算的结果，为的是与死亡作斗争**。

（2）**它不是一种规律**。它不是超验的：它没有任何强制性；它与道德法则不相同。霍布斯反对洛克。自然法是对战争状态中各种关系的计算：这是一种对战争状态中各要素的重新分配。

这是一种普遍的理性计算。这种计算用虚线勾勒了一种毫无强制性的权利（droit）的条件。在霍布斯那里，自然法是绝对命令的反面；它是一种假言命令：如果你想要和平，你就必须拥有实现它的手段。对它的遵守是用于实现某种非道德（non morale）目的的手段。

道德是从属于个人及其能力发展的一个环节。霍布斯把**道德看作是关于手段的知识**（*la science des moyens*）；这是**一种内在的、经过计算的道德，毫无任何超验性**；它是竞争和斗争的后果。

但有两类理性可能使这种假定命令变得无能为力（impuissant）：

——有一些人不具备完全的理性能力；

——另一些人却有足够的理性以发起战争。

没有一丝一毫的强制基础；为了使它得到遵守，自然法本应该成为超验的。但这里没有像在卢梭那里那样的对自然的模仿。

---

① 参考《利维坦》第二十六章，第 285 页。（参见霍布斯，《利维坦》，前引，第 207 页。译文有修改。——译注）

② 注意，"规律"原文"loi"，前文"自然法"中的"法"也是这个词，它有"法则""法""法律""规律"等意思。——译注

自然法就是战争的内在真理;由此人们思考一种可能的秩序。自然法是一种"可能"对"不可能"的关系。自然法在强制方面的固有的无能为力,恰恰成了霍布斯体系的力量所在。法(loi)的形式:**义务**(*obligation*)①,并不在场。在霍布斯那里,拒绝在现实的世界之外寻求义务的基础;拒绝道德法则,拒绝上帝。唯一的考虑就是这个世界。

B. 社会状态

1. 主权

对自然法的反思要求一种预先的保证:人们倾向于犯法,所以要在激情本身中找到一种保证。出来援助自然法的,是恐惧,也就是战争状态的本质本身。恐惧制止了不同激情之间的游戏(jeu);于是,一种普遍的激情抑制了那些特殊的激情。必须通过恐惧迫使人们变得理性。有两种可能性来获得一种保证,它们不同于人与人之间的自愿联合:

——一种小联盟:它将被其敌人所消灭;

——一种大联盟:它也不够;在联盟的内部,人与人之间将有所不同:在目的上一致,在手段上却不一致。②

---

①参见第56页译注。这里"义务"(obligation)可以理解为"不得不""被迫",与另一个通常译为"义务"的"devoir"(本书中均译为"职责"或"应当")相比,它更带有外在的强制性。所以这整句话可以理解为"法则的形式:'不得已'并不在场"。——译注

②参考《论公民》,第二部分,第五章,第3-4节,第141页。(参见《论公民》,前引,第54-55页。——译注)

任何同意都包含着一些矛盾;对那种一致来说,没有内在的解决办法:"必须有一种强力……使那些个人处于恐惧之中"①。这就是与卢梭的契约的一种根本差别。一致再次陷入战争状态中;因此,要有一种针对这种一致的超验的恐惧,以防止人们破坏它。

由此产生了一种个人之间的契约,其内容是绝对权力。

关于服从的契约的论点被抛弃(参考第三者的论据);求助于战争状态。

2. 霍布斯对契约的求助

参考《利维坦》第 177 页,"每一个人与每一个人的统一"②。

（a）这个契约的各接受方。是一些单个的个人:每一个人与每一个人订立契约;**也即一大批同时订立的契约**:人的fiat③。这件事在一**瞬间**发生。这种规定性排除了**主权契约**:君主不是参

---

①参考《论公民》,第 143 页(同上,第 55 页。译文有修改。——译注)

②"这是全体真正统一于唯一人格之中;这一人格是大家人人相互订立信约而形成的,其方式就好像是人人都向每一个其他的人说:我承认这个人或这个集体,并放弃我管理自己的权利,把它授予这个人或这个集体,但条件是你也把自己的权利拿出来授予他,并以同样的方式承认他的一切行为。"(参见霍布斯,《利维坦》,前引,第 131 -132 页,正文中的那句话是对霍布斯论述的概括,或见 133 页:"每一个人都与每一个其他人订立信约。"——译注)

③拉丁文,意为"要有"。典出《圣经·创世纪》拉丁文译本:"fiat lux, et facta est lux"(要有光,就有了光)。后世引作创世的命令或法令。"人的fi-at",与上帝创造天地时的神的"fiat"相对而言。这里指通过这个契约创造了一个新"人"即"国家"。——译注

与订立契约的某一方,他外在于契约;他无所遵守,因为他没有什么要遵守的。正是主权者才是契约的目的。主权者就是"会死的上帝",**不会说话的另一个上帝**。

(b)条款

存在着两种义务:关涉到两个个人的条款－义务,相互的义务。指向某种实质义务的形式义务:将权利赠与主权者。这种契约不是交易契约;那些个人没有成为契约的受益人;结合的契约的可能性被排除在外。因为每个人都对**第三方**作出保证,或者保证自己承担义务。这个契约关涉的并不是他们双方中的那些个人。

这种赠与的权利被转移到某个人或某个议会手中:这是一种对于一个外在于契约的第三方的全部转让。赠与一种权利,就是"从道路上撤离出来"。这样,为主权者的自由留下一片空的空间,以便主权者去实现自然状态的自由。

(c)主权者绝对权力的创制。

契约中的转让是全部转让:这是一种独一无二的契约,主权者的权力是绝对的。霍布斯力图去制定一些法律模型(参考大卫①,当代民法:"生命保险"②)。这种契约不是对称的,也不是相

---

①作为涂尔干的学生与合作者,乔治·大卫(Georges Davy)尤其在契约性的权利起源方面有研究。

②"生命保险"原文为"assurance sur la vie",也即通常所说的"人寿保险"。——译注

互的,它由毫无保留的全部转让所构成。主权者的权力来自一大批契约。但是,难道不需要一种预先的保证吗?由此产生了循环吗?事实上,应该严肃对待契约的 fiat:一切都在一瞬间发生。契约各方一起形成一个整体。不应该在时间性之内思考这种契约。契约是一种理论外表。那些要素之间的关系是什么?这种个人之间的契约,是对某个第三方的赠与。形式义务和实质义务是一回事,但首要的是实质义务。这个契约的结果就是它的原则:绝对的政治权力是产生这种权力的个人间的那些契约的条件和结果。**这些契约就是对绝对权力的一种同意。因此,对某种政治状态表示同意的理论胜过了所有自愿契约的概念。**心照不宣的契约。

个人之间的契约并没有生产(produisent)出主权者,也没有创造主权者,而是将其**再生产**(reproduisent)了出来。契约并不是政治权力 ex nihilo① 的原因,因为恰恰相反,对于契约,存在着绝对的先决条件,一种对契约的保证,这就是主权者本身。契约是绝对政治权力的后果。**这种契约有一种法律作用:这是通过法(droit)对主权者政治权力的一种承认**。政治,就是主权者的绝对权力,就是需要法来使自己得以发挥作用的力量(force)。主权者需要一种法律上(juridique)的同意,正如它的延期要通过法。法就是力量得以运用的条件。对于霍布斯来说,一切都是政治的:**法是政治的现象**;政治才是本质,它需要自己的现象以将自己(在法律形式中)显露出来。政治通过两条腿来走路。其中有一条比另一条要短。

绝对权力的创制:**一切权力在本质上都是绝对的**。(原子式)

---

① 拉丁文,意为"从无中产生"。——译注

个人的众多性(multiplicité)与主权者的统一性(unité)相对。参考以下两者的区别

——大众(multitude):人群(foule);

——人民(peuple):它才是统治者(参考《论公民》①)。

大众是单个意志的分散;人民被联合成一个单一的人;这个人民,就是代表它的那个人,与卢梭相反。这种理论的对象是被看成普遍意志的某一单个人的意志。

3.关于人的理论

参考《利维坦》,第十六章②。

Persona③:演员,他人的代表者。主权者是演员、他人的代表者,这个人的统一性创造了被代表者的统一性。主权者是自由的,与其臣民(sujets)相比,他处于一种自然状态。面对自然状态,主权者主体(sujet souverain)④的自由大大增加。市民状态的不平等奠定了主权者的权力,作为他在自然状态的自由。主权者将所有的权力握于自己手中:战争、司法、立法。在霍布斯那里,主权者的统一性出现在两个地方:

---

①《论公民》,"前言",第69页:"大众与人民之间有区别。见第六章"。(参见霍布斯,《论公民》,前引,第72-73页尾注。——译注)

②参见霍布斯,《利维坦》,前引,第122-127页。——译注

③拉丁文,最初指罗马剧场上演员们戴的"面具",意为"假面具""舞台角色""人格",也指虚构的"人物"。——译注

④注意,在法语中,"臣属"(臣民)和"主体"是同一个词"sujet",它们之间的关系,可参见阿尔都塞的《意识形态和意识形态国家机器》一文中的相关论述。——译注

——《论公民》：人群中被分散的众多性与人民的统一性形成对比①；

——《利维坦》：虚拟人理论②。

这种虚拟人理论对于它要解答的问题本身来说是一种创新。霍布斯发现了政治体可能性条件的难题，也就是在政治体中的联合和统一性的关系。霍布斯的解决办法既不是一种结合的契约，也不是一种服从的契约，因为在这两种契约中，并没有提出政治体的联合/统一性的关系的难题；此外，另一方面，法律主体通过一种互相的赠与而彼此都服从契约：他们都停留在公民团体的联合阶段。例子，在洛克那里的结合的契约。然而，按照霍布斯的思想，成为难题的并不是联合，因为契约解决了联合的难题。对于霍布斯来说，成为难题的，**是统一性只不过是从联合那里获得的一种属性**。这是通过个体意志的协调，从统一性的政治难题向联合的法律领域（私法）的还原。法律可以建立联合，但是从那里，如何得出国家在政治上的统一性呢？

重新回到**霍布斯式的契约**；它包含着两种义务：

（a）**个体之间的形式义务**。在两个个体之间，在涉及某个物质对象的时候，没有严格意义上的相互义务。在这个层次

---

① 《论公民》，第六章，第 1 节。（参见霍布斯，《论公民》，前引，第 60 - 61 页。——译注）

② 《利维坦》第十六章的标题为"论人、演员和人格化的东西"。（参见霍布斯，《利维坦》，前引，第 122 页。汉译本该处译为"论人、授权人和由人代表的事物"。——译注）

上,我保证向主权者恪守诺言。这里既不存在联合——我向每个个人保证对主权者恪守诺言——,也不存在统一性——那些契约的重复并不构成某种统一性。这里,人们还停留在没有统一性的大众这个阶段。甚至当假设这些契约可以不需要主权者的情况下,它也不是建立在任何交易之上的。

(b) **实质义务**:在霍布斯那里,这种义务消失了。然而,个体之间的实质义务,在古典法学中,本身就是使个体在法律领域(sphère juridique)、中间领域(sphère intermédiaire)相联合的原动力。霍布斯令人恼火的地方,在于他在个体间契约的实质义务中取消了个体联合的中间领域。事实上,在霍布斯那里,实质义务是通过各自分散的契约将每个人的全部权力都赠与主权者。在诸个体与主权者的那些契约中实行各自分散的赠与的分散的大众,一上来就有一种政治功能。

在每一次赠与中,赠与都是全部的,而且每个人都一样。这种契约的真正功能,并不是要在法的内部为那些个人财产提供一个实质领域,**而是要创制主权者的权力**。这些大众的个体不断重复的契约,可以不必通过联合而带来统一性。实事上,这种契约使以下两项一起出场:大众和主权者的统一性;**因此,这种契约通过放弃个体间契约中的实质义务这个中介,从而通过放弃古典法的本质即联合,构造了主权者的政治统一性。**

从《论公民》到《利维坦》的发展,表明主权者及其权力需要一种法(droit),但不是私法。政治不需要私法。**剩下的是要有能力对联合进行思考,但是要在主权者的统一性之中思考。**然而,如何将主权者的统一性思考为体现在主权者身上的大众的统一性呢?《论公民》中的回答是:大众不是一个自然人①。**霍布斯翻转了传统顺序:即私法的领域(联合)奠定了政治的领域(统一性);相反,对于霍布斯,联合成了统一性的后果。主权者,就是大众的统一性。**由此产生了一系列对立:大众/联合/自然人/人民。

——个人(personne):所有对自己的行为和言论负有责任的个体。

——大众:无政府主义的分散状态(战争状态)。

——人民:意志的联合。变形:人民是主权者。

联合,就是主权者的统一性,主权者的意志被当成是普遍的意志。人民的联合就是主权者的意志;大众被排除了。在"主权者的意志被当成是普遍的意志"这一表达中,"被当成"是什么意思呢? 这就是虚拟人理论:**重要的不是从结合(association)而是从统一性出发来思考联合**。这个人是演员,他以代表的方式②发表自己的言论或者另一个虚拟人的言论。

——在法律主体那里,演员和作者③重合:我就是我自己意志的代表。

——在虚拟人——主权者——那里,角色都具有两重性。

虚拟人是演员,但他代表(représente)别人而非自己的意志;代表另一个人的行为;演员的意志代表并且遵从着作者。主权者意志的统一性,正如演员,代表了大众的个人的各自分散的意志。

---

① 参见霍布斯,《论公民》,前引,第 72-73 页尾注。——译注
② "以代表的方式"(en représentation),也即"在表演中"。——译注
③ "作者"原文"auteur",作为法律用语,也可以译为"本人"。——译注

它的统一性通过主权者这个演员的代表性而得到思考。这是代表者的统一性,而不是构成这个人的被代表者的统一性。与结合的契约不一样,后者那里存在着众多作者和一个单独的演员。**在这里,在国家的舞台上,正是演员的统一性,将作者们的联合作为后果创造了出来。政治的本质,就是代表**(représentation)。

代表:就是承认每一个人的意志存在于唯一的那个演员的意志当中。**代表者的统一性先在于其代表功能**;前者是代表的可能性条件。

4. 评注

(a)一切权力的本质都是绝对的。权力与所有前公民的道德、宗教法则解除了联系。契约以绝对权力为先决条件。**权力,就是所有契约、所有法律的先天形式;就是统一性的形式。先天形式,但却是未完成的形式。**

(b)存在着一种绝对权力的合理性。在孟德斯鸠那里则相反,对他来说,专制主义是非理性的顶点;对他来说,霍布斯是"专制的辩护士"①。然而,对于霍布斯来说,一切权力在其本质上都是专制的;根据虚拟人理论和代表的统一性理论,绝对权力是理性和必然性的顶点。绝对权力的合理性在于构造了代表的统一性。**权力的本质确保了代表性**,它作为先天形式使大众的分歧在政治体

---

①在"百科全书"狄德罗所撰写的"霍布斯主义"条目中,我们发现如下句子:"环境造就了他的哲学;他将一些暂时性的事件当作自然的不变法则,然后他就变成人类的侵犯者和专制的辩护士。"

中得到统一。使大众得到综合的,是一种"我思"(Je pense),也就是一种"我要"(Je veux)的统一性。这样一来,我们涉及的是一些关系,不是孤立的个体之间的关系①,面对君主的力量。

主权者如同处于自然状态中(《论公民》)。结构上失去了平衡的自然状态,由于这种不平衡而产生了一种补充机制,即作为主权者的人造的我。个体的人属于法的范畴,不可能处于自然状态。法律主体,是自己代表自己。为了使这一点成为可能,**就需要存在代表的先天形式,也就是虚拟人,以作为所有法律人的可能性条件**。这种形式只能是虚拟的;所以,我们必须从自然状态中,从自然法中走出来,但又不能因此而求助于超验性。我们通过增加虚拟物而从自然法中走出来;这就是这个虚拟物的(存在于虚拟人身上的)绝对权力:这个人要做的无非是承认他就是这样的。

(c)确认政治对于法的优先性

政治对作为私法的法律形式具有一种优先性,然而,从这种优先性中无法演绎出其他的法律形式。这并不因此就意味着政治权力避开法:它要求某种东西作为公法。由此产生了公法对于私法的优先性。

公法不是一种经济的、商业的、经验的法。**它是一种理性、一种结构、一种机构**(instance),**是权力的核心关节,在场的与不在场的,真实的与虚拟的,就像双重的人——主权者**。因为主权者既是一个自然人,同时又是一个虚拟人,他对所有意志负责。在他

---

① 句子似乎缺少了一部分。

身上,正是虚拟的人成为虚拟的机构。"朕即国家"①:这是这个虚拟人的话,通过他的口人们才可以说"我"(moi)。在主权者身上,虚拟人比自然人更强大。政治上的主权者形象是一种跛足的形象。

5. 绝对权力的一般特性

统一性是联合的可能性条件。

(a)权力是不可废止的。人们无法谋害主权者的性命;后者外在于所有的契约。主权者所做出的一切,都是人民让他做的;因此不可能有对主权者的反对。

(b)权力是不可分割的。霍布斯拒绝权力的分割。

(c)权力在时间上是永久而不可分割的。需要拟定人造的永恒,由此得出关于继位的理论。有一种关于继位的图型论(schématisme):任命继位者的并不是自然。关键在于把统一性思考为联合的可能性条件。

——主权者相对于自然法的位置。**主权者是自然法得以实现的手段。**自然法和主权者并不在同一个平面上:自然法的理性仅仅是可能的理性;**自然法是可能的平面。是可能的理性的领域**,类似于先验感性论(esthétique transcendantale)的领域。代表理

---

① «L'État, c'est moi» 直译即"国家,就是我",这是法国国王路易十四的名言。——译注

论就像先验分析论(analytique transcendantale);而继位就是图型(schème)①。

　　——主权者的权力范围。

　　　　——保障内部和外部的和平。

　　　　——从事对外战争。

　　　　——在国内:

　　　　　　——立法权:订立民法;

　　　　　　——司法权:使人守法;

　　　　　　——意识形态权力:规定什么是正确的学说。

　　立法权在于制定法律,通过公开和普遍的法律来预防争端。这个权力给出了一些规定:通用的场合和受限的场合;一切建立在这些规定基础上;这就是市民状态和战争状态的区别。在自然状态中,人们在这些规定方面没有达成一致;这些规定使主观的唯名论过渡到客观的唯名论。**只有权力才可以提供这些规定**:对统治者来说,舆论是质料。法律整个儿地都隶属于君主的权力。法律并不为支撑着它的物质质料所支配;人们根据君主的意志而服从法律。一切同意都以主权者的意志为先决条件;**法律是源于恐惧的一种义务**②。由此产生了与封建的根本法的差别。法律(loi)不同于自然权利(droit);法律是义务,权利是自由。法律不

----

　　①"先验感性论""先验分析论""图型"三个概念均来自康德哲学,参见第38页,第341页译注。——译注

　　②原文"*la loi est une obligation due à la crainte*",此处也可译为"法律是源于恐惧的一种不得已"。——译注

以物质质料为基础,不以同意为基础,也不以自然权利为基础;它是一种与自然权利不一样的权利。君主不可能受到契约的约束。

——三种法律类型最为重要:

——所有权。

——安全。

——反对错误学说的法律。对霍布斯来说,宗教是政治的一部分,为了控制暴动、骚乱和内战,国王拥有对于政治和宗教生活的最高控制权。对舆论进行规定和统治的权利属于君主:在政治体中,他为有关讨论的事业承担费用。对霍布斯来说,光对正确舆论进行规定还不够,还必须规范正确舆论的教育。

两个难题:

(1)主权者的职责。怎么避免任意(arbitraire)?绝对权力不是任意,因为正是它使得脱离战争状态——战争状态才是任意——成为可能。绝对权力是自然法的实现。保护所有人的利益并听从正确的理性,主权者要保障所有人的利益,听从正确的理性,服从自然法,以保障和平,保障所有人的自然权利和自由的工业。这是一种为了自由主义的绝对主义:"远离内外战争的骚乱以便使每个人可以享受他们通过自由的工业所获得的财富。"①

---

①《论公民》,第十三章,第 6 节,第 231 页。在阿尔都塞所用的索皮埃尔(Sorbière)译本中,没有"自由的"这个形容词。(参见霍布斯,《论公民》,前引,第 134 页:"使他们能享受由于他们的勤劳而为自己赢得的财产以及使他们免受内外战争的困扰。"译文有修改。——译注)

(2)民法和自由的关系。**民法是自然法的发展；恐惧成为另一些事业的手段**。从经济的角度来看，法律应该给不确定的空间留有最大的余地；这也就是为什么应该拥有尽量少的法律的原因(参考洛克:国家要尽量少干预)。

结论:霍布斯的政治意图

矛盾的是，霍布斯调和了绝对主义和自由主义:自由主义成了绝对主义的目的。绝对主义的作用是"防止内战"(党派斗争)，集中权力，意识形态的权力，去结束暴力的阶级斗争，以保障在经济方面的个人自由。在自然状态，存在着死亡和竞争的二元论;重要的是通过推开死亡而保障竞争，是在死亡的威胁下偏袒竞争，是促进多亏了政治保障而获得的个人经济上的独立。霍布斯用绝对主义的武器保障了自由主义的胜利。国家具有双重的功能:绝对权力是为了消灭阶级斗争并最小限度地对经济方面进行干预。因此，绝对权力的理论反对像博絮埃那样的封建权力的意识形态。

为什么霍布斯在权力的绝对性上反对洛克呢？难道他害怕政治上的自由主义吗？他的理论是为了解决内战的矛盾。霍布斯是第一个制定上升阶级的革命专政的人;他确保了资产阶级安全的条件(在罗伯斯庇尔之前)。他被所有的人抛弃了;资产阶级无法甩掉封建制的尾巴。

译名对照表

一、重要词语对照表[①]

a priori：先天
absolutisme：绝对主义
accident：意外事件
accord：协定、一致（同意）
acte：行为
action：行动
actualité：当前性
actuel：当前的（现时的）
adversaire：对手、反对者
affectivité：情感性
agent：当事人
aliénation totale：全部转让、总体异化
aliénation universelle：普遍异化
aliénation：异化、转让

[①] 本对照表中原文非法文词语以斜体表示。——译注

âme：灵魂

amitié：友爱

amour de soi：自爱(心)

amour propre：自尊(心)

amour：爱(心)

animalité：动物性(动物界)

antériorité：先在性

anthropologique：人类学的

anticipateur：有预见的

anticipation：预见(预见能力)

antinomique：二律背反的

appropriation：占为己有(占有)

apriorité：先天性

arbitraire：任意(任意性)

aristocratie：贵族制

art：艺术、技艺

artifice：技艺(手法)

association：结合、联合

assurance-vie：生命保险

Aufklärung：启蒙(启蒙运动)

autarcie：自给自足

auto-aliénation：自我异化

autolimitation：自我限制

autorégulation：自我调节

avarice：贪婪(贪心)

avenir：未来

bei sich：自在

bestialité：兽性

bien：善、好处

bienfait：善行

biens：财产、财富

bon：善的

bonté：善良

causalité：因果性（因果关系）

cause：原因

censeur：监察官

chair：肉体

citoyen：公民

civilisation：文明

cœur：内心世界

cogito：我思

collectivité：集体性

combat：战斗

commencement：开始

communauté：共同体

concept：概念

conception：观念

concurrence：竞争

condition：条件

conjoncture：形势

conscience:意识(良知)

consciente:有意识的(自觉的)

consentement:同意

constance:恒定性

constitution:创制(制宪、宪法、政制、构成、构造、建立、体质)

contradiction:矛盾

contrat civil:公民契约

contrat d'association:结合的契约

contrat de gouvernement:统治的契约

contrat de soumission:服从的契约

contrat politique:政治契约

contrat social:社会契约

contrat volontaire:自愿的契约

contrat:契约

contre-violence:反暴力

contrepoint:对位(法)

contrôle civil:公民控制

convention:协议(约定)

corps:身体(体)

courage:勇敢

coutume:习俗

crainte:恐惧

crise:危机

critère:标准

culture:文化(耕作)

début：开端(开端处、开始)

décalage：错位

décret：政令

déduction：演绎

délégation：委派

démocratie：民主制(民主政体)

dénaturation：去自然化

dénombrement exhaustif：全面枚举

déraison：不合理

désintéressé：无私的

désir：欲望

despote：专制君主

despotisme：专制主义

destin：命运

détermination：规定性

déterminisme：决定论

devenir：生成、变化

devoir：职责、应当

dictature：专政

discontinuité：不连续性

diversité：多样性

division du travail：劳动分工

domination：统治(支配)

droit de propriété：财产权

droit germanique：日耳曼法

droit naturel：自然权利

droit positif：实证法

droit privé：私法

droit public：公法

droit：权利、法、法权、正当

droits de l'homme：人权(人的权利)

dualisme：二元论

échange：交易

éclairé：开明的

éclairer：开导、照亮

écriture：书写

éducation：教育

effet：后果(作用)

égalité formelle：形式上的平等

égalité：平等

égoïsme：利己主义

Einfühlung：移情

en acte：现实态的

en soi：自在

engagement：约定(约束)

enjeux：赌注

ennui：厌倦

entendement：知性

équité：公正(性)

erreur：错误

esclavage：奴役（奴役状态、奴隶制）

esclave：奴隶

esprit：精神

essence humaine：人的本质

essence：本质

établissement：建立、确立（形成）

état civil：市民状态

état de nature：自然状态

état de société：社会状态

État national：民族国家

état pré-moral：前道德状态

États généraux：三级会议

étendue：广泛性

éternité：永恒（性）

étiologique：病源学的

Exécutif：行政机关

extériorité：外在性

facticité：事实性

faculté：能力（才能、官能）

facultés：财产

félicité：至福

féodal：封建的

féodalité：封建制

fin：目的（终点）

finalité：合目的性

fondation：奠基（创建、基础）

force：力量、武力、能力

formation：形态

forme：形式

fortune：幸运、命运

fraternité：博爱

généralité：普遍性

genèse：起源

génétique：发生学（的）

genre：体裁

Geschichte-erzählung：历史－叙述

Geschichte：历史

Geschichtlichkeit：历史性

gloire：荣耀

goût：趣味

gouvernement civil：市民政府

gouvernement populaire：人民政府

gouvernement：政府、政体

groupe：群体、团体

guerre civile：内战

guerre：战争

Handgreiflichkeit：随手可得性

handbegreiflich：随手可得的

hasard：机遇、偶然（偶然事件）

héréditaire：世袭的

histoire écrite：记录的历史

histoire originale：原始的历史

histoire partielle：局部的历史

histoire philosophique：哲学的历史

histoire réelle：真实的历史

histoire réfléchissante：反思的历史

histoire universelle：普遍历史

historicité：历史性

historique：历史性的（历史的）

homme：人

homogénéité：同质性

honneur：荣誉

humain：人类、人道、人的

humanité：人性、人类、人道

humeurs：情绪

hypothétique：假设的

idéale：理想的

idéalisme：唯心主义（理想主义）

idéaliste：唯心主义的（唯心主义者）

idéalité：理想性

idée：理念（首字母大写）、观念

idéellité：观念性

identité：同一性（身份）

idéologie：意识形态

idéologue：意识形态家

ignorance：无知（无知状态）

illusion：幻象（幻觉）

immédiateté：直接性

immoral：不道德的

impératif catégorique：绝对命令

impératif hypothétique：假言命令

inconscience：无意识

inconsciente：无意识的（不自觉的）

inconstance：易变性

individu：个体、个人

individualité：个性（个体性）

industrie：工业

inégalité：不平等

infinité：无限（性）

infra-politique：下层政治

inhumanité：无人性（不人道）

injustice：不正义（不义）

innéité：天赋性

instance：机构（层级）

instantané：瞬间的

instantanéité：瞬间性

instinct moral：道德本能

instinct：本能

institution：制度（创建、机构、确立）

intemporelle：无时间（性）的

intérêt commun：共同利益

intérêt général(**IG**)：普遍利益

intérêt individuel：个人利益

intérêt particulier：特殊利益

intérêt personnel：私人利益

intérêt privé：私利

intérêt public：公共利益

intérêt：利益

intériorisation：内在化

intériorité：内在性

irrationalité：无理性

irrévocable：不可废止的

juridicité：法律性

justice：正义

le Droit：右派

législateur：立法者

Législatif：立法机关

légitimité：合法性

liberté：自由

libre arbitre：自由意志

licence：放任

lien：联系、纽带（约束）

loi civile：民法

loi codifiée：成典法

loi constitutionnelle：宪法

loi criminelle：刑法

loi écrite：成文法

loi fondamentale：根本法

loi naturelle：自然法、自然法则

loi positive：实证法

loi：法、法律、法则(规律)

lumière：光

lumières：知识

Lumières：启蒙(启蒙运动)

lutte：斗争

magistrat：行政官

manifestation：表现(展现)

marquage：标记

marque：记号

masse：群众

matérialisme：唯物主义

matérialité：物质性

matériel：物质的(实质的)

matière：物质(材料、质料)

mécanisme：机制(机械论)

mécaniste：机械论的

méchanceté：恶意

méfiance：猜疑

mémoire：记忆

métaphysique：形而上学

mode du transcendantal：先验模型

mœurs：风俗

monarchie：君主制（君主政体）

moraliste：道德家

moteur：原动力

multiplicité：众多性

multitude：大众

mystification：愚弄（神秘化）

nation：民族（国家）

naturalité：自然性

nature humaine：人性

nature：自然、本性、性质

naturel：自然的、天然的

négativité：否定性

nominaliste：唯名论的

non consciente：非意识的

non rationnel：非理性的

non-animalité：非动物性

non-humain：非人

non-humanité：非人性

non-immédiateté：非直接性

non-raison：非理性

non-violence：非暴力

normalité：正常状态

normativité：规范性

objectif：目标

objectiver：客观化

objet：对象（客体）

obligation formelle：形式义务

obligation matérielle：实质义务

obligation：义务

officier：官吏

oligarchie：寡头制（寡头政体）

organique：有机的

orgueil：骄傲

originaire：原初的

originalité：原创性

origine：起源、起点（根源）

pacte：公约

Parlements：议会

particularité：特殊性

particulier：特殊的

partisan：拥护者

passé：过去

passion：激情

pathologique：病态（的）

patrie：祖国

pays：国家、地区

pérennité：持久（性）

perfectibilité：可完善性

perfectionnement：改进

perfectionner：完善化、改进

personne morale：道德人格

peuple：人民（民族）

physiologique：生理的（生理上）

physique：身体的（肉体的、有形的、物理的）

pitié：怜悯（心）

platonicien：柏拉图主义者

politique：政治、政治的（政治学）

positif：肯定的、实证的、积极的

pour soi：自为（为自己）

pouvoir absolu：绝对权力

pouvoir exécutif：行政权

pouvoir législatif：立法权

pouvoir：权力、能、能力

prédestination：宿命论

préférence：偏私

prégnance：完整倾向

préhistoire：史前史

présent：现在（当前）

prestige：名誉

présupposition：前提

prêtre：教士、祭司

prévention：先发制人（预防措施）

préventive：先发制人的（预防性的）

prévision：预见

prévoyance：远见（先见之明）

prince：君主

Principauté：君主国

principe：原则、原理（起因）

problématique：难题性、成问题的

problématisation：难题化

problème：难题

productivité：生产性

propédeutique：预备教育

propriété：所有权（财产）

Providence：神意

providentialisme：神意论

psychologique：心理学的

public：公众、公开的、公共的

publicité：公开性

puissance：强力、势力、能力、力量

radicalisme：激进主义

raison：理性、道理、理由

raisonner：推论（推理）

rationalisme：理性主义

rationalité：合理性（理性）

rationnel：理性的、合理的

réalisme：现实主义

réalité：现实（性）、真实性

réel：真实的、实际的
réforme de l'entendement：知性的改进
réformisme：改良主义
regard：注视、目光、看
religion civile：市民宗教
rencontre accidentelle：偶然相遇
représentant：代表（者）
représentation：代表、表现、表演、表述
représenté：被代表（者）
république：共和国、共和政体
ressort：推动力
résultat：结果
révocable：可废止的
révolution：革命
rivalité：对抗
romaniste：罗马主义者
romantique：浪漫主义的
romantisme：浪漫主义
rupture subjective：主体的断裂
ruse de la raison：理性的狡计
sage philosophe：圣哲
Sage：圣贤
Saint：圣人
scepticisme：怀疑论
sceptique：怀疑论者

schéma：模式、图示(方案)

schématisme：图型论

schème：图型

sensation：感觉

sensibilité：感受性(感性)

sentiment：感受、感受力、情感

signe：符号

signifiant：能指

signifié：所指

singularité：独特性

singulier：奇特的

Sittlichkeit：伦理生活

situation：局面、处境、状况

sociabilité naturelle：天然的社会性(自然社会性)

société civile：市民社会

souverain：主权者

souveraineté：主权

spécificité：特征、特殊性、独特性

spécifique：特定的(特殊的)

subjectivité：主体性(主观性)

substance：实体

substantiel：实体的

sujet：臣民、主体

surnaturel：超自然的

systématique：体系

téléologie：目的论
théodicée：神正论
théologie：神学
Tiers État：第三等级
totalité：总体(性)
transcendance：超验性
transcendant：超验的
transcendantal：先验的
travail salarié：雇佣劳动
tribunat：保民官
tromperie：欺骗
Trusteeship：托管制
tyrannie：暴政(专制)
union：联合(结合、统一)
unité：统一、统一性(统一体)
universalité：多面性
utilitarisme：功利主义
utilité：功利性(功利、有用性)
vanité：虚荣(心)(虚幻)
vérités contingents：偶然真理
vérités nécessaires：必然真理
Verstellung：倒置
vertu：德性(功效)
vide：空的、虚空、空白
violence：暴力

virtù：能力

volontarisme：唯意志论

volonté commune：公共意志（公意）

volonté générale：普遍意志

二、人名对照表

Abbé de Saint-Pierre：圣－皮埃尔长老

Abbé Dubos：度波长老

Achille：阿基里斯

Agathocle：阿加托克雷

Alexandre Matheron：亚历山大·马特龙

Anaxagore：亚拿萨哥拉斯

André Tosel：安德烈·托塞尔

Appuhn：阿朋

Aristote：亚里士多德

Arnauld：阿诺德

Auguste：奥古斯都

Augustin Rouillé d'Orfeuil：奥古斯汀·胡耶·多尔弗耶

Bacon：培根

Bayle：贝尔

Bentham：边沁

Bodin：博丹

Bogdanov：波格丹诺夫

Boileau：布瓦洛

Bossuet：博絮埃

Boulainvilliers：布兰维里耶

Bruno Bauer：布鲁诺·鲍威尔

Brunschvicg：布伦士维格

Buffon：布丰

Burlamaqui：柏拉玛克

Calvin：加尔文

Catherine：凯瑟琳

Centaure Chiron：半人半兽的基罗尼

CésarBorgia：切萨雷·博尔贾

César：恺撒

Christophe de Beaumont：克里斯托·德·博蒙

Claire：克莱尔

Clausewitz：克劳塞维茨

Commynes：科曼

Comte：孔德

Condillac：孔狄亚克

Condorcet：孔多塞

Constantinople：君士坦丁堡

Corneille：高乃依

Croce：克罗齐

D'Alembert：达朗贝尔

Dantoniste：丹东主义者

Derathé：德拉特

Diderot：狄德罗

Dilthey：狄尔泰

Diogène：第欧根尼

Durkheim：涂尔干

E. Cassirer：恩斯特·卡西尔

Ely Carcassonne：艾利·卡尔卡松

Étienne Balibar：艾蒂安·巴利巴尔

Fabius：法比乌斯

Fénelon：费内龙

Ferdinand d'Aragon：阿拉贡的费尔迪南

Feuerbach：费尔巴哈

Fichte：费希特

Filmer：费尔默

Fontenelle：丰特内尔

Franca Madonia：弗兰卡·马当尼亚

Francesco De Sanctis：弗朗切斯科·德·桑克第斯

François Boddaert：弗朗索瓦·鲍达埃尔

François Châtelet：弗朗索瓦·夏特勒

Frédéric II：腓特烈二世

Georges Beaulavon：乔治·波拉翁

Georges Davy：乔治·大卫

Georges Mounin：乔治·穆南

Girondin：吉伦特派

Glochner：格罗克纳

Gramsci：葛兰西

Grotius：格劳秀斯

Guichardin：圭恰迪尼

Hegel:黑格尔

Heidegger:海德格尔

Helvétius:爱尔维修

Hérodote:希罗多德

Hobbes:霍布斯

Holbach:霍尔巴赫

Hooker:胡克尔

Hyppolite:伊波利特

Iarochenko:雅罗申科

Isocrate:伊索克拉底

J. Gibelin:吉勃兰

J. J-Rousseau:让-雅克·卢梭

Jacobins:雅各宾党人

Jacques Rancière:雅克·朗西埃

Jean Lacroix:让·拉克鲁瓦

Jean-Louis Fyot:让-路易·菲奥

Jules Molitor:朱尔·莫利托

Kamenev:加米涅夫

Kant:康德

Kepler:开普勒

La Bruyère:拉布吕耶尔

La Rochefoucauld:拉罗什福科

Laura Lafargue:劳拉·拉法格

Leibniz:莱布尼茨

Lénine:列宁

Locke：洛克

Louis XII：路易十二

Lulli：吕利

Lycurgue：莱格古士

Mably：马布利

Machiavel：马基雅维利

Malebranche：马勒伯朗士

Marc-Vincent Howlett：马可-樊尚·霍雷

Marx：马克思

Maupertuis：莫佩提

Mazzini：马志尼

Mihailovski：米海洛夫斯基

Mme Vernet：维尔内夫人

Montaigne：蒙田

Montesquieu：孟德斯鸠

Montrouge：蒙鲁日

Morlley：莫莱

Nohl：诺尔

Olivier Corpet：奥利弗·科尔贝

Pascal：帕斯卡尔

Paul Hazard：保罗·阿扎尔

Périclès：伯里克利

Pierre le Grand：彼得大帝

Platon：柏拉图

Polybe：波利比乌斯

Price：普莱士
Priestley：普里斯特利
Protagoras：普罗塔戈拉
Pufendorf：普芬道夫
Quinault：基诺
Raymond Aron：雷蒙·阿隆
Raymond Polin：雷蒙·波林
Rémy d'Orques(Remiro de Lorqua)：雷米罗·德·奥尔科
Retz：雷斯
Richard Simon：理查德·西蒙
Robespierre：罗伯斯庇尔
Romulus：罗穆卢斯
Rousseau：卢梭
Saint Augustin：圣奥古斯汀
Saint Jean：圣约翰
Saint Thomas：圣托马斯
Saint-Simon：圣西蒙
Sanctis：德·桑克第斯
Savonarole：萨伏那罗拉
Scipion：西庇阿
Serge Jouhet：塞尔热·尤艾
Sieyès：西耶士
Sorbière：索皮埃尔
Sorel：索莱尔
Spinoza：斯宾诺莎

Staline：斯大林

Stendhal：司汤达

Sylvain Lazazrus：西尔万·拉扎卢

Thierry：梯叶里

Thucydide：修希底德

Tite Live：李维

Turgot：杜尔哥

V. Jankélévitch：扬凯莱维奇

Vauban：沃邦

Vaughan：伏汉

Vernes：凡尔纳

Vico：维柯

Voltaire：伏尔泰

Vychinski：维辛斯基

Xénophon：色诺芬

Yann Moulier Boutang：扬·穆利耶·布唐

三、著作名对照表

«Soutenance d'Amiens»：《亚眠答辩》

Anti-Machiavel：《反马基雅维利》

Bulletin de la Société française de philosophie：《法国哲学协会通报》杂志

Cahiers de prison：《狱中札记》

Cahiers pour l'analyse：《分析手册》杂志

Confessions：《忏悔录》

Contrat social:《社会契约论》

Contribution à la critique de la philosophie du droit de Hegel:《〈黑格尔法哲学批判〉导言》

Correspondance générale de Helvétius:《爱尔维修通信全集》

Critique de la philosophie de l'État de Hegel:《黑格尔国家哲学批判》(即《黑格尔法哲学批判》)

Critique de la raison pratique:《实践理性批判》

De cive:《论公民》

De l'esprit:《论精神》

De l'homme:《论人》

De l'origine des fables:《论神话的起源》

Dictionnaire philosophique:《哲学辞典》

Die Verfassung Deutschand:《论德国的制宪》(即 *Sur la costitution de l'Allemagne*,也译为《德国法制》)

Discours de la méthode:《谈谈方法》

Discours sur l'économie politique:《论政治经济学》

Discours sur l'histoire universelle:《万国史论》

Discours sur l'origine de l'inégalité:《论不平等的起源》(即《论人与人之间不平等的起源和基础》)

Écrits philosophiques et politiques:《哲学与政治文集》

Émile:《爱弥儿》

Essai sur le calcul intégral:《论积分计算》

Essai sur le pouvoir civil:《政府论》

Essai sur les mœurs:《风俗论》

Essai sur l'origine des langues:《论语言的起源》

Éthique à Nicomaque：《尼格马科伦理学》

Histoire critique de l'établissement de la monarchie française dans les Gaules：《批判的历史：法兰西君主国在高卢的建立》

Histoire critique du Vieux Testament：《旧约圣经批判史》（1678）

Introduction à la philosophie de l'histoire：《历史哲学导论》

L'Alambic des loix ou Observations de l'ami des François sur l'homme et sur les loix：《法律蒸馏器，或法国的拥护者对人和法律的观察》

l'Année littéraire：《文学年代》

l'Esprit des lois：《论法的精神》

L'esquisse d'un tableau historique des progrès de l'esprit humain：《人类精神进步史表纲要》

L'Idéologie allemande：《德意志意识形态》

l'Apocalypse：《启示录》

l'Encyclopédie：《百科全书》

Léviathan：《利维坦》

L'Institution de la religion chrétienne：《基督教要义》

L'unité dans l'œuvre de Jean-Jacques Rousseau：《让－雅克·卢梭作品中的统一体》

La Bible：《圣经》

La Crise de la conscience européenne（1680—1715）：《欧洲信仰的危机（1680—1715）》

La Nouvelle Héloïse：《新爱洛伊丝》

La Philosophie des Lumières：《启蒙哲学》

La Politique morale de John Locke：《约翰·洛克的道德政治学》

La Question juive：《论犹太人问题》

La scène du texte：《文本的舞台》

Le Citoyen ou les Fondements de la politique：《论公民或政治的基础》(即《论公民》)

Le Code civil：《民法典》

Le Contrat social de Rousseau, histoire du livre：《卢梭的〈社会契约论〉,这本书的历史》

Le courant souterrain du matérialisme de la rencontre：《相遇的唯物主义潜流》

Le Rationalisme de Jean-Jacques Rousseau：《让－雅克·卢梭的理性主义》

Leçons sur la philosophie de l'histoire：《历史哲学讲演录》

Lettre à Christophe de Beaumont：《致克里斯托·德·博蒙的信》

Lettres à França：《致弗兰卡的信》

Lettres persanes：《波斯人信札》

Lettres pour l'éducation du Dauphin：《关于王太子教育的通信》

Lire Le Capital：《阅读〈资本论〉》

Louis Althusser. Une biographie：《路易·阿尔都塞传》

Machiavel：《马基雅维利》

Machiavel et Autres Écrits philosophiques et politiques：《马基雅维利及其他哲学、政治著作》

Machiavel et Nous：《马基雅维利和我们》

Manifestes philosophiques：《哲学宣言》

Marx dans ses limites：《局限中的马克思》

Matérialisme historique et Matérialisme dialectique：《历史唯物主

义和辩证唯物主义》

Misère de la philosophie :《哲学的贫困》

Montesquieu :《孟德斯鸠》

Montesquieu et le Problème de la Constitution française au XVIIIe siècle :《孟德斯鸠和18世纪法国制宪的难题》

Multitudes :《诸众》杂志

Objectivité et subjectivité en histoire :《历史中的客观性与主观性》

Œuvres complètes de Diderot :《狄德罗全集》

Œuvres complètes de M. Helvétius :《爱尔维修全集》

Phédon :《斐多篇》

Politique :《政治学》

Positions :《立场》

Pour Marx :《保卫马克思》

Problèmes économiques du socialisme :《苏联社会主义经济问题》

Projet de constitution pour la Pologne :《波兰政府论》

Protagoras :《普罗塔戈拉篇》

Réfutation suivie de l'ouvrage d'Helvétius intitulé L'homme :《驳爱尔维修的著作〈论人〉》

République :《理想国》

Revue d'histoire moderne et contemporaine :《现当代历史评论》杂志

Revue historique des sciences :《科学史评论》杂志

Second Discours(*Discours sur l'origine de l'inégalité*) :《第二篇论文》(《论人类不平等的起源》)

Solitude de Machiavel et Autres Textes :《马基雅维利的孤独及其

他》

Solitude de Machiavel:《马基雅维利的孤独》

Storia della lettura Italiana:《意大利文学史》

Sur la constitution de l'Allemagne:《论德国的制宪》(即 *Die Verfassung Deutschand*,也译为《德国法制》)

Sur la linguistique:《马克思主义和语言学问题》

Sur l'objectivité de l'Histoire. Lettre à Paul Ricœur:《论历史的客观性:致保罗·利科》

The Myth of the state:《国家的神话》

The Political Works of Jean-Jacques Rousseau:《让-雅克·卢梭政治论文集》

Traité du Vide:《真空论》

Traité politique:《政治论》

Über Machiavelli als Schriftsteller:《论作家马基雅维利》

译后记

　　这是我从法文翻译的第一本阿尔都塞著作。正如作者当时把"研究 18 世纪哲学和政治的工作当成理解马克思思想所必需的预备科目"①一样,我也把这本著作的翻译,当成深入理解他本人思想所必需的预备科目来对待。

　　这本在巴黎高师开设的哲学史课程讲义,梳理了从马基雅维利、霍布斯、洛克、卢梭、黑格尔直到马克思的政治哲学和历史哲学。它是一份卓绝的理论工作的珍贵记录,展示了阿尔都塞以自己独有的方式"阅读"那些经典文本的过程。通过这本讲义,我们可以看到,阿尔都塞是如何把"在哲学中成为马克思主义者"的艰巨事业落实于自己的具体教学工作、落实于对理论文本进行精彩、深邃而细腻的解读之中的。

　　在这本译作问世之际,我要特别感谢陈越老师,正是通过他,才有我在十多年前与阿尔都塞的初次"相遇",以及后来的一系列"相遇"。他邀请我参与中文版阿尔都塞著作集的翻译工作,并对本书译文作了全面、细致的审订和润色。在整个翻译和校稿过程

---

①参见阿尔都塞《在哲学中成为马克思主义者容易吗?》,收入《哲学与政治:阿尔都塞读本》,陈越编,吉林人民出版社,2003 年,第 173 页。

中,我们有过无数次的讨论,有时候为了一个术语的翻译,争论好几天,直到另一方被说服,最后才确定下来。陈越老师极端认真的态度,以及他对译文的高标准要求,成了对我的鞭策,促我以更认真、更细心、更有耐心的方式对待翻译。

这本译作的初稿是在马达加斯加近三年的时间里完成的(翻译时间是从2009年5月到2011年11月),这么多年后重校译稿,交付出版,我要借此机会感谢在马达加斯加那段日子给我诸多帮助的朋友。

感谢肖忠民先生,他有实干家的作风,工作认真负责,办事果断又讲究策略,在塔那那利佛大学孔子学院工作期间,作为他的助理,我从他身上学到了很多。和他一起白手起家,在两年时间里把塔大孔子学院办成全球先进孔子学院,把中文教育纳入马国高等教育体系的经历,让我感到自己那三年的时间没有浪费。在生活上,他也总像兄长一般对我关照有加,让我有更多的时间学习和翻译。感谢阎绍婵女士,在翻译过程中,我经常向她请教语言方面的问题,她总是细心给予解答。

感谢马达加斯加的祖拉桑(Eva Zo Rasendra)女士,她曾在20世纪70年代末到北京大学学习哲学,回国后为中马文化交流做了很多工作,她是我到马国后的第一位朋友;感谢Ramanamihant-atsoarana Monique 女士,她工作严谨,为人温厚,对我也格外照顾;感谢 Lydia 女士,她既把我当老师,又把我当朋友,去法国时还特意买了一本阿尔都塞的著作送给我作为纪念品;感谢 Noyon Monique 女士,她在生活上对孔子学院的中方老师有非常多的照顾,在离开那个美丽的岛国之前,她驱车带我游历了其中最美丽的几处地方。夕阳下静静矗立的猴面包树和它们在大地上投下的孤单的影子,令人难忘。

感谢那几年在孔子学院工作的同事们,和他们在一起的日子,非常有成就感。感谢我在孔子学院的马国学生,在向他们讲授汉语和中国文化的同时,我也向他们学习了法语和马达加斯加语,以及丰富多彩的马达加斯加历史和文化。我会永远记得和他们一起学习的日子,还有那从头至尾充满歌舞与欢笑的野餐郊游。

我从来没有想像过自己有一天会在非洲的一个岛上翻译阿尔都塞的著作。但实际上,阿尔都塞在马达加斯加广为人知,我第一本法文版《阅读〈资本论〉》就是在塔那那利佛市中心的旧书市场淘到的。我也仍然记得在许多次文化活动中,祖拉桑女士向人们介绍我时,总会提一句"他现在正在翻译阿尔都塞",而这又总会引起人们的格外注意。所以当我译到阿尔都塞在讲义中居然也谈到马达加斯加时(讲义中是在引用爱尔维修的文本时涉及马达加斯加的,但后来在《写给非哲学家的哲学入门》中,他自己也谈到了马达加斯加),更会感觉到人生真是一系列"偶然相遇"。

写这些讲义时,阿尔都塞还没有预见到自己的著作"必然会有人翻译",更没有预见到这些讲义会"被翻译成中文",所以他没有像后来那样,要求自己"用最简单、最公共、最容易翻译成外语的语言说话"①。早期不成熟的风格,以及讲义形式本身所具有的某些

---

① 参见阿尔都塞1986年7月写的《论偶然唯物主义》一文中的一段话:"我禁止自己使用数理逻辑的种种形式化表达,它们在今天成了某些哲学家的个人乐趣。我要用最简单、最公共、最容易翻译成外语的语言说话。因为这个文本必然会有人翻译。我早期的一些著作已经被翻译成中文了。"该文载《诸众》(*Multitudes*)第21期,2005年夏季号,第180-194页,中文版见阿尔都塞《论偶然唯物主义》,吴子枫译,载《马克思主义与现实》2017年第4期。

特点(比如经常的省略、缩写),再加上讲义在内容上所涉作者和作品的繁多,使这本著作的翻译格外困难。整个的翻译过程,也成了跟随阿尔都塞阅读众多哲学家著作的过程。

为此,我要感谢本书中引用过的所有那些著作的中译者,他们的工作为我在查找、阅读和理解这本讲义中的引文时提供了极大的帮助。当然,为了忠于原文或为了术语的前后一致,我也经常对已有的译文进行修改。

我还要感谢冯象老师、黄瑞成老师、赵文兄在意大利文、德文、拉丁文、希腊文的翻译方面提供的建议和帮助。感谢张炼红老师,在得知我的翻译计划后,她从上海邮寄《法汉大词典》到马达加斯加,给我添了得力助手。感谢西安"阿尔都塞小组"霍炬兄、杨国庆兄在资料上的帮助。

感谢艾蒂安·巴利巴尔先生应邀为这套"阿尔都塞著作集"作序,并允许我们对其中的个别提法加以修改。感谢刘禾老师对序言中相关内容的审订。

作为不同时期讲义的整理稿,这本遗著在编排形式上比一般的著作更复杂,为了避免打乱原稿的结构层次,对于原稿标题层级标号的用法以及段落的缩进形式,我们都完全予以保留。为此,要感谢本书的责任编辑任洁女士和孙沁女士,感谢她们在编辑过程中耐心细致的工作。

从本书初译稿的完成,到今天付印出版,中间隔了整整六年。在这六年中,我差不多专注于阿尔都塞著作的翻译和研究,时光易逝,不知不觉竟已步入了中年,没想到人生中最年富力强的日子,就这样在翻译阿尔都塞的著作中度过!感叹是难免的。不过,反正生命是一堆无用的激情,不用来翻译阿尔都塞,也干不了什么了不起的事,更何况在这个过程中,我学到了许多通过其他方式无法学到的东西。正如陈越老师所说:"翻译甘苦自知……翻译所得的知识、鉴赏力和洞察力,绝非读几本外文书可以替代"。

最后,感谢小英和添一,在校稿过程中,我经常大声朗读译文,他们不得不听,因而也就成了我译稿的第一批"听众"。他们有时候也会对译文提出一点建议。

现在,我要恳请更多的读者对译文进行批评和指正!

吴子枫

2017 年 12 月 26 日于余干五彩山下

wzfeng1977@126.com

补记:借本次重印的机会,译者订正了一些翻译和排版上的错误或欠妥之处,并补充了两条译注。

2020 年 1 月 10 日

著作权合同登记号:陕版出图字 25-2014-337

图书在版编目(CIP)数据

政治与历史:从马基雅维利到马克思:1955—1972年高等师范学校讲义/(法)路易·阿尔都塞著;吴子枫译. —西安:西北大学出版社,2018.1(2024.5重印)

(精神译丛)

ISBN 978-7-5604-4096-5

I.①政… II.①路… ②吴… III.①哲学史—世界 IV.①B1

中国版本图书馆 CIP 数据核字(2017)第 211632 号

政治与历史:从马基雅维利到马克思(1955—1972年高等师范学校讲义)

[法] 路易·阿尔都塞　著
吴子枫　译

出版发行	西北大学出版社
地　　址	西安市太白北路 229 号
邮　　编	710069
电　　话	029－88302590
经　　销	全国新华书店
印　　装	陕西博文印务有限责任公司
开　　本	889 毫米×1194 毫米　1/32
印　　张	17.75
字　　数	350 千
版　　次	2018 年 1 月第 1 版　2024 年 5 月第 5 次印刷
书　　号	ISBN 978-7-5604-4096-5
定　　价	138.00 元

本版图书如有印装质量问题,请拨打电话 029－88302966 予以调换

POLITIQUE ET HISTOIRE, DE MACHIAVEL À MARX
COURS À L'ÉCOLE NORMALE SUPÉRIEURE DE 1955 À 1972
By Louis Althusser.
Copyright © Éditions du Seuil, Paris, France, 2006.
Chinese simplified translation copyright © 2018
by Northwest University Press Co. , Ltd.
ALL RIGHTS RESERVED

Re 精神译丛（加 * 者为已出品种）

第一辑

*从莱布尼茨出发的逻辑学的形而上学始基	海德格尔
*德国观念论与当前哲学的困境	海德格尔
*正常与病态	康吉莱姆
*孟德斯鸠：政治与历史	阿尔都塞
*论再生产	阿尔都塞
*斯宾诺莎与政治	巴利巴尔
*词语的肉身：书写的政治	朗西埃
*歧义：政治与哲学	朗西埃
*例外状态	阿甘本
*来临中的共同体	阿甘本

第二辑

*海德格尔——贫困时代的思想家	洛维特
*政治与历史：从马基雅维利到马克思	阿尔都塞
*怎么办？	阿尔都塞
*赠予死亡	德里达
*恶的透明性：关于诸多极端现象的随笔	鲍德里亚
*权利的时代	博比奥
*民主的未来	博比奥
帝国与民族：1985—2005年重要作品	查特吉
*政治社会的世系：后殖民民主研究	查特吉
*民族与美学	柄谷行人

第三辑

*哲学史：从托马斯·阿奎那到康德	海德格尔
布莱希特论集	本雅明
*论拉辛	巴尔特
马基雅维利的孤独	阿尔都塞
写给非哲学家的哲学入门	阿尔都塞
*康德的批判哲学	德勒兹
*无知的教师：智力解放五讲	朗西埃
*野蛮的反常：巴鲁赫·斯宾诺莎那里的权力与力量	奈格里
*狄俄尼索斯的劳动：对国家—形式的批判	哈特 奈格里
免疫体：对生命的保护与否定	埃斯波西托

第四辑

*古代哲学的基本概念	海德格尔
黑格尔《精神现象学》的发生与结构（上卷）	伊波利特
卢梭三讲	阿尔都塞
*野兽与主权者（第一卷）	德里达
*野兽与主权者（第二卷）	德里达
*黑格尔或斯宾诺莎	马舍雷
第三人称：生命政治与非人哲学	埃斯波西托
二：政治神学机制与思想的位置	埃斯波西托
领导权与社会主义战略：走向激进的民主政治	拉克劳 穆夫
德勒兹：哲学学徒期	哈特

第五辑

基督教的绝对性与宗教史	特洛尔奇
黑格尔《精神现象学》的发生与结构（下卷）	伊波利特
哲学与政治文集（第一卷）	阿尔都塞
疯狂，语言，文学	福柯
与斯宾诺莎同行：斯宾诺莎主义学说及其历史研究	马舍雷
事物的自然：斯宾诺莎《伦理学》第一部分导读	马舍雷
*感性生活：斯宾诺莎《伦理学》第三部分导读	马舍雷
拉帕里斯的真理：语言学、符号学与哲学	佩舍
速度与政治	维利里奥
《狱中札记》新选	葛兰西

第六辑

生命科学史中的意识形态与合理性	康吉莱姆
哲学与政治文集（第二卷）	阿尔都塞
心灵的现实性：斯宾诺莎《伦理学》第二部分导读	马舍雷
人的状况：斯宾诺莎《伦理学》第四部分导读	马舍雷
帕斯卡尔和波-罗亚尔	马兰
非哲学原理	拉吕埃勒
*连线大脑里的黑格尔	齐泽克
性与失败的绝对	齐泽克
*探究（一）	柄谷行人
*探究（二）	柄谷行人

第七辑

论批判理论：霍克海默论文集（一）	霍克海默
美学与政治	阿多诺 本雅明等
现象学导论	德桑第
历史论集	阿尔都塞
斯宾诺莎哲学中的个体与共同体	马特龙
解放之途：斯宾诺莎《伦理学》第五部分导读	马舍雷
黑格尔与卡尔·施米特：在思辨与实证之间的政治	科维纲
谢林之后的诸自然哲学	格兰特
炼狱中的哈姆雷特	格林布拉特
活力物质："物"的政治生态学	本内特